Stier

Praxishandbuch für Lohnabrechnungen

Zusätzliche digitale Inhalte für Sie!

Dieses Buch bietet Ihnen mehr als nur eine gedruckte Version! Nutzen Sie die folgenden Möglichkeiten, die Ihnen für dieses Produkt in der NWB Datenbank zur Verfügung stehen.

@ Online-Version

Sie haben das gedruckte Exemplar Ihres Buches nicht zur Hand oder möchten etwas schnell recherchieren? Dann nutzen Sie die Online-Version Ihres Buches. Diese steht Ihnen nach Eingabe des folgenden Freischaltcodes direkt zur Verfügung.

Schalten Sie sich Ihre digitalen Mehrwerte direkt frei:

Scannen Sie den QR-Code **oder** rufen Sie die Seite www.nwb.de auf.
Geben Sie den Freischaltcode ein und folgen Sie dem Anmeldedialog. Fertig!

Ihr Freischaltcode

BRBB-PBMQ-NBRY-CAMW-XADV-YB

www.nwb.de

Praxishandbuch für Lohnabrechnungen

Löhne und Gehälter 2025

Von

Markus Stier unter Mitarbeit von Sabine Schütt

7. aktualisierte Auflage

nwb

Bildnachweis des Buchumschlags: ©goodluz – stock.adobe.com

ISBN 978-3-482-**67197**-5

7., aktualisierte Auflage 2025

www.nwb.de

NWB Verlag GmbH & Co. KG
Eschstr. 22
44629 Herne
service@nwb.de

Die bestimmungsgemäße Handhabung dieses Produkts stellt kein Risiko für die Gesundheit oder Sicherheit im Sinne der Verordnung über die allgemeine Produktsicherheit (EU) 2023/988 (GPSR) dar.

Satz: PMGi Agentur für intelligente Medien GmbH, Hamm
Druck: Druckerei Hachenburg PMS GmbH, Hachenburg

Um eine gute Lesbarkeit zu gewährleisten, verwenden wir in Fachtexten in der Regel geschlechtsspezifische Personenbezeichnungen. Selbstverständlich sind damit alle Menschen gleichermaßen gemeint.

VORWORT

Liebe Leser,

die Lohn- und Gehaltsabrechnung ist ein facettenreiches und zugleich anspruchsvolles Fachgebiet, das weit über die bloße Berechnung von Brutto- und Nettogehältern hinausgeht. Es vereint steuerliche, sozialversicherungsrechtliche und arbeitsrechtliche Aspekte und erfordert ein hohes Maß an Präzision sowie aktuelles Fachwissen. Mit der siebten Auflage des **„Praxishandbuchs für Lohnabrechnungen“** möchten wir Ihnen erneut eine praxisnahe und verständliche Unterstützung für den Berufsalltag bieten.

Getreu dem Motto **„Aus der Praxis für die Praxis“** verfolgt dieses Buch das Ziel, komplexe Sachverhalte verständlich darzustellen und konkrete Hilfestellungen für die tägliche Arbeit zu liefern. Die Lohnabrechnung ist kein theoretisches Konstrukt, sondern ein lebendiger und dynamischer Bereich, der direkte Auswirkungen auf Unternehmen und Beschäftigte hat. Umso wichtiger ist es, sich auf aktuelle und praxiserprobte Informationen stützen zu können.

Die vorliegende Auflage wurde in enger Zusammenarbeit mit **Sabine Schütt**, Steuerfachangestellte und zertifizierte Lohn- und Gehaltsbuchhalterin in der Steuerberatungsgesellschaft **TKP**, weiterentwickelt. Sie hat das Buch insbesondere durch **Checklisten und Praxishilfen** ergänzt, um den Lesenden eine noch direktere Unterstützung im Arbeitsalltag zu ermöglichen.

Mein beruflicher Weg – und warum dieses Buch entstanden ist

Mein eigener beruflicher Werdegang ist stark von der Lohnabrechnung geprägt. Nach meiner Ausbildung zum Steuerfachangestellten habe ich mich früh auf das Thema Lohn und Gehalt spezialisiert und zahlreiche Fortbildungen absolviert, darunter die Qualifikation zum Personalfachkaufmann. In meiner beruflichen Laufbahn war ich sowohl als klassischer Abrechner als auch als Leiter einer Payroll-Abteilung tätig und konnte umfassende Erfahrungen in nahezu allen Bereichen der Entgeltabrechnung sammeln.

Heute bin ich als selbstständiger Unternehmensberater im Bereich der Lohn- und Gehaltsabrechnung tätig. In dieser Funktion reise ich für eine große Unternehmensberatung durch Deutschland und unterstütze Unternehmen unterschiedlichster Branchen in allen Fragen rund um die Entgeltabrechnung. Ergänzend dazu verfasse ich regelmäßig Fachbücher und Fachbeiträge, um mein Wissen weiterzugeben und anderen Fachkräften eine fundierte Orientierung zu bieten.

Dieses Buch ist aus meiner langjährigen Erfahrung heraus entstanden. In vielen Unternehmen begegne ich tagtäglich engagierten Fachkräften, die hervorragende Arbeit leisten – doch oft fehlt es an Sicherheit oder Hintergrundwissen in einzelnen Themenbereichen. Genau hier setzt das **„Praxishandbuch für Lohnabrechnungen“** an: Es soll eine echte Arbeitshilfe sein, die klare Antworten liefert und Unsicherheiten abbaut.

Für wen ist dieses Buch gedacht?

Die Lohnabrechnung betrifft eine Vielzahl von Berufsgruppen – von Steuerfachangestellten über Lohnbuchhalter bis hin zu Personalverantwortlichen und Quereinsteigern.

- **Steuerfachangestellte** können mit diesem Buch ihr Wissen aus der Ausbildung vertiefen, da das Thema Lohn und Gehalt dort oft nur eine untergeordnete Rolle spielt.
- **Berufseinsteiger und Quereinsteiger** finden eine strukturierte Einführung in die Grundlagen der Lohnabrechnung.
- **Erfahrene Fachkräfte** nutzen das Buch als **Nachschlagewerk**, um schnell auf aktuelle Regelungen und praxisrelevante Berechnungen zuzugreifen.
- **Rückkehrer in den Beruf** erhalten eine kompakte Auffrischung ihres Fachwissens.

Unabhängig von der individuellen Ausgangssituation ist das Ziel stets dasselbe: Sicherheit in der Lohnabrechnung zu gewinnen und fehlerfreie, rechtskonforme Abrechnungen durchzuführen.

Das Buch ist so aufgebaut, dass Sie entweder gezielt einzelne Themen nachschlagen oder es als Ganzes durcharbeiten können. Es behandelt alle aktuellen steuer- und sozialversicherungsrechtlichen Regelungen und bietet praxisnahe Lösungen für alltägliche Herausforderungen.

Durch zahlreiche Praxisbeispiele, Checklisten und leicht verständliche Erklärungen wird das Buch zu einem wertvollen Begleiter im Berufsalltag. Unser Anspruch ist es, nicht nur theoretische Inhalte zu vermitteln, sondern auch die praktische Anwendung zu erleichtern.

Da sich die Lohn- und Gehaltsabrechnung durch gesetzliche Änderungen stetig weiterentwickelt, haben wir uns in diesem Jahr entschieden, die siebte Auflage erst nach Bekanntgabe der endgültigen Programmablaufpläne für das Jahr 2025 durch das Bundesministerium der Finanzen (BMF) zu veröffentlichen. Diese wurden am 22. Januar 2025 veröffentlicht und sind nun vollständig in diese Ausgabe eingeflossen.

Ein Buch für die Praxis – verständlich, kompakt, hilfreich

Die Lohnabrechnung ist ein spannendes, aber auch herausforderndes Arbeitsfeld. Unser Anliegen mit diesem Buch ist es, eine praxisnahe und leicht verständliche Unterstützung zu bieten, die Ihnen im Berufsalltag weiterhilft. Wir möchten Ihnen die Sicherheit geben, jederzeit die richtige Antwort auf Ihre Fragen zu finden.

Ich wünsche Ihnen viel Erfolg mit dieser Ausgabe des „Praxishandbuchs für Lohnabrechnungen" und hoffe, dass Sie genauso viel Freude an diesem Thema haben wie meine Co-Autorin und ich.

Mit den besten Wünschen für Ihre berufliche Praxis,

Syke, im Juli 2025 — Markus Stier

INHALTSVERZEICHNIS

I. Grundlagen

Mandanten können in vielfältigster Form als Arbeitgeber auftreten. Dabei sind nicht nur Unternehmen Arbeitgeber, auch in privaten Haushalten werden Arbeitnehmer beschäftigt. Grundlage für ein Arbeitsverhältnis ist in den meisten Fällen ein schriftlicher **Arbeitsvertrag**. Arbeitsverträge i. S. des § 611 BGB sind sog. Dienstverträge. Mit Wirkung zum 1.4.2017 regelt zusätzlich der § 611a BGB den Begriff des Arbeitnehmers und das Vorliegen eines Arbeitsvertrags. Beide Vertragsparteien verpflichten sich auf den zugesagten Dienst.

Für einen Arbeitsvertrag besteht **Formfreiheit**. Allerdings werden in den meisten Fällen Arbeitsverträge schriftlich abgefasst, obwohl dies gesetzlich nicht vorgeschrieben ist. Eine Ausnahme stellt hier das befristete Beschäftigungsverhältnis dar, welches immer schriftlich vereinbart werden muss. Wird bei einem Mandanten ein Arbeitnehmer befristet beschäftigt, muss der Mandant daher mit dem Arbeitnehmer einen schriftlichen Arbeitsvertrag abschließen. Beachte bitte auch, dass ein Ausbildungsverhältnis immer ein besonderes Arbeitsverhältnis ist, das zudem auch in seiner Dauer befristet ist. Daher muss auch ein **Ausbildungsvertrag** immer schriftlich vereinbart werden. Zum Teil müssen auch noch die Erziehungsberechtigten diesen Vertrag unterschreiben, nämlich dann, wenn der Auszubildende noch nicht volljährig ist. In allen anderen Fällen sieht das Gesetz keine Verpflichtung für einen schriftlichen Arbeitsvertrag vor. Denn bereits durch einen Handschlag kann ein Arbeitsverhältnis begründet werden. Oder auch das reine Handeln kann zu einem Arbeitsverhältnis führen. Gesetzlich besteht jedoch eine Verpflichtung über den **Nachweis** der für ein Arbeitsverhältnis geltenden wesentlichen Bedingungen. Im Nachweisgesetz (NachwG) ist vorgeschrieben, dass der Arbeitgeber spätestens einen Monat nach dem vereinbarten Beginn des Arbeitsverhältnisses die wesentlichen Bedingungen schriftlich niederzulegen hat. § 2 NachwG nennt alle Angaben, die in der Niederschrift mindestens zu nennen sind. Bevor du einen Arbeitnehmer im Lohnprogramm neu einrichtest, solltest du unbedingt auf die Übersendung des Arbeitsvertrags (Kopie reicht aus) bestehen.

Mandanten mit wenigen Arbeitnehmern haben häufig keine eigenen Arbeitsverträge. Daher wird auch in deinem Steuerbüro ein **Mustervertrag** für Mandanten vorhanden sein, den du deinen Mandanten zur Verfügung stellen kannst. Häufig dient dieser Mustervertrag als Vorlage für die Mandanten und kann von diesen individuell angepasst werden.

TIPP

Ein Grundmuster eines Arbeitsvertrags findest du auch in der NWB Datenbank unter NWB WAAAB-05383.

TIPP

Für die Praxis empfiehlt sich immer der schriftliche Arbeitsvertrag. Befristete Arbeitsverträge und Ausbildungsverträge bedürfen grds. der Schriftform.

Bei der Beurteilung, ob ein Arbeits- oder Dienstverhältnis vorliegt, ist zu prüfen, dass **keine freiberufliche oder selbständige Tätigkeit** vorliegt. Diese Entscheidung ist bereits wichtig, denn bei einem Arbeitnehmer im Rahmen eines Arbeitsverhältnisses bestehen für den Arbeitgeber besondere Verpflichtungen, wie z. B. der ordnungsgemäße Steuerabzug und das Berechnen der Sozialversicherungsbeiträge und deren Beitragsteilung. § 611 BGB führt dazu aus: „Durch den Dienstvertrag wird derjenige, welcher Dienste zusagt, zur Leistung der versprochenen Dienste, der andere Teil zur Gewährung der vereinbarten Vergütung verpflichtet. Gegenstand des Dienstvertrags können Dienste jeder Art sein."

Ein Arbeitsverhältnis besteht, wenn der Arbeitnehmer weisungsgebunden in die Organisation des Betriebs eingegliedert ist. Folgende Kriterien sprechen für eine solche Eingliederung:

- persönliche Abhängigkeit,
- wirtschaftliche Abhängigkeit,
- ein Arbeitsplatz, der vom Arbeitgeber zur Verfügung gestellt wird,
- Anspruch auf Urlaub bei Fortzahlung der Vergütung,
- Fortzahlung der Vergütung bei Krankheit,
- Einbeziehung in den Betrieb,
- Erhalt von Sozialleistungen aus dem Betrieb,
- Weisungsgebundenheit.

Die aus dem Vertrag vereinbarte **Vergütung** verpflichtet den Arbeitgeber zur Erstellung der Abrechnung und zur Ermittlung der **gesetzlichen Abzüge**. Neben den vertraglichen Vergütungsvereinbarungen können auch Tarifverträge oder Betriebsvereinbarungen die Höhe des Entgeltanspruchs regeln. Es ist daher immer wichtig zu prüfen, ob dein Mandant einem Tarifvertag unterliegt.

HINWEIS

Das Bundesministerium für Arbeit und Soziales veröffentlicht auf seiner Internetseite (www.bmas.de) regelmäßig ein aktualisiertes Verzeichnis der für allgemeinverbindlich erklärten Tarifverträge. Außerdem erfolgt die Bekanntmachung im Bundesanzeiger (www.bundesanzeiger.de).

Mit dem Gesetz zur Änderung der Arbeitnehmerüberlassung und anderer Gesetze hat der Gesetzgeber auch Änderungen im Bereich des Arbeitsvertrags beschlossen. Zur besseren Abgrenzung zwischen einem Arbeits- und einem Werkvertrag ergänzte der Gesetzgeber im Jahr 2017 § 611a BGB und nennt darin die Voraussetzungen für das Vorliegen der Arbeitnehmereigenschaft.

§ 611a BGB – Arbeitnehmer: Arbeitnehmer ist, wer auf Grund eines privatrechtlichen Vertrags im Dienste eines anderen zur Leistung weisungsgebundener, fremdbestimmter Arbeit in persönlicher Abhängigkeit verpflichtet ist. Das Weisungsrecht kann Inhalt, Durchführung, Zeit, Dauer und Ort der Tätigkeit betreffen. Arbeitnehmer ist derjenige Mitarbeiter, der nicht im Wesentlichen frei seine Tätigkeit gestalten und seine Arbeitszeit bestimmen kann; der Grad der persönlichen Abhängigkeit hängt dabei auch von der Eigenart der jeweiligen Tätigkeit ab. Für die Feststellung der Arbeitnehmereigenschaft ist eine Gesamtbetrachtung aller Umstände vorzunehmen. Zeigt die tatsächliche Durchführung des Vertragsverhältnisses, dass es sich um ein Arbeitsverhältnis handelt, kommt es auf die Bezeichnung im Vertrag nicht an.

Die Kriterien des § 611a BGB sind **Indiz für eine nichtselbständige Tätigkeit** und somit der Beschäftigung als Arbeitnehmer.

1. Arbeitnehmereigenschaft

Vor dem Beginn einer Beschäftigung ist daher unbedingt zu prüfen, ob arbeitsrechtlich ein **Arbeits- oder Dienstverhältnis** vorliegt oder ob es sich um eine **freiberufliche bzw. selbständige Tätigkeit** handelt (siehe vorgenannten Punkt).

Nur für nichtselbständige Arbeitnehmer muss der Mandant die **Entgeltabrechnung** erstellen und ist verpflichtet, die gesetzlichen Abzüge zu ermitteln. Im Gegensatz dazu sind für Selbständige und Freiberufler keine Entgeltabrechnungen zu erstellen, weil diese selbst die Verantwortung für die korrekte Abführung der Steuer- und Sozialversicherungsbeiträge tragen.

Eine weitere Überprüfung muss bei der Beschäftigung von Familienangehörigen durchgeführt werden. Hier handelt es sich nur um ein „richtiges" Arbeitsverhältnis, wenn die Beschäftigung einem Fremdvergleich standhält, also der Familienangehörige wie ein fremder Dritter in den Betrieb eingegliedert ist.

TIPP

Bei der Einstellung eines Familienangehörigen sollte ein Statusfeststellungsverfahren bei der Clearingstelle der Deutschen Rentenversicherung vorgenommen werden, um den sozialversicherungsrechtlichen Status überprüfen zu lassen. Dazu muss zusammen mit der Anmeldung das entsprechende Statuskennzeichen für die DEÜV gesetzt werden.

Scheinselbständigkeit

Eine Scheinselbständigkeit liegt dann vor, wenn Personen formell als Selbständige oder freie Mitarbeiter bezeichnet werden, in der tatsächlichen Gestaltung ihrer Tätigkeit allerdings ihre Leistungen als abhängig beschäftigte Arbeitnehmer erbringen. Auftraggeber und Auftragnehmer können auch in diesem Fall bei der Clearingstelle der Deutschen Rentenversicherung ein Statusfeststellungsverfahren beantragen, um Sicherheit zu erhalten.

Für die Beurteilung ist eine wertende Gesamtschau vorzunehmen. Indizien für eine Scheinselbständigkeit und damit für eine abhängige Beschäftigung sind:

Weisungsgebundenheit:

- ► örtlich (die Tätigkeit muss an einem vorgegebenen Ort verrichtet werden, z. B. den Betriebsräumen),
- ► fachlich (der Inhalt der Arbeitsleistung wird bestimmt, weitere Aufgaben werden übertragen),
- ► zeitlich (strenge zeitliche Vorgaben, Aufnahme in einen Dienstplan),
- ► angebotene Aufträge müssen angenommen werden.

Eingliederung in eine fremde Arbeitsorganisation:

- ► Einbindung in die Arbeitsabläufe des Unternehmens,
- ► enge Zusammenarbeit mit anderen Arbeitnehmern,
- ► Nutzung der Arbeitsmittel des Unternehmens.

Leistungserbringung nur in eigener Person:

- ► Der Auftragnehmer ist verpflichtet, die Leistung persönlich zu erbringen,
- ► keine eigenen Arbeitnehmer.

Fehlendes unternehmerisches Auftreten am Markt:

- ► Internetseite,
- ► Werbung.

Der Auftragnehmer war vorher als Arbeitnehmer beschäftigt.

TIPP

Anhand der (fortlaufenden) Rechnungsnummern kann in der Buchhaltung geprüft werden, ob seitens der formell als selbständig beschäftigten Person Rechnungen ausschließlich an meinen Mandanten geschrieben werden und er somit faktisch für keinen anderen Auftraggeber tätig wird. Dies spricht für das Vorliegen einer abhängigen Beschäftigung.

2. Arbeitslohn und Arbeitsentgelt

Im Einkommensteuergesetz definiert § 8 Abs. 1 EStG „Einnahmen sind alle Güter, die in Geld oder Geldeswert bestehen und dem Steuerpflichtigen im Rahmen einer der Einkunftsarten des § 2 Abs. 1 Satz 1 Nr. 4 bis 7 zufließen". Die Einkünfte aus nichtselbständiger Arbeit sind in § 19 EStG näher erläutert. Darin heißt es: „Zu den Einkünften aus nichtselbständiger Arbeit gehören (1.) Gehälter, Löhne, Gratifikationen, Tantiemen und andere Bezüge und Vorteile für eine Beschäftigung im öffentlichen oder privaten Dienst." Im steuerlichen Bereich sprechen wir vom **Arbeitslohn** als Einnahmen, die einem Arbeitnehmer aus einem gegenwärtigen oder früheren Dienstverhältnis zufließen. Einnahmen sind nicht nur Geld, sondern auch Sachbezüge und geldwerte Vorteile. Grundsätzlich unterliegt Arbeitslohn im steuerrechtlichen Sinne der Lohnsteuer. Bestimmte Einnahmen sind jedoch **steuerfrei**. Dazu zählen z. B. Beitragsleistungen zur betrieblichen Altersversorgung und Zuschläge für Sonntags-, Feiertags- und Nachtarbeit.

Der Begriff **Arbeitsentgelt** wird im Bereich der Sozialversicherung verwendet. Zum Arbeitsentgelt nach § 14 SGB IV gehören alle laufenden oder einmaligen Einnahmen aus einer Beschäftigung, gleichgültig, ob ein Rechtsanspruch auf die Einnahmen besteht, unter welcher Bezeichnung oder in welcher Form sie geleistet werden und ob sie unmittelbar oder im Zusammenhang mit der Beschäftigung erzielt werden.

3. Mandanten einrichten und Mitarbeiter anlegen

Erhält euer Steuerbüro ein neues Mandat, ist das häufig auch mit der Übernahme der Lohnbuchhaltung verbunden. Am Anfang musst du herausfinden, um welche **Art Arbeitnehmer** es sich handelt und welche Besonderheiten zu beachten sind bzw. um welche **Branche** es sich bei dem Mandanten handelt (relevant z. B. bei Baulohn-Branchen). Manchmal bekommst du aber auch ein neues Mandat auf den Schreibtisch, weil sich jemand gerade selbständig gemacht hat und die ersten eigenen Arbeitnehmer beschäftigt. In allen Fällen ist der Beginn immer mit einer Vielzahl von Aufgaben verbunden. Häufig müssen die Daten eines bestehenden Mandats von einem anderen Steuerberater und ggf. aus einem anderen Entgeltabrechnungsprogramm übernommen werden. Bei komplett neuen Mandaten muss zuerst der Mandant, also sein Unternehmen, im Lohnprogramm eingerichtet werden, bevor du mit den einzelnen Arbeitnehmern beginnen kannst. Viele Programme unterstützen dich beim Einrichten von Mandanten und Arbeitnehmern mit speziellen Masken, die im Rahmen von Abfragen Schritt für Schritt durch das Programm führen.

Beim **Anlegen von neuen Arbeitnehmern** unterstützt dich zudem ein **Personalfragebogen**. Wie die meisten Steuerberater wird auch dein Büro einen solchen Personalfragebogen verwenden. Eine Vielzahl der Angaben erscheint einigen als überflüssig, aber ein **Entgeltabrechnungsprogramm** braucht diese ganzen Informationen, um am Ende eine richtige Entgeltabrechnung erstellen zu können. Außerdem müssen viele gesetzliche Vorgaben berücksichtigt werden, und auch hier ist ein Personalfragebogen hilfreich.

TIPP

Als Beispiel haben wir dir in Kapitel XVI „Checklisten & Übersichten" den Muster-Personalfragebogen der Steuerberatergesellschaft TKP beigefügt, der zeigt, wie die wichtigen persönlichen Angaben des Arbeitnehmers darin abgefragt und durch die Unterschrift des Arbeitnehmers bestätigt werden. Alternativ gibt es auch die Möglichkeit, einen digitalen Fragebogen zu verwenden. Die TKP nutzt einen digitalen Personalfragebogen. Dabei legt der Arbeitgeber seinen neuen Arbeitnehmer an und dieser erhält dann einen Link zur Ergänzung seiner persönlichen Daten. Hier müssen alle Pflichtfelder, wie z. B. das für die Sozialversicherungsnummer, ausgefüllt werden. Die Personaldaten liegen somit immer vollständig vor. Anschließend können die Daten in das Lohnprogramm importiert werden.

Zusammenfassend beinhaltet ein Personalfragebogen u. a. folgende Angaben:

- persönliche Angaben des Arbeitnehmers (Name, Anschrift, Geburtsdatum etc.),
- Bankverbindung,
- Angaben zur Behinderung (freiwillig),
- Vorarbeitgeber,
- Informationen zur Vorbeschäftigung,
- Angaben zur Beschäftigung (Eintritt, Tätigkeit, Mehrfachbeschäftigung etc.),
- Arbeitszeit und Urlaubsanspruch,
- Angaben zur Befristung,
- Steueridentifikationsnummer,
- Angaben zum Haupt- oder Nebenarbeitgeber,
- Sozialversicherungsnummer,
- Krankenversicherung,
- Elterneigenschaft,
- Entlohnung und Einmalzahlungen,
- vermögenswirksame Leistungen und betriebliche Altersversorgung,
- Angaben zu wichtigen Arbeitspapieren
- usw.

Zu **Beginn einer Beschäftigung** solltest du unbedingt darauf achten, dass alle für die Beschäftigung wichtigen Arbeitspapiere und Nachweise vorliegen. Nur so kannst du sicherstellen, dass alle Angaben richtig sind und du für die Dokumentationszwecke alle Voraussetzungen erfüllst.

4. Sofortmeldepflicht

4.1 Allgemeines

Bei der Einrichtung eines neuen Mandanten muss außerdem überprüft werden, ob das Unternehmen zur Abgabe einer Sofortmeldung verpflichtet ist. In diesem Fall muss für die Arbeitnehmer spätestens bei Aufnahme der Beschäftigung eine SV-Meldung mit dem Meldegrund 20 an die Datenstelle der Rentenversicherung abgesetzt werden. Hierbei handelt es sich um eine gesonderte Meldung, die nicht die Anmeldung wegen Beschäftigungsbeginn (Meldegrund 10) ersetzt.

Die Sofortmeldepflicht gilt für Unternehmen, die in Wirtschaftsbereichen tätig sind, in denen ein erhöhtes Risiko für Schwarzarbeit und illegale Beschäftigung unterstellt wird. Die Arbeitnehmer sind außerdem verpflichtet, während der Beschäftigung ihren Personalausweis mitzuführen. Der Arbeitgeber muss schriftlich hierüber informieren und einen unterschriebenen Nachweis über diese Belehrung zu den Lohnunterlagen nehmen. Bei Verstößen gegen die Vorlagen drohen sowohl dem Arbeitgeber als auch dem Arbeitnehmer hohe Bußgelder. Die gesetzliche Grundlage bildet das Gesetz zur Bekämpfung der Schwarzarbeit und illegalen Beschäftigung (SchwarzArbG). Ein Muster zur Belehrung über die Mitführungspflicht des Personalausweises haben wir dir in den Checklisten abgedruckt.

§ 2a Mitführungs- und Vorlagepflicht von Ausweispapieren (SchwarzArbG)

„(1) Bei der Erbringung von Dienst- oder Werkleistungen sind die in folgenden Wirtschaftsbereichen oder Wirtschaftszweigen tätigen Personen verpflichtet, ihren Personalausweis, Pass, Passersatz oder Ausweisersatz mitzuführen und den Behörden der Zollverwaltung auf Verlangen vorzulegen:

1. im Baugewerbe,

2. im Gaststätten- und Beherbergungsgewerbe,

3. im Personenbeförderungsgewerbe,

4. im Speditions-, Transport- und damit verbundenen Logistikgewerbe,

5. im Schaustellergewerbe,

6. bei Unternehmen der Forstwirtschaft,

7. im Gebäudereinigungsgewerbe,

8. bei Unternehmen, die sich am Auf- und Abbau von Messen und Ausstellungen beteiligen,

9. in der Fleischwirtschaft,

10. im Prostitutionsgewerbe,

11. im Wach- und Sicherheitsgewerbe.

(2) Der Arbeitgeber hat jeden und jede seiner Arbeitnehmer und Arbeitnehmerinnen nachweislich und schriftlich auf die Pflicht nach Absatz 1 hinzuweisen, diesen Hinweis für die Dauer der Erbringung der Dienst- oder Werkleistungen aufzubewahren und auf Verlangen bei den Prüfungen nach § 2 Abs. 1 vorzulegen."

Die Deutsche Rentenversicherung Bund hat eine Anlage veröffentlicht,[1] aus der sich ergibt, welche Betriebe der Pflicht zur Abgabe einer Sofortmeldung unterliegen:

1 Quelle: Deutsche Rentenversicherung Bund, www.deutsche-rentenversicherung.de, Rubrik Meldungen nach der DEÜV, Sofortmeldung.

4.2 Baugewerbe

Der Begriff des Baugewerbes ist umfassend zu verstehen und erfasst auch das Ausbau- und Baunebengewerbe sowie den Garten- und Landschaftsbau. Auf die Anwendung der Tarifverträge für das Baugewerbe oder die unfallversicherungsrechtliche Zuordnung der Betriebe kommt es nicht an. Betriebe des Baugewerbes sind solche, die folgende Arbeiten verrichten bzw. folgende Gewerbe und Handwerksbereiche, und zwar auch dann, wenn die Arbeiten an ortsfesten, auf Dauer eingerichteten Betriebsstätten erfolgen.[1]

- Abdichtungsarbeiten gegen Feuchtigkeit,
- Aptierungs- und Drainierungsarbeiten, wie z. B. das Entwässern von Grundstücken und urbar zu machenden Bodenflächen einschließlich der Grabenräumungs- und Faschinierungsarbeiten, des Verlegens von Drainagerohrleitungen sowie des Herstellens von Vorflut- und Schleusenanlagen,
- Asbestsanierungsarbeiten an Bauwerken und Bauwerkteilen,
- Bautrocknungsarbeiten; das sind Arbeiten, die unter Einwirkung auf das Gefüge des Mauerwerks der Entfeuchtung dienen, auch unter Verwendung von Kunststoffen oder chemischen Mitteln sowie durch Einbau von Kondensatoren,
- Bauten- und Eisenschutzgewerbe,
- Beton- und Stahlbetonarbeiten einschließlich Betonschutz- und Betonsanierungsarbeiten sowie Armierungsarbeiten; nicht erfasst wird das Herstellen von Betonfertigteilen in massiven, ortsfesten und auf Dauer eingerichteten Arbeitsstätten nach Art stationärer Betriebe,
- Beton- und Terrazzowaren herstellendes Gewerbe,
- Bohrarbeiten,
- Brunnenbauarbeiten,
- Chemische Bodenverfestigungen,
- Dachdeckerhandwerk,
- Dämm-(Isolier-)arbeiten; das sind z. B. Wärme-, Kälte-, Schallschutz-, Schallschluck-, Schallverbesserungs-, Schallveredelungsarbeiten einschl. Anbringen von Unterkonstruktionen sowie technischen Dämm-(Isolier-)arbeiten, insbesondere an technischen Anlagen und auf Land-, Luft- und Wasserfahrzeugen,
- Erdbewegungsarbeiten; das sind z. B. Wegebau-, Meliorations-, Landgewinnungs-, Deichbauarbeiten, Wildbach- und Lawinenverbau, Sportanlagenbau sowie Errichtung von Schallschutzwällen und Seitenbefestigungen an Verkehrswegen,
- Estricharbeiten; das sind z. B. Arbeiten unter Verwendung von Zement, Asphalt, Anhydrit, Magnesit, Gips, Kunststoffen oder ähnlichen Stoffen,
- Fassadenbauarbeiten,
- Fassadenreinigung, Sandstrahlarbeiten,
- Fertigbauarbeiten; d. h. Einbauen oder Zusammenfügen von Fertigbauteilen zur Erstellung, Instandsetzung, Instandhaltung oder Änderung von Bauwerken sowie ferner das Herstellen von Fertigbauteilen; nicht erfasst wird das Herstellen von Betonfertigteilen und Holzfertig-

1 Vgl. Baubetriebe-Verordnung v. 28.10.1980, BStBl I S. 2033.

teilen zum Zwecke des Errichtens von Holzfertigbauwerken in massiven, ortsfesten und auf Dauer eingerichteten Arbeitsstätten nach Art stationärer Betriebe,

- Feuerungs- und Ofenbauarbeiten,
- Fliesen-, Platten- und Mosaik-Ansetz- und Verlegearbeiten,
- Fugarbeiten an Bauwerken, insbesondere Verfugung von Verblendmauerwerk und von Anschlüssen zwischen Einbauteilen und Mauerwerk sowie dauerelastische und dauerplastische Verfugungen aller Art,
- Fußboden- und Parkettlegerei,
- Gerüstbau (Holz- und Stahlrohr),
- Glaserhandwerk,
- Glasstahlbetonarbeiten sowie Vermauern und Verlegen von Glasbausteinen,
- Gleisbauarbeiten,
- Herstellen von nicht lagerfähigen Baustoffen, wie z. B. Beton- und Mörtelmischungen (Transportbeton und Fertigmörtel),
- Hochbauarbeiten,
- Holzschutzarbeiten an Bauteilen,
- Installationsgewerbe; insbesondere Klempnerei, Klimaanlagenbau, Gas-, Wasser-, Heizungs-, Lüftungs- und Elektroinstallation sowie Blitzschutz- und Erdungsanlagenbau,
- Kanalbau-(Sielbau-)arbeiten,
- Maler- und Lackiererhandwerk,
- Maurerarbeiten,
- Natur- und Kunststein be- und verarbeitendes Gewerbe und Steinmetzhandwerk,
- Nassbaggerei,
- Kachelofen- und Luftheizungsbau,
- Rammarbeiten,
- Rohrleitungsbau-, Rohrleitungstiefbau-, Kabelleitungstiefbauarbeiten und Bodendurchpressungen,
- Säurebauindustrie,
- Schachtbau- und Tunnelbauarbeiten,
- Schalungsarbeiten,
- Schornsteinbauarbeiten,
- Schreinerhandwerk sowie holzbe- und holzverarbeitende Industrie einschließlich Holzfertigbauindustrie; nicht erfasst wird das Herstellen von Holzfertigteilen zum Zwecke des Errichtens von Holzfertigbauwerken in massiven ortsfesten und auf Dauer eingerichteten Arbeitsstätten nach Art stationärer Betriebe,
- Spreng-, Abbruch- und Enttrümmerungsarbeiten,
- Stahl-, Eisen-, Metall- und Leichtmetallbau sowie Fahrleitungs-, Freileitungs-, Ortsnetz- und Kabelbau,
- Stahlbiege- und Stahlflechtarbeiten,
- Stakerarbeiten,

- Steinmetzarbeiten,
- Straßenbauarbeiten; das sind z. B. Stein-, Asphalt-, Beton-, Schwarzstraßenbauarbeiten,
- Pflasterarbeiten aller Art, Fahrbahnmarkierungsarbeiten sowie ferner Herstellen und Aufbereiten des Mischguts,
- Straßenwalzarbeiten,
- Stuck-, Putz-, Gips- und Rabitzarbeiten einschließlich des Anbringens von Unterkonstruktionen und Putzträgern,
- Terrazzoarbeiten,
- Tiefbauarbeiten,
- Trocken- und Montagebauarbeiten; z. B. Wand- und Deckeneinbau und -verkleidungen einschließlich des Anbringens von Unterkonstruktionen und Putzträgern,
- Verlegen von Bodenbelägen,
- Vermieten von Baumaschinen einschließlich Betonentladegeräten mit Bedienungspersonal,
- Wärmedämmverbundsystemarbeiten,
- Wasserwerksbauarbeiten, Wasserhaltungsarbeiten, Wasserbauarbeiten (z. B. Wasserstraßenbau, Wasserbeckenbau, Schleusenanlagenbau),
- Zimmererarbeiten und Holzbauarbeiten, die im Rahmen des Zimmerergewerbes ausgeführt werden,
- Aufstellen von Bauaufzügen.

Betriebe des Baugewerbes sind ferner die Betriebe des Garten- und Landschaftsbaus, soweit sie auf dem Markt gewerblich eine der nachfolgend aufgeführten Arbeiten anbieten:

- Erstellung von Garten-, Park- und Grünanlagen, Sport- und Spielplätzen sowie Friedhofsanlagen,
- Erstellung der gesamten Außenanlagen im Wohnungsbau, bei öffentlichen Bauvorhaben, insbesondere an Schulen, Krankenhäusern, Schwimmbädern,
- Straßen-, Autobahn-, Eisenbahn-Anlagen, Flugplätzen, Kasernen,
- Deich-, Hang-, Halden- und Böschungsverbau einschließlich Faschinenbau,
- ingenieurbiologische Arbeiten aller Art,
- Schutzpflanzungen aller Art,
- Drainierungsarbeiten,
- Meliorationsarbeiten,
- Landgewinnungs- und Rekultivierungsarbeiten.

4.3 Gaststätten- und Beherbergungsgewerbe[1]

Der Begriff des Gaststättengewerbes ist in § 1 des Gaststättengesetzes definiert. Danach betreibt ein Gaststättengewerbe, „wer im stehenden Gewerbe

1. Getränke zum Verzehr an Ort und Stelle verabreicht (Schankwirtschaft) oder

1 Quelle: Deutsche Rentenversicherung Bund.

2. zubereitete Speisen zum Verzehr an Ort und Stelle verabreicht (Speisewirtschaft),
3. (weggefallen)

wenn der Betrieb jedermann oder bestimmten Personen zugänglich ist.

Ein Gaststättengewerbe im Sinne dieses Gesetzes betreibt ferner, wer als selbständiger Gewerbetreibender im Reisegewerbe von einer für die Dauer der Veranstaltung ortsfesten Betriebsstätte aus Getränke oder zubereitete Speisen zum Verzehr an Ort und Stelle verabreicht, wenn der Betrieb jedermann oder bestimmten Personenkreisen zugänglich ist."

Hierzu gehören:

- Hotels,
- Hotels garnis,
- Motels,
- Gasthöfe,
- Pensionen,
- Schlaf- und Speisewagenbetriebe,
- Jugendherbergen und Hütten.

Für Jugendherbergen in der Trägerschaft der DJH Landesverbände gilt: Gesellschaften, Vereine und Stiftungen handeln dann nicht gewerbsmäßig und fallen somit nicht unter den Begriff des Gaststätten- und Beherbergungsgewerbes, wenn diese gemeinnützige oder mildtätige Zwecke i. S. der §§ 52 ff. AO verfolgen und dies von der zuständigen Finanzbehörde anerkannt ist.

- Campingplätze,
- Erholungs-, Ferien- und Schulungsheime mit Ausnahme der betrieblichen Einrichtungen sowie Kur- und Rehabilitationseinrichtungen mit Ausnahme der Einrichtungen von Sozialversicherungsträgern und Gebietskörperschaften,
- Ferienzentren,
- Ferienhäuser und Ferienwohnungen,
- Gaststätten,
- Restaurants mit Bedienung,
- Restaurants mit Selbstbedienung,
- Autobahnraststätten,
- Cafés.

Für Cafés und Konditoreien gilt: Die Sofortmeldepflicht erstreckt sich auf alle Beschäftigten dieser Betriebe, gleichgültig, ob sie als Servierer/in, Verkäufer/in, Backstubenmitarbeiter/in, Lohnbuchhalter/in oder anderweitig im Betrieb beschäftigt sind. Es kommt auch nicht darauf an, wie lange die Beschäftigten im Café oder in einer Konditorei, die Getränke und Speisen zum Verzehr an Ort und Stelle verabreichen, tätig sind.

- Eisdielen einschließlich mobiler Einrichtungen,
- Imbisshallen einschließlich mobiler Einrichtungen,
- Schankwirtschaften,
- Bars und Vergnügungslokale,

- Diskotheken und Tanzlokale,
- Kantinen,
- Caterer,
- Party-, Pizza-Services.

4.4 Transportgewerbe[1]

Hierzu zählen:

- Eisenbahnen

Nach Art. 2 des Gesetzes zur Neuordnung des Eisenbahnwesens (Eisenbahnneuordnungsgesetz – ENeuOG) i. V. m. Art. 10 Abs. 1 ENeuOG besteht seit dem 1.1.2004 die Deutsche Bahn Aktiengesellschaft (DB). Für Beschäftigte der Deutschen Bahn AG besteht die Verpflichtung zur Abgabe einer Sofortmeldung.

- Personenbeförderung im Linien- und Gelegenheitsverkehr zu Land:
  - Personenbeförderung im Omnibusverkehr,
  - Personenbeförderung mit Stadtschnellbahnen und Straßenbahnen.

Gemeinden erfüllen diese Aufgaben durch Eigenbetriebe, überwiegend jedoch durch sog. Eigengesellschaften, die in den Rechtsformen des Privatrechts betrieben werden.

Daneben werden in zunehmendem Maße private Unternehmer mit der Durchführung des öffentlichen Nahverkehrs beauftragt. Weil im Einzelfall im Rahmen einer Prüfung nicht ohne Weiteres ersichtlich ist, welche Rechtsverhältnisse der Beförderungsleistung zugrunde liegen, ist es sachgerecht und ein Gebot des Gleichbehandlungsgrundsatzes, für Mitarbeiter in allen Betrieben des öffentlichen Nahverkehrs die Pflicht zur Abgabe einer Sofortmeldung einzuführen.

- Berg- und Seilbahnen

Für Beschäftigte in öffentlichen Verkehrsbetrieben – unabhängig von deren Rechtsform – besteht die Verpflichtung zur Abgabe einer Sofortmeldung, ohne Unterschied, ob es sich dabei um einen Eigen- oder Regiebetrieb der öffentlichen Hand oder um einen privaten Unternehmer handelt, der öffentliche Aufgaben erfüllt.

- Taxis und Mietwagen,
- Güterbeförderung im Straßenverkehr:
  - Straßen-Güternahverkehr,
  - Straßen-Güterfernverkehr,
  - Umzugsverkehr mit Kraftfahrzeugen,
  - Abschleppdienste.

Für Entsorgungsbetriebe gilt:

Es ist grds. von einer Verpflichtung zur Abgabe der Sofortmeldung auszugehen, da regelmäßig der Transport des zu entsorgenden Materials vom Entstehungsort zur Entsorgungsanlage im

1 Quelle: Deutsche Rentenversicherung Bund.

Vordergrund steht. Ausnahmen sind möglich, soweit die Entsorgung durch das Unternehmen, in dem das zu entsorgende Material entsteht, in eigener Regie durchgeführt wird.

Eine Sofortmeldepflicht besteht auch für alle Beschäftigten, die an der Beförderung von Gütern mit Kraftfahrzeugen einschließlich des Be- und Entladens von Gütern beteiligt sind, auch wenn es sich um die Beförderung von Milch und Milcherzeugnissen oder von land- und forstwirtschaftlichen Bedarfsgütern oder Erzeugnissen für land- und forstwirtschaftliche Betriebe handelt.

Eine Verpflichtung zur Abgabe einer Sofortmeldung besteht auch für die Beschäftigten des Güterbeförderungsgewerbes der Deutschen Post AG, weil die Dienste nicht hoheitlich, sondern gewerblich erbracht werden.

- Binnenschifffahrt:
  - Personenbeförderung in der Binnenschifffahrt,
  - Güterbeförderung in der Binnenschifffahrt durch Reedereien,
  - Güterbeförderung in der Binnenschifffahrt durch Partikuliere,
  - Fluss- und Kanalfähren,
  - Hafenschifffahrt.

Die Mitführungspflicht erstreckt sich nicht auf die Kapitäne und deren Stellvertreter sowie auf die Besatzungsmitglieder an Bord von Seeschiffen, weil hier durch das Seefahrtsbuch und die Musterrolle ausreichende Kontrollmöglichkeiten bestehen.

- Frachtumschlag,
- Lagerei,
- Kühlhäuser,
- Binnen- und Seehafenbetriebe,
- Flughafenbetriebe.

Auch öffentliche Einrichtungen, die in der Rechtsform des Privatrechts betrieben werden und deren Gesellschafter oder Anteilseigner Gebietskörperschaften sind, werden gewerblich tätig, wenn sie am allgemeinen Wirtschaftsverkehr teilnehmen. Auf die Tarifzugehörigkeit der in diesen Betrieben Beschäftigten kommt es nicht an.

Für die Bediensteten der Bundesanstalt für Flugsicherung besteht keine Verpflichtung zur Abgabe einer Sofortmeldung, da sie ausschließlich in Erfüllung hoheitlicher Aufgaben tätig werden.

Für Luftverkehrsgesellschaften gilt: Ausgenommen sind die regelmäßig von Luftverkehrsgesellschaften Beschäftigten wegen der für sie geltenden besonderen Bestimmungen.

- Reiseveranstalter und Fremdenführung,
- Speditionen, soweit sie über eigene Beförderungsmittel verfügen,
- private Kurierdienste:
  - Briefdienste,
  - Zeitungsdienste,
  - Paketdienste,
  - sonstige Kurierdienste.

Für Essen auf Rädern, Rettungsdienste und Krankentransporte gilt:

Gewerbsmäßige Tätigkeit liegt in aller Regel bei Gesellschaften, Vereinen und Stiftungen nicht vor, wenn diese gemeinnützige oder wohltätige Zwecke i. S. der §§ 52 ff. AO verfolgen. Soweit Beschäftigte im Rettungsdienst und Krankentransport und Auslieferungsfahrer im Bereich „Essen auf Rädern" ausschließlich zu gemeinnützigen Zwecken tätig werden, unterliegen sie nicht der Sofortmeldeverpflichtung. Gleiches gilt für Praktikanten und ehrenamtliche Helfer.

4.5 Schaustellergewerbe[1]

Als Schausteller werden solche Gewerbetreibende bezeichnet, die ein oder mehrere Betriebsstätten, die nach ihrer Gestaltung und äußeren Aufmachung volksfesttypische Geschäfte aus den Bereichen Fahrgeschäfte, Verkaufsgeschäfte, Zeltgaststätten, Imbiss und Ausschank, Schau- und Belustigungsgeschäfte, Schießgeschäfte oder Ausspielungsgeschäfte unterhalten.

Das Schaustellergewerbe wird ausschließlich oder überwiegend an wechselnden Orten auf Volksfesten, Jahrmärkten, Schützenfesten, Kirchweihen und ähnlichen Veranstaltungen ausgeübt.

Hierzu gehören u. a.:

- Schau- und Fahrgeschäfte:
  - Achterbahn,
  - Astrologe,
  - Autobahn (Schaustellergewerbe),
  - Autoskooter,
  - Berg-undTal-Bahn,
  - Boxunternehmen,
  - Flohzirkus,
  - Geisterbahn,
  - Hippodrom,
  - Hundetheater (Schaustellung),
  - Irrgarten,
  - Karussell,
  - Lachkabinett,
  - Luftschaukel,
  - Marionettentheater,
  - mechanisches Theater,
  - Menagerie,
  - Panoptikum,

1 Quelle: Deutsche Rentenversicherung Bund.

- Puppentheater, -bühne,
- Raubtierschau,
- Riesenrad,
- Ringkampfunternehmen,
- Rutschbahn
- Schaustellungsunternehmen
- Schiffschaukel,
- Tierschau,
- Wachsfigurenkabinett,
- Wahrsager,
- Wanderzirkus,
- Zirkus.

► Ausspielgeschäfte:
- Ballwurfspiel,
- Glücksbude,
- Kraftmesser,
- Plattenwurfspiel,
- Ringwurfspiel,
- Schaustellungsunternehmen,
- Schlaghammer,
- Schießbude, -halle, -salon,
- Verlosungsbude, -halle,
- Würfelbude.

4.6 Unternehmen der Forstwirtschaft[1]

Zu den gewerblichen Unternehmen der Forstwirtschaft gehören insbesondere die Einschlags- und Rückunternehmen.

4.7 Gebäudereinigungsgewerbe[2]

Das Gebäudereinigungsgewerbe umfasst Gebäude-, Fassaden-, Raum- und Inventarreinigung sowie Industriereinigung und alle sonstigen von diesem Gewerbe angebotenen Dienstleistungen.

1 Quelle: Deutsche Rentenversicherung Bund.
2 Quelle: Deutsche Rentenversicherung Bund.

Hierzu gehören u. a.

- Reinigung von Gebäuden, Räumen und Inventar (ohne Hausfassadenreinigung):
  - Autowäscherei,
  - Bettfedernreinigung,
  - Bierleitungsreinigung,
  - Bohnern,
  - Büroreinigung,
  - Dampfkesselreinigung,
  - Entmottung,
  - Entwesung,
  - Fensterreinigung,
  - Fußbodenpflege,
  - Fußbodenversiegelung,
  - Getränkeleitungsreinigung,
  - Glasreinigung,
  - Hausbockbekämpfung,
  - Hausschwammbeseitigung,
  - Industriewartungsbetrieb,
  - Insektenvertilgung,
  - Kammerjäger,
  - Kannenreinigung,
  - Kesselreinigung,
  - Kesselsteinbeseitigung,
  - Leitungsreinigung,
  - Lokalreinigung,
  - Möbelreinigung,
  - Mottenvertilgung,
  - Ölfeuerungsreinigung,
  - Ofenreinigung,
  - Parkettreinigung,
  - Parkettversiegelung,
  - Polsterreinigung,
  - Reinigung von Getränkeleitungen,

- Reinigungsinstitut,
- Rohrreinigung,
- Schädlingsbekämpfung,
- Schaufensterreinigung,
- Schiffsreinigung,
- Tankreinigung,
- Teppichreinigung,
- Ungezieferreinigung,
- Wanzenvertilgung,
- Wohnungsreinigung,
- Zimmerreinigung.

► Fassadenreinigung und Gebäudetrocknung:
- Bauaustrocknung,
- Bauhilfsgewerbe,
- Fassadenreinigung,
- Flammstrahlentrostung,
- Gebäudeaustrocknung durch Warmluft,
- Gebäudefassadenreinigung,
- Gebäudetrockenlegung,
- Hausfassadenreinigung,
- Mauertrockenlegung,
- Sandstrahlarbeiten,
- Sandstrahlentrostung.

4.8 Auf- und Abbau von Messen und Ausstellungen[1]

Zu den Unternehmen, die sich am Auf- und Abbau von Messen und Ausstellungen beteiligen, gehören in erster Linie solche Unternehmen, die erwerbsmäßig Messestandbau betreiben.

Erfasst werden außerdem die Betreiber von Messen und Ausstellungen, sofern sie sich erwerbsmäßig am Auf- und Abbau beteiligen, also selbst auch Messestandbau betreiben.

Nicht hierunter fallen dagegen die ausstellenden Unternehmen (Messebeschicker), und zwar auch dann, wenn sie den Auf- und Abbau ihres Ausstellungsstandes selbst vornehmen.

1 Quelle: Deutsche Rentenversicherung Bund.

4.9 Fleischwirtschaft[1]

Zur Fleischwirtschaft gehören folgende Betriebe:

- Schlachthöfe,
- fleischverarbeitende Betriebe,
- Großhandel mit Fleisch und Fleischwaren,
- Einzelhandel mit Fleisch und Fleischwaren.

5. Lohnsteuer

Die Lohnsteuer ist eine besondere **Erhebungsform der Einkommensteuer** und stellt somit keine eigene Steuerart dar. Der Arbeitgeber ist gesetzlich verpflichtet, die Lohnsteuer richtig zu berechnen, fristgerecht an das Finanzamt abzuführen und den Betrag dem Arbeitnehmer bei der Nettolohnabrechnung zu belasten.

Die Höhe der Lohnsteuer ist abhängig von der Höhe des **Gesamt-Brutto**. Das Gesamt-Brutto ist die Grundlage zur Ermittlung der Steuerabzüge. Es ermittelt sich aus der Summe aller Bruttobezüge, abzgl. steuerfreier und pauschalierter Bezüge.

Eventuell sind **Freibeträge** und **Hinzurechnungsbeträge** zu berücksichtigen.

HINWEIS

Der Grundfreibetrag im Jahr 2025 beträgt 12.096 €. Im Zusammenhang mit der Erhöhung des Grundfreibetrags sind auch noch weitere Werte zu berücksichtigen:

- Der Kinderfreibetrag (einschließlich Freibetrag für Betreuungs-, Erziehungs- und Ausbildungsbedarf gem. § 32 Abs. 6 EStG) beträgt bei der Zusammenveranlagung 9.600 €.
- Das Kindergeld beträgt seit 1.1.2025 einheitlich für jedes Kind 255 €.
- Die Eckwerte des Einkommensteuertarifs werden regelmäßig angehoben, um die Wirkung der kalten Progression zu korrigieren (Rechtsverschiebung der Tarifeckwerte, siehe Tabelle Steuertarif).

Steuertarif

ABB. Steuertarif

Steuertarif	2023	2024	2025
Grundfreibetrag			
Alleinstehend:	**10.908 €**	**11.784 €**	**12.096 €**
Ehe-/Lebenspartner:	21.816 €	23.568 €	24.192 €
Eingangssteuersatz:	**14 %**	**14 %**	**14 %**
	(* ab 10.909 €)	(* ab 11.784 €)	(* ab 12.097 €)
Spitzensteuersatz	**42 %**	**42 %**	**42 %**
Alleinstehend:	(* ab 62.810 €)	(* ab 66.761 €)	(* ab 68.481 €)
Ehe-/Lebenspartner:	(* ab 125.620 €)	(* ab 133.522 €)	(* ab 136.962 €)
Spitzensteuersatz	**45 %**	**45 %**	**45 %**
Alleinstehend:	(* ab 277.826 €)	(* ab 277.826 €)	(* ab 277.826 €)
Ehe-/Lebenspartner:	(* ab 555.652 €)	(* ab 555.652 €)	(* ab 555.652 €)

* Zu versteuerndes Einkommen.

1 Quelle: Deutsche Rentenversicherung Bund.

6. Lohnzahlungs- und Lohnabrechnungszeitraum

Als **Lohnzahlungszeitraum** bezeichnen wir den Zeitraum, für den **Arbeitslohn** gezahlt wird. Der **Lohnabrechnungszeitraum** bezieht sich dagegen auf den Zeitraum, für den Arbeitslohn abgerechnet wird. In der Praxis stimmen Lohnzahlungszeitraum und Lohnabrechnungszeitraum in aller Regel überein, denn üblicherweise werden Löhne und Gehälter pro Kalendermonat bezahlt und abgerechnet.

Leistet der Arbeitgeber für den Lohnzahlungszeitraum lediglich eine **Abschlagszahlung** und erfolgt die eigentliche Lohnabrechnung erst später, kann er nach § 39b Abs. 5 EStG den Lohnabrechnungszeitraum als Lohnzahlungszeitraum behandeln und die Lohnsteuer erst bei der Lohnabrechnung einbehalten. Diese Regelung darfst du allerdings nicht anwenden, wenn der Lohnabrechnungszeitraum fünf Wochen übersteigt oder die Lohnabrechnung nicht innerhalb von drei Wochen nach dessen Ablauf erfolgt.

7. Zuflussprinzip

Nach § 38 Abs. 2 EStG entsteht die Lohnsteuer, sobald der Arbeitslohn dem Arbeitnehmer zufließt. Dies ist der Zeitpunkt, zu dem der Arbeitgeber den Arbeitslohn an den Arbeitnehmer ausbezahlt und dieser wirtschaftlich darüber verfügen kann. Die Zahlung von Arbeitslohn erfolgt heutzutage unbar mittels Überweisung. Bei einer Überweisung erfolgt der Zufluss in dem Moment, in dem die **Kontogutschrift** erfolgt.

§ 38a EStG ergänzt dazu, dass **laufender Arbeitslohn** in dem Kalenderjahr zufließt, in dem der Lohnzahlungszeitraum endet. In diesem Sonderfall wird also das eigentliche Zuflussprinzip in der Steuer durchbrochen. Dagegen gelten sonstige Bezüge immer zum Zeitpunkt des Zuflusses als bezogen.

BEISPIEL LAUFENDE ZAHLUNG ► Ein Mandant zahlt monatlich den Arbeitslohn aus. Für den Monat Dezember des laufenden Jahres erfolgt die Auszahlung des Arbeitslohns erst Anfang Januar des Folgejahres.

Der Arbeitslohn ist steuerlich noch im Dezember des laufenden Jahres zugeflossen.

BEISPIEL SONSTIGER BEZUG ► Wie vorgenanntes Beispiel, allerdings wird kein laufender Arbeitslohn, sondern ein sonstiger Bezug (Einmalzahlung) gezahlt. Die sonstigen Bezüge fließen im Januar des neuen Jahres zu und müssen der Januarabrechnung zugeordnet werden. Eine gemeinsame Abrechnung mit den laufenden Bezügen für Dezember ist nicht möglich. Um das zu umgehen, müssen die Arbeitslöhne für den Monat Dezember noch im Dezember überwiesen werden. Somit sind auch die sonstigen Bezüge im alten Jahr zugeflossen und können gemeinsam mit den laufenden Bezügen der Entgeltabrechnung für Dezember versteuert werden.

8. Steuerklassen

Die Steuerklassen sind ein Instrument des Lohnsteuerabzugs und sollen dem Arbeitgeber diesen erleichtern. Sie sind nach persönlichen Lebensumständen unterteilt. Es gibt **sechs Steuerklassen**:

Steuerklasse I

- Ledige und geschiedene Arbeitnehmer,
- verwitwete, wenn der Ehegatte/Lebenspartner vor dem 1.1. des Vorjahrs (für 2025 daher: vor dem 1.1.2024) verstorben ist,

- verheiratete, eingetragene Lebenspartner, aber dauernd getrennt Lebende,
- verheiratete, eingetragene Lebenspartner, deren Ehepartner/Lebenspartner im Ausland lebt.

Steuerklasse II

- Die unter Steuerklasse I genannten Arbeitnehmer, wenn in der Wohnung mindestens ein Kind gemeldet ist und die Voraussetzungen des Entlastungsbetrags für Alleinerziehende (keine anderen volljährigen Personen sind in der Wohnung gemeldet) vorliegen; die Unterscheidung zur Steuerklasse I besteht darin, dass der Entlastungsbetrag für Alleinerziehende i. H. von 4.260 € jährlich eingearbeitet ist.

Steuerklasse III

- Verheiratete Arbeitnehmer, eingetragene Lebenspartner, die nicht dauernd getrennt von ihrem Ehegatten/Lebenspartner leben, wenn dieser im Inland lebt und keinen Arbeitslohn bezieht oder für ihn die Steuerklasse V gewählt wurde,
- verwitwete Arbeitnehmer, wenn der Ehegatte/Lebenspartner nach dem 31.12. des vorletzten Jahres (für 2025 daher: nach dem 31.12.2023) verstorben ist und beide zum Zeitpunkt des Todes nicht dauernd getrennt lebten und im Inland wohnten.

Steuerklasse IV

- Verheiratete Arbeitnehmer, eingetragene Lebenspartner, wenn beide Arbeitslohn beziehen, ihren Wohnsitz im Inland haben und nicht dauernd getrennt leben; (weitere Möglichkeit ist die Steuerklassenkombination IV/IV mit einem Faktor).

Steuerklasse V

- Verheiratete Arbeitnehmer, eingetragene Lebenspartner, wenn beide Arbeitslohn beziehen und der Ehegatte/Lebenspartner in Steuerklasse III eingestuft ist; (weitere Möglichkeit ist die Steuerklassenkombination IV/IV mit einem Faktor).

Steuerklasse VI

- Arbeitnehmer bezieht gleichzeitig in mehreren Dienstverhältnissen Arbeitslohn,
- Arbeitgeber erhält keine ELStAM-Daten oder ein ELStAM-Abruf ist nicht möglich (Sperre) und der Arbeitnehmer legt keine Bescheinigung für den Lohnsteuerabzug vor,
- wenn beim Abruf der ELStAM-Daten durch den Arbeitgeber nicht das Kennzeichen Hauptarbeitgeber gesetzt wird, erfolgt als Rückmeldung die Steuerklasse VI.

8.1 Wahl

Beziehen beide Ehegatten/Lebenspartner Arbeitslohn aus einer nichtselbständigen Arbeit, erfolgt grds. eine **gemeinsame Besteuerung**. Am Jahresende erfolgt durch die Einkommensteuer die Zusammenführung der Arbeitseinkünfte beider Ehegatten/Lebenspartner. Die Berechnung der Lohnsteuer im Rahmen der monatlichen Einkünfte führt meist zu einer zu hohen einbehaltenen Steuer. Um dennoch das Jahresergebnis möglichst genau zu berechnen, können Ehegatten/Lebenspartner sich zwischen zwei möglichen Steuerklassenkombinationen entscheiden:

Steuerklassenkombination III und V:

Bei dieser Kombination der Steuerklassen wird einer der Ehegatten/Lebenspartner in die Steuerklasse III eingestuft und der andere Ehegatte/Lebenspartner in die Steuerklasse V. Dabei ist zu beachten, dass der Ehegatte/Lebenspartner mit den höheren Einkünften die Steuerklasse III wählt. In der Regel sollte dieser Ehegatte/Lebenspartner ca. 60 % und der in Steuerklasse V eingestufte Ehegatte/Lebenspartner ca. 40 % des gemeinsamen Arbeitslohns beziehen.

Steuerklassenkombination IV/IV:

Bei dieser Kombination wird davon ausgegangen, dass beide Ehegatten/Lebenspartner in etwa gleich viel an Arbeitslohn beziehen. Seit dem 1.1.2010 ist es bei dieser Kombination möglich, einen Faktor auf die Lohnsteuerabzugsmerkmale eintragen zu lassen.

HINWEIS

Für die Änderungen der Lohnsteuerklassen ist das Wohnsitzfinanzamt zuständig. Ein Antrag auf die Änderung der Lohnsteuerklasse ist über das Formular „Antrag auf Steuerklassenwechsel bei Ehegatten/Lebenspartnern" (www.formulare-bfinv.de) möglich. Seit Oktober 2021 kann für einen Steuerklassenwechsel das elektronische Lohnsteuer-Ermäßigungsverfahren (ELeV) über Mein ELSTER unter www.elster.de genutzt werden. Neben der neu eingeführten Möglichkeit der elektronischen Antragstellung kann der Steuerklassenwechsel weiterhin auf Papier beim Finanzamt beantragt werden. Die Finanzämter empfehlen jedoch, bevorzugt von der elektronischen Antragstellung Gebrauch zu machen, weil so eine schnelle und medienbruchfreie Bearbeitung möglich ist.

Die bis Ende 2019 gültige Einschränkung auf einen möglichen unterjährigen Steuerklassenwechsel wurde ersatzlos gestrichen. Seit 2020 ist auch ein mehrfacher Steuerklassenwechsel während eines Kalenderjahres möglich.

8.2 Faktorverfahren

Seit dem 1.1.2010 können Ehegatten/Lebenspartner das **Faktorverfahren** wählen. Oft wird der Lohnsteuerabzug in der Steuerklassenkombination IV/IV als hoch empfunden. Auf Antrag können Ehegatten/Lebenspartner den Faktor in ihre Lohnsteuerabzugsmerkmale eintragen lassen. Beim Faktorverfahren wird die Lohnsteuer beider Ehegatten/Lebenspartner nach der Steuerklasse IV ermittelt und mindert sich anschließend durch die Multiplikation mit dem Faktor, wenn der Faktor kleiner als 1 ist. Die Ermittlung des Faktors ergibt sich wie folgt: Es wird zuerst die voraussichtliche gemeinsame Einkommensteuer nach dem Splittingtarif ermittelt (Y). Anschließend wird die voraussichtliche Lohnsteuer beider Ehegatten/Lebenspartner in der Steuerklasse IV ermittelt (X). Der Faktor berechnet sich aus Y : X – wenn er kleiner als 1 ist, wird der Faktor neben der Steuerklasse IV in die Lohnsteuerabzugsmerkmale mit drei Nachkommastellen eingetragen.

BEISPIEL ▸ **Faktorverfahren (Beispiel Ehegatten 2025):**

Ehemann, LSt-Klasse IV, jährlicher Arbeitslohn 36.000 € = Lohnsteuer 3.802 €

Ehefrau, LSt-Klasse IV, jährlicher Arbeitslohn 20.400 € = Lohnsteuer 551 €

Berechnung:

(Y) = voraussichtliche Einkommensteuer nach der Splittingtabelle: 4.174 €

(X) = Summe der errechneten Lohnsteuer bei Steuerkombination IV/IV (3.802 + 551) = 4.353 €

Faktorberechnung: 4.174 : 4.353 = 0,958; Faktor < 1

Lösung:

Mit Anwendung des Faktors:

Ehemann, LSt-Klasse IV mit Faktor, jährlicher Arbeitslohn 36.000 € = Lohnsteuer (3.802 € x 0,958) = 3.642 €

Ehefrau, LSt-Klasse IV mit Faktor, jährlicher Arbeitslohn 20.400 € = Lohnsteuer (551 € x 0,958) = 527 €

Zum Vergleich:

Ehemann, LSt-Klasse III, jährlicher Arbeitslohn 36.000 € = Lohnsteuer 638 €

Ehefrau, LSt-Klasse V, jährlicher Arbeitslohn 20.400 € = Lohnsteuer 2.580 €

Bei der Lohnsteuerkombination III/V hätten die Ehepartner auf das Jahr gerechnet 956 € zu wenig bezahlt. Ab einem Nachzahlungsbetrag von 400 € werden vom Finanzamt Vorauszahlungen festgesetzt.

TIPP

Zur Wahl der passenden Lohnsteuerklasse für den Mandanten kannst du mit dem Lohnsteuerklassenrechner (NWB HAAAB-05537) die verschiedenen Möglichkeiten vergleichen.

9. Steuerliche Freibeträge

Die Steuerlast im Rahmen der monatlichen Steuerabzüge kann durch eine Reihe von Freibeträgen gemindert werden. Der **Grundfreibetrag** und der **Arbeitnehmerpauschbetrag** werden jedem Steuerpflichtigen automatisch gewährt. Individuelle Freibeträge muss der Steuerpflichtige in seine **Lohnsteuerabzugsmerkmale** eintragen lassen. Dafür ist ebenfalls das Wohnsitzfinanzamt zuständig.

Grundfreibeträge: Grundfreibetrag (12.096 € bei Ledigen bzw. 24.192 € bei Verheirateten)

- Arbeitnehmerpauschbetrag 1.230 € (nur Steuerklassen I bis V)
- Vorsorgepauschale
- Die **Vorsorgepauschale** ist bereits in die Lohnsteuertabelle eingearbeitet. Sie soll bestimmte Vorsorgeaufwendungen des Arbeitnehmers pauschal abgelten.

Vorsorgeaufwendungen sind die Arbeitnehmerbeiträge zur gesetzlichen Sozialversicherung, Beiträge zur privaten Kranken- und Pflegeversicherung, Beiträge zur Unfall- und Haftpflichtversicherung, sowie Beiträge zu bestimmten Lebens- oder Todesfallversicherungen. Seit dem Jahr 2010 wird allerdings eine Vorsorgepauschale nur noch für bestimmte Vorsorgeaufwendungen gewährt. Neben den Beiträgen zur Kranken- und Pflegeversicherung sind auch weitere Vorsorgeaufwendungen als Sonderausgaben berücksichtigungsfähig, wenn die **Mindestvorsorgepauschalen** von 1.900 € (Arbeitnehmer) bzw. 2.800 € (Selbständige) nicht ausgeschöpft sind. Diese Regelung eines einheitlichen Abzugsvolumens für Vorsorgeaufwendungen wird im Lohnsteuerabzugsverfahren dadurch berücksichtigt, dass 12 % vom Bruttoarbeitslohn als arbeitslohnabhängige Mindestvorsorgepauschale anzusetzen sind, höchstens jedoch 1.900 €/Jahr in den Steuerklassen I, II, IV, V, VI bzw. 3.000 €/Jahr in Steuerklasse III.

9.1 Individuelle Freibeträge

Kinderfreibeträge (§ 32 Abs. 6 EStG): Jeder leibliche Elternteil hat Anspruch auf die Hälfte des Kinderfreibetrags. Leben die Elternteile zusammen, erhalten sie gemeinsam den vollen Kinderfreibetrag.

- Halber Kinderfreibetrag 3.336 € | Betreuungsfreibetrag 1.464 €
- Ganzer Kinderfreibetrag 6.672 € | Betreuungsfreibetrag 2.928 €

Für bestimmte im Einkommensteuergesetz geregelte Sonderfälle können der Freibetrag und der Betreuungsfreibetrag auf andere Personen übertragen werden.

Kindergeld (§ 66 EStG): Zuständig für das Kindergeld sind die Familienkassen.

- Das Kindergeld beträgt seit dem 1.1.2025 einheitlich für jedes Kind 255 €.

HINWEIS

Anspruch auf Kindergeld und den Kinderfreibetrag besteht für jedes Kind bis zum 18. Lebensjahr. Kinder in der Schul- oder Berufsausbildung werden bis zum 25. Lebensjahr berücksichtigt, wenn eine erstmalige Berufsausbildung oder ein Erststudium vorliegt. Arbeitslose Kinder werden bis zum 21. Lebensjahr berücksichtigt.

Weitere Freibeträge: Arbeitnehmer können sich auf Antrag beim Finanzamt **steuerlich abziehbare Aufwendungen** als Freibetrag in den Lohnsteuerabzugsmerkmalen eintragen lassen. § 39a EStG nennt die Voraussetzungen der Freibeträge. Zu den abziehbaren Aufwendungen zählen demnach u. a.:

- bestimmte Sonderausgaben,
- außergewöhnliche Belastungen,
- Werbungskosten,
- Pauschbeträge für Behinderte.

9.2 Hinzurechnungsbeträge

Seit dem 1.1.2000 können nicht nur Freibeträge, sondern auch **Hinzurechnungsbeträge** nach § 39a Abs. 1 Nr. 7 EStG eingetragen werden.

Ein Hinzurechnungsbetrag ist dem Arbeitslohn des Arbeitnehmers hinzuzurechnen, bevor die Lohnsteuer berechnet und abgezogen wird. Seit dem 1.1.2010 sind die Hinzurechnungsbeträge neben den Freibeträgen anzuwenden. Ein Hinzurechnungsbetrag ist für Arbeitnehmer mit **mehreren Dienstverhältnissen** mit jeweils einem geringen Arbeitslohn (z. B. Rentner und Auszubildende) sinnvoll. In den meisten Fällen solcher Mehrfachbeschäftigungen erhält der Arbeitnehmer in seinem ersten Dienstverhältnis einen Arbeitslohn, der geringer ist als der Grundfreibetrag. Allerdings wird in seinem zweiten Dienstverhältnis der gesamte Arbeitslohn mit der Steuerklasse VI besteuert.

In den Fällen, in denen im ersten Dienstverhältnis der Arbeitslohn unterhalb des Grundfreibetrags liegt, ist eine **Übertragung des nicht ausgeschöpften Grundfreibetrags** auf ein weiteres Dienstverhältnis möglich. In diesem Fall wird der nicht in Anspruch genommene Grundfreibetrag auf das zweite Dienstverhältnis übertragen. Dem Arbeitgeber aus dem zweiten Dienstverhältnis wird mit den ELStAM-Daten ein Freibetrag i. H. des Hinzurechnungsbetrags gemeldet. Der Freibetrag aus dem zweiten Dienstverhältnis wird dem ersten Arbeitgeber als Hinzurechnungsbetrag mit den ELStAM-Daten gemeldet. Somit bleibt die Höhe des Grundfreibetrags gleich. Allerdings ist der Grundfreibetrag auf zwei oder mehrere Dienstverhältnisse verteilt.

BEISPIEL Ein Auszubildender erhält eine monatliche Ausbildungsvergütung i. H. von 720 €. Der Ausbildungsbetrieb rechnet nach dem Lohnsteuerabzugsmerkmal mit der Steuerklasse I ab. Nebenbei arbeitet er als Aushilfskellner in einem Restaurant und verdient dort monatlich 556 €. Der Nebenjob wird mit der Nebenarbeitgebereigenschaft bei ELStAM angemeldet und mit der Steuerklasse VI abgerechnet.

In einem solchen Fall müsste der Auszubildende ohne Hinzurechnungsbetrag im zweiten Dienstverhältnis Lohnsteuer (61,25 €) zahlen. Mit einem Hinzurechnungsbetrag müsste er für beide Dienstverhältnisse keine Lohnsteuer zahlen. 12 x 1.276 € = 15.312 €, somit liegt sein Jahresarbeitslohn unter dem für Steuerklasse I maßgebenden Eingangsbetrag.

9.3 Altersentlastungsbetrag

Arbeitnehmer, die im Vorjahr das 64. Lebensjahr vollendet haben, erhalten den Altersentlastungsbetrag. Im Jahr 2005 wurde der Altersentlastungsbetrag mit 40 % eingeführt und wird in den nächsten Jahren weiter verringert. Im Jahr 2025 beträgt der Altersentlastungsbetrag 13,2 %, max. 627 € (Höchstbetrag). Der Altersentlastungsbetrag hat keinen Einfluss auf die Beiträge in der Sozialversicherung.

Der verlangsamte Anstieg des Besteuerungsanteils wurde mit dem Wachstumschancengesetz beschlossen und wird im Bereich des Altersentlastungsbetrags nachvollzogen. Mit der Anpassung wird ab dem Jahr 2023 der anzuwendende Prozentsatz nicht mehr in jährlichen Schritten von 0,8 Prozentpunkten, sondern von 0,4 Prozentpunkten verringert. Der Höchstbetrag sinkt beginnend mit dem Jahr 2023 um jährlich 19 € anstatt bisher 38 €.

9.4 Versorgungsfreibetrag

Versorgungsbezüge sind Bezüge, die ein Arbeitnehmer aufgrund eines früheren Dienstverhältnisses erhält. Typische Versorgungsbezüge sind **Betriebsrenten der Werkspensionäre** und **Ruhegehälter der Beamtenpensionäre**. Bezüge aus früheren Dienstverhältnissen sind grds. steuerpflichtig, allerdings ist u. U. ein **Versorgungsfreibetrag** zu berücksichtigen.

Für **Versorgungsbezüge**, die wegen des Erreichens einer **Altersgrenze** bezahlt werden, wird der Versorgungsfreibetrag ab dem 63. Lebensjahr gewährt, bei Schwerbehinderten bereits ab dem 60. Lebensjahr.

Für Versorgungsbezüge, die wegen **Berufs- und Erwerbsunfähigkeit** oder als **Hinterbliebenenbezüge** gezahlt werden, ist für die Berücksichtigung des **Versorgungsfreibetrags** keine Altersgrenze maßgebend.

Im **öffentlichen Dienst** erfolgt die Gewährung des Versorgungsfreibetrags generell unabhängig vom Lebensalter. Im Jahr 2025 beträgt der Versorgungsfreibetrag 13,2 % der Versorgungsbezüge, max. jedoch 990 € (2005 waren es noch 3.000 €). Bei monatlicher Zahlung ist der Versorgungsfreibetrag mit höchstens 1/12 vom Jahreshöchstbetrag zu berücksichtigen.

Vergleichbar mit dem Altersentlastungsbetrag ergeben sich auch beim Versorgungsfreibetrag zukünftig Änderungen durch das Alterseinkünftegesetz und Wachstumschancengesetz.

Das **Alterseinkünftegesetz** sieht die Gleichheit der Versteuerung von gesetzlichen Renten und Versorgungsbezügen vor, daher wird der Versorgungsfreibetrag schrittweise abgebaut. Ab dem Jahr 2040 werden die Renten voll versteuert, gleichzeitig wird es ab diesem Zeitpunkt keinen Versorgungsfreibetrag mehr geben. Nach § 19 EStG ermäßigt sich der Versorgungsfreibetrag

- in den Jahren 2006 bis 2020 um jeweils 1,6 %,
- in den Jahren 2021 bis 2022 um jeweils 0,8 %,
- in den Jahren 2023 bis 2057 um jeweils 0,4 %,
- ab dem Jahr 2058 auf 0,0 %.

Gleichzeitig sinkt der Höchstbetrag

- in den Jahren 2006 bis 2020 um jeweils 120 €,
- in den Jahren 2021 bis 2022 um jeweils 60 €,
- in den Jahren 2023 bis 2057 um jeweils 30 €,
- ab dem Jahr 2058 auf 0 €.

Nach § 19 Abs. 2 EStG bleiben von Versorgungsbezügen ein nach einem Prozentsatz ermittelter und auf einen Höchstbetrag begrenzter Versorgungsfreibetrag sowie ein Zuschlag zum Versorgungsfreibetrag (Freibeträge für Versorgungsbezüge) steuerfrei. Beginnend mit dem Jahr 2023 ist der anzuwendende Prozentwert zur Bemessung des Versorgungsfreibetrags nicht mehr in jährlichen Schritten von 0,8 Prozentpunkten, sondern nur noch in jährlichen Schritten von 0,4 Prozentpunkten verringert. Der Höchstbetrag ist ab dem Jahr 2023 um jährlich 30 € und der Zuschlag zum Versorgungsfreibetrag um jährlich 9 € verringert.

Für die **Berechnung** des Versorgungsfreibetrags sieht § 19 Abs. 2 Satz 4 EStG seit dem Jahr 2005 Folgendes vor:

1. Bildung des voraussichtlichen Versorgungsbezugs für ein Jahr auf Basis des Versorgungsbezugs des ersten vollen Monats unter Einrechnung voraussichtlicher Einmalzahlungen. Versorgungsbezüge, deren Beginn vor 2005 liegt, sind so zu behandeln wie Versorgungsbezüge, die im Januar 2005 neu gewährt werden.
2. Multiplikation des voraussichtlichen Jahresversorgungsbezugs mit dem Prozentsatz des Erstjahres.

Seit 1.1.2005 wird neben dem herkömmlichen Versorgungsfreibetrag noch ein zusätzlicher Versorgungsfreibetrag auf Versorgungsbezüge gewährt. Für die Gewährung des Zuschlags zum Versorgungsfreibetrag gelten die gleichen Voraussetzungen wie beim eigentlichen Versorgungsfreibetrag.

Der Zuschlag zum Versorgungsfreibetrag wurde als Ersatz für die Reduzierung der **Werbungskostenpauschale** für Versorgungsbezüge eingeführt. Durch das **Alterseinkünftegesetz** wurde die Werbungskostenpauschale für Versorgungsbezüge von 920 € auf 102 € gesenkt. Somit existiert nun sowohl für Versorgungsbezüge als auch für gesetzliche Renten eine einheitliche Werbungskostenpauschale i. H. von jeweils 102 €.

Analog zum Versorgungsfreibetrag ermäßigt sich auch der Zuschlag zum Versorgungsfreibetrag. Die Reduzierung beträgt in den Jahren

- in den Jahren 2006 bis 2020 um jeweils 36 €,
- in den Jahren 2021 bis 2022 um jeweils 18 €,
- in den Jahren 2023 bis 2057 um jeweils 9 €,
- ab dem Jahr 2058 auf 0 €.

Für beide Freibeträge gilt die sog. Kohortenregelung. Kohorte heißt, dass die zu Beginn des Versorgungsbezugs festgelegten Versorgungsfreibeträge ein Leben lang gelten.

Bezieht beispielsweise ein Arbeitnehmer im Jahre 2025 das erste Mal eine Betriebsrente, wird ihm darauf ein Versorgungsfreibetrag von 13,2 %, maximal 990 €, sowie ein Zuschlag zum Versorgungsfreibetrag i. H. von 297 € gewährt.

Diese beiden Freibeträge werden im Jahr des erstmaligen Bezugs der Betriebsrente gebildet und dem Arbeitnehmer für die gesamte Dauer des Versorgungsbezugs unverändert zugeschrieben. Zukünftige Rentenerhöhungen verändern die Höhe nicht mehr.

Im Zusammenhang mit der **Versteuerung von Versorgungsbezügen** ergeben sich besondere **Aufzeichnungs- und Bescheinigungspflichten**. In § 4 Abs. 1 Nr. 4 LStDV ist vorgeschrieben, dass im Lohnkonto der Monat und das Kalenderjahr des Versorgungsbeginns und die für die Festschreibung der Versorgungsfreibeträge errechnete Bemessungsgrundlage zu dokumentieren sind.

Im **Lohnkonto** aufgezeichnete Angaben müssen in die Lohnsteuerbescheinigung übertragen werden. Folgende Zeilen sind ggf. zu bescheinigen:

- Zeile 29: Bemessungsgrundlage für den Versorgungsfreibetrag
- Zeile 30: Kalenderjahr des Versorgungsbeginns
- Zeile 31: Bei unterjähriger Zahlung: erster und letzter Monat, für den Versorgungsbezüge gezahlt wurden
- Zeile 32: Sterbegeld, Kapitalauszahlungen/Abfindungen und Nachzahlungen von Versorgungsbezügen

10. Pauschalierung von Arbeitslohn

Steuerpflichtiger Arbeitslohn ist i. d. R. **individuell**, d. h. aufgrund der ELStAM, durch den Arbeitnehmer zu versteuern. In bestimmten Fällen können Arbeitslohn oder Teile davon auch vom Arbeitgeber lohnsteuerlich pauschaliert werden.

Bei der **Pauschalierung** wendet der Arbeitgeber vom Gesetzgeber vorgegebene prozentuale Steuersätze an. Grundsätzlich sind zusätzlich zur pauschalen Lohnsteuer die Kirchensteuer und der Solidaritätszuschlag abzuführen.

Pauschaliert werden können z. B.:

Pauschalierungsfähige Zuwendungen	Pauschalsteuersatz	Rechtsgrundlage
Gewährung von sonstigen Bezügen in einer größeren Zahl von Fällen von nicht mehr als 1.000 € im Kalenderjahr	Zu berechnen nach den steuerlichen Verhältnissen der Arbeitnehmer	§ 40 Abs. 1 Satz 1 Nr. 1 EStG
Nachforderung von Lohnsteuer in einer größeren Zahl von Fällen durch das Finanzamt	Zu berechnen nach den steuerlichen Verhältnissen der Arbeitnehmer	§ 40 Abs. 1 Satz 1 Nr. 2 EStG
Gewährung oder Bezuschussung von arbeitstäglichen Mahlzeiten	25 %	§ 40 Abs. 2 Satz 1 Nr. 1 EStG
Gewährung von Erholungsbeihilfen, im Kalenderjahr 156 € für den Arbeitnehmer, 104 € für den Ehegatten und 52 € für jedes Kind	25 %	§ 40 Abs. 2 Satz 1 Nr. 3 EStG
Zuwendungen aus Anlass von Betriebsveranstaltungen	25 %	§ 40 Abs. 2 Satz 1 Nr. 2 EStG

Pauschalierungsfähige Zuwendungen	Pauschalsteuersatz	Rechtsgrundlage
Steuerpflichtiger Verpflegungskostenersatz bis 100 % der steuerfreien Pauschbeträge	25 %	§ 40 Abs. 2 Satz 1 Nr. 4 EStG
Übereignung von Datenverarbeitungs- bzw. Telekommunikationsgeräten und Internetzugang	25 %	§ 40 Abs. 2 Satz 1 Nr. 5 EStG
Übereignung von Ladevorrichtungen zum Aufladen von Elektro- oder Hybridfahrzeugen (befristet bis 31.12.2030)	25 %	§ 40 Abs. 2 Satz 1 Nr. 6 EStG
Zuschuss eines Arbeitgebers an den Arbeitnehmer für Kosten des Erwerbs einer Ladeeinrichtung für Elektro- oder Hybridfahrzeuge (befristet bis 31.12.2030)	25 %	§ 40 Abs. 2 Satz 1 Nr. 6 EStG
Übereignung von betrieblichen Fahrrädern	25 %	§ 40 Abs. 2 Satz 1 Nr. 7 EStG
Zuschüsse für Fahrten Wohnung – erste Tätigkeitsstätte mit Pkw sowie Sachbezüge aus Firmen-Pkw für diese Fahrten	15 %	§ 40 Abs. 2 Satz 2 EStG
Jobtickets, die nicht steuerfrei nach § 3 Nr. 15 EStG sind	25 %	§ 40 Abs. 2 Nr. 2 EStG
Arbeitslohn von kurzfristig Beschäftigten	25 %	§ 40a Abs. 1 EStG
Arbeitslohn von geringfügig entlohnten Beschäftigten	2 %	§ 40a Abs. 2 EStG
Ausländische Arbeitnehmer, die einer ausländischen Betriebsstätte zugeordnet sind und kurzfristig in Deutschland tätig werden	30 %	§ 40a Abs. 7 EStG
Beiträge zu einer Direktversicherung und Zuwendungen in eine Pensionskasse bis 1.752 €/Jahr	20 %	§ 40b Abs. 1 EStG
Beiträge zu einer Gruppenunfallversicherung	20 %	§ 40b Abs. 3 EStG
Sonstige Sachleistungen an den Arbeitnehmer oder an Dritte	30 %	§ 37b EStG

11. Kirchensteuer

Neben der Lohnsteuer ist für jeden Arbeitnehmer mit **Kirchensteuerpflicht** auch Kirchensteuer einzubehalten und abzuführen. Die Religionsgemeinschaft der Arbeitnehmer wird durch die zuständige Gemeinde bzw. Meldebehörde an die ELStAM-Datenbank der Finanzverwaltung übermittelt und dort als Lohnsteuerabzugsmerkmal an die Arbeitgeber weitergeleitet. Finanzbehörden haben auf die Kirchensteuermerkmale keinen Zugriff, weil diese in das Aufgabengebiet der Gemeinde bzw. Meldebehörde gehört. Für Arbeitnehmer, die beschränkt steuerpflichtig sind, ist keine Kirchensteuer abzuführen. Mit den Lohnsteuerabzugsmerkmalen erhält der Arbeitgeber mitgeteilt, welcher Religionsgemeinschaft der Arbeitnehmer angehört. Nicht kirchensteuererhebende Religionsgemeinschaften werden bei ELStAM mit zwei Strichen „- -" gemeldet. Die **Eintragung der Religionszugehörigkeit** verletzt nach einem Beschluss des Bundesverfassungsgerichts vom 25.5.2001 - 1 BvR 2253/00 (NWB ZAAAB-85774) nicht das Grundrecht des Arbeitnehmers auf Religionsfreiheit.

Übersicht:	Kirchensteuerabzugsberechtigte Religionsgemeinschaften
römisch-katholisch	rk
alt-katholisch	ak
evangelisch	ev
evangelisch-lutherisch	lt, in ELStAM: ev
evangelisch-reformiert	rf, in ELStAM: ev
französisch-reformiert	fr, in ELStAM: ev
israelitische Bekenntnissteuer/Kultussteuer	is; il; issl
jüdische Kultussteuer	ih; jh; is; jd
freireligiöse Landesgemeinde Baden	fb
israelitische Religionsgemeinschaft Baden	ib
israelitische Religionsgemeinschaft Württembergs	iw
freireligiöse Landesgemeinde Pfalz	fg
freireligiöse Gemeinde Mainz	fm
freie Religionsgemeinschaft Alzey	fa
freireligiöse Gemeinde Offenbach	fs

Die **Höhe der Kirchensteuer** ist in den einzelnen Bundesländern unterschiedlich.

Übersicht: Kirchensteuer

Bundesland	**Kirchensteuer in %**	**Mindestkirchensteuer***
Baden-Württemberg	8	
Bayern	8	
Berlin	9	
Brandenburg	9	
Bremen	9	
Hamburg	9	
Hessen	9	
Mecklenburg-Vorpommern	9	
Niedersachsen	9	
Nordrhein-Westfalen	9	
Rheinland-Pfalz	9	
Saarland	9	

Sachsen	9	
Sachsen-Anhalt	9	
Schleswig-Holstein	9	
Thüringen	9	

* Zuletzt wurde noch in Sachsen-Anhalt eine Mindestkirchensteuer erhoben. Seit dem 1.1.2018 wird in der Regel keine Mindestkirchensteuer mehr erhoben.

HINWEIS

Kirchensteuerpflicht beginnt mit der Taufe, dem Kircheneintritt. Das Ende der Kirchensteuerpflicht erfolgt mit dem Kirchenaustritt. Bis zum 31.10.2015 erfolgte in einigen Bundesländern der Kirchenaustritt mit Ablauf des Monats, der auf den Austritt folgt (sog. Reuemonat). Diese Regelung ist seit dem 1.11.2015 abgeschafft. Somit erfolgt der Kirchenaustritt in allen Bundesländern einheitlich mit dem Monat, in dem der Austritt erfolgt.

Mit Einführung der **ELStAM** enthalten die Daten nicht mehr die Religion des Arbeitnehmers, sondern das **Kirchensteuerabzugsmerkmal**. Die Kirchensteuerpflicht ergibt sich nach Einführung der ELStAM abhängig vom **Wohnsitzbundesland**. In einem weiteren Schritt wird durch ELStAM geprüft, ob dieses Kirchensteuerabzugsmerkmal des Arbeitnehmers in dem Bundesland, in dem der Arbeitgeber seine lohnsteuerliche Betriebsstätte hat, ebenfalls verwendet wird. Ist dies der Fall, wird das Kirchensteuerabzugsmerkmal aus dem ELStAM-Datensatz verwendet. Stimmen beide Kirchensteuerabzugsmerkmale nicht überein, wird i. d. R. kein Kirchensteuerabzugsmerkmal mit ELStAM geliefert. Die Veranlagung der Kirchensteuer erfolgt für den Arbeitnehmer dann mit der persönlichen Einkommensteuererklärung.

11.1 Kinderfreibetrag

Seit im Jahr 1996 das **Familienleistungsausgleichsgesetz** in Kraft getreten ist, werden bei der Berechnung der Lohnsteuer keine Kinderfreibeträge mehr berücksichtigt. Als steuerliche Entlastung zahlt der Gesetzgeber das **Kindergeld**. Diese gesetzliche Regelung bezieht sich allerdings nur auf die Lohnsteuer, so dass bei den Annexsteuern die Kinderfreibeträge weiterhin berücksichtigt werden.

Ein **Kinderfreibetrag** wirkt sich somit **mindernd** auf die Höhe der Kirchensteuer aus. Dabei wird der Kinderfreibetrag nicht als Abzugsbetrag in Euro von der Lohnsteuer gekürzt, sondern bei der Ermittlung der für die Kirchensteuer maßgeblichen Bemessungsgrundlage als Minderung berücksichtigt.

Für das Jahr 2025 ergeben sich folgende Beträge:

Übersicht:	Steuerklassen I, II und III			
Zahl der Kinderfreibeträge	**Kinderfreibetrag in €**		**Betreuungsfreibetrag in €**	
	jährlich	monatlich	jährlich	monatlich
0,5	3.336	278	1.464	122
1,0	6.672	556	2.928	244
1,5	10.008	834	4.392	366
2,0	13.344	1.112	5.856	488

2,5	16.680	1.390	7.320	610
3,0	20.016	1.668	8.784	732
usw.				

Übersicht: Steuerklasse IV				
Zahl der Kinderfreibeträge	Kinderfreibetrag in €		Betreuungsfreibetrag in €	
	jährlich	monatlich	jährlich	monatlich
0,5	1.668	139	732	61
1,0	3.336	278	1.464	122
1,5	5.004	417	2.196	183
2,0	6.672	556	2.928	244
2,5	8.340	695	3.660	305
3,0	10.008	834	4.392	366
usw.				

Dabei ist zu beachten, dass die Berücksichtigung des Kinderfreibetrags und des Betreuungsfreibetrags stets mit dem halben oder ganzen **Jahresbetrag** für die Bemessungsgrundlage der Kirchensteuer erfolgt und nicht nach dem Monatsprinzip.

BEISPIEL Ein Arbeitnehmer mit einem Monatslohn von 3.500,00 € hat folgende Lohnsteuerabzugsmerkmale: Steuerklasse III, Kinderfreibetrag 1,0.

Zur Berechnung des Solidaritätszuschlags wird eine fiktive Lohnsteuerberechnung vorgenommen:

1. Schritt: Berechnung der Lohnsteuer:

Jahresarbeitslohn (3.500 € x 12 Monate)	42.000,00 €
./. Arbeitnehmer-Pauschbetrag	1.230,00 €
./. Sonderausgaben-Pauschbetrag	36,00 €
./. Vorsorgepauschale	6.230,00 €
= zu versteuerndes Einkommen	34.504,00 €
Einkommensteuer lt. Splittingtabelle	1.938 €
1.938,00 € / 12 Monate =	161,50 € monatliche Lohnsteuer

2. Schritt: Berechnung der Kirchensteuer

zu versteuerndes Einkommen (Schritt 1)	34.504,00 €
./. Kinderfreibetrag	6.024,00 €
./. Betreuungsfreibetrag	2.928,00 €
= zu versteuerndes Einkommen	25.552,00 €
Einkommensteuer lt. Splittingtabelle	198,00 €
198,00 € / 12 Monate =	16,50 € monatliche Lohnsteuer
Ergebnis:	
Kirchensteuer 8 % von 16,50 €	1,32 €
Kirchensteuer 9 % von 16,50 €	1,49 €

Findet das **Faktorverfahren** in der Steuerklasse IV bei Arbeitnehmerinnen und Arbeitnehmern Anwendung, ist auf die Maßstabslohnsteuer für den jeweiligen laufenden Arbeitslohn der neben der Steuerklasse IV anzuwendende Faktor und anschließend der jeweils anzuwendende Kirchensteuersatz i. H. von 8 % bzw. 9 % anzuwenden.

BEISPIEL Die für einen Arbeitnehmer ermittelte Lohnsteuer beträgt im Monat 320,00 €. Für die Steuerklasse IV ist ein Faktor i. H. von 0,889 bescheinigt.

Monatliche Lohnsteuer mit Berücksichtigung der Kinderfreibeträge	320,00 €
Anwendung des Faktors 0,889 von 320,00 €	284,48 €
Ergebnis:	
Kirchensteuer 8 % von 284,48 €	22,76 €
Kirchensteuer 9 % von 284,48 €	25,60 €

Ohne Berücksichtigung des Faktors hätte die Kirchensteuer (8 % von 320,00 € =) 25,60 € bzw. (9 % von 320,00 € =) 28,80 € betragen.

11.2 Kappung

In einigen Bundesländern besteht eine **Höchstkirchensteuer**. Bei der Höchstkirchensteuer gibt es eine prozentuale Begrenzung der Kirchensteuer in ihrer Höhe, sog. Kappung.

Folgende Bundesländer sehen eine **Kappung** der Kirchensteuer vor:

- Baden-Württemberg: 2,75 % evangelische Kirche Württemberg und 3,5 % evangelische Kirche Baden und katholische Kirche,
- Berlin, Brandenburg, Hamburg, Mecklenburg-Vorpommern und Schleswig-Holstein: 3 % des zu versteuernden Einkommens,
- Bremen, Hessen (evangelische Kirche), Niedersachsen*, Nordrhein-Westfalen (evangelische Kirche), Rheinland-Pfalz (evangelische Kirche), Saarland (evangelische Kirche), Sachsen, Sachsen-Anhalt und Thüringen: 3,5 % des zu versteuernden Einkommens,
- Hessen, Nordrhein-Westfalen, Rheinland-Pfalz und Saarland: bei allen katholischen Diözesen 4 % des zu versteuernden Einkommens,
- Bayern hat keine Kappung der Kirchensteuer.

* Evangelisch-lutherische Kirche 3 % und Erzdiözese Paderborn 4 % im niedersächsisch gelegenen Teil.

11.3 Unterschiedliche Konfessionen

Bei **verheirateten oder verpartnerten Arbeitnehmern** wird für den Kirchensteuerabzug unterschieden, ob diese der gleichen Glaubensgemeinschaft (Konfession) angehören oder unterschiedlichen Glaubensgemeinschaften.

Sind beide Arbeitnehmer in der gleichen Konfession (z. B. beide sind evangelisch), wird dies als **Konfessionsgleichheit** bezeichnet.

Gehören beide Ehegatten/Lebenspartner einer unterschiedlichen Konfession an (z. B. Arbeitnehmer evangelisch und Ehefrau katholisch), wird dies als **konfessionsverschieden** bezeichnet.

Eine Glaubensverschiedenheit liegt vor, wenn ein Ehegatte/Lebenspartner einer erhebungsberechtigten Religionsgemeinschaft angehört und der andere Ehegatte/Lebenspartner **glaubenslos** ist. Glaubensverschiedenheit liegt auch dann vor, wenn ein Ehegatte/Lebenspartner einer erhebungsberechtigen Religionsgemeinschaft angehört und der andere Ehegatte/Lebenspartner zwar auch einer Religionsgemeinschaft angehört, diese aber **nicht zum Kirchensteuerabzug berechtigt** ist (z. B. griechisch-orthodox).

11.4 Betriebsstättenprinzip

Arbeitslohn, der lohnsteuerpflichtig ist, unterliegt der Kirchensteuer. Der Kirchensteuersatz i. H. von 8 % bzw. 9 % richtet sich nach dem Bundesland, in dem der Arbeitgeber seine **lohnsteuerrechtliche Betriebsstätte** hat. Somit gilt für die Berechnung und Abführung der Kirchensteuer vom Arbeitslohn das sog. Betriebsstättenprinzip. Der Arbeitgeber hält die Kirchensteuer i. H. des maßgebenden Kirchensteuersatzes des Bundeslandes der Betriebsstätte ein, auch wenn der Arbeitnehmer in einem anderen Bundesland wohnt.

11.5 Pauschalierung

Arbeitgeber haben die Möglichkeit, bei einem unbeschränkt steuerpflichtigen Arbeitnehmer die Lohnsteuer zu **pauschalieren**. Dabei ist grds. neben der pauschalen Lohnsteuer auch der Solidaritätszuschlag und die anfallende Kirchensteuer abzuführen.

11.5.1 Möglichkeiten der Pauschalierung

Normalerweise werden die Lohnsteuer, der Solidaritätszuschlag und die Kirchensteuer nach den persönlichen Lohnsteuerabzugsmerkmalen (Steuerklasse, Kinderfreibeträge, Freibeträge, Kirchensteuermerkmal, Hinzurechnungsbetrag) des Arbeitnehmers berechnet. Das Einkommensteuergesetz nennt aber auch die Möglichkeiten der Pauschalierung. Von Bedeutung ist, nach welcher gesetzlichen Grundlage die Pauschalierung vorgenommen werden kann.

Die **Pauschalierung** der Lohnsteuer kann nach Maßgabe der §§ 40, § 40a Abs. 1, 2a und 3 und § 40b EStG vom Arbeitgeber vorgenommen werden. Oder die Einkommensteuer wird nach Maßgabe des § 37a EStG durch ein Unternehmen, das **Sachprämien** i. S. des § 3 Nr. 38 EStG gewährt, pauschal erhoben. Eine weitere Möglichkeit ist die Pauschalierung der Einkommensteuer der Steuerpflichtigen nach Maßgabe des § 37b EStG bei **Sachleistungen**.

11.5.2 Wahlmöglichkeit

Während das Einkommensteuergesetz bei den o. g. Paragrafen die Möglichkeiten der Pauschalierung klar benennt, kann der Pauschalierende bei der Erhebung der Kirchensteuer **zwischen zwei Verfahren wählen**. Die Kirchensteuer kann bei der Pauschalierung der Lohnsteuer nach dem **vereinfachten Verfahren** oder nach dem **Nachweisverfahren** berechnet werden. Die Wahl zwischen diesen Verfahren kann der Pauschalierende für jeden Lohnsteuer-Anmeldezeitraum wie auch für die jeweils angewandte Pauschalierungsvorschrift wählen. Darüber hinaus kann für die in den einzelnen Rechtsvorschriften aufgeführten Pauschalierungstatbestände die Möglichkeit unterschiedlich getroffen werden. Nur bei der Pauschalierung von **geringfügig Beschäftigten** (Minijobbern), für die eine pauschale Lohnsteuer i. H. von 2 % gezahlt wird, wird keine Kirchensteuer erhoben. Diese ist bereits bei der Pauschalierung mit 2 % abgegolten. Dies gilt neben der Kirchensteuer auch für den Solidaritätszuschlag. Bei Arbeitnehmern, die **beschränkt steuerpflichtig** sind, fällt ebenfalls keine Kirchensteuer an.

11.5.2.1 Vereinfachtes Verfahren

Wählt der Pauschalierende das **vereinfachte Verfahren**, hat er in allen Fällen der Pauschalierung für sämtliche Arbeitnehmer die Kirchensteuer abzuführen. Beim vereinfachten Verfahren kommt dabei der ermäßigte Kirchensteuersatz zur Anwendung. Mit der pauschalen Kirchensteuer wird dem Umstand Rechnung getragen, dass nicht alle Arbeitnehmer auch Angehörige einer steuererhebenden Religionsgemeinschaft sind. Aus diesem Grund ist der pauschale Kirchensteuersatz auch geringer als der Regelsteuersatz der Kirchensteuer. Der **Regelkirchensteuersatz** liegt je nach Bundesland bei 8 % bzw. 9 % (siehe Übersicht der Kirchensteuersätze: Kapitel XVI.5 „Übersichten", S. 282). Die Höhe der pauschalen Kirchensteuer ist ebenfalls abhängig vom Land, in dem die lohnsteuerrechtliche Betriebsstätte des Arbeitgebers liegt. Je nach Bundesland gibt es unterschiedliche Kirchensteuersätze und auch unterschiedliche pauschale Kirchensteuersätze. Die in den jeweiligen Bundesländern geltenden Regelungen werden im Bundessteuerblatt Teil I veröffentlicht.

Bei der Pauschalierung der Kirchensteuer nach dem vereinfachten Verfahren ist die ermittelte Kirchensteuer in der **Lohnsteuer-Anmeldung** unter der Kennzahl 47 anzugeben. Eine Aufteilung nach der Religionsgemeinschaft erfolgt bei der Angabe zur pauschalen Kirchensteuer nicht.

Bei der Pauschalierung der Kirchensteuer im vereinfachten Verfahren wird zwar ein geringerer Kirchensteuersatz angewandt (siehe Übersicht Kirchensteuersätze), allerdings ist zu beachten, dass bei diesem Verfahren **für alle Arbeitnehmer** Kirchensteuer zu zahlen ist, also auch für die Arbeitnehmer, die gar nicht einer steuererhebenden Religionsgemeinschaft angehören.

BEISPIEL VEREINFACHTES VERFAHREN ▸ Ein Arbeitgeber (Hamburg) zahlt seinen Arbeitnehmern eine Fahrtkostenzuschuss i. H. von 25 € pro Arbeitnehmer und Monat. Er wählt bei allen Arbeitnehmern die Möglichkeit der Pauschalierung. Die Voraussetzungen des § 40 Abs. 2 Satz 2 EStG sind für alle Arbeitnehmer erfüllt. Im Betrieb des Arbeitgebers arbeiten 35 Arbeitnehmer, davon erhalten 29 den pauschal versteuerten Fahrtkostenzuschuss. Von den 29 Arbeitnehmern sind 21 in einer steuererhebenden Religionsgemeinschaft (evangelisch-lutherische Kirche und katholische Kirche), acht Arbeitnehmer gehören keiner steuererhebenden Religionsgemeinschaft an oder sind konfessionslos.

29 Arbeitnehmer x 25 € Fahrtkostenzuschuss =	725,00 €
pauschale Lohnsteuer 15 % von 725,00 € =	108,75 €
Solidaritätszuschlag 5,5 % von 108,75 € =	5,98 €
pauschale Kirchensteuer (Hamburg) 4 % von 108,75 €	4,35 €

11.5.2.2 Nachweisverfahren

Entscheidet sich der Pauschalierende nicht für das vereinfachte Verfahren, muss er für alle Arbeitnehmer die jeweilige Zugehörigkeit zu einer steuererhebenden Religionsgemeinschaft feststellen. Dieses Verfahren wird deshalb auch das **Nachweisverfahren** genannt, weil die Kirchenzugehörigkeit bzw. fehlende Kirchenzugehörigkeit nachzuweisen ist. Für die Arbeitnehmer, die nachgewiesenermaßen keiner kirchensteuerberechtigten Religionsgemeinschaft angehören, zahlt der Arbeitgeber auch keine Kirchensteuer. Für die Arbeitnehmer, deren Lohnsteuer pauschaliert wird und die kirchensteuerpflichtig in einer steuererhebenden Religionsgemeinschaft sind, zahlt der Arbeitgeber den Regelkirchensteuersatz (8 % bzw. 9 %). Die nach dem Nachweisverfahren ermittelte Kirchensteuer ist in der Lohnsteuer-Anmeldung unter der jeweiligen Kirchensteuer-Kennzahl einzutragen. Bei dieser Erhebungsform muss die Kirchensteuer der jeweiligen Religionsgemeinschaft zugeordnet werden: für die evangelische Kirchensteuer unter der Kennzahl 61 und für die katholische bzw. römisch-katholische Kirchensteuer unter der Kennzahl 62.

BEISPIEL NACHWEISVERFAHREN ▸ Ein Arbeitgeber (Hamburg) zahlt seinen Arbeitnehmern einen Fahrtkostenzuschuss i. H. von 25 € pro Arbeitnehmer und Monat. Er wählt bei allen Arbeitnehmern die Möglichkeit der Pauschalierung. Die Voraussetzungen des § 40 Abs. 2 Satz 2 EStG sind für alle Arbeitnehmer erfüllt. Im Betrieb des Arbeitgebers arbeiten 35 Arbeitnehmer, davon erhalten 29 den pauschal versteuerten Fahrkostenzuschuss. Von den 29 Arbeitnehmern sind 21 in einer steuererhebenden Religionsgemeinschaft (evangelisch-lutherische Kirche 15 Arbeitnehmer und katholische/römisch-katholische Kirche sechs Arbeitnehmer), acht Arbeitnehmer gehören keiner steuererhebenden Religionsgemeinschaft an oder sind konfessionslos. Die Nachweise sind entsprechend erbracht.

29 Arbeitnehmer x 25 € Fahrtkostenzuschuss =	725,00 €
pauschale Lohnsteuer 15 % von 725,00 € =	108,75 €
Solidaritätszuschlag 5,5 % von 108,75 € =	5,98 €
Kirchensteuer ev (Hamburg) 9 %	
15 Arbeitnehmer	
(108,75 € / 29 = 3,75 € pauschale Lohnsteuer Arbeitnehmer)	
9 % von 3,75 € = 0,3375 € x 15 Arbeitnehmer =	5,06 €
Kirchensteuer rk (Hamburg) 9 %	
6 Arbeitnehmer	
(108,75 € / 29 = 3,75 € pauschale Lohnsteuer Arbeitnehmer)	
9 % von 3,75 € = 0,3375 € x 6 Arbeitnehmer =	2,03 €

Die Trennung der kirchensteuerpflichtigen von den nicht kirchensteuerpflichtigen Arbeitnehmern ist schwierig, wenn die auf die einzelnen Arbeitnehmer anfallende **pauschale Lohnsteuer nicht ermittelt** werden kann. Dies ist z. B. dann der Fall, wenn die pauschale Lohnsteuer für sonstige Bezüge in einer Vielzahl von Fällen erhoben wird (§ 40 Abs. 1 Satz 1 Nr. 1 EStG). Kann der Arbeitgeber die auf den einzelnen Arbeitnehmer entfallende pauschale Lohnsteuer nicht ermitteln, ist aus Vereinfachungsgründen die gesamte pauschale Steuer im Verhältnis der kirchensteuerpflichtigen zu den nicht kirchensteuerpflichtigen Arbeitnehmern aufzuteilen.[1]

Nicht kirchensteuerpflichtige Arbeitnehmer, die nicht bei der Pauschalierung der Kirchensteuer zu berücksichtigen sind, müssen jeweils **getrennt** voneinander beurteilt werden. Einzige Ausnahme davon sind die Arbeitnehmer, die nach § 40a Abs. 2 EStG mit dem pauschalen Lohnsteuersatz von 2 % versteuert werden. Mit dem Pauschalsteuersatz i. H. von 2 % sind der Solidaritätszuschlag und die Kirchensteuer abgegolten. Diese Ausnahme ist aber nur bei geringfügig Beschäftigten mit einem Pauschalsteuersatz von 2 % zu berücksichtigen.

Als **Nachweis für die Zugehörigkeit oder Nichtzugehörigkeit** zu einer steuererhebenden Religionsgemeinschaft dienen in den Fällen der §§ 40 und 40b EStG die vom Bundeszentralamt für Steuern dem Arbeitgeber übermittelten elektronischen Lohnsteuerabzugsmerkmale (ELStAM). Alternativ dazu kann der Arbeitnehmer dem Arbeitgeber einen Vermerk seiner Zugehörigkeit bzw. Nichtzugehörigkeit mit der vom Finanzamt ersatzweise ausgestellten Bescheinigung für

1 Gleichlautender Erlass der obersten Finanzbehörden der Länder v. 8.8.2016 – S. 2447, NWB GAAAF-81383.

den Lohnsteuerabzug vorlegen. Liegen dem Arbeitgeber keine ELStAM und auch keine amtlichen Nachweise vor, bedarf es einer schriftlichen Erklärung des Arbeitnehmers nach amtlichem Muster. Der Nachweis des Arbeitnehmers ist als Beleg dem Lohnkonto beizufügen (§ 4 Abs. 2 Nr. 8 Satz 5 LStDV). Das Muster einer solchen Erklärung ist amtlich vorgeschrieben.[1]

11.5.2.3 Wahlrecht zur Pauschalierung

Grundsätzlich entscheidet der **Arbeitgeber**, welches Verfahren er für die Kirchensteuer anwendet. Diese Entscheidung kann bei jeder Lohnsteuerpauschalierung neu erfolgen.

BEISPIEL Ein Arbeitgeber gewährt seinen Arbeitnehmern einen Fahrtkostenzuschuss für Fahrten zwischen Wohnung und erster Tätigkeitsstätte. Diesen Fahrkostenzuschuss versteuert der Arbeitgeber pauschal mit 15 % Lohnsteuer. Die Voraussetzungen des § 40 Abs. 2 Satz 2 EStG sind für alle Arbeitnehmer erfüllt. Die Kirchensteuer ermittelt der Arbeitgeber nach dem Nachweisverfahren. Er führt also nur für die Arbeitnehmer den Regelkirchensteuersatz (8 % bzw. 9 %) ab, die einer steuererhebenden Religionsgemeinschaft angehören. Den Nachweis darüber führt der Arbeitgeber über die jeweiligen ELStAM der Arbeitnehmer bzw. mit einer Erklärung gegenüber dem Betriebsstättenfinanzamt zur Religionszugehörigkeit für die Erhebung der pauschalen Lohnsteuer.

Neben dem Fahrtkostenzuschuss erhalten die Arbeitnehmer zusätzlich Beiträge zu einer betrieblichen Altersversorgung im Rahmen einer **Direktversicherung**. Diese Beiträge zur Direktversicherung versteuert der Arbeitgeber pauschal mit 20 % Lohnsteuer. Die Voraussetzungen des § 40b EStG sind für alle Arbeitnehmer erfüllt. Die Kirchensteuer ermittelt der Arbeitgeber nach dem vereinfachten Verfahren. Er führt somit für alle Arbeitnehmer den pauschalen Kirchensteuersatz (z. B. Hamburg 4 %) ab.

Die Entscheidung zum Verfahren zur Ermittlung der Kirchensteuer kann bei jeder Art der Lohnsteuerpauschalierung **neu** getroffen werden. Der Arbeitgeber ist nicht an seine erste Entscheidung gebunden. Die Wahl des Nachweisverfahrens bei der Pauschalierung der Lohnsteuer der Fahrkostenzuschüsse führt nicht dazu, dass auch die Beiträge zur Direktversicherung, die ebenfalls pauschal versteuert werden, bei der Kirchensteuer nach dem Nachweisverfahren versteuert werden müssen. Der Arbeitgeber kann, wie im o. g. Beispiel, für die Direktversicherung das vereinfachte Verfahren wählen.

Sicherlich ist die Entscheidung auch davon abhängig, **wie viele Arbeitnehmer einer steuererhebenden Religionsgemeinschaft angehören**. Sind nur wenige Arbeitnehmer kirchensteuerpflichtig, ist i. d. R. das Nachweisverfahren für den Arbeitgeber günstiger. In den o. g. Beispielen hingegen ist die Anwendung des vereinfachten Verfahrens für den Arbeitnehmer günstiger, da die meisten Arbeitnehmer einer steuererhebenden Religionsgemeinschaft angehören und die Berechnung der Kirchensteuer nach dem vereinfachten Verfahren (pauschaler Kirchensteuersatz) zu einer geringeren Höhe der abzuführenden Kirchensteuer führt. Die Ermittlung nach dem Nachweisverfahren ist mit einem höheren Aufwand verbunden und führt zudem in den o. g. Beispielen zu einem höheren Steuerbetrag.

TIPP

Arbeitgeber mit einem monatlichen Lohnsteuer-Anmeldezeitraum können in der Praxis jeden Monat das Verfahren wechseln. Dies ist gerade für Arbeitgeber vorteilhaft, die einen häufigen Wechsel bei ihren Arbeitnehmern haben.

1 Gleichlautender Erlass der obersten Finanzbehörden der Länder v. 8.8.2016 – S. 2447, NWB GAAAF-81383.

Für jeden der nachfolgenden genannten **Sachverhalte** kann der Arbeitgeber erneut entscheiden:

- Pauschalierung der Lohnsteuer bei der Gewährung von sonstigen Bezügen (§ 40 Abs. 1 Satz 1 Nr. 1 EStG),
- Pauschalierung bei nicht vorschriftsmäßiger Lohnsteuereinbehaltung durch Arbeitgeber (§ 40 Abs. 1 Satz 1 Nr. 2 EStG),
- Pauschalierung bei unentgeltlicher oder verbilligter Abgabe arbeitstäglicher Mahlzeiten unterhalb des gültigen Sachbezugswertes (§ 40 Abs. 2 Satz 1 Nr. 1 EStG),
- Pauschalierung von Arbeitslohn aus Anlass von Betriebsveranstaltungen (§ 40 Abs. 2 Satz 1 Nr. 2 EStG),
- Pauschalierung von Erholungsbeihilfen (§ 40 Abs. 2 Satz 1 Nr. 3 EStG),
- Pauschalisierung für zusätzlich zum ohnehin geschuldeten Arbeitslohn geleistete Zuschüsse an Arbeitnehmer für Fahrten zwischen Wohnung und Arbeitsstätte mit dem eigenen Pkw bzw. bei verringertem Sachbezug für Benutzung eines Firmen-Pkw (§ 40 Abs. 2 Satz 2 EStG),
- Pauschalisierung für die unentgeltliche oder verbilligte Überlassung von betrieblichen Datenverarbeitungsgeräten an Arbeitnehmer und für Zuschüsse für Internetnutzung, wenn sie zum ohnehin geschuldeten Arbeitslohn erfolgt (§ 40 Abs. 2 Satz 1 Nr. 5 EStG),
- Pauschalierung für die Übereignung von Ladevorrichtungen zum Aufladen von Elektro- oder Hybridfahrzeugen (§ 40 Abs. 2 Satz 1 Nr. 6 EStG),
- Pauschalierung für Zuschüsse eines Arbeitgebers an den Arbeitnehmer für die Aufwendungen des Erwerbs einer Ladeeinrichtung für das Aufladen eines Elektro- oder Hybridfahrzeuges (§ 40 Abs. 2 Satz 1 Nr. 6 EStG),
- Pauschalierung der Lohnsteuer bei kurzfristigen Beschäftigungen (§ 40a Abs. 1 EStG),
- Pauschalierung der Lohnsteuer bei geringfügig Beschäftigten mit Sozialversicherungspflicht, Arbeitgeber zahlt nicht 15 % Rentenversicherungsbeitrag (§ 40a Abs. 2a EStG),
- Pauschalierung von Beiträgen für eine Gruppen-Unfallversicherung ohne Dienstreisenanteil (§ 40b Abs. 3 EStG),
- Pauschalierung von Beiträgen zu einer Direktversicherung oder Pensionskasse (§ 40b EStG),
- Pauschalierung von Verpflegungspauschalen, die zusätzlich zu den steuerfreien Sätzen gezahlt werden (§ 40 Abs. 2 Satz 1 Nr. 4 EStG).

12. Solidaritätszuschlag

Der **Solidaritätszuschlag** ist eine **Ergänzungsabgabe**, deren Steueraufkommen in voller Höhe dem Bund zufließt. Gesetzliche Grundlage für den Solidaritätszuschlag ist das **Solidaritätszuschlagsgesetz** (SolZG). Die Erhebung des Solidaritätszuschlags als eine Ergänzungsabgabe zur Einkommensteuer ist nach einem BFH-Urteil vom 28.6.2006[1] verfassungsgemäß. Grundlage für den Solidaritätszuschlag stellt der Solidarpakt II dar, in dem sich der Bund bis zum Jahr 2019 an der Finanzierung der durch die Wiedervereinigung bedingten Lasten beteiligt. In einem jüngeren BFH-Urteil vom 15.6.2016[2] hat der BFH seine Rechtsaufassung bestätigt und den Solidaritäts-

1 BFH, Urteil v. 28.6.2006 – VII B 324/05, BStBl 2006 II S. 692.

2 BFH, Urteil v. 15.6.2016 – II B 91/15, BStBl 2016 II S. 846.

zuschlag im Zusammenhang mit dem Solidarpakt II bestätigt. Mit dem Gesetz zur Rückführung des Solidaritätszuschlags[1] wird der Solidaritätszuschlag ab 2021 schrittweise abgebaut.

Der Solidaritätszuschlag wurde zum 1.7.1991 eingeführt und betrug damals 7,5 %. **Seit 1998** beträgt er **unverändert 5,5 %** von der Summe der Lohnsteuer.

Übersicht: Höhe Solidaritätszuschlag	
Zeitraum	**Höhe in %**
1.7.1991 bis 30.6.1992	7,5
1.7.1992 bis 31.12.1994	0,0
1.1.1995 bis 31.12.1997	7,5
seit 1.1.1998	5,5

Im Normalfall errechnet sich der Solidaritätszuschlag durch die **Anwendung** des Prozentsatzes (5,5 %) **auf die einzubehaltende Lohnsteuer** oder die durch den Arbeitgeber pauschalierte Lohnsteuer. Vom Grundsatz, dass sich der Solidaritätszuschlag auf die Lohnsteuer errechnet, gibt es **Ausnahmen**:

- Arbeitnehmerinnen und Arbeitnehmer mit Kindern und
- die Nullzone und die Übergangsregelung für niedrige Lohnsteuerbeträge.

Bei der Berechnung bleiben grds. Bruchteile eines Cents außer Ansatz (§ 4 Satz 3 SolZG).

12.1 Freigrenze

Grundlage zur Berechnung des Solidaritätszuschlages ist die Summe der Lohnsteuer. Allerdings wird der Zuschlag erst erhoben, wenn die Lohnsteuer einen bestimmten Betrag übersteigt. § 3 Abs. 3 SolZG nennt dazu die Regelung zur **Freigrenze** und stellt Arbeitnehmerinnen und Arbeitnehmer mit einem **geringen Arbeitslohn** vom Solidaritätszuschlag frei.

Nach dieser Regelung bleiben Arbeitslöhne vom Solidaritätszuschlag befreit, wenn die Lohnsteuer im Lohnzahlungszeitraum **folgende Beträge** nicht übersteigt:

Übersicht: Freigrenzen (sog. Nullzone) im Solidaritätszuschlag		
Lohnzahlungs-zeitraum	**Freigrenzen für StKl III bis zu einer LSt von**	**Freigrenzen für StKl I, II, IV, V und VI bis zu einer LSt von**
Monat	3.325,00 €	1.662,50 €
Jahr	39.900 €	19.950 €

Die Freigrenzen wurden zum 1.1.2025 erhöht.

Seit im Jahr 1996 das Familienleistungsausgleichsgesetz in Kraft getreten ist, werden bei der Berechnung der Lohnsteuer **keine Kinderfreibeträge** mehr berücksichtigt. Als steuerliche Entlastung zahlt der Gesetzgeber das **Kindergeld**. Diese gesetzliche Regelung bezieht sich allerdings nur auf die Lohnsteuer, so dass bei den Annexsteuern die Kinderfreibeträge weiterhin berücksichtigt werden.

1 BGBl 2019 I S. 2115.

Für die Einhaltung der Freigrenze wird daher bei Arbeitnehmern mit Kinderfreibeträgen eine **fiktive Lohnsteuer** errechnet.

BEISPIEL ▶ Ein Arbeitnehmer mit einem Monatslohn von 3.500,00 € hat folgende Lohnsteuerabzugsmerkmale: Steuerklasse III, Kinderfreibetrag 1,0.

Zur Berechnung des Solidaritätszuschlags wird eine fiktive Lohnsteuerberechnung vorgenommen:

1. Schritt: Berechnung der Lohnsteuer:

Jahresarbeitslohn (3.500 € x 12 Monate)	42.000,00 €
./. Arbeitnehmer-Pauschbetrag	1.230,00 €
./. Sonderausgaben-Pauschbetrag	36,00 €
./. Vorsorgepauschale	6.230,00 €
= zu versteuerndes Einkommen	34.504,00 €
Einkommensteuer lt. Splittingtabelle	1.938 €
1.938,00 € / 12 Monate =	161,50 € monatliche Lohnsteuer

2. Schritt: Berechnung der Kirchensteuer

zu versteuerndes Einkommen (Schritt 1)	34.504,00 €
./. Kinderfreibetrag	6.024,00 €
./. Betreuungsfreibetrag	2.928,00 €
= zu versteuerndes Einkommen	25.552,00 €
Einkommensteuer lt. Splittingtabelle	198,00 €
198,00 € / 12 Monate =	16,50 € monatliche Lohnsteuer

Ergebnis:

Die Freigrenze des Solidaritätszuschlags liegt in der Steuerklasse III bei 3.325 €. Die fiktive Lohnsteuerberechnung unter Berücksichtigung des Kinderfreibetrags führt zu einer monatlichen Lohnsteuer i. H. von 16,50 €. Somit fällt bei dem Arbeitnehmer kein Solidaritätszuschlag an, da er innerhalb der Freigrenze liegt.

Dabei ist zu beachten, dass die Berücksichtigung des **Kinderfreibetrags** und des **Betreuungsfreibetrags** stets mit dem halben oder ganzen Jahresbetrag für die Bemessungsgrundlage des Solidaritätszuschlags erfolgt und nicht nach dem Monatsprinzip.

Findet das **Faktorverfahren** in der Steuerklasse IV bei Arbeitnehmerinnen und Arbeitnehmern Anwendung, ist auf die Maßstabslohnsteuer für den jeweiligen laufenden Arbeitslohn der neben der Steuerklasse IV anzuwendende Faktor und anschließend der Solidaritätszuschlagssatz i. H. von 5,5 % anzuwenden.

BEISPIEL ▶ Die für einen Arbeitnehmer ermittelte Lohnsteuer beträgt im Monat 1.978,00 €. Für die Steuerklasse IV ist ein Faktor von 0,889 bescheinigt.

Monatliche Lohnsteuer mit Berücksichtigung der Kinderfreibeträge	1.978,00 €
Anwendung des Faktors 0,889 von 1.978,00 €	1.758,44 €

Ergebnis:

5,5 % Solidaritätszuschlag von 1.758,44 €	41,11 €

Ohne Berücksichtigung des Faktors hätte der Solidaritätszuschlag (5,5 % von 1.978,00 € =) 67,24 € betragen.

Bei der v. g. Vergleichsrechnung wird der Solidaritätszuschlag nicht in voller Höhe, also nicht mit 5,5 %, von der Summe der Lohnsteuer berechnet. Der Grund dafür ist, dass der Solidaritätszuschlag nach der unter 12.2 genannten Berechnung innerhalb der Milderungszone erfolgt.

12.2 Milderungszone

Übersteigt die Lohnsteuer oder die fiktive Lohnsteuer bei Berücksichtigung von Kindern die Freigrenze, wird der Solidaritätszuschlag nicht sofort in voller Höhe fällig. In § 4 Satz 2 SolZG wird eine **Milderungsregelung** genannt, nach der im Bereich oberhalb der Freigrenze der Solidaritätszuschlag 11,9 % des Unterschiedsbetrags zwischen der einzubehaltenden Lohnsteuer und der Freigrenze nicht übersteigen darf.

BEISPIEL Eine Arbeitnehmerin mit einem Monatslohn von 7.500,00 € hat folgende Lohnsteuerabzugsmerkmale: Steuerklasse I, Kinderfreibetrag 0,0 (kinderlos).

Monatliche Lohnsteuer	1.699,58 €
Solidaritätszuschlag 5,5 % von 1.699,58 €	93,48 €
jedoch höchstens 11,9 % des Unterschiedsbetrags:	
1.699,58 € - 1.662,50 € = 37,08 € x 11,9 %	4,41 €

Ergebnis:

Der Solidaritätszuschlag beträgt 4,41 € und somit den niedrigeren Betrag aus der Milderungsregelung.

Die Milderungszone für den Solidaritätszuschlag wurde von 20 % auf 11,9 % seit dem 1.1.2021 reduziert. Bei sonstigen Bezügen findet die Milderungszone keine Anwendung. Bei der Berechnung des Solidaritätszuschlags von einem sonstigen Bezug beträgt dieser auch nach dem 1.1.2021 unverändert 5,5 %.

12.3 Pauschalierung der Lohnsteuer

Wird die Lohnsteuer pauschaliert, fällt auch dann der Solidaritätszuschlag an. Der Zuschlag beträgt auch bei der **Pauschalierung** der Lohnsteuer 5,5 % von dieser. Einzige Ausnahme ist die Pauschalierung der Lohnsteuer bei **geringfügig Beschäftigten** (sog. Minijobs). Nach § 40a Abs. 2 EStG kann der Arbeitgeber den Arbeitslohn für einen geringfügig Beschäftigten anstelle der individuellen Besteuerung nach den persönlichen Lohnsteuerabzugsmerkmalen des Arbeitnehmers pauschal mit 2 % versteuern. Wichtige Voraussetzung für die Pauschalierung der Lohnsteuer i. H. von 2 % ist, dass der Arbeitgeber pauschale Beiträge in die Rentenversicherung (15 % bei gewerblichen bzw. 5 % bei Privathaushalten) entrichtet. Bei der 2%igen Pauschalsteuer, die eine Abgeltungsteuer darstellt, ist der Solidaritätszuschlag, aber auch die Kirchensteuer bereits enthalten.

In allen **anderen Fällen** der Lohnsteuerpauschalierung ist der Solidaritätszuschlag i. H. von 5,5 % zusätzlich abzuführen.

12.4 Anmeldung und Aufzeichnung

Der Solidaritätszuschlag ist jeweils **gesondert im Lohnkonto und der Lohnsteuerbescheinigung auszuweisen**. Er wird gemeinsam mit der Lohnsteuer mittels der Lohnsteuer-Anmeldung beim Finanzamt angemeldet und muss zum selben Zeitpunkt wie die Lohnsteuer an die Finanzbehörde abgeführt werden. Wie bei der Lohnsteuer auch gilt für die Berechnung und Zahlung des Solidaritätszuschlags die **Arbeitgeberhaftung**.

13. Progressionsvorbehalt

Eine Vielzahl von **Entgeltersatzleistungen**, wie z. B. Mutterschaftsgeld, Zuschuss zum Mutterschaftsgeld, Elterngeld, Krankengeld, Kurzarbeitergeld und Entschädigungen nach dem IfSG, sind zwar steuerfrei, unterliegen allerdings dem **Progressionsvorbehalt**. Der Progressionsvorbehalt wird im Rahmen der persönlichen Veranlagung zur Einkommensteuer berücksichtigt. Der Arbeitgeber muss Zeiten seiner Arbeitnehmer ohne Entgelt von mindestens fünf Arbeitstagen dem Finanzamt mitteilen. Dieser Nachweis erfolgt in Zeile 2 der Lohnsteuerbescheinigung durch die Angabe des Großbuchstabens „U". Dem Finanzamt wird somit angezeigt, dass der Arbeitnehmer für die Unterbrechungszeit eventuell eine Entgeltersatzleistung erhalten hat und dass zu prüfen ist, ob diese Entgeltersatzleistung dem Progressionsvorbehalt unterliegt. In der Folge wird der Arbeitnehmer zur Einkommensteuer **zwangsveranlagt**.

In der Zeile 15 der Lohnsteuerbescheinigung muss der Arbeitgeber die von ihm gezahlten Entgeltersatzleistungen andrucken, die dem Progressionsvorbehalt unterliegen.

15. Leistungen, die dem Progressionsvorbehalt unterliegen (z. B. Lohnersatzleistungen)		
15a. (Saison-)Kurzarbeitergeld in 15. enthalten		

Im Rahmen der Einkommensteuerberechnung wird die Entgeltersatzleistung **dem zu versteuernden Einkommen hinzugerechnet** und zu diesem Gesamtbetrag die Einkommensteuer ermittelt. Wichtig ist aber nur der Prozentsatz, da hiermit das Einkommen ohne die Entgeltersatzleistungen multipliziert wird.

BEISPIEL Ein Arbeitnehmer mit einem zu versteuernden Einkommen i. H. von 40.000 € erhält während eines Arbeitsausfalls Kurzarbeitergeld von seinem Arbeitgeber i. H. von 10.000 €.

Lösung:

zu versteuerndes Einkommen	40.000,00 €
Kurzarbeitergeld	10.000,00 €
	50.000,00 €
Einkommensteuer nach Splitting (Berechnung für das Jahr 2024)	6.046,00 €
dies entspricht einem Prozentsatz von	12,0920 %
zu versteuerndes Einkommen (40.000 € x 12,0920 %)	4.836,00 €
Berechnung der höheren Steuer:	
Einkommensteuer für 40.000 € nach Splitting	3.450,00 €
Mehrbelastung	1.386,00 €
entspricht einem Prozentsatz für das Krankengeld von	13,8600 %

14. Pfändung

Auch der Vollzug von Lohnpfändungen gehört zu den Aufgaben der Lohnabrechnung.

Mit der wirksamen Zustellung eines Pfändungs- und Überweisungsbeschlusses wird der Arbeitgeber zum Drittschuldner und ist damit zur korrekten Berechnung des pfändbaren Betrages und zur Abführung an den Gläubiger verpflichtet. Zudem haftet er sowohl gegenüber dem Gläubiger als auch gegenüber dem Arbeitnehmer, wenn der pfändbare Betrag nicht korrekt ermittelt wird.

Ein Muster für einen Pfändungs- und Überweisungsbeschluss haben wir dir in Kapitel XVI „Checklisten & Übersichten" abgedruckt.

Zustellungsmängel

Kleinere Ungenauigkeiten bei der Bezeichnung des Drittschuldners oder des Schuldners sowie kleine Schreibfehler sind für die wirksame Zustellung unschädlich, solang die Bestimmung des Schuldners und des Drittschuldners ohne weitere Erkundungen und Nachforschungen möglich ist.

Wird allerdings der Drittschuldner nicht korrekt angegeben, da der Arbeitnehmer z. B. bei einer der Tochtergesellschaften beschäftigt ist, läuft der Pfändungs- und Überweisungsbeschluss ins Leere. Der Beschluss darf nicht intern weitergegeben werden, und der Arbeitgeber darf dem Gläubiger aus Gründen des Datenschutzes auch nicht mitteilen, bei welcher der Firmen der Arbeitnehmer beschäftigt ist. Würde der Arbeitgeber die Pfändung trotzdem berücksichtigen, hätte der Arbeitnehmer einen Schadensersatzanspruch gegen seinen Arbeitgeber.

Berechnung des Nettoeinkommens

Grundsätzlich werden alle Vergütungen, die der Arbeitnehmer von seinem Arbeitgeber erhält, zur Berechnung herangezogen. Das beinhaltet auch Sachzuwendungen. Allerdings gibt es auch **unpfändbare Teile** des Arbeitseinkommens. Dies sind insbesondere:

- die Hälfte der Gesamtvergütung für Überstunden (sowohl die Grundvergütung als auch die Zuschläge),
- das zusätzliche Urlaubsgeld (das Urlaubsentgelt und die Urlaubsabgeltung sind hingegen pfändbar),
- Aufwandsentschädigungen und Auslösungen für eine auswärtige Tätigkeit,
- Gefahren-, Schutz- und Erschwerniszulagen,
- Weihnachtszuwendungen bis zur Hälfte des Betrages, dessen Höhe sich nach Aufrundung des monatlichen Freibetrags nach § 850c Abs. 1 i. V. m. Abs. 4 ZPO auf den nächsten vollen 10-€-Betrag ergibt,
- vermögenswirksame Leistungen, sofern der Vertrag bereits vor Eingang des Pfändungsbeschlusses abgeschlossen worden ist, und
- Beiträge zur betrieblichen Altersversorgung.

Vom pfändbaren Bruttoeinkommen sind anschließend die Lohnsteuer (inkl. Kirchensteuer und Solidaritätszuschlag) sowie die Sozialversicherungsbeiträge abzuziehen. Das sich ergebene Nettogehalt ist die Grundlage für die Ermittlung des Pfändungsabzugs. Dieser ergibt sich aus der Lohnpfändungstabelle gem. § 850c Zivilprozessordnung (ZPO).

Berechnungsschema:

Monatlicher Bruttoverdienst abzgl.:

- unpfändbarer Bezüge
- Lohnsteuer
- Kirchensteuer
- Solidaritätszuschlag
- Arbeitnehmeranteilen zur gesetzlichen Sozialversicherung

= verbleibendes Nettoeinkommen

Unterhaltsberechtigte Personen

Der Arbeitgeber hat ebenfalls zu prüfen, für wie viele Personen eine Unterhaltspflicht besteht. Hierfür kommen in Betracht:

- ► der Ehegatte,
- ► der frühere Ehegatte,
- ► der eingetragene Lebenspartner,
- ► die Mutter eines nichtehelichen Kindes,
- ► Verwandte in gerader Linie (Kinder, Enkelkinder, Eltern, Großeltern, eigenes nichteheliches Kind).

Nicht zu berücksichtigen sind:

- ► Stief- oder Pflegekinder,
- ► nichtehelicher Lebenspartner,
- ► Geschwister,
- ► Schwiegereltern.

Unter Berücksichtigung der Unterhaltspflicht ergibt sich dann der Pfändungsabzug nach der Lohnpfändungstabelle. Du findest diese im Kapitel XVI „Checklisten & Übersichten". Jährlich zum 1.7. erfolgt eine Überprüfung der Werte der Tabelle und ggf. eine Anpassung. Die aktuelle Pfändungstabelle ist vom 1.7.2024 bis 30.6.2025 gültig.

TIPP

Zur Ermittlung der unterhaltsberechtigten Personen dienen dir als Anhaltspunkt nur die Lohnsteuerabzugsmerkmale. Wir haben daher einen Fragebogen für den Arbeitnehmer entworfen, auf dem er hierzu Auskünfte erteilen soll. Du findest diesen Fragebogen im Kapitel XVI „Checklisten & Übersichten".

Unterhaltspfändung

Bei einer Unterhaltspfändung wird die Lohnpfändungstabelle nicht angewendet. Hier setzt das Gericht in seinem Beschluss die Höhe des unpfändbaren Einkommens fest.

Pflichten des Arbeitgebers

Der Arbeitgeber unterliegt einer Auskunftspflicht. Er hat auf Verlangen des Gläubigers innerhalb von zwei Wochen mitzuteilen,

- ► ob und inwieweit er die Forderung als begründet anerkennt und zur Zahlung bereit ist,
- ► ob und welche Ansprüche andere Personen an die Forderung erheben,

► ob und wegen welcher Ansprüche die Forderung bereits für andere Gläubiger gepfändet ist.

Mehrere Pfändungen

Liegen für den Arbeitnehmer Pfändungen von mehreren Gläubigern vor, ist der zeitliche Eingang des Pfändungs- und Überweisungsbeschlusses zu beachten. Die Rangfolge ergibt sich also nach dem Eingang des Pfändungsbeschlusses beim Arbeitgeber.

Abtretungen

Abtretungen dienen der Sicherung von Krediten. Zusammen mit dem Kreditvertrag wird häufig eine Abtretungserklärung unterschrieben. In dieser wird der Arbeitslohn an den Gläubiger abgetreten. Bei Zahlungsverzug legt der Gläubiger diese Abtretungserklärung dem Arbeitgeber vor.

Für die Prüfung der Rangfolge ist hier das Datum der Abtretungserklärung maßgebend, so dass sich bei bereits vorliegenden Pfändungen die Rangfolge ändern kann.

BEISPIEL Es liegt bereits ein Pfändungs- und Überweisungsbeschluss vom 5.2.2025 vor (Eingang beim Arbeitgeber). Am 3.3.2025 wird eine Abtretungserklärung zugestellt. Diese Abtretungserklärung wurde vom Arbeitnehmer am 20.7.2023 unterschrieben.

Lösung:

Da das Datum der Unterschrift maßgebend ist, steht die Abtretung an Rangstelle 1, die Pfändung rutscht auf Rangstelle 2.

II. Sozialversicherung

Unser Sozialversicherungssystem baut auf dem **Solidaritätsprinzip** auf. Der Grundsatz „Einer für alle und alle für einen" gibt am besten den Gedanken wieder, der hinter dem System steht. Die Gemeinschaft zahlt solidarisch in die Sozialversicherungssysteme ein. Ein Anspruch auf Leistung ergibt sich individuell, wobei alle die gleichen Leistungen erhalten. Die Aufgabe der Sozialversicherung hat der Staat an bestimmte Körperschaften des öffentlichen Rechts übertragen. Die Anstalten, d. h. die sog. Versicherungsträger, arbeiten nach dem System der Selbstverwaltung. Die rechtlichen Rahmenbedingungen zur Sozialversicherung unterliegen dem Staat.

Im Sozialversicherungsrecht galt in der Vergangenheit für die **Beitragserhebung** sowohl für laufende Bezüge als auch für einmalige Zuwendungen (**Einmalbezüge**) einheitlich das Entstehungsprinzip. § 22 Abs. 1 SGB IV besagt, dass Beiträge dann fällig werden, wenn der Anspruch des Arbeitnehmers auf das Arbeitsentgelt entstanden ist.

Diese Regelung hat zur Konsequenz, dass Beiträge bereits dann anfallen, wenn der **Arbeitslohn** geschuldet wird. Auf die tatsächliche Auszahlung kommt es nicht an.

Derartig unterschiedliche Regelungen des Steuer- und Sozialversicherungsrechts, nämlich auf der einen Seite das Zuflussprinzip und auf der anderen Seite das Entstehungsprinzip, verursachten regelmäßig Probleme und Unsicherheiten.

HINWEIS

Seit dem 1.4.2003 gilt in der Sozialversicherung für Einmalbezüge das Zuflussprinzip. Für laufende Bezüge ist in der Sozialversicherung jedoch weiterhin das Entstehungsprinzip anzuwenden.

Übersicht: Sozialversicherung

Krankenversicherung (KV)	Pflegeversicherung (PV)	Rentenversicherung (RV)	Arbeitslosenversicherung (AV)
Träger: Allgemeine Ortskrankenkassen (AOK), Ersatzkassen, Innungskrankenkassen, Betriebskrankenkassen	Träger: Pflegekassen der jeweiligen Krankenversicherungen	Träger: Deutsche Rentenversicherung Bund, Deutsche Rentenversicherung Knappschaft-Bahn-See	Träger: Bundesagentur für Arbeit
Absicherung: Allgemeine ärztliche und zahnärztliche Versorgung	Absicherung: Versorgung im Pflegefall	Absicherung: Altersrente, Erwerbsminderungsvorsorge, Rehabilitation	Absicherung: Arbeitslosigkeit
Beiträge: 14,6 % allgemein 14,0 % ermäßigt, zzgl. individuellen Zusatzbeitrags der gesetzlichen Krankenversicherung	Beiträge: 3,60 % Zuschlag für Kinderlose: 0,60 %, bzw. Beitragsabschlag ab dem 2. bis zum 5. Kind 0,25 % (wenn die Kinder das 25. Lebensjahr noch nicht vollendet haben).	Beitrag: 18,6 %	Beitrag: 2,6 %

Beitragsbemessungsgrenzen

HINWEIS

Für die Berechnung der Beiträge zur Sozialversicherung wird das sozialversicherungspflichtige Bruttoentgelt herangezogen. Für die Kranken-, Pflege-, Renten- und Arbeitsförderungsversicherung gelten dabei jeweils Beitragsbemessungsgrenzen. Die Beiträge zur Sozialversicherung werden vom Arbeitsentgelt bis zur Höhe der Beitragsmessungsgrenze errechnet. Der Teil des Bruttoentgelts, der über der Beitragsbemessungsgrenze liegt, ist beitragsfrei.

Übersicht:	Beitragsbemessungsgrenzen 2024 und 2025			
	2024 monatlich	**2024 jährlich**	**2025 monatlich**	**2025 jährlich**
Krankenversicherung	5.175 €	62.100 €	5.512,50 €	66.150 €
Pflegeversicherung	5.175 €	62.100 €	5.512,50 €	66.150 €
Rentenversicherung	7.550 € (West) 7.450 € (Ost)	90.600 € (West) 89.400 € (Ost)	8.050,00 € (bundeweit)	96.600 € (bundesweit)
Arbeitslosenversicherung	7.550 € (West) 7.450 € (Ost)	90.600 € (West) 89.400 € (Ost)	8.080 € (bundesweit)	96.600 € (bundesweit)

1. Halbteilungsgrundsatz

In der Regel übernehmen **Arbeitnehmer** und **Arbeitgeber** jeweils die **Hälfte der Beiträge zur Sozialversicherung**. Die Arbeitnehmeranteile sind vom Arbeitgeber im Rahmen der Entgeltabrechnung zu ermitteln und einzubehalten. Zusammen mit den Arbeitgeberanteilen sind sie als Gesamtsozialversicherungsbeiträge an die gesetzlichen Krankenkassen abzuführen.

Allerdings wurde die **paritätische Finanzierung** der Beiträge ab 2005 aufgehoben. Kinderlose zahlen in die gesetzliche Pflegeversicherung einen Zuschlag von 0,25 % bis 31.12.2021, bzw. 0,35 % bis 30.6.2023. Seit dem 1.7.2023 wurde der Zuschlag für Kinderlose um 0,25 % auf insgesamt 0,60 % zu erhöhen.[1] Ab dem 2. bis zum 5. Kind wird ein Beitragsabschlag in Höhe von 0,25 % pro Kind berücksichtigt, wenn das Kind das 25. Lebensjahr noch nicht vollendet hat. Dieser Beitragsabschlag mindert nur den Beitrag beim Arbeitnehmer und führt auch hier zu einer unterschiedlichen Beitragsberechnung zwischen Arbeitgeber und Arbeitnehmer.

Seit dem 1.1.2015 ist bei der gesetzlichen Krankenversicherung der einkommensabhängige kassenindividuelle Zusatzbeitrag eingeführt. Dieser Zusatzbeitrag wurde bis 31.12.2018 ausschließlich von den Arbeitnehmern finanziert. Seit 2019 teilen sich Arbeitgeber und Arbeitnehmer den kassenindividuellen Zusatzbeitrag hälftig. Außerdem gibt es eine Reihe von Ausnahmen, bei denen die Beiträge nicht gleichmäßig auf die Arbeitgeber und Arbeitnehmer verteilt waren. Dazu gehören u. a. folgende Fälle:

- Für **zur Berufsausbildung Beschäftigte** (Auszubildende in Ausnahmefällen bzw. Praktikanten), die nicht mehr als 325 € monatlich verdienen (**Geringverdiener**), zahlt der Arbeitgeber den vollen Beitrag allein.

1 Geplante Änderung ab 1.7.2023 durch den Entwurf des Pflegeunterstützungs- und Entlastungsgesetzes v. 17.3.2023.

- Für Bezieher von **Kurzarbeiter- und Winterausfallgeld** hat der Arbeitgeber den auf das ausgefallene Arbeitsentgelt entfallenden Kranken-, Pflege- und Rentenversicherungsbeitrag allein zu tragen.
- Für **weiterbeschäftigte Altersrentner** mit Vollrente und Pensionsempfänger zahlt der Arbeitgeber nur seinen Beitrag zur Rentenversicherung.
- Arbeitnehmer, die die **Regelaltersgrenze überschritten** haben, sind in der Arbeitslosenversicherung frei. Der Arbeitgeber zahlt seinen Beitrag zur Arbeitslosenversicherung (seit 1.1.2022 wieder in Kraft[1]).
- Für **Studenten, Schüler** und **Praktikanten** bestehen Sonderregelungen.
- Für **Beamte, Richter** und **Soldaten** besteht Versicherungsfreiheit.
- Für **geringfügig Beschäftigte** (bis 556 €) zahlt der Arbeitgeber pauschale Beiträge zur Renten- und Krankenversicherung. Die Arbeitnehmer müssen den Differenzbetrag zum Rentenversicherungsbeitrag aufstocken, können sich hiervon aber befreien lassen.
- Arbeitnehmer, die sich im **Übergangsbereich** (556,01 € bis 2.000,00 €) befinden, zahlen einen ansteigenden Beitrag.

HINWEIS

Nach § 2 Beitragsverfahrensverordnung (BVV) werden Beiträge, die der Arbeitgeber und der Beschäftigte je zur Hälfte tragen, durch Anwendung des halben Beitragssatzes auf das Arbeitsentgelt und anschließende Verdoppelung des gerundeten Ergebnisses berechnet. Auf Beiträge, die der Arbeitgeber allein trägt, kann diese Regelung gleichlautend angewandt werden. Werden Beiträge vom Arbeitgeber und vom Beschäftigten nicht je zur Hälfte getragen, ergibt sich der Beitrag aus der Summe der getrennt berechneten gerundeten Anteile. Beiträge, die vom Beschäftigten allein zu tragen sind, werden durch Anwendung des für diese Beiträge geltenden Beitragssatzes oder Beitragszuschlags auf das Arbeitsentgelt berechnet.

2. Arbeitsentgelt

Das Steuerrecht bezeichnet die Bezüge des Arbeitnehmers als **Arbeitslohn**, die Sozialversicherung hingegen als Arbeitsentgelt. Nach § 14 Abs. 1 Satz 1 SGB IV umfasst das Arbeitsentgelt alle laufenden oder einmaligen Einnahmen aus einer Beschäftigung. Neben dem Barlohn gehören dazu entsprechend auch die **Sachbezüge**.

Nicht zum beitragspflichtigen Arbeitsentgelt gehören einmalige Einnahmen, laufende Zulagen, Zuschläge und Zuschüsse sowie ähnliche Einnahmen, die zusätzlich zu Löhnen und Gehältern gewährt werden, soweit sie **lohnsteuerfrei** sind.[2] Arbeitslohn, der in der Lohnsteuer pauschal versteuert wird, zählt in bestimmten Fällen ebenfalls nicht zum Arbeitsentgelt.

3. Gesetzliche Krankenversicherung

Bei der Krankenversicherung wird zwischen der **gesetzlichen Krankenversicherung** und der **privaten Krankenversicherung** unterschieden. Die Aufgabe der gesetzlichen Krankenversicherung

1 Die Sonderregelung aus dem Gesetz zur Flexibilisierung des Übergangs vom Erwerbsleben in den Ruhestand und zur Stärkung von Prävention und Rehabilitation im Erwerbsleben v. 8.12.2016, BGBl 2016 I Nr. 59 sah eine Aussetzung der Beitragszahlung für Arbeitgeber in der Zeit vom 1.1.2017 bis 31.12.2021 vor.

2 Vgl. § 1 Abs. 1 Nr. 1 SvEV.

ist laut § 1 SGB V, die Gesundheit der Versicherten zu erhalten, wiederherzustellen oder den Gesundheitszustand zu verbessern.

In Deutschland sind ca. 99 % der Bürger krankenversichert, die meisten davon in der gesetzlichen Krankenversicherung. Der Arbeitnehmer hat ein **Krankenkassenwahlrecht**, d. h., er kann sich die gesetzliche Krankenversicherung auswählen, bei der er versichert sein möchte. Nach Angaben des Spitzenverbands der gesetzlichen Krankenversicherungen gibt es mit Stand vom 9.2.2025 in Deutschland 94 gesetzliche Krankenkassen. Zum Vergleich: 2000 waren es noch 420 gesetzliche Krankenkassen.

Beim Beitrag unterscheiden die gesetzlichen Krankenkassen den **allgemeinen Beitragssatz** und den **ermäßigten Beitragssatz**. Der allgemeine Beitragssatz i. H. von 14,6 % ist für Arbeitnehmer zu berechnen, die sozialversicherungspflichtig beschäftigt sind und die einen Anspruch auf Lohnfortzahlung im Krankheitsfall haben (Anspruch auf Krankengeld).

Der ermäßigte Beitragssatz i. H. von 14,0 % ist dagegen für Arbeitnehmer zu berechnen, die kürzer als zehn Wochen beschäftigt werden und die keinen oder keinen vollen Anspruch auf Lohnfortzahlung im Krankheitsfall haben. Hier sind z. B. Altersrentenbezieher zu nennen.

HINWEIS

Seit dem 1.1.2015 wird ein einkommensabhängiger kassenindividueller Zusatzbeitrag erhoben. Dieser wurde bis 31.12.2018 vom Arbeitgeber einbehalten, war allerdings nur vom Arbeitnehmer zu zahlen. Seit dem 1.1.2019 teilen sich Arbeitgeber und Arbeitnehmer den kassenindividuellen Zusatzbeitrag. Der Sozialausgleich wurde in diesem Zusammenhang abgeschafft.

Übersicht:	Beiträge	
2025 teilen sich die Beiträge wie folgt auf:		
Allgemeiner Beitragssatz:	Arbeitgeber 7,3 % + 1/2 Zusatzbeitrag (je nach gesetzlicher Krankenkasse)	Arbeitnehmer 7,3 % + 1/2 Zusatzbeitrag (je nach gesetzlicher Krankenkasse)
Ermäßigter Beitragssatz:	Arbeitgeber 7,0 % + 1/2 Zusatzbeitrag (je nach gesetzlicher Krankenkasse)	Arbeitnehmer 7,0 % + 1/2 Zusatzbeitrag (je nach gesetzlicher Krankenkasse)

Wahlrecht bei der gesetzlichen Krankenversicherung

Eine **Mitgliedschaft** in der Krankenversicherung kann bei gesetzlichen Krankenkassen durch Ausübung des Wahlrechts durch den Arbeitnehmer gewählt werden (**aktives Wahlrecht**). Zu den gesetzlichen Krankenkassen gehören die Allgemeinen Ortskrankenkassen, Betriebskrankenkassen, Innungskrankenkassen und Ersatzkassen.

Pflicht- und freiwillig versicherte Arbeitnehmer können **grds.** folgende Krankenkassen wählen:

- **AOK** am Beschäftigungs- oder Wohnort,
- **Ersatzkassen**, deren Zuständigkeit sich nach der Satzung der Ersatzkasse auf den Beschäftigungs- oder Wohnort erstreckt,
- **Betriebs- oder Innungskrankenkassen**, wenn in dem Betrieb, in dem der Arbeitnehmer beschäftigt ist, eine solche besteht bzw. die Satzung eine allgemeine Öffnung für abgegrenzte Regionen vorsieht,
- die Krankenkasse, bei der **zuletzt eine Mitgliedschaft oder Familienversicherung** bestanden hat,
- die Krankenkasse, bei welcher der **Ehegatte** versichert ist,
- **Knappschaft-Bahn-See**.

Die ausgewählte gesetzliche Krankenkasse darf die Mitgliedschaft des Arbeitnehmers nicht ablehnen. Hat vor der Ausübung des Wahlrechts zuletzt eine Mitgliedschaft bei einer anderen Krankenkasse bestanden, informiert die gewählte Krankenkasse die bisherige Krankenkasse im elektronischen Meldeverfahren unverzüglich über die Wahlentscheidung des Mitgliedes. Die bisherige Krankenkasse bestätigt der gewählten Krankenkasse im elektronischen Meldeverfahren unverzüglich, spätestens jedoch innerhalb von zwei Wochen nach Eingang der Meldung, das Ende der Mitgliedschaft.

Sie stellt dem Arbeitgeber eine **Mitgliedsbescheinigung** nach § 175 SGB V aus, nachdem er den Arbeitnehmer bei der Krankenkasse mittels DEÜV angemeldet hat. Der Arbeitnehmer muss dem Arbeitgeber nach Eintritt der Versicherungspflicht innerhalb von 14 Tagen formlos mitteilen, für welche Krankenkasse er sich entschieden hat.

HINWEIS

Wählt der Arbeitnehmer keine Krankenkasse selbst aus, hat der Arbeitgeber ihn bei einer nach § 173 SGB V frei wählbaren Krankenkasse anzumelden und den Versicherungspflichtigen unverzüglich über die gewählte Krankenkasse in Textform zu informieren (passives Wahlrecht). Krankenversicherungspflichtige und freiwillig Versicherte sind an die gewählte Krankenkasse mindestens 12 Monate gebunden.

Durch einen **Arbeitgeberwechsel** wird diese **Bindungsfrist** nicht gelöst. Die **Kündigung** einer Mitgliedschaft ist zum Ablauf des übernächsten Kalendermonats möglich.

Zusatzbeitrag

Alle Beitragseinnahmen der Krankenkassen, gemeinsam mit dem Bundeszuschuss aus Steuergeldern, fließen in den Gesundheitsfonds. Die gesetzlichen Krankenkassen erhalten aus dem Gesundheitsfonds einen festgelegten Anteil pro Monat. Grundlagen für die Berechnung des Anteils sind neben der Versichertenanzahl u. a. auch das Alter, das Geschlecht und die Erkrankungen der jeweiligen Versicherten (sog. morbiditätsorientierter Risikostrukturausgleich).

Der allgemeine Beitragssatz beträgt einheitlich 14,6 %, der ermäßigte Beitragssatz beträgt einheitlich 14,0 %.

Krankenkassen, die mit den Zuweisungen aus dem Gesundheitsfonds nicht ihren Finanzbedarf abdecken können, dürfen seit dem 1.1.2015 einen prozentualen Zusatzbeitrag von ihren Versicherten erheben. Mitversicherte Personen im Rahmen der Familienversicherung sind von diesem Zusatzbeitrag ausgenommen. Die Höhe des Zusatzbeitrags legt die jeweilige Krankenkasse durch ihre Verwaltungsräte fest. Eine Übersicht aller gesetzlichen Krankenversicherungen und ihrer individuellen Zusatzbeiträge ist auf der Internetseite des GKV-Spitzenverbandes zu finden.[1] Der einkommensabhängige Zusatzbeitrag wird vom Arbeitgeber einbehalten (Quellenabzugsverfahren), getragen wird er seit dem 1.1.2019 jeweils zur Hälfte vom Arbeitgeber und vom Arbeitnehmer.

TIPP

Erhebt die gesetzliche Krankenkasse erstmals einen Zusatzbeitrag oder erhöht sie den Zusatzbeitrag, so kann der Versicherte von seinem Sonderkündigungsrecht bis zum Ablauf des Monats, für den der Zusatzbeitrag erstmals erhoben wird, Gebrauch machen. Für die Sonderkündigung gilt eine Frist von zwei Monaten. In dieser Zeit muss der Versicherte den Zusatzbeitrag allerdings zahlen. Möchte der Versicherte kündi-

1 www.gkv-spitzenverband.de/krankenkassenliste.pdf.

gen, ohne dass ein Zusatzbeitrag erhoben oder erhöht wird, gilt die gesetzliche Bindungsfrist von zwölf Monaten. Nach Ablauf der Frist ist ein Wechsel in eine andere gesetzliche Krankenkasse möglich.

Für besondere Arbeitnehmergruppen gilt seit 1.1.2015 der durchschnittliche Zusatzbeitrag, der auf Empfehlung des GKV-Schätzerkreises auf Beschluss des Bundesgesundheitsministeriums immer zum 1.11. eines jeden Jahres festgesetzt wird. Grundlage für die Höhe des durchschnittlichen Zusatzbeitrags sind statistische Werte der Sozialversicherung. Für das Jahr 2025 beträgt der durchschnittliche Zusatzbeitrag 2,5 %. Der durchschnittliche Zusatzbeitrag wird nur bei besonderen Arbeitnehmergruppen angewendet:

- Zur Ausbildung beschäftigte Geringverdiener (Arbeitsentgelt bis 325 €),
- Auszubildende in Einrichtungen der Jugendhilfe,
- Behinderte in anerkannten Werkstätten und Einrichtungen,
- Personen in Einrichtungen der Jugendhilfe,
- Beschäftigte in einem freiwilligen sozialen oder ökologischen Jahr i. S. des JFDG oder BFDG,
- Bezieher von Arbeitslosengeld II,
- versicherungspflichtige landwirtschaftliche Unternehmen.

Eine Besonderheit ist bei Rentnern und Versorgungsbezügen, die von Zahlstellen gezahlt werden, zu beachten. Bei diesen wirkt sich die Einführung bzw. die Erhöhung eines Zusatzbeitrags erst nach zwei Monaten aus. Erhöht eine Krankenkasse zum 1.1. eines Jahres ihren Zusatzbeitrag, so ist dieser bei der vorgenannten Gruppe ab März des gleichen Jahres zu berücksichtigen. Für die Monate Januar und Februar ist für diese der bisherige Zusatzbeitrag z. B. i. H. von 1,3 % abzuführen.

4. Private Krankenversicherung

In der gesetzlichen Krankenversicherung sind die meisten der Arbeitnehmer versichert. Unter bestimmten Voraussetzungen ist man allerdings nicht mehr gesetzlich in der gesetzlichen Krankenversicherung versichert. Jeder Arbeitgeber hat zu **prüfen**, ob die gesetzliche Versicherungspflicht für jeden Arbeitnehmer zum **Jahreswechsel** noch besteht. Diese Prüfung muss auch bei **Beschäftigungsbeginn** durchgeführt werden.

Hierbei sind die vom Gesetzgeber festgelegten **Jahresarbeitsentgeltgrenzen** zu beachten.

Liegen die Jahresarbeitsentgelte der Arbeitnehmer über den Jahresarbeitsentgeltgrenzen, sind diese nicht in der gesetzlichen Krankenversicherung versichert. Der Arbeitnehmer hat aber die Möglichkeit, sich **freiwillig in der gesetzlichen Krankenversicherung** zu versichern. Eine weitere Möglichkeit ist die Versicherung in der **privaten Krankenversicherung**. Ein Wechsel in die private Krankenversicherung ist umfänglich zu prüfen, da es nur unter bestimmten Voraussetzungen möglich ist, wieder in die gesetzliche Krankenversicherung einzutreten.

Ist ein Arbeitnehmer freiwillig in der gesetzlichen Krankenversicherung versichert, bemisst sich der **Beitrag** nach dem gültigen Beitragssatz der Krankenkasse und der Bemessungsgrundlage. Sollte das Entgelt des Arbeitnehmers unter der Beitragsbemessungsgrenze liegen (der Fall ist eher unwahrscheinlich), ist der reguläre volle Beitrag zu entrichten.

5. Jahresarbeitsentgeltgrenzen

Durch das **Beitragssicherungsgesetz** gibt es zwei unterschiedliche Jahresarbeitsentgeltgrenzen. Die Jahresarbeitsentgeltgrenzen werden jährlich durch den Gesetzgeber angepasst. Die **„allgemeine“ Jahresarbeitsentgeltgrenze** (§ 6 Abs. 6 SGB V) gilt für alle Arbeitnehmer, die eine Krankenversicherung als freiwilliges Mitglied bei einer gesetzlichen Krankenversicherung oder bei einer privaten Krankenkasse wählen wollen.

Die **„besondere“ Jahresarbeitsentgeltgrenze** (§ 6 Abs. 7 SGB V) gilt für Arbeitnehmer, die bereits am Stichtag 31.12.2002 die damalige Jahresarbeitsentgeltgrenze überschritten haben **und** bei einer privaten Krankenversicherung versichert waren. Beide Voraussetzungen müssen zum Stichtag 31.12.2002 erfüllt gewesen sein. Dabei muss eine private Krankenvollversicherung bestanden haben. Darunter versteht man einen Krankenversicherungsschutz, welcher vollständig an die Stelle der gesetzlichen Krankenversicherung tritt. Eine bloße Zusatzversicherung ersetzt nicht die gesetzliche Krankenversicherung. Eine zwischenzeitlich eingetretene Versicherungspflicht entbindet bei diesem Personenkreis nicht von der Prüfung der besonderen Jahresarbeitsentgeltgrenze.

Übersicht: Jahresarbeitsentgeltgrenze

	Allgemeine Jahresarbeitsentgeltgrenze	**Besondere Jahresarbeitsentgeltgrenze**[1]
2023	66.600 €	59.850 €
2025	69.300 €	62.100 €
2025	73.800 €	66.150 €

[1] Gilt nur für Arbeitnehmer, die am 31.12.2002 die Jahresarbeitsentgeltgrenze überschritten haben **und** privat krankenversichert waren.

5.1 Regelmäßiges Jahresarbeitsentgelt

Die Überprüfung der Jahresarbeitsentgeltgrenze erfolgt:

- bei Beginn des Arbeitsverhältnisses,
- bei Gehaltsveränderungen,
- bei Veränderung der Jahresarbeitsentgeltgrenze (zu Beginn des neuen Jahres),
- anhand des regelmäßigen Jahresarbeitsentgelts.

MERKE

Zu prüfen ist die Jahresarbeitsentgeltgrenze:

- bei Beginn einer Beschäftigung (beginnt ein neuer Arbeitnehmer mit einem jährlichen Arbeitsentgelt, welches über der Jahresarbeitsentgeltgrenze liegt, besteht von Anfang an keine Krankenversicherungspflicht),
- bei Änderung der Entlohnung (wird die Entlohnung des Arbeitnehmers verändert, ist zu prüfen, ob mit der Änderung eine Überschreitung oder Unterschreitung der Jahresarbeitsentgeltgrenze vorliegt),
- zu Beginn des neuen Jahres, also mit Änderung der jährlichen Arbeitsentgeltgrenzen (durch die jährliche Anpassung der Jahresarbeitsentgeltgrenze muss der Arbeitgeber jährlich prüfen, ob auch weiterhin Versicherungsfreiheit in der Krankenversicherung besteht).

Zum regelmäßigen Jahresarbeitsentgelt zählen alle Zahlungen und Zuwendungen aus der versicherungspflichtigen Beschäftigung, die zum beitragspflichtigen Arbeitsentgelt gehören.

Als regelmäßig sind Bezüge einzuordnen, wenn diese mit hinreichender Sicherheit **mindestens einmal jährlich** bezahlt werden (§ 14 SGB IV).

Dazu zählen neben dem laufenden Arbeitsentgelt auch **regelmäßige Einmalzahlungen** wie z. B. Urlaubsgeld und Weihnachtsgeld, sofern mit ihrer Zahlung mit hinreichender Sicherheit gerechnet werden kann, auch wenn deren Höhe schwankt.

Gelegentliche **Mehrarbeitsvergütungen** bzw. **Überstundenvergütungen** finden keine Berücksichtigung. Regelmäßige, fixe Pauschalzahlungen, die zur generellen Abgeltung eventuell anfallender Überstunden vereinbart wurden, werden dagegen angerechnet, da diese regelmäßig gezahlt werden und in ihrer Höhe feststehen.

Keine Anrechnung finden dagegen Zuschläge, die mit Rücksicht auf den **Familienstand** des Arbeitnehmers gezahlt werden.

Einmalige Zuwendungen, die nicht regelmäßig gewährt werden, z. B. Jubiläumszuwendung, bleiben unberücksichtigt, da hier von keiner Regelmäßigkeit auszugehen ist.

Ebenso nicht berücksichtigt werden Bezüge, die in der **Lohnsteuer pauschaliert** werden und in dieser Folge beitragsfrei in der Sozialversicherung behandelt werden.

Wandelt ein Arbeitnehmer Bestandteile seines Entgelts zugunsten einer betrieblichen Altersversorgung um und sind diese Beiträge sozialversicherungsfrei, wirkt sich dies auch auf das Jahresarbeitsentgelt aus. Dabei gilt folgender Grundsatz:

- Arbeitnehmer, die wegen Überschreitens der Jahresarbeitsentgeltgrenze **krankenversicherungsfrei** sind und deren regelmäßiges Entgelt aufgrund der beitragsfreien Entgeltumwandlung zugunsten einer betrieblichen Altersversorgung die **Jahresarbeitsentgeltgrenze nicht mehr übersteigt**, werden krankenversicherungspflichtig.
- Die Krankenversicherungspflicht beginnt bei der **Umwandlung von Einmalzahlungen** mit dem Tag, an dem der Arbeitnehmer die Umwandlung gegenüber seinem Arbeitgeber für wirksam erklärt. Dies trifft auch dann zu, wenn die Erklärung vor der eigentlichen Umwandlung erfolgt (z. B. Erklärung im Januar, dass Teile des Weihnachtsgeldes umgewandelt werden sollen).
- Wird **laufendes Arbeitsentgelt** umgewandelt, entsteht Krankenversicherungspflicht ggf. in dem Monat, in dem zum ersten Mal umgewandelt wird.
- Wenn der Arbeitnehmer die **Entgeltumwandlung rückgängig** macht, ist das regelmäßige Arbeitsentgelt zu diesem Zeitpunkt sofort neu zu berechnen. Wird durch die Neuberechnung die Jahresarbeitsentgeltgrenze wieder überschritten, so kann der Arbeitnehmer erst nach Ablauf des Kalenderjahres aus der Krankenversicherungspflicht ausscheiden.
- Eine **Neuprüfung** ist stets auch dann durchzuführen, wenn sich die Höhe der Entgeltumwandlung ändert.

Die **Versicherungspflicht endet** mit Ablauf des Jahres, in dem das Jahresarbeitsentgelt die Jahresarbeitsentgeltgrenze übersteigt. Voraussetzung dafür ist jedoch, dass der Arbeitnehmer mit seinem Arbeitsentgelt auch über der Jahresarbeitsentgeltgrenze des Folgejahres liegt.

Übersicht: Versicherungspflicht	
Feststellung der Versicherungspflicht im Rahmen der Jahresarbeitsentgeltgrenze	**Wird in die Berechnung mit einbezogen**
Laufendes Arbeitsentgelt	Ja
Urlaubsgeld	Ja
Weihnachtsgeld	Ja
Sonderzahlungen (wenn Zahlung mindestens einmal jährlich mit hinreichender Sicherheit erfolgt)	Ja
Überstundenvergütungen (unregelmäßig)	Nein
Überstundenvergütung (pauschaler Betrag, mit dem monatliche Überstunden vergütet werden)	Ja
Familienzuschläge	Nein

TIPP

Viele Programme erstellen mit der Abrechnung ein Hinweisprotokoll. Auf diesem wird z. B. auch auf ein mögliches Überschreiten der Jahresarbeitsentgeltgrenze für bestimmte Arbeitnehmer hingewiesen. Daher solltest du das Protokoll immer genau überprüfen.

5.2 Überschreiten der Jahresarbeitsentgeltgrenze

Überschreitet ein Arbeitnehmer durch **Erhöhung des Arbeitsentgelts** während des Jahres mit seinem Gehalt die Jahresarbeitsentgeltgrenze des aktuellen Kalenderjahres, kann die Versicherungsfreiheit erst zu Beginn des nächsten Kalenderjahres eintreten. Voraussetzung dafür ist, dass der Arbeitnehmer mit seinem Jahresarbeitsentgelt auch die Jahresarbeitsentgeltgrenze des **Folgejahres** übersteigt (1+1-Regelung). Beim Überschreiten der Jahresarbeitsentgeltgrenze tritt die Versicherungsfreiheit erst zu Beginn des nächsten Kalenderjahres ein.

Ist der Arbeitnehmer **nicht mehr krankenversicherungspflichtig**, ist dieser zum Jahresende bei seiner gesetzlichen Krankenkasse als Pflichtversicherter abzumelden. Endet die Versicherungspflicht wegen Überschreitung der Jahresarbeitsentgeltgrenze, endet nicht automatisch auch die Mitgliedschaft in der gesetzlichen Krankenkasse. Die Krankenkasse muss den Arbeitnehmer schriftlich über die **Austrittsmöglichkeit** informieren. Der Arbeitnehmer kann innerhalb von zwei Wochen seinen Austritt schriftlich erklären und muss seinen neuen Versicherungsschutz nachweisen. Bleibt die Erklärung des Arbeitnehmers aus, wird die bisherige Pflichtversicherung in der gesetzlichen Krankenversicherung als eine **freiwillige Versicherung** in der gesetzlichen Krankenversicherung fortgeführt (Anschlussversicherung).

5.3 Unterschreiten der Jahresarbeitsentgeltgrenze

Unterschreitet der Arbeitnehmer durch eine **Minderung des regelmäßigen Entgelts** die Jahresarbeitsentgeltgrenze, wird er **sofort** wieder krankenversicherungspflichtig. Somit tritt die Versicherungspflicht auch unterjährig ein – anders als die Versicherungsfreiheit, die immer nur zum Beginn eines neuen Kalenderjahres eintritt. Wenn das Arbeitsentgelt z. B. durch Kurzarbeit nur vorübergehend gemindert wird, löst das allerdings keine Versicherungspflicht aus. Entscheidend ist nur das regelmäßige Arbeitsentgelt.

Wenn die **Arbeitszeit** des Arbeitnehmers auf **die Hälfte oder weniger** der regelmäßigen Wochenarbeitszeit einer vergleichbaren Vollbeschäftigung gesenkt wird und dadurch Krankenversicherungspflicht entstehen würde, wird auf Antrag bei der gesetzlichen Krankenkasse eine **Befreiung** gewährt. Voraussetzung ist, dass der Arbeitnehmer bereits seit mindestens fünf Jahren von der Krankenversicherungspflicht befreit war.

Die Versicherungsfreiheit endet grundsätzlich auch dann, wenn die Entgeltminderung **vorübergehender Natur** oder **zeitlich befristet** ist, es sei denn, die Entgeltminderung ist nur von kurzer Dauer (GKV-Hinweise v. 20.3.2019). Von kurzer Dauer ist auszugehen, wenn der Zeitraum nicht mehr als drei Monate umfasst. Eine zu Beginn der Minderung des laufenden Arbeitsentgelts ggf. bereits absehbare Rückkehr zu den Verhältnissen vor der Entgeltminderung bleibt zunächst unberücksichtigt.

HINWEIS

Bei der Prüfung der Jahresarbeitsentgeltgrenze ist auf Besonderheiten zu achten. So wirkt sich z. B. eine Verringerung der regelmäßigen wöchentlichen Arbeitszeit auf die Hälfte oder weniger im Rahmen einer Vollbeschäftigung auch auf die Versicherungspflicht aus. In diesem Fall kann auf Antrag bei der gesetzlichen Krankenkasse eine Befreiung gewährt werden. Voraussetzung ist dabei, dass der Arbeitnehmer bereits seit mehr als fünf Jahren von der gesetzlichen Krankenversicherung befreit war. Eine weitere Ausnahme stellen Arbeitnehmer mit Vollendung ihres 55. Lebensjahres dar. Auch diese bleiben weiterhin versicherungsfrei, wenn sie in den letzten fünf Jahren in keiner gesetzlichen Krankenversicherung versichert waren.

Mit **Vollendung des 55. Lebensjahres** bleiben Personen in der gesetzlichen Krankenversicherung **versicherungsfrei**, sofern sie in den letzten fünf Jahren keinen gesetzlichen Krankenversicherungsschutz hatten. Mit dieser Regelung wird verhindert, dass ältere Arbeitnehmer mit steigenden Beiträgen in der privaten Krankenversicherung einen Wechsel in die gesetzliche Krankenversicherung vornehmen.

MERKE

Bei der Prüfung der Jahresarbeitsentgeltgrenze ist auf Besonderheiten zu achten. So wirkt sich z. B. eine Verringerung der regelmäßigen wöchentlichen Arbeitszeit auf die Hälfte oder weniger im Rahmen einer Vollbeschäftigung auch auf die Versicherungspflicht aus. In diesem Fall kann auf Antrag bei der gesetzlichen Krankenkasse eine Befreiung gewährt werden. Voraussetzung ist dabei, dass der Arbeitnehmer bereits seit mehr als fünf Jahren von der gesetzlichen Krankenversicherung befreit war. Eine weitere Ausnahme stellen Arbeitnehmer mit Vollendung ihres 55. Lebensjahres dar. Auch diese bleiben weiterhin versicherungsfrei, wenn sie in den letzten fünf Jahren in keiner gesetzlichen Krankenversicherung versichert waren.

HINWEIS

Am 20.3.2019 wurden auf Grundlage eines BSG-Urteils[1] die grundsätzlichen Hinweise[2] überarbeitet. Darin wird eine abweichende Berücksichtigung von Entgeltveränderungen bei Arbeitnehmern dargestellt, bei denen zunächst Versicherungspflicht besteht. In diesen Fällen, in denen es um das Ausscheiden aus der Versicherungspflicht mit Ablauf des Kalenderjahres wegen Überschreitens der Jahresarbeitsentgeltgrenze geht, ist zum Ende/Ablauf des laufenden Kalenderjahres (Prognosezeitpunkt) das vereinbarte Arbeitsentgelt auf ein zu erwartendes Jahresarbeitsentgelt für das nächste Kalenderjahr (Prognosezeitraum) hochzurechnen. Prognosegrundlage sind dabei zunächst die zu diesem Zeitpunkt bestehenden Verhältnisse. Entsprechend dem Urteil des BSG[3] sind allerdings die zum Prognosezeitpunkt objektiv feststehenden (z. B. durch vertragliche Regelungen) oder mit hinreichender Sicherheit absehbaren Entgeltveränderungen (z. B. aus Anlass des Entgeltausfalls wegen Beginn der Schutzfristen und einer sich anschließenden Elternzeit) in

1 BSG, Urteil v. 7.6.2018 – B 12 KR 8/16.
2 Versicherungsfreiheit von Arbeitnehmern bei Überschreiten der Jahresarbeitsentgeltgrenze v. 20.3.2019.
3 BSG, Urteil v. 7.6.2018 – B 12 KR 8/16.

die Prognose mit einzubeziehen und zu berücksichtigen. Entgeltveränderungen sind sowohl Entgeltminderungen als auch Entgelterhöhungen.

Mit den Hinweisen vom 20.3.2019 ist zwischen den Arbeitnehmern zu unterscheiden, die bereits versicherungsfrei sind, und denen, die aus der Versicherungspflicht ausscheiden könnten. Bei versicherungsfreien Arbeitnehmern sind Entgeltveränderungen zu berücksichtigen, wenn sie tatsächlich eintreten (keine Änderung). Bei Arbeitnehmern, die aus der Versicherungspflicht ausscheiden könnten, sind zum Zeitpunkt der Prognose für das Folgejahr alle bekannten Entgeltveränderungen zu berücksichtigen (Änderung).

Bei einem **bisher versicherungspflichtigen Arbeitnehmer** sind feststehende Entgeltveränderungen, die zum Zeitpunkt der Prüfung der Jahresarbeitsentgeltgrenze bereits bekannt sind (z. B. Mutterschutzfrist, vereinbarte Arbeitszeitänderung, Lohnerhöhung), in der Prognose **zu berücksichtigen**. Das kann dazu führen, dass der betroffene Arbeitnehmer zum 1.1.

- durch die Berücksichtigung zukünftiger Entgeltminderungen krankenversicherungspflichtig bleibt, statt ohne Berücksichtigung dieser Änderung krankenversicherungsfrei zu werden;
- durch die Berücksichtigung zukünftiger Entgelterhöhungen krankenversicherungsfrei wird, statt ohne Berücksichtigung dieser Änderung krankenversicherungspflichtig zu bleiben.

BEISPIEL Eine **bisher krankenversicherungspflichtige Arbeitnehmerin** hatte bis August 2024 ein Monatsentgelt von 5.700 € und seit September 2024 ein Monatsentgelt von 6.200 €. Zum Jahreswechsel liegt die ärztliche Bescheinigung der Schwangerschaft mit dem voraussichtlichen Entbindungstermin vor. Im März 2025 beginnt die Schutzfrist von insgesamt mindestens 14 Wochen = 3 1/2 Monate. Dadurch beträgt das Entgelt im März 2025 nur 2.900 €.

Das eigentlich anzusetzende Jahresentgelt (Entgelt Monat Dezember 6.200 € x 12 Monate = 74.400 €) liegt sowohl über der Jahresarbeitsentgeltgrenze für 2024 = 69.300 € als auch über der Jahresarbeitsentgeltgrenze für 2025 = 73.800 €. Dadurch **würde** die Arbeitnehmerin ab 1.1.2025 krankenversicherungsfrei werden. **Aber:**

Das tatsächliche Jahresentgelt 2025 (unter Berücksichtigung der Mutterschutzfrist 6.200 € x 8,75 Monate = 54.250 €, wenn auch schon der Antrag auf Elterngeld vorliegt 6.200 € x 2 + 2.900 € = 15.300 €) liegt jedoch unter der Jahresarbeitsentgeltgrenze für 2025 = 73.800 €. Deshalb bleibt die Arbeitnehmerin 2025 weiterhin **krankenversicherungspflichtig**.

Bei einem **bisher versicherungsfreien Arbeitnehmer** sind solche Änderungen **nicht zu berücksichtigen**. In diesem Fall wird der Arbeitnehmer erst bei Eintritt der zukünftigen Entgeltveränderung krankenversicherungspflichtig oder wird wegen Unterschreitens der Jahresarbeitsentgeltgrenze bereits zum 1.1. krankenversicherungspflichtig. Hier ergeben sich gegenüber dem bisherigen Vorgehen keine Änderungen. Das führt dazu, dass der betroffene Arbeitnehmer zum 1.1.

- ohne die Berücksichtigung zukünftiger Entgeltminderungen krankenversicherungsfrei bleibt, statt mit Berücksichtigung dieser Änderung bereits krankenversicherungspflichtig zu werden;
- ohne die Berücksichtigung zukünftiger Entgelterhöhungen krankenversicherungspflichtig wird, statt mit Berücksichtigung dieser Änderung krankenversicherungsfrei zu bleiben.

BEISPIEL Ein **bisher krankenversicherungsfreier Arbeitnehmer** hat schon seit Januar 2024 ein Monatsentgelt von 5.800 €. Zum Jahreswechsel liegt die Höhergruppierung des Arbeitnehmers vor, wonach er ab Februar 2025 ein Monatsentgelt von 6.200 € erhält.

Das anzusetzende Jahresentgelt (Entgelt Monat Dezember 5.800 € x 12 = 69.600 €) liegt zwar über der Jahresarbeitsentgeltgrenze für 2024 = 69.300 €, aber nicht über der Jahresarbeitsentgeltgrenze für 2025

= 73.800 €. Da der Arbeitnehmer krankenversicherungsfrei ist, sind bekannte zukünftige Änderungen nicht zu berücksichtigen. Dadurch wird der Arbeitnehmer zum 1.1.2025 krankenversicherungspflichtig.

Bei der erneuten Prüfung zum 1.2.2025 ergibt sich ein tatsächliches Jahresentgelt von 6.200 € x 12 = 74.400 € und liegt damit über der Jahresarbeitsentgeltgrenze für 2025 = 73.800 €. Der Arbeitnehmer wird jedoch frühestens ab dem 1.1.2026 krankenversicherungsfrei. In diesem Fall, bei dem die Jahresarbeitsentgeltgrenze 2025 nur wegen Erhöhung der Grenze nicht mehr überschritten wird, besteht für den Versicherten die Möglichkeit, sich von der krankenversicherungspflicht befreien zu lassen.

6. Zuschuss des Arbeitgebers zur Krankenversicherung

Ein Arbeitnehmer, dessen regelmäßiges Jahresarbeitsentgelt die **Jahresarbeitsentgeltgrenze** des abgelaufenen und des folgenden Kalenderjahres überschreitet, ist von der gesetzlichen Krankenversicherungspflicht befreit.

Dadurch, dass der Arbeitnehmer nicht mehr gesetzlich krankenversicherungspflichtig ist, hat er die Möglichkeit, sich zu **entscheiden** zwischen der

- privaten Krankenversicherung und
- der freiwilligen Versicherung bei seiner bisherigen Krankenkasse oder bei einer anderen gesetzlichen Krankenkasse.

Entscheidet sich ein Arbeitnehmer für die private oder freiwillige Krankenversicherung, stellt sich die Frage, ob bzw. in welchem Umfang der **Arbeitgeber** einen **Beitragsanteil** zu übernehmen hat, denn schließlich muss der Arbeitgeber bei gesetzlich krankenversicherten Arbeitnehmern auch einen Beitragsanteil zahlen (Halbteilungsgrundsatz). Entscheidend für die Frage des Beitragszuschusses ist die Wahl des Arbeitnehmers. Grundsätzlich berechnet sich der Höchstzuschuss aus der Beitragsbemessungsgrenze, multipliziert mit dem Arbeitgeberanteil zur Krankenversicherung (für 2025: 5.512,50 € x 7,3 %). Seit dem 1.1.2019 ist allerdings auch der kassenindividuelle Zusatzbeitrag der gesetzlichen Krankenversicherungen zu berücksichtigen. Dies hat Auswirkungen auf die Höhe des Beitragszuschusses, der je nach Wahl der Krankenkasse unterschiedlich ausfällt. Zur Berechnung muss zwischen privat krankenversicherten Arbeitnehmern und freiwillig krankenversicherten Arbeitnehmern unterschieden werden.

6.1 Privat krankenversicherte Arbeitnehmer

Der **Höchstzuschuss** für **privat krankenversicherte** Arbeitnehmer errechnet sich nach der aktuellen Beitragsbemessungsgrenze zur Krankenversicherung. Ob allerdings der Höchstzuschuss gezahlt wird, ist abhängig von der Höhe der tatsächlich gezahlten Beiträge des Arbeitnehmers.

Grundsätzlich errechnet sich der Zuschuss des Arbeitgebers aus dem Beitragssatz der gesetzlichen Krankenkassen. Dieser beträgt 2025 = 14,6 %, davon trägt die Hälfte der Arbeitgeber (7,3 %).

Die **Beitragsbemessungsgrenze** in der Krankenversicherung 2025 beträgt 5.512,50 €. Bei der privaten Krankenversicherung wird kein Zusatzbeitrag erhoben. Allerdings muss bei der Berechnung des Zuschusses der durchschnittliche Zusatzbeitrag einbezogen werden. Somit muss der Arbeitgeber für einen Privatkrankenversicherten einen maximalen Beitragszuschuss von 471,32 € (14,6 % + 2,5 % = 17,1 %, davon $^1/_2$ = 8,55 %, maximal von 5.512,50 €) aufbringen.

Allerdings erhält der Arbeitnehmer **nicht mehr Zuschuss**, als er **tatsächlich** an Beitrag in die private Krankenversicherung zahlt. Somit ist zu prüfen, ob der Arbeitgeber als Beitragszuschuss die Hälfte des tatsächlichen Beitrags zahlen muss oder maximal den Höchstzuschuss von derzeit 471,32 €.

Halber Beitrag

Beitrag i. H. von 450 €

Gesamtbeitrag zur privaten Krankenversicherung:	450,00 €
Zuschuss des Arbeitgebers: (50 % des Gesamtbeitrags)	225,00 €

Maximaler Zuschuss

Beitrag i. H. von 950 €

Gesamtbeitrag zur privaten Krankenversicherung:	950,00 €
Maximaler Zuschuss des Arbeitgebers zur privaten Krankenversicherung:	471,32 €

HINWEIS

Besonders zu beachten ist der Zuschuss für Arbeitnehmer, die sich z. B. in der Freistellungsphase der Altersteilzeit befinden. Diese Arbeitnehmer haben keinen Krankengeldanspruch. Für sie ist somit der ermäßigte Krankenversicherungsbeitrag anzuwenden. Allerdings hat der GKV-Spitzenverband auf seiner „Fachkonferenz Beiträge“ am 17.6.2015 entschieden, dass für Arbeitnehmer in der Freistellungsphase auch dann der allgemeine Beitragssatz zu zahlen ist, wenn diese nach der Freistellung einen erneuten Anspruch auf Krankengeld haben. Scheidet somit ein Arbeitnehmer nach der Freistellungsphase der Altersteilzeit nicht aus dem Erwerbsleben aus, darf für diesen in der Freistellung nicht der ermäßigte, sondern der allgemeine Beitragssatz angewendet werden. Dies kann regelmäßig dann der Fall sein, wenn der Arbeitnehmer mit dem Ende der Altersteilzeit noch keinen Anspruch auf eine gesetzliche Rentenversicherung hat.

Der **ermäßigte Krankenversicherungsbeitrag** beträgt 2025 14,0 %. Der Zuschuss zur privaten Krankenversicherung für die Arbeitnehmergruppe berechnet sich für 2025 folgendermaßen: 14,0 € + 2,5 % = 16,5 %, davon ½ = 8,25 %, maximal von 5.512,50 € = 454,78 €.

Der Zuschuss darf **maximal** die Hälfte des tatsächlich gezahlten Beitrags zur privaten Krankenversicherung betragen.

6.2 Freiwillig krankenversicherte Arbeitnehmer

Entscheidet sich der Arbeitnehmer für eine **freiwillige Krankenversicherung**, besitzt er nach § 257 Abs. 1 SGB V einen Anspruch auf einen **Beitragszuschuss** seines Arbeitgebers. Der Zuschuss entspricht der Hälfte des Beitrags. Maximal kann ein Zuschuss bis zu dem Beitrag gezahlt werden, der bei einem Pflichtversicherten in der gesetzlichen Krankenkasse anfallen würde.

Für freiwillig in der gesetzlichen Krankenversicherung versicherte Arbeitnehmer mit Krankengeldanspruch berechnet sich der Beitragszuschuss:

½ von 14,6 % + ½ des Zusatzbeitrags der jeweiligen gesetzlichen Krankenkasse (zwingend getrennte Berechnung, um Rundungsdifferenzen zu vermeiden), beides maximal von 5.512,50 €.

BEISPIEL Ein Arbeitnehmer ist bei einer gesetzlichen Krankenkasse freiwillig krankenversichert. Die Krankenkasse erhebt einen Zusatzbeitrag von 0,98 %. Die Berechnung ist wie folgt vorzunehmen:

½ von 14,6 % = 7,3 % + ½ des Zusatzbeitrags der jeweiligen gesetzlichen Krankenkasse = 0,49 %. 7,3 % + 0,49 % = 7,79 % maximal von 5.512,50 € = 429,42 € maximaler Beitragszuschuss für freiwillig versicherte Arbeitnehmer dieser Krankenkasse.

Für freiwillig in der gesetzlichen Krankenversicherung versicherte Arbeitnehmer ohne Krankengeldanspruch berechnet sich der Beitragszuschuss:

$^1/_2$ von 14,0 % + $^1/_2$ des Zusatzbeitrags der jeweiligen gesetzlichen Krankenkasse (zwingend getrennte Berechnung, um Rundungsdifferenzen zu vermeiden), beides maximal von 5.512,50 €.

Freiwillig Krankenversicherte sind auch **pflegeversicherungspflichtig**. Auch in diesem Fall muss der Arbeitgeber den hälftigen Beitrag zahlen. Zuschüsse zur Kranken- und Pflegeversicherung sind nach § 3 Nr. 62 EStG steuerfrei. Übersteigen die Beitragszuschüsse des Arbeitgebers den Maximalbetrag, sind die übersteigenden Beträge steuer- und sozialversicherungspflichtig.

TIPP

Ist ein Ehegatte privat versichert und der andere Ehegatte gesetzlich, dann werden die Kinder in vielen Fällen kostenlos in der Familienversicherung der gesetzlichen Krankenkasse mitversichert. Dies ist aber nur möglich, wenn der privat versicherte (selbständige) Ehegatte die Jahresarbeitsentgeltgrenze nicht überschreitet. Wird die JAEG überschritten, muss das Kind entweder freiwillig gesetzlich mit dem Mindestbeitrag oder privat versichert werden. Dies sollte bereits bei der Erstellung der Einkommensteuererklärung geprüft werden, um den Mandanten rechtzeitig auf das Ende der Familienversicherung seiner Kinder hinzuweisen.

7. Pflegeversicherung

Arbeitnehmer, die in der **gesetzlichen Krankenversicherung** versicherungspflichtig sind, sind dies auch in der **gesetzlichen Pflegeversicherung**. Träger der Pflegeversicherung ist die Pflegekasse, die bei der jeweiligen Krankenkasse angesiedelt ist. Das heißt, wer in einer gesetzlichen Krankenkasse versichert ist, ist gleichzeitig auch bei der Pflegekasse der Krankenkasse versichert.

HINWEIS

Bei der Pflegeversicherung gibt es seit dem 1.10.2023 einen Beitragssatz von 3,40 %. Zusätzlich zahlen Kinderlose einen Zusatzbeitrag von 0,60 %. Dieser Zusatzbeitrag wird nur vom Arbeitnehmer finanziert. Der Arbeitgeber beteiligt sich nicht am Zuschlag für kinderlose Mitglieder in der gesetzlichen Pflegeversicherung.

Übersicht:	2025 teilen sich die Beiträge wie folgt auf:	
Mit Kindereigenschaft	Arbeitgeber 1,8 %	Arbeitnehmer 1,8 %
Ohne Kindereigenschaft	Arbeitgeber 1,8 %	Arbeitnehmer 2,4 % (1,8 % + 0,6 %)
Ausnahme: Bundesland Sachsen **mit** Kindereigenschaft	Arbeitgeber 1,3 %	Arbeitnehmer 2,3 %
Ausnahme: Bundesland Sachsen **ohne** Kindereigenschaft	Arbeitgeber 1,3 %	Arbeitnehmer 2,9 % (2,3 % + 0,6%)

MERKE

Ausgenommen von der Zahlung des Zusatzbeitrags sind:

- Personen, die das 23. Lebensjahr noch nicht vollendet haben,
- Personen, die vor dem 1.1.1940 geboren sind,
- Bezieher von ALG II, soweit keine weiteren beitragspflichtigen Einnahmen vorliegen,
- geringfügig entlohnte Beschäftigte,
- Eltern.

HINWEIS

Das Bundesverfassungsgericht hatte am 7.4.2022 in mehreren Entscheidungen (Az. 1 BvL 3/18, 1 BvR 717/6, 1 BvR 2257/16 und 1 BvR 2824/17, MAAAJ-18315) festgestellt, dass die aktuelle Regelung zum Kinderlosenzuschlag nicht verfassungsgemäß ist. Nach den Feststelungen der Richter des Bundesverfassungsgerichts muss bei der Höhe des Kinderlosenzuschlags nach der Anzahl der Kinder differenziert werden. Der Gesetzgeber hat mit dem Pflegeunterstützungs- und -entlastungsgesetz die Vorgabe des Gerichts umgesetzt und ab dem 1.7.2023 die Beitragsberechnung in der Pflegeversicherung nicht nur an der Kindereigenschaft, sondern auch an der Anzahl der Kinder orientiert.

7.1 Elterneigenschaft

Nur Arbeitnehmer, die ihre **Elterneigenschaft** nachweisen, zahlen keinen Zuschlag. Elterneigenschaft kann auch bei Pflegeeltern, Stiefeltern oder Adoptiveltern gegeben sein. Bei Stiefeltern, Pflegeeltern und Adoptiveltern sind einige Besonderheiten zu beachten, die nachstehend erläutert werden. Bereits ein einziges Kind löst bei beiden Elternteilen prinzipiell lebenslange Beitragszuschlagsfreiheit aus. Auch Eltern, deren Kind verstorben ist, sind auf Dauer vom Zuschlag befreit.

Eine **Lebendgeburt** reicht für die Befreiung aus. Die Gründe für **Kinderlosigkeit** spielen für die Entscheidung, ob der Zuschlag zu erheben ist, keine Rolle. Ein Kind kann mehr als zwei Personen auf Dauer von dem Zuschlag in der Pflegeversicherung befreien.

BEISPIEL ▸ Eine Arbeitnehmerin ist verheiratet. Beide Ehegatten sind leibliche Eltern eines Kindes. Nach einigen Jahren wird die Ehe geschieden. Die Arbeitnehmerin heiratet einen anderen Mann und nimmt das Kind aus erster Ehe in ihren Haushalt auf. Der neue Ehemann, der selbst nicht Vater des Kindes ist, erlangt durch Aufnahme des Kindes in den gemeinsamen Haushalt und die Heirat mit der leiblichen Mutter die Stiefvatereigenschaft. Auch er bleibt dauerhaft vom Zuschlag befreit.

Für Arbeitnehmer, die in der Pflegeversicherung **versicherungspflichtig** sind, darf nur dann kein Zuschlag für Kinderlose erhoben werden, wenn der **Nachweis über die Elterneigenschaft** erbracht wurde oder bereits vorlag.

Wenn der Arbeitgeber aus den vorhandenen Lohnunterlagen (z. B. ELStAM mit Eintrag eines Kinderfreibetragszählers von mindestens 0,5) nicht entnehmen kann, dass der Arbeitnehmer Kinder hat, muss vom Arbeitnehmer ein entsprechender Nachweis über das Vorliegen der Elterneigenschaft erbracht werden.

Eine bestimmte **Form der Nachweiserbringung** ist gesetzlich nicht vorgeschrieben. Der Spitzenverband der Krankenkassen hat jedoch in einer gemeinsamen Verlautbarung bekannt gegeben, welche Dokumente als Nachweis erbracht werden können.[1]

Darin wurden u. a. folgende Belege aufgeführt, die auch in **Kopie** abgegeben werden können:

- Geburtsurkunde,
- Abstammungsurkunde,
- Familienstammbuch,
- Lebensbescheinigung des Einwohnermeldeamts,
- Kindergeldbescheid,

1 Grundsätzliche Hinweise zum Beitragszuschlag für Kinderlose und Empfehlungen zum Nachweis der Elterneigenschaft v. 7.11.2017.

- Einkommensteuerbescheid mit Ausweis eines Kinderfreibetrags,
- Bescheid über Erziehungsgeld,
- Adoptionsurkunde,
- Vaterschaftsanerkennung,
- Sterbeurkunde,
- bei Stiefeltern alternativ:
  - Heiratsurkunde bzw. Nachweis über die Eintragung einer Lebenspartnerschaft und eine Meldebescheinigung des Einwohnermeldeamts, dass das Kind als im Haushalt des Stiefvaters oder der Stiefmutter wohnhaft gemeldet ist oder war,
  - Vordrucke der Bundesagentur für Arbeit zur Erklärung über die Haushaltszugehörigkeit von Kindern und für Arbeitnehmer, deren Kinder im Ausland leben,
  - Feststellungsbescheid des Rentenversicherungsträgers, in dem Kindererziehungs- und Kinderberücksichtigungszeiten ausgewiesen sind,
  - Einkommensteuerbescheid, aus dem ein Kinderfreibetrag hervorgeht,
  - ELStAM, auf der mindestens ein Kinderfreibetrag von 0,5 eingetragen ist,
- bei Pflegeeltern alternativ:
  - Nachweis des Jugendamtes über die Vollzeitpflege und eine Meldebescheinigung, dass das Kind im Haushalt gemeldet ist oder gemeldet war,
  - Feststellungsbescheid des Rentenversicherungsträgers, in dem Kindererziehungs- und Kinderberücksichtigungszeiten ausgewiesen sind,
  - Einkommensteuerbescheid, aus dem ein Kinderfreibetrag hervorgeht.

Bei **Zweifeln an der Echtheit** der Belege sind die Originale oder beglaubigte Kopien zu verlangen.

Ein bloßer Vermerk des Arbeitgebers (z. B. im Personalfragebogen), dass ein entsprechendes Dokument vorgelegt wurde, genügt nicht als **Nachweis**. Auf dem Nachweis ist das Datum des Eingangs zu vermerken. Hilfsweise können auch Taufbescheinigungen und Zeugenerklärungen als Beweismittel dienen, wenn entsprechende Urkunden und Dokumente nicht mehr vorgelegt werden können.

Frist zum Nachweis der Elterneigenschaft

Der Nachweis muss **innerhalb von** drei Monaten nach der Geburt des Kindes, nach Wirksamwerden der Annahme des Kindes bzw. nachdem die Voraussetzungen für ein Pflege- oder Stiefkind gegeben sind, erbracht werden. Wird ein entsprechender Nachweis später erbracht, kann die Befreiung vom Zuschlag immer erst zu Beginn des Folgemonats vorgenommen werden.

Stiefkinder und Elterneigenschaft

Stiefeltern sind Ehegatten oder Lebenspartner in eingetragener Lebenspartnerschaft in Bezug auf nicht zu ihnen in einem Kindschaftsverhältnis stehende leibliche oder angenommene Kinder des anderen Ehegatten oder Lebenspartners. Sie gehören allerdings dann nicht zu den Eltern i. S. des § 55 Abs. 3 Satz 2 SGB XI, wenn das Kind zum Zeitpunkt der Eheschließung oder Begründung der Lebenspartnerschaft die für eine Familienversicherung vorgesehenen Altersgrenzen erreicht hat oder wenn das Kind vor Erreichen dieser Altersgrenzen nicht in den gemeinsamen Haushalt mit dem Mitglied aufgenommen worden ist. Nach den Grundsätzlichen Hinweisen vom 7.11.2017 wird die aus Anlass der Stiefelternschaft begründete Ausnahme vom Beitragszuschlag für Kinderlose durch eine spätere Auflösung der Ehe oder Lebenspartnerschaft nicht beseitigt.

Pflege- und Adoptivkinder und Elterneigenschaft

Pflegeeltern sind Personen, die ein Kind als Pflegekind aufgenommen haben. Ein Pflegekindschaftsverhältnis setzt voraus, dass das Kind im Haushalt der Pflegeeltern sein Zuhause hat und diese zu dem Kind in einer familienähnlichen, auf längere Dauer angelegten Beziehung wie zu einem eigenen Kind stehen. Dies ist beispielsweise dann der Fall, wenn ein Kind im Rahmen von Hilfe zur Erziehung in Vollzeitpflege (§§ 27, 33 SGB VIII) oder im Rahmen von Eingliederungshilfe (§ 35a Abs. 2 Nr. 3 SGB VIII) in den Haushalt aufgenommen wird, sofern das Pflegeverhältnis auf Dauer angelegt ist. Hieran fehlt es, wenn ein Kind von vornherein nur für eine begrenzte Zeit im Haushalt der Pflegeeltern Aufnahme findet.

Voraussetzung für ein Pflegekindschaftsverhältnis ist, dass das Obhuts- und Pflegeverhältnis zu den leiblichen Eltern nicht mehr besteht, d. h. die familiären Bindungen zu diesen auf Dauer aufgegeben sind. Gelegentliche Besuchskontakte allein stehen dem nicht entgegen. Es kommt nicht darauf an, ob die Pflegeeltern den Unterhalt des Kindes ganz oder überwiegend oder mindestens teilweise tragen.

Das Pflegekindschaftsverhältnis mit familiärer Bindung – wie ein Eltern-Kind-Verhältnis – muss von vornherein für längere Dauer, seiner Natur nach regelmäßig auf mehrere Jahre und nicht nur für eine Übergangszeit bis zu einer anderweitigen Unterbringung beabsichtigt sein. Voraussetzung ist, dass das Kind in der Familie der betreuenden Person durchgängig, das heißt nicht nur für einen Teil des Tages oder nur für einige Tage der Woche, Versorgung, Erziehung und Heimat findet.

Tagespflegepersonen sowie Personen, die eine private Pflegestelle oder Kinderkrippe betreiben oder im steten Wechsel Säuglinge und Kleinkinder von Jugendämtern und/oder Eltern gegen Kostenersatz für eine bestimmte Zeit zur Betreuung übernehmen, stehen in Bezug auf die von ihnen betreuten Kinder nicht in einem Pflegekindschaftsverhältnis i. S. von § 56 Abs. 3 Nr. 3 SGB I.

Adoptionspflegekinder sind – im Gegensatz zu Pflegekindern – Kinder, die mit dem Ziel der Annahme als Kind in die Obhut des annehmenden Mitglieds aufgenommen worden sind und für die die zur Aufnahme erforderliche Einwilligung der Eltern erteilt ist (§ 1747 BGB). Sie gelten bereits für die Zeit der Adoptionspflege (§ 1744 BGB) als Kinder des annehmenden Mitglieds und nicht mehr als Kinder der leiblichen Eltern.

Beitragsabschlag für mehrere Kinder

Seit dem 1.7.2023 gelten für Eltern unterschiedliche Beitragssätze in der Pflegeversicherung, je nachdem, wie viele Kinder ein Versicherter hat. Dies dient der Umsetzung des Beschlusses des Bundesverfassungsgerichts vom 7.4.2022. Mitglieder mit Kindern erhalten je Kind unter 25 Jahren einen Abschlag i. H. von 0,25 %. Dieser Beitragsabschlag wird vom zweiten bis zum fünften Kind berücksichtigt. Ab dem fünften Kind bleibt es bei einer Entlastung in Höhe eines Abschlags von insgesamt bis zu 1,0 %. Der Abschlag gilt bis zum Ablauf des Monats, in dem das jeweilige

Kind das 25. Lebensjahr vollendet hat oder vollendet hätte. Bei der Ermittlung des Abschlags nicht berücksichtigungsfähig sind Kinder, die das 25. Lebensjahr bereits vollendet haben.

Übergangszeitraum

Es gibt einen Übergangszeitraum, in dem unterschiedliche Möglichkeiten bestehen, um die Kinder unter 25 Jahren nachzuweisen. In Abhängigkeit davon, welches Nachweisverfahren für die beitragsabführende Stelle (Arbeitgeber bzw. Pflegekasse) möglich ist, kann es vorkommen, dass zunächst auch kein Nachweis erforderlich ist.

Das hängt damit zusammen, dass zur Vereinfachung für alle Beteiligten die notwendigen Angaben den beitragsabführenden Stellen künftig über ein digitales Verfahren zur Verfügung gestellt werden sollen. In diesem Fall werden etwaige Beitragsabschläge nachträglich berücksichtigt und es kommt zu einer Erstattung sowie Verzinsung von zu viel gezahlten Beiträgen, so dass keine Nachteile entstehen. Die beitragsabzuführende Stelle entscheidet, welches Verfahren zur Anwendung kommt.

Die Umsetzung der – je nach Kinderzahl – unterschiedlichen Beitragssätze ist für die beitragsabführenden Stellen und die Pflegekassen mit nicht unerheblichem Aufwand verbunden. Deshalb sieht der Gesetzgeber für diese einen Übergangszeitraum vor: Können die Abschläge vom Arbeitgeber nicht direkt ab dem 1.7.2023 berücksichtigt werden, sind diese so bald wie möglich, spätestens bis zum 30.6.2025 zu erstatten. Der Erstattungsbetrag ist zu verzinsen.

Außerdem gilt in dem Zeitraum vom 1.7.2023 bis zum 30.6.2025 (Übergangszeitraum) ein vereinfachtes Nachweisverfahren. In diesem Zeitraum gilt der Nachweis hinsichtlich der Kinder unter 25 Jahren auch dann als erbracht, wenn das Mitglied auf Anforderung der beitragsabführenden Stelle oder der Pflegekasse die erforderlichen Angaben zu den berücksichtigungsfähigen Kindern mitteilt. Auf die Vorlage und Prüfung konkreter Nachweise kann in diesem Fall verzichtet werden. Spätestens nach dem Übergangszeitraum müssen die beitragsabführenden Stellen und die Pflegekassen die angegebenen Kinder jedoch überprüfen.

Verfahren zur Erfassung und zum Abruf der Kinderzahl

Um sowohl die Eltern als auch die beitragsabführenden Stellen und die Pflegekassen von Verwaltungsaufwand zu entlasten, soll bis zum 31.3.2025 ein digitales Verfahren zur Erhebung und zum Nachweis der Anzahl der berücksichtigungsfähigen Kinder entwickelt werden. Damit sollen den beitragsabführenden Stellen und den Pflegekassen die Daten zu den berücksichtigungsfähigen Kindern bis spätestens zu diesem Zeitpunkt in digitaler Form zur Verfügung gestellt werden. Bis zum Ende des Übergangszeitraums am 30.6.2025 verbleiben nach dem spätesten Einführungszeitpunkt für das digitale Verfahren somit noch drei Monate, um die Abschläge rückwirkend zum 1.7.2023 zuzüglich Zinsen zu erstatten.

Zusammenfassend gibt es somit im Zeitraum vom 1.7.2023 bis zum 30.6.2025 für die beitragsabführenden Stellen und die Pflegekassen grundsätzlich folgende drei

Möglichkeiten:

- Sie können sich die Nachweise vorlegen lassen und diese prüfen.
- Sie können sich die Angaben zu den Kindern ohne weitere Prüfung mitteilen lassen.
- Sie können die Einführung des digitalen Nachweisverfahrens abwarten.

Auf jedem Fall sind zu viel gezahlte Beiträge rückwirkend zu erstatten und die Erstattungssumme ist zu verzinsen.

Nachweis der Kindereigenschaft

Nach den Grundsätzlichen Hinweisen vom 7.11.2017 ist der Nachweis der Elterneigenschaft gegenüber der beitragsabführenden Stelle zu führen, das heißt gegenüber demjenigen, dem die Pflicht zum Beitragseinbehalt und zur Beitragszahlung obliegt (z. B. Arbeitgeber, Rehabilitationsträger, Rentenversicherungsträger, Zahlstelle der Versorgungsbezüge). Die grundsätzlichen Hinweise des GKV-Spitzenverbandes werden bei Bedarf aktualisiert. Aufgrund der umfassenden Neuregelungen wurde diese am 31.3.2025 aktualisiert.

Mitglieder, die ihre Elterneigenschaft nicht nachweisen, gelten bis zum Ablauf des Monats, in dem der Nachweis erbracht wird, beitragsrechtlich als kinderlos. Erfolgt die Vorlage des Nachweises innerhalb von drei Monaten nach der Geburt eines Kindes, gilt nach § 55 Abs. 3 Satz 5 SGB XI der Nachweis mit Beginn des Monats der Geburt als erbracht, ansonsten wirkt der Nachweis vom Beginn des Monats an, der dem Monat folgt, in dem der Nachweis erbracht wird.

Als Nachweise bei leiblichen Eltern und Adoptiveltern (im ersten Grad mit dem Kind verwandt) kommen wahlweise in Betracht (Auszug aus den Grundsätzlichen Hinweisen vom 31.3.2025):

- Geburtsurkunde bzw. internationale Geburtsurkunde („Mehrsprachige Auszüge aus Personenstandsbüchern"),
- Abstammungsurkunde (wird für einen bestimmten Menschen an seinem Geburtsort geführt),
- Auszug aus dem Geburtenbuch des Standesamts,
- Auszug aus dem Familienbuch/Familienstammbuch,
- steuerliche Lebensbescheinigung des Einwohnermeldeamtes (Bescheinigung wird ausgestellt, wenn der Steuerpflichtige für ein Kind, das nicht bei ihm gemeldet ist, einen halben Kinderfreibetrag als Lohnsteuerabzugsmerkmal eintragen lassen möchte: Er muss hierfür nachweisen, dass er im ersten Grad mit dem Kind verwandt ist, z. B. durch Vorlage einer Geburtsurkunde),
- Vaterschaftsanerkennungs- und Vaterschaftsfeststellungsurkunde,
- Adoptionsurkunde,
- Kindergeldbescheid der Bundesagentur für Arbeit (BA) – Familienkasse – (bei Angehörigen des öffentlichen Dienstes und Empfängern von Versorgungsbezügen die Bezüge- oder Gehaltsmitteilung der mit der Bezügefestsetzung bzw. Gehaltszahlung befassten Stelle des jeweiligen öffentlich-rechtlichen Arbeitgebers bzw. Dienstherrn),
- Kontoauszug, aus dem sich die Auszahlung des Kindergeldes durch die BA – Familienkasse – ergibt (aus dem Auszug ist die Höhe des überwiesenen Betrages, die Kindergeldnummer sowie i. d. R. der Zeitraum, für den der Betrag bestimmt ist, zu ersehen),
- Erziehungsgeld- oder Elterngeldbescheid,
- Bescheinigung über Bezug von Mutterschaftsgeld,
- Nachweis der Inanspruchnahme von Elternzeit nach dem Bundeserziehungsgeldgesetz (BErzGG) oder dem Bundeselterngeld- und Elternzeitgesetz (BEEG),
- Einkommensteuerbescheid (Berücksichtigung eines oder eines halben Kinderfreibetrages),

- Abruf der elektronischen Lohnsteuerabzugsmerkmale aus der ELStAM-Datenbank (Eintrag eines oder eines halben Kinderfreibetrages),
- Bescheinigung des Finanzamtes für den Lohnsteuerabzug in Ausnahmefällen (Eintrag eines oder eines halben Kinderfreibetrages),
- Sterbeurkunde des Kindes,
- Feststellungsbescheid des Rentenversicherungsträgers, in dem Kindererziehungs- und Kinderberücksichtigungszeiten ausgewiesen sind,
- Meldung des Rentenversicherungsträgers im KVdR-Meldeverfahren, aus der Kindererziehungsleistungen hervorgehen.

Frist zum Nachweis der Elterneigenschaft

Mitglieder, die ihre Elterneigenschaft nicht nachweisen, gelten bis zum Ablauf des Monats, in dem der Nachweis erbracht wird, beitragsrechtlich als kinderlos. Erfolgt die Vorlage des Nachweises innerhalb von drei Monaten nach der Geburt eines Kindes, gilt nach § 55 Abs. 3 Satz 5 SGB XI der Nachweis mit Beginn des Monats der Geburt als erbracht, ansonsten wirkt der Nachweis vom Beginn des Monats an, der dem Monat folgt, in dem der Nachweis erbracht wird.

BEISPIEL

Ereignis	Fall 1	Fall 2	Fall 3
Geburt des Kindes am	7.2.2023	9.10.2023	21.8.2023
Nachweis erbracht am	20.4.2023	20.2.2024	16.12.2023
Beitragsbefreiung ab	1.2.2023	9.10.2023	21.8.2023

Mit dem Pflegeunterstützungs- und -entlastungsgesetz wird innerhalb des Übergangszeitraums 1.7.2023 bis 30.6.2025 die Frist zum Nachweis der Elterneigenschaft abweichend geregelt.

Nachweise für vor dem 1.4.2023 geborene Kinder

- wirken vom 1.7.2023 an,
- drei-Monatsfrist gilt nicht.

Nachweise für zwischen dem 1.4.2023 und dem 30.6.2023 geborene Kinder

- wirken ab Beginn des Monats der Geburt,
- Drei-Monatsfrist gilt nicht, aber Nachweis innerhalb von drei Monaten nach der Geburt = kein Beitragszuschlag.

Nachweise für zwischen dem 1.7.2023 und dem 30.6.2025 geborene Kinder

- wirken ab Beginn des Monats der Geburt,
- eine Frist, bis wann der Nachweis erbracht werden kann, ist nicht genannt.

Nachweis für ab dem 1.7.2025 geborene Kinder

- wirken ab Beginn des Monats der Geburt,
- Nachweis innerhalb von drei Monaten nach der Geburt für Beitragszu- und -abschlag.

Die Empfehlungen des GKV-Spitzenverbandes zum Nachweis der Elterneigenschaft und der Anzahl der Kinder im analogen Verfahren sind in den „Grundsätzlichen Hinweisen zur Differenzierung der Beitragssätze in der Pflegeversicherung nach Anzahl der Kinder und Empfehlungen zum Nachweis der Elterneigenschaft" vom 11.7.2023 geregelt. Die grundsätzlichen Hinweise des GKV-Spitzenverbandes werden bei Bedarf aktualisiert. Aufgrund der umfassenden Neuregelungen wurde diese am 31.3.2025 aktualisiert.

Sofern Zweifel bestehen, ob eine Elterneigenschaft oder die Berücksichtigungsfähigkeit eines Kindes gegeben bzw. ob der Nachweis geeignet ist, sollten Arbeitgeber oder Arbeitnehmer sich an die zuständige Pflegekasse wenden.

BEISPIEL DER BERÜCKSICHTIGUNG VON KINDERN:

Kind 1 geboren am 2.4.2015	Kind 1 ist ab dem 1.7.2023 zu berücksichtigen.
Kind 2 geboren am 18.3.2018	Kind 2 ist ab dem 1.7.2023 zu berücksichtigen.
Kind 3 geboten am 15.3.2024	Kind 3 ist ab dem 1.3.2024 zu berücksichtigen.
Nachweise alle drei Kinder am 15.10.2024 erbracht	

Zur Erhebung und zum Nachweis der Anzahl der berücksichtigungsfähigen Kinder sowie der Elterneigenschaft steht den beitragsabführenden Stellen und den Pflegekassen das Datenaustauschverfahren zur Beitragsdifferenzierung für die soziale Pflegeversicherung (**DaBPV**) zur Verfügung. Das DaBPV ist erstmals für Zeiten ab dem 1.7.2023 durchzuführen.

Die Teilnahme am DaBPV ist für alle beitragsabführenden Stellen und Pflegekassen, die zur Berücksichtigung von Zu- und Abschlägen in der sozialen Pflegeversicherung verpflichtet sind, obligatorisch.

Zugang der beitragsabführenden Stellen und Pflegekassen zum DaBPV:

- Arbeitgeber und Zahlstellen nutzen ihre Schnittstellen zur Datenstelle der Rentenversicherung (DSRV) unter Verwendung ihrer Absendernummer (ABSN), der Betriebsnummer der Abrechnungsstelle (BBNRAS) und ihrer Hauptbetriebsnummer bzw. Zahlstellennummer als Zuordnungsmerkmal. Sie verwenden zudem die von der Zentralen Zulagenstelle für Altersvermögen (ZfA) vergebenen Kundennummer der DSRV. Die DSRV nimmt Nachrichten von und zu den Arbeitgebern/Zahlstellen an und leitet diese weiter.
- Pflegekassen, Träger der deutschen Rentenversicherung, die Künstlersozialkasse und die Krankenkassen nutzen ihre Schnittstelle zur ZfA.

Das Anfrageverfahren wird von der beitragsabführenden Stelle oder der Pflegekasse ausgelöst. Die Anmeldung (auch Anfrage genannt) wird über die ZfA oder über die DSRV und die ZfA an das Bundeszentralamt für Steuern (BZSt) übermittelt. Zur Beantwortung der Anfragen wird auf die beim BZSt für Zwecke des Lohnsteuerabzugs vorliegenden steuerlichen Daten zurückgegriffen. Zentrale Zuordnungskriterien zur Identifikation des Mitglieds auf Seiten des BZSt sind die steuerliche Identifikationsnummer (IdNr.) und das zugehörige Geburtsdatum des Mitglieds. Eine direkte Datenabfrage beim BZSt durch die beitragsabführende Stelle ist nicht möglich.

Meldeanlässe

- Anmeldung zur Anfrage und Einrichtung eines Abonnements für die beitragsabführende Stelle und die Pflegekasse (sogenanntes „Push-Verfahren")
- Historienanfrage für vergangene Zeiträume (es wird kein Abonnement eingerichtet)
- Bestandsabfrage zur Anfrage und Einrichtung eines Abonnements
- Abmeldung zur Beendigung eines Abonnements

Anmeldung und Bestandsabfrage:

Das Ab-Datum ist der maßgebende Beginn des vom BZSt mitzuteilenden Zeitraums. Das Ab-Datum ist zum Beispiel der Beginn der Beschäftigung, der Mitgliedschaft, des Versorgungsbezugs oder des Rentenbezugs. Soweit nach Einrichtung des Abonnements dem BZSt eine Änderung der Elterneigenschaft oder der Anzahl der Kinder bekannt wird, wird dies für eine proaktive Meldung berücksichtigt und im nächstfolgenden Monat der beitragsabführenden Stelle oder der

Pflegekasse mitgeteilt. Für eine IdNr. sind Abonnements mehrerer unterschiedlicher beitragsabführender Stellen und Pflegekassen zulässig.

Bei einer Anmeldung und Bestandsabfrage (Einrichtung eines Abonnements) ist kein Bis-Datum zulässig.

Historienanfrage:

Bei einer Historienanfrage darf das Ab-Datum nur in einem Zeitraum von vier Kalenderjahren in der Vergangenheit liegen. Wird eine Auskunft über länger zurückliegende Zeiträume benötigt, müssen die beitragsabführende Stelle und die Pflegekasse die Elterneigenschaft und die Kinderanzahl im Einzelfall über ihr Mitglied erheben und nachweisen lassen.

Das Bis-Datum beschreibt das Ende des Zeitraums, für den die beitragsabführende Stelle oder Pflegekasse die Daten zur Elterneigenschaft und zur Kinderzahl erheben darf (u. a. Ende der Beschäftigung, Ende des Versorgungsbezugs, Ende der Mitgliedschaft oder Ende des Rentenbezugs) und ist nur für Historienanfragen zugelassen. Das Bis-Datum darf nicht in der Zukunft liegen, bezogen auf das Datum der Historienanfrage.

Bei der Verarbeitung der Historienanfragen werden durch das BZSt die Elterneigenschaft und die Anzahl der Kinder ausschließlich für den benannten Zeitraum (vom Ab-Datum bis zum Bis-Datum) der Historienanfragen ermittelt. Dem BZSt bekannte Änderungen der Merkmale für Zeiträume vor dem Ab-Datum oder nach dem Bis-Datum bleiben hierbei unberücksichtigt.

Abmeldung:

Bei Wegfall der Notwendigkeit ist das Abonnement innerhalb von sechs Wochen abzumelden (z. B. bei Beendigung eines Beschäftigungsverhältnisses oder eines Versorgungsbezugs, Wechsel einer Krankenkasse (relevant für die Pflegekassen), Arbeitsplatzwechsel mit Änderung der Hauptbetriebsnummer oder Tod eines Mitglieds). Bis zu diesem Zeitpunkt bekannte Änderungen der Elterneigenschaft bzw. der Kinderzahl übermittelt das BZSt unmittelbar vor Beantwortung der Abmeldung.

Das BZSt beendet selbst aktiv gespeicherte „Abonnements" zu einer IdNr., wenn z. B. ein Mitglied verstirbt und das BZSt davon erfährt, bevor die beitragsabführende Stelle oder die Pflegekasse ihrer Abmeldungsverpflichtung nachkommt. In diesem Fall teilt das BZSt der abonnierenden Stelle die Abmeldung mit einem letzten Datensatz mit.

Nachrichten des BZSt an die ZfA

Wenn Kinder lohnsteuerlich erfasst (durch Meldebehörden oder Finanzämter) und damit im Datenbestand des Verfahrens ELStAM des BZSt vorhanden sind, werden diese Kinder für die Berechnung der Abschläge bis zum vollendeten 25. Lebensjahr für das DaBPV berücksichtigt. Die Antwort ist so gestaltet, dass immer alle zu dem Zeitpunkt der Rückmeldung vorliegenden relevanten Zeiträume und die jeweilige Kinderanzahl enthalten sind. Vollendet ein Kind z. B. das 25. Lebensjahr, führt das nicht zu einer proaktiven Meldung des BZSt, weil dieser Sachverhalt bereits durch die Angabe einer Gültigkeit für die Kinderanzahl übermittelt wurde.

Das BZSt prüft seinen Datenbestand regelmäßig auf Änderungen der Anzahl der Kinder und der Elterneigenschaft für ein Mitglied mit Abonnement - beispielsweise durch eine Geburt oder eine Adoption bzw. die Aufnahme eines Pflegekindes. Die Information beruht auf dem Datenstand des BZSt zum Stichtag zum Ende des Vormonats. Spätere Änderungen werden entsprechend im nächsten Zeitfenster zwischen dem 6. und dem 10. des darauffolgenden Monats übermittelt.

Fehlerhafte Datensätze der beitragsabführenden Stellen und Pflegekassen

Die DSRV und die ZfA prüfen die Schemakonformität. Außerdem prüft die ZfA die fachliche Plausibilität der Anfrage und leitet diese an das BZSt weiter. Fehlerhafte Anfragen werden mit einem entsprechenden Fehlerhinweis zurück an den Absender gesandt.

Erhält eine beitragsabführende Stelle oder Pflegekasse einen Fehlerhinweis, muss sie den Fehler ausräumen und ihre Nachricht erneut übermitteln.

Bildung der Elterneigenschaft

Mit der Elterneigenschaft wird mitgeteilt, ob und ab wann für die angefragte Person ein Kind vorhanden ist oder war – unabhängig vom Alter eines möglichen Kindes. Die Elterneigenschaft wird aufgrund der vorliegenden lohnsteuerlichen Daten bezüglich des ältesten/ersten Kindes ab dem ersten Tag des Monats gebildet

7.2 Privat/freiwillig versicherte Arbeitnehmer

Die **Versicherungspflicht** in der Pflegeversicherung folgt der Versicherungspflicht in der Krankenversicherung. Überschreitet ein Arbeitnehmer die Jahresentgeltgrenze, ist er von der gesetzlichen Krankenversicherungspflicht befreit, die Pflegeversicherung folgt in diesem Punkt der Befreiung.

Beitragszuschuss bei privat/freiwillig versicherten Arbeitnehmern:

Privat oder freiwillig krankenversicherte Arbeitnehmer müssen bei ihrer privaten oder gesetzlichen Krankenkasse einen Pflegeversicherungsschutz abschließen. Eine private Pflegeversicherung ähnlich der privaten Krankenversicherung gibt es nicht, weil alle in der gesetzlichen Pflegeversicherung als **Pflichtmitglied** versichert sind. Allerdings ist der Arbeitnehmer mit einer privaten oder freiwilligen Krankenversicherung auch bei dieser pflegeversichert. Hierfür erhalten Arbeitnehmer vom Arbeitgeber ebenso einen entsprechenden **Beitragszuschuss**. In der Pflegeversicherung beträgt der maximale Beitragszuschuss des Arbeitgebers im Jahr 2025 99,22 €. In Sachsen beträgt der maximale Arbeitgeberzuschuss nur 71,66 €.

Der Zuschuss darf **maximal** die Hälfte des tatsächlich gezahlten Beitrags zur privaten Pflegeversicherung betragen.

8. Rentenversicherung

In der **gesetzlichen Rentenversicherung** besteht für jeden sozialversicherungspflichtigen Beschäftigten **Versicherungspflicht**. Im Unterschied zur Kranken- und Pflegeversicherung entsteht bei der Rentenversicherung ein materieller Versicherungsschutz. Der Anspruch auf Leistung entsteht allerdings nicht mit der Aufnahme der Tätigkeit und der Zahlung von Beiträgen, sondern richtet sich nach der Höhe und der Anzahl der Beiträge. In der gesetzlichen Rentenversicherung spricht man somit von Pflichtbeitragszeiten.

Übersicht:	2025 teilen sich die Beiträge zur Rentenversicherung wie folgt auf:	
Aufteilung der Beiträge:	Arbeitgeber 9,3 %	Arbeitnehmer 9,3 %

MERKE

In der gesetzlichen Rentenversicherung wurde das Renteneintrittsalter von 65 Jahren auf 67 Jahre angehoben, wobei die Anhebung nicht in einem Schritt vollzogen wird. Bei den Geburtsjahrgängen vor 1947 verbleibt das Renteneintrittsalter bei 65, dazwischen steigt es an bis zum Geburtsjahr 1964; ab diesem Geburtsjahr beträgt das Renteneintrittsalter 67 Jahre.

Rente mit 63: Zum 1.7.2014 hat die Bundesregierung die Rente mit 63 eingeführt. Mit dem Gesetz über die Leistungsverbesserung in der gesetzlichen Rentenversicherung[1] hat der Gesetzgeber die Möglichkeit geschaffen, mit dem vollendeten 63. Lebensjahr und einer erfüllten Wartezeit von 45 Jahren eine Altersrente ohne Abschläge zu beziehen (§ 236b SGB VI). Versicherte Arbeitnehmer der Geburtenjahrgänge vor 1953 können die Rente mit 63 abschlagsfrei in Anspruch nehmen. Anspruchsberechtigt sind erstmals Versicherte mit dem Geburtenjahrgang 1951, wenn zum 1.7.2014 das 63. Lebensjahr vollendet wurde und noch keine Rente bezogen wird. Versicherte, die bis zum 30.6.2014 das 63. Lebensjahr zwar vollendet haben, aber bereits eine Rente beziehen, können die Rente mit 63 nicht in Anspruch nehmen.

Ab dem Geburtenjahrgang 1953 gilt die **schrittweise Anhebung** zur bisherigen Regelung mit Vollendung des 65. Lebensjahres. Die stufenweise Anhebung beginnt im Jahr 2016 und erhöht das Eintrittsalter um jeweils zwei Monate bis zum Jahr 2029. Der Geburtenjahrgang 1953 kann bei Vorliegen der Voraussetzungen für die Rente mit 63 diese mit 63 Jahren und zwei Monaten beantragen.

HINWEIS

Der Gesetzgeber hat die sog. Flexirente[2] eingeführt. Ziel des Gesetzes ist eine Verlängerung der individuellen Lebensarbeitszeit und eine Flexibilisierung des Übergangs vom Erwerbsleben in den Ruhestand. Die Gesetzesänderung führte zu folgenden Änderungen:

- Die Möglichkeit, vor Erreichen der Regelaltersgrenze eine Teilzeitarbeit durch eine Teilrente zu ergänzen, ist erleichtert. Der Hinzuverdienst wird seit dem 1.1.2023 vor Erreichen der Regelaltersgrenze nicht mehr berücksichtigt. Die Hinzuverdienstgrenze wurde gestrichen.[3]
- Wer eine vorgezogene Vollrente wegen Alters bezieht und weiterarbeitet, erhöht dadurch regelmäßig den Rentenanspruch. Auch Vollrentner sind in der gesetzlichen Rentenversicherung versicherungspflichtig, bis sie die Regelaltersgrenze erreichen und eine Rente beziehen.
- Nach Erreichen der Regelaltersgrenze besteht seit dem 1.1.2017 die Möglichkeit, auf die dann bestehende Versicherungsfreiheit zu verzichten. Die Beschäftigten können so weitere Entgeltpunkte in der gesetzlichen Rentenversicherung erwerben und ihren Rentenanspruch noch erhöhen. Grundsätzlich endet die Rentenversicherungspflicht auch weiterhin mit Ablauf des Monats, in dem die Regelaltersgrenze erreicht und eine Altersvollrente bezogen wird.
- Versicherte können ab dem 50. Lebensjahr zusätzlich Beiträge in die Rentenversicherung einzahlen, um Rentenabschläge auszugleichen, die mit einer geplanten vorzeitigen Inanspruchnahme einer Altersrente einhergehen würden.
- Versicherte werden gezielt über ihre Gestaltungsmöglichkeiten des Übergangs vom Erwerbsleben in den Ruhestand informiert. Die Rentenauskunft, die Versicherte ab dem Alter von 55 Jahren erhalten, ist insbesondere um Informationen darüber ergänzt, wie sich das Vorziehen des Rentenbeginns auf die Rente auswirkt.

1 Gesetz v. 23.6.2014, BGBl 2014 I S. 787.
2 Gesetz v. 8.12.2016, BGBl 2016 I S. 2838.
3 Achtes SGB IV-Änderungsgesetz v. 20.12.2022, BGBl 2022 I S. 2759.

- Der Präventions- und Rehabilitationsauftrag der Rentenversicherungsträger wird in den nächsten Jahren ausgeweitet. Ziel ist es, die Erwerbsfähigkeit der Versicherten bzw. die zukünftige Erwerbsfähigkeit von Kindern und Jugendlichen zu sichern oder wiederherzustellen.
- Die Weiterbildungsförderung der Bundesagentur für Arbeit für Unternehmen mit weniger als zehn Beschäftigten wurde ausgeweitet.

9. Arbeitslosenversicherung

Wie in der Rentenversicherung besteht auch in der **Arbeitslosenversicherung** für alle sozialversicherungspflichtig Beschäftigen eine Versicherungspflicht. Die Arbeitsförderung ist auch unter dem Begriff **Arbeitslosenversicherung** bekannt. Allerdings wurde im Rahmen der sog. Hartzreformen der Begriff Arbeitsförderung neu definiert. Leistungen im Rahmen der Arbeitsförderung sind:

- Berufsberatung für Auszubildende und Arbeitsuchende,
- Förderung der Aufnahme einer selbständigen Tätigkeit,
- Förderung der Berufsausbildung,
- Förderung der beruflichen Weiterbildung,
- Förderung von behinderten Menschen zur Teilhabe am Arbeitsleben,
- Zahlung von Leistungen bei Arbeitslosigkeit, Kurzarbeit, Insolvenz, Übergangsgeld.

Das SGB III regelt die Leistungen aus der Arbeitsförderung.

Übersicht:	2025 teilen sich die Beiträge zur Arbeitslosenversicherung wie folgt auf:	
Aufteilung der Beiträge:	Arbeitgeber 1,3 %	Arbeitnehmer 1,3 %

10. Unfallversicherung

Die **Unfallversicherung** ist die fünfte Sozialversicherung und stellt eine Besonderheit dar. Die Beiträge zur Unfallversicherung werden durch die jeweilige **Berufsgenossenschaft** (BG) festgelegt. Die Beiträge zur Unfallversicherung zahlt der Arbeitgeber allein. Die Höhe der Beiträge richtet sich nach der Tätigkeit der Arbeitnehmer und dem damit im Zusammenhang stehenden Unfallrisiko. Das Unfallrisiko stufen die Berufsgenossenschaften in sog. Gefahrenklassen ein. Daraus ergeben sich dann individuelle Beitragshöhen. Die Grundlage zur Ermittlung der Höhe der Beiträge ist das Bruttoentgelt der Arbeitnehmer in einem Jahr.
Übersicht über die Berufsgenossenschaften:

- Berufsgenossenschaft Rohstoffe und chemische Industrie (BG RCI)
- Berufsgenossenschaft Holz und Metall
- Berufsgenossenschaft Energie Textil Elektro Medienerzeugnisse (BG ETEM)
- Berufsgenossenschaft Nahrungsmittel und Gastgewerbe
- Berufsgenossenschaft der Bauwirtschaft – BG BAU
- Berufsgenossenschaft Handel und Warenlogistik
- Verwaltungs-Berufsgenossenschaft (VBG)
- Berufsgenossenschaft Verkehrswirtschaft Post-Logistik Telekommunikation (BG Verkehr)
- Berufsgenossenschaft für Gesundheitsdienst und Wohlfahrtspflege (BGW)

HINWEIS

Auf der Internetseite der Deutschen Gesetzlichen Unfallversicherung (DGUV) sind Informationen zu den einzelnen Berufsgenossenschaften sowie zur Berufsgenossenschaft im Allgemeinen zu finden.

11. Insolvenzgeldumlage

Die **Insolvenzgeldumlage** soll im Falle einer Insolvenz des Arbeitgebers den Arbeitnehmer schützen. Arbeitnehmer erhalten bei einer Insolvenz für max. drei Monate nach der Insolvenz des Arbeitgebers ihr Entgelt von der Agentur für Arbeit. Der Beitrag wird vom Arbeitgeber getragen und beträgt 2025 0,15 %. Grundlage für die Beitragsberechnung ist das rentenversicherungspflichtige Entgelt der Arbeitnehmer bis zur Grenze der Beitragsbemessungsgrenze in der Rentenversicherung West. Diese beträgt für 2025 monatlich 8.050 €.

Grundsätzlich sind alle Arbeitgeber zur Abführung der Umlage verpflichtet – unabhängig von Größe des Betriebs oder Branche.

Einzige Ausnahme bilden:

- Bund, Länder und Gemeinden,
- Körperschaften, Stiftungen und Anstalten des öffentlichen Rechts, über deren Vermögen ein Insolvenzverfahren nicht zulässig ist,
- juristischen Personen des öffentlichen Rechts, bei denen der Bund, ein Land oder eine Gemeinde kraft Gesetzes die Zahlungsfähigkeit sichert,
- als Körperschaften des öffentlichen Rechts organisierte Religionsgemeinschaften und die Untergliederungen mit der gleichen Rechtsstellung,
- öffentlich-rechtliche Rundfunkanstalten,
- private Haushalte,
- Betriebe, die vom Insolvenzverwalter weitergeführt werden,
- Botschaften und Konsulate ausländischer Staaten in der Bundesrepublik Deutschland.

12. Umlageverfahren

Die **Umlageversicherung** ist eine Pflichtversicherung für Arbeitgeber. Sie dient zur Absicherung der Entgeltfortzahlungsleistungen bei **Krankheit** und **Mutterschaft**. Der Arbeitgeber führt an die Krankenkasse des Arbeitnehmers Umlagebeiträge ab. Die Krankenkasse erstattet dann im Fall der Entgeltfortzahlung bei Krankheit einen Großteil der Aufwendungen. Im Fall des Mutterschutzes zahlt die Krankenkasse die gesamten Aufwendungen des Arbeitgebers zurück.

HINWEIS

Das Umlagesystem ist in zwei Umlageverfahren unterteilt, die in der jeweiligen Krankenkasse angesiedelt sind:

- Umlageverfahren U1
  - Entgeltfortzahlung an Arbeitnehmer im Falle einer Erkrankung.
- Umlageverfahren U2
  - Zuschuss des Arbeitgebers zum Mutterschaftsgeld während der jeweiligen Schutzfristen,
  - Zahlung von Entgelt während des Beschäftigungsverbots nach dem Mutterschutzgesetz.

Die gesetzliche Grundlage für das **Umlageverfahren** ist das am 1.1.2006 in Kraft getretene Aufwendungsausgleichgesetz. Danach ist die Teilnahme am U2-Verfahren für alle Betriebe verpflichtend. Die Teilnahme am U1-Verfahren ist lediglich für kleine Betriebe bindend. Dabei entscheidet die **Anzahl der Beschäftigten**, ob am Verfahren teilgenommen werden muss. Unternehmen mit weniger als 30 Beschäftigten müssen am Umlageverfahren U1 teilnehmen. Die Entgeltfortzahlung im Krankheitsfall ist einheitlich auf Angestellte und Arbeiter im Unternehmen anzuwenden.

HINWEIS

Für die Prüfung der Anzahl der Beschäftigten ist zu Beginn eines Jahres auf die Zahl der Beschäftigten am Monatsersten des Vorjahrs abzustellen. Für die Ermittlung der Beschäftigten ist die wöchentliche regelmäßige Arbeitszeit maßgebend:

- bis zu 10 Stunden wöchentlich: Faktor 0,25,
- bis zu 20 Stunden wöchentlich: Faktor 0,50,
- bis zu 30 Stunden wöchentlich: Faktor 0,75,
- über 30 Stunden wöchentlich: Faktor 1,00,
- ist die Arbeitszeit unregelmäßig, dann ist die wöchentliche regelmäßige Arbeitszeit im Wege der Durchschnittsberechnung zu ermitteln. Bestand der Betrieb nicht das gesamte Vorjahr, nimmt der Betrieb am Ausgleichsverfahren teil, wenn er während des Zeitraums des Bestehens des Betriebs in der überwiegenden Zahl der Kalendermonate nicht mehr als 30 Beschäftigte hatte (§ 3 Abs. 1 Satz 3 AAG).

Folgende Arbeitnehmergruppen bleiben bei der Ermittlung unberücksichtigt:

- Auszubildende,
- Praktikanten,
- Schwerbehinderte,
- Heimarbeiter,
- Bezieher von Vorruhestandsgeld,
- Beschäftigte in der Altersteilzeit,
- mitarbeitende Familienangehörige in der Landwirtschaft,
- Wehr- und Zivildienstleistende.

BEISPIEL Ermittlung der Beschäftigten in der Umlage U1

Anzahl	Mitarbeiter	Anrechnungsfaktor
12	Angestellte	12,00
15	Arbeiter	15,00
3	Auszubildende	0
3	Aushilfen mit bis zu 10 Arbeitsstunden pro Woche	0,75
2	Aushilfen mit bis zu 20 Arbeitsstunden pro Woche	1,00
1	Teilzeitbeschäftigte mit bis zu 25 Arbeitsstunden pro Woche	0,75
36		29,50

Lösung:

Der Faktor liegt unter 30, somit muss der Betrieb am Ausgleichsverfahren U1 teilnehmen.

Übersicht: (Nicht) zu berücksichtigende Arbeitnehmer

Arbeitnehmer	Einbeziehen in die Überprüfung, ob grds. U1-Pflicht besteht?	Beitragspflichtiges Entgelt?		Erstattungsfähiges Entgelt?	
		U1	U2	U1	U2
Altersteilzeit (grds.)	Ja	Ja	Ja	Ja	Ja
Altersteilzeit-Freistellung	Nein	Ja	Ja	Entfällt	Entfällt
Altersteilzeit-Störfall (Wertguthaben)	Nein	Nein	Nein	Entfällt	Entfällt
Ausländische Saisonkräfte	Ja	Ja	Ja	Ja	Ja
Heimarbeiter	Nein	Nein	Ja	Nein	Ja
Azubis	Nein	Ja	Ja	Ja	Ja
Freiwilliges soziales/ökologisches Jahr	Nein	Nein	Nein	Nein	Nein
Vorstandsmitglieder/ GmbH-Geschäftsführer	Nein	Nein	Nein	Nein	Nein
Beamte in Nebentätigkeit	Ja	Ja	Ja	Ja	Ja
Befristete ohne Anspruch auf Lohnfortzahlung (Befristung vier Wochen)	Ja	Nein	Ja	Entfällt	Ja
Befristete mit Anspruch auf Lohnfortzahlung (auch kurzfristig Beschäftigte)	Ja	Ja	Ja	Ja	Ja
Beschäftigte EU-Rentner mit Entgelt	Ja	Ja	Ja	Ja	Ja
Betriebsrentner	Nein	Nein	Nein	Entfällt	Nein
Bezieher von Vorruhestandsgeld	Nein	Nein	Nein	Entfällt	Nein
Elternzeit ohne Entgelt	Nein	Entfällt	Entfällt	Entfällt	Entfällt
Elternzeit mit Entgelt	Ja	Ja	Ja	Ja	Ja
Geringfügig Beschäftigte (grds.)	Ja	Ja	Ja	Ja	Ja
Praktikanten	Nein	Ja	Ja	Ja	Ja
Schwerbehinderte	Nein	Ja	Ja	Ja	Ja

* GmbH-Geschäftsführer sind U2-pflichtig, wenn sie als Fremdgeschäftsführer oder Minderheiten-Gesellschafter-Geschäftsführer Beschäftigter i. S. des § 7 Abs. 1 SGB IV sind.

TIPP

Viele Programme bieten eine Prüfhilfe zur Ermittlung der Beschäftigten. Dazu ist es wichtig, dass die Stammdaten richtig hinterlegt sind, da das Programm aus dem hinterlegten Personengruppenschlüssel und der Arbeitszeit eine Berechnung vornimmt.

12.1 Erstattung

Was wird erstattet?

Nimmt der Betrieb am Ausgleichsverfahren U1 teil, hat er Anspruch auf **Erstattung der Entgeltfortzahlung** im Rahmen des Entgeltfortzahlungsgesetzes. Zu den erstattungsfähigen Aufwendungen des Arbeitgebers zählt das fortgezahlte Bruttoarbeitsentgelt des Arbeitnehmers. Die Fortzahlungsdauer beträgt maximal sechs Wochen (42 Kalendertage). Wird in den ersten vier Wochen eines Beschäftigungsverhältnisses Lohnfortzahlung geleistet, wird diese nicht erstattet. Der Arbeitgeber ist erst nach vierwöchiger, ununterbrochener Dauer des Arbeitsverhältnisses zur Entgeltfortzahlung verpflichtet (§§ 3 Abs. 1, 2 i. V. m. § 9 Abs. 1 EntgFG, § 4 EntgFG, § 3 Abs. 3 EntgFG).

Erstattungsfähig ist durch die Umlage U1 ein Teil der Aufwendungen, die durch die Entgeltfortzahlung für arbeitsunfähige, erkrankte Arbeitnehmer entstehen. Jede Krankenkasse ist verpflichtet, eine **Ausgleichskasse** mit eigener Satzung für den Zweck der Ausgleichszahlungen einzurichten (§ 9 AAG). Der Arbeitgeber kann jeweils zu Beginn eines Kalenderjahrs mit einem bestimmten Prozentsatz (60 % bis 80 %) selbst festlegen, welche Höhe der Erstattung er in Anspruch nehmen möchte. Entsprechend seiner Wahl wird dann bei den Umlagesätzen zwischen den ermäßigten, normalen und erhöhten unterschieden. Die genaue Höhe der Erstattung legt die jeweilige Krankenkasse in ihrer **Satzung** fest.

Erstattungsfähig sind das jeweilige fortgezahlte **Entgelt** und die **Arbeitgeberanteile zur Sozialversicherung**, die auf die Entgeltfortzahlung anfallen. Nicht erstattungsfähig sind Einmalzahlungen. Obwohl Auszubildende und Praktikanten nicht in die Berechnung des Faktors mit einbezogen werden, sind im Falle der Entgeltfortzahlung bei beiden Gruppen die Kosten für die Entgeltfortzahlung im Krankheitsfall durch die jeweilige Krankenkasse erstattungsfähig. Voraussetzung bei den Praktikanten ist, dass es sich nicht um eine Berufsausbildung i. S. des Berufsausbildungsgesetzes handelt.

12.2 Mutterschutzaufwendungen/U2-Verfahren

Die Teilnahme am **Ausgleichsverfahren für Mutterschaftsaufwendungen U2** ist für alle Betriebe verpflichtend. Die Beschäftigungsanzahl spielt keine Rolle.

Dem Arbeitgeber werden die Aufwendungen, die er einer Arbeitnehmerin im Rahmen des Mutterschutzes zahlt, erstattet.

Nach § 1 AAG sind diese im Einzelnen:

- der Zuschuss zum Mutterschaftsgeld (sechs Wochen vor dem mutmaßlichen Geburtstermin und acht bzw. zwölf Wochen nach der Entbindung),
- der nach § 11 MuSchG gezahlte Mutterschutzlohn,
- die auf den Mutterschutzlohn entfallenden Arbeitgeberanteile zur Sozialversicherung.

Die **Höhe der Erstattung** durch die Ausgleichskassen der Krankenkassen beträgt bei der Umlage U2 100 %. Die Höhe der Beiträge richtet sich nach der jeweiligen Satzung der Krankenkassen.

12.3 Antrag auf Erstattung

Die infolge von Krankheit bzw. Mutterschutz fortgezahlten Arbeitsentgelte werden auf **Antrag** erstattet. Der Antrag ist bei der jeweiligen **Krankenkasse des Arbeitnehmers** einzureichen. Mittlerweile ist der Antrag auf elektronischem Weg an die zuständige Krankenkasse zu übermitteln. Die Krankenkasse erstattet den Betrag auf das Konto des Arbeitgebers oder verrechnet den Erstattungsbetrag mit fälligen Beitragszahlungen auf Wunsch des Arbeitgebers. Nach § 6 Abs. 1 AAG verjähren die Erstattungsansprüche nach vier Jahren mit Ablauf des Kalenderjahres, in dem sie entstanden sind.

TIPP

In den meisten Programmen gibt es Eingabemasken, in denen die Fehlzeiten mit den jeweiligen Gründen für die Mitarbeiter eingepflegt werden, so dass die elektronische Meldung automatisch über das Abrechnungssystem erstellt wird.

Seit dem 1.1.2016 erfolgt eine **elektronische Rückmeldung** der Krankenkasse, wenn zwischen der beantragten und der tatsächlichen Erstattung der Krankenkassen eine Differenz besteht. Die Rückmeldung dient der Information der Arbeitgeber. Seit dem 1.1.2017 wird in jedem Fall eine Bestätigung der Krankenkasse übermittelt, auch dann, wenn keine Differenz zwischen Antrag und Erstattung vorliegt. In der Rückmeldung der Krankenkasse werden Gründe für die Änderung genannt; dazu kann zwischen 32 Gründen ausgewählt werden.

01 = Erstattungssatz nicht korrekt

02 = Erstattungszeitraum weicht vom Beschäftigungszeitraum ab

03 = Erstattung U1 wurde über der BBG RV-Ost beantragt und auf BBG RV-Ost reduziert (Satzungsregelung)

04 = Erstattung U1 wurde über der BBG RV-West beantragt und auf BBG RV-West reduziert (Satzungsregelung)

05 = Kürzung wegen des Bezugs einer Entgeltersatzleistung

06 = Erstattungszeitraum fällt in den Wartezeitraum (28 Tage seit Aufnahme der Beschäftigung)

07 = Erstattungszeitraum abweichend zum bestehenden Anspruch auf Entgeltfortzahlung (z. B. weil die Höchstanspruchsdauer von 42 Kalendertagen überschritten wurde)

08 = Erstattung wurde für den ersten Tag der Arbeitsunfähigkeit beantragt, an diesem Tag wurde aber noch (teilweise) gearbeitet

09 = Erstattungszeitraum abweichend zum Mutterschaftsgeldzeitraum

10 = Mutterschaftsgeld nicht korrekt berücksichtigt

11 = Gesamtsozialversicherungsbeitrag im Erstattungsbetrag nicht pauschal berücksichtigt

12 = Gesamtsozialversicherungsbeitrag im Erstattungsbetrag nicht in tatsächlicher Höhe berücksichtigt

13 = Antrag umfasst bereits erstattete Zeiträume

14 = sonstige Gründe

15 = für den Antragszeitraum keine Teilnahme am Umlageverfahren

16 = für den Beschäftigten keine Versicherungszeit bzw. Mitgliedschaft

17 = Geringfügig Beschäftigter – Zuständigkeit Knappschaft-Bahn-See (§ 2 Abs. 1 AAG)

18 = Erstattungszeitraum ist verjährt (§ 6 Abs. 1 AAG)

19 = Beschäftigungsverbot nicht alleiniger Grund für Arbeitsausfall

20 = Gesamtsozialversicherungsbeiträge bei U1-Erstattungen nicht erstattungsfähig (Satzungsregelung)

21 = Erstattungszeitraum fällt vollständig in den Bezugszeitraum einer Entgeltersatzleistung

22 = Erstattungszeitraum liegt vollständig im Wartezeitraum (28 Tage seit Aufnahme der Beschäftigung)
23 = Für den Erstattungszeitraum besteht kein Entgeltfortzahlungsanspruch (z. B. Höchstanspruchsdauer überschritten)
24 = Für den Erstattungszeitraum liegt kein Mutterschaftsgeldzeitraum vor
25 = Erstattungszeitraum liegt vollständig in einem bereits erstatteten Zeitraum
26 = Der Antrag enthält Arbeitsentgeltbestandteile, die nicht erstattungsfähig sind
27 = Für die Person besteht kein Erstattungsanspruch nach dem AAG
28 = Fehlzeit bestand aufgrund Erkrankung des Kindes
29 = Versagung wegen fehlender Mitwirkung (§ 4 Abs. 1 AAG)
30 = Teilnahme am freiwilligen Ausgleichsverfahren nach § 12 AAG
31 = Beschäftigungsverbot liegt (teilweise) innerhalb einer Schutzfrist nach dem MuSchG
32 = Es liegt kein Beschäftigungsverbot vor

13. Künstlersozialkasse

Die Künstlersozialkasse (KSK) ist vom Gesetzgeber mit der Durchführung des Künstlersozialversicherungsgesetzes (KSVG) beauftragt. Sie ist ein Geschäftsbereich der Unfallversicherung Bund und Bahn und für selbständige Künstler und Publizisten zuständig. Mit der KSK fördert der Gesetzgeber Künstler und Publizisten, die erwerbsmäßig selbständig arbeiten, weil diese durch ihre künstlerische Tätigkeit sozial meist schlechter abgesichert sind als selbständig Tätige. Für die Durchführung der Renten-, Kranken- und Pflegeversicherung ist die KSK allerdings nicht zuständig. Sie meldet die versicherten Künstler und Publizisten bei der jeweiligen Kranken- und Pflegeversicherung (Allgemeine Ortskrankenkassen, Ersatzkassen, Betriebs- und Innungskrankenkassen) und bei der allgemeinen Rentenversicherung an und leitet die Beiträge weiter. Leistungen aus dem Versicherungsverhältnis (Rente, Krankengeld, Pflegegeld etc.) erbringen ausschließlich die Träger der Rentenversicherung und die gesetzlichen Kranken- und Pflegekassen. Die Aufgaben der KSK sind:

- Prüfung der Versicherungspflicht in der KSK von Künstlern und Publizisten. Bei Versicherungspflicht erstellt die KSK einen Bescheid.
- Einzug der Beitragsanteile von Versicherten, abgabepflichtigen Unternehmen und dem Bundezuschuss.

13.1 Prüfverfahren der KSK-Pflicht

Festzustellen ist, ob das Unternehmen, das einen Künstler bzw. Publizisten beschäftigt, auch abgabepflichtig ist. Der § 24 KSVG nennt die abgabepflichtigen Unternehmen. Letztendlich entsteht die tatsächliche Beitragspflicht, wenn Entgelte, Honorare, Gagen oder sonstige mit der künstlerischen Tätigkeit im Zusammenhang stehende Zahlungen geleistet werden.

TIPP

Die Beitragspflicht ist durch das beauftragende Unternehmen festzustellen, daher solltest du deine Mandanten rechtzeitig über KSK informieren.

Nach § 27 Abs. 1 Satz 1 und 2 KSVG sind Unternehmen, die Leistungen selbständige Künstler bzw. Publizisten beanspruchen, verpflichtet, an dem gesetzlichen Meldeverfahren der KSK teilzunehmen. Das zur Abgabe verpflichtende Unternehmen muss nach Ablauf eines Kalenderjahres, spätestens bis zum 31.3. des Folgejahres, die Summe der Beiträge an die KSK mit deren amtlichen Vordruck melden. Die Meldung kann auch elektronisch auf der Internetseite der KSK erfolgen.[1] Das KSVG[2] nennt drei typische abgabepflichtige Gruppen:

- **typische Verwerter:** Unternehmen, die dem Grunde nach abgabepflichtig sind, weil diese Unternehmen durch ihre Tätigkeit ständig Leistungen von selbständigen Künstlern oder Publizisten verwerten,
- Buch-, Presse- und sonstige Verlage, Presseagenturen (einschließlich Bilderdienste),
- Theater (ausgenommen Filmtheater), Orchester, Chöre und vergleichbare Unternehmen; Voraussetzung ist, dass ihr Zweck überwiegend darauf gerichtet ist, künstlerische oder publizistische Werke oder Leistungen öffentlich aufzuführen oder darzubieten,
- Theater-, Konzert- und Gastspieldirektionen sowie sonstige Unternehmen, deren wesentlicher Zweck darauf gerichtet ist, für die Aufführung oder Darbietung künstlerischer oder publizistischer Werke oder Leistungen zu sorgen,
- Rundfunk, Fernsehen,
- Herstellung von bespielten Bild- und Tonträgern (ausschließlich alleiniger Vervielfältigung),
- Galerien, Kunsthandel,
- Werbung oder Öffentlichkeitsarbeit für Dritte,
- Varieté- und Zirkusunternehmen, Museen,
- Aus- und Fortbildungseinrichtungen für künstlerische oder publizistische Tätigkeiten,
- **Eigenwerber:** Unternehmen, die für Zwecke ihres eigenen Unternehmens Werbung oder Öffentlichkeitsarbeit betreiben und dabei nicht nur gelegentlich Aufträge an selbständige Künstler und Publizisten erteilen,
- **Generalklausel:** Unternehmen, die nicht nur gelegentlich Aufträge an selbständige Künstler oder Publizisten erteilen und deren Werke oder Leistungen für Zwecke ihres Unternehmens nutzen. Die Nutzung muss im Zusammenhang mit der Erzielung von Einnahmen stehen.

13.2 Gelegentliche Auftragsvergabe

Für grds. abgabepflichtige Unternehmen, die als Eigenwerber bzw. nach der Generalklausel eingestuft werden, die allerdings nur selten Aufträge an selbständige Künstler und Publizisten vergeben, ist eine Bagatellgrenze von 750 € pro Kalenderjahr eingeführt. Eine regelmäßige Beauftragung liegt nach § 24 Abs. 3 KSVG dann vor, wenn die Bagatellgrenze überschritten wird.

13.3 Beitragspflichtiges Entgelt

Entgelt i. S. des KSVG ist alles, was das Unternehmen aufwenden muss, um das künstlerische bzw. publizistische Werk bzw. die Leistung zu erhalten oder zu nutzen (§ 25 Abs. 2 Satz 1 KSVG). Danach kommt es grds. nur auf das Aufwendungsziel, nicht aber auf eine Nutzung oder Verwer-

1 www.kuenstlersozialkasse.de.
2 § 24 KSVG.

tung des Werkes bzw. der Leistung an. Eine tatsächliche Verwertung der erworbenen Leistung durch das Unternehmen und eine rechtliche Verpflichtung zu der Aufwendung (z. B. Vertrag) ist für die Beitragspflicht nicht notwendig. Damit werden selbst überobligatorische Zahlungen vom Entgeltbegriff des § 25 Abs. 2 KSVG erfasst. Es wird das gesamte Entgelt (mit Ausnahme der gesondert ausgewiesenen Umsatzsteuer) an selbständige Künstler oder Publizisten, auch wenn diese selbst nicht der Versicherungspflicht nach dem KSVG unterliegen, ohne Rücksicht auf die Höhe oder die Art der Zahlung als Bemessungsgrundlage für die Künstlersozialabgabe herangezogen.

TIPP

Rechnungen mit den folgenden Leistungsbeschreibungen werden bei uns in der Buchhaltung mit der Buchung verknüpft:

- Werbung,
- Design (Mode-Design, Möbel-Design, Informationsdesign, Medien-Design etc.),
- Plakate,
- Illustrationen,
- Publikationen (Presse).

Die Rechnungen sind nur zu verknüpfen, wenn es sich bei dem leistenden Unternehmen um eine GbR oder ein Einzelunternehmen handelt.

Zur besseren Übersichtlichkeit ist der Unternehmenszusatz in den Buchungstext aufzunehmen.

So liegen uns bei Erstellung der Meldung alle benötigten Unterlagen vor.

Bitte beachte, dass bei Überschreiten der 750-€-Grenze an KSK-pflichtigen Leistungen automatisch eine Meldung an die KSK erfolgen muss!

III. Abgabetermine und Zahlungsfristen

1. Zahlung der Lohnsteuer

Der Arbeitgeber ist gesetzlich verpflichtet, die von seinem Arbeitnehmer einbehaltene Lohnsteuer, Kirchensteuer und den Solidaritätszuschlag an das Finanzamt abzuführen. Er muss dem Finanzamt gegenüber auf einem amtlichen Vordruck die Höhe der Abgaben erklären. Diese Erklärung erfolgt mit der **Lohnsteuer-Anmeldung**, die seit dem 1.1.2005 elektronisch an das Finanzamt übermittelt werden muss. Die Daten sind an das Finanzamt zu übermitteln, in dessen Bezirk sich die Betriebsstätte des Arbeitgebers befindet. Für jede Betriebsstätte ist eine einheitliche Lohnsteuer-Anmeldung abzugeben. Pauschale Lohnsteuer und pauschale Kirchensteuer sind gesondert auf der Erklärung auszuweisen.

HINWEIS

Für die Abgabe der Lohnsteuer-Anmeldung gibt es drei verschiedene Abgabezeiträume (§ 41a Abs. 2 EStG):

- monatlich, wenn die Höhe der Lohnsteuer im Vorjahr mehr als 5.000 € war,
- vierteljährlich, wenn die Höhe der Lohnsteuer im Vorjahr mehr als 1.080 €, aber weniger als 5.000 € war,
- jährlich, wenn die Höhe der Lohnsteuer im Vorjahr weniger als 1.080 € war.

Bei neu gegründeten Unternehmen wird die Lohnsteuer für den ersten vollen Kalendermonat auf einen Jahresbetrag umgerechnet. Dieser Jahresbetrag entscheidet dann über den Lohnsteuer-Anmeldezeitraum. Entscheidend bei der Berechnung ist die im ersten vollen Kalendermonat tatsächlich gezahlte Lohnsteuer.

TIPP

Viele Programme weisen in ihren Hinweisprotokollen bereits im Dezember auf die Änderung der Abgabezeiträume für das nächste Jahr hin. Du solltest dann auch schon die Änderungen in den Stammdaten ab Januar vornehmen und nicht auf die Mitteilung des Finanzamts warten, da diese meist erst nach Fertigstellung der Januar-Abrechnung (und somit zu spät) eingeht. Allerdings ist das Hinweisprotokoll nur eine Unterstützung, auf die du dich nicht blind verlassen solltest. Ist der Mandant z. B. erst im Laufe des Jahres zu euch gewechselt und der Lohn wurde neu eingerichtet, kann das Programm dies evtl. nicht erkennen.

2. Abgabefrist für die Lohnsteuer-Anmeldung

Die Lohnsteuer-Anmeldung muss **spätestens am zehnten Tag nach Ablauf des Lohnsteuer-Anmeldezeitraums** beim zuständigen Betriebsstättenfinanzamt eingereicht werden. Ist der zehnte Tag ein Samstag, Sonntag oder ein gesetzlicher Feiertag, gilt der nächste Arbeitstag als Abgabetermin.

HINWEIS

Bei verspäteter Abgabe der Lohnsteuer-Anmeldung kann das Finanzamt einen Verspätungszuschlag erheben. Dieser beträgt max. 25.000 € (§ 152 AO).

Bei verspäteter Zahlung der Lohnsteuer sind **Säumniszuschläge** zu zahlen. Die Höhe des Säumniszuschlags beträgt für jeden angefangenen Monat 1 % des rückständigen Betrags, auf 50 € abgerundet. § 240 Abs. 3 AO räumt eine dreitägige **Schonfrist** ein, in der noch keine Säumniszuschläge erhoben werden.

HINWEIS

Die Datenübermittlung erfolgt seit dem 1.1.2005 auf elektronischem Weg. Nach § 41a Abs. 1 Satz 3 EStG kann das Finanzamt auf Antrag auf die elektronische Übermittlung verzichten. In diesem Fall ist die Lohnsteuer-Anmeldung auf einem amtlichen Vordruck abzugeben. Die Datenübermittlung erfolgt über das Internetportal ELSTER (www.elster.de). In den meisten Fällen sind die Abrechnungsprogramme mit dem Übermittlungsmodul der ELSTER kombiniert. Seit dem 1.1.2013 ist für jeden Steuerpflichtigen die Übermittlung der Daten via ELSTER nur mit einem eigens beantragten und bei dem Programm hinterlegten Zertifikat möglich.

Übersicht: Abgabefrist für die Lohnsteuer-Anmeldung

Zeiträume 2025	Lohnsteuer-Anmeldung einzureichen bis	Lohnsteuer zu zahlen bis
Januar	10.2.2025	13.2.2025
Februar	10.3.2025	13.3.2025
März/I. Quartal	10.4.2025	14.4.2025
April	12.5.2025	15.5.2025
Mai	10.6.2025	13.6.2025
Juni/II. Quartal	10.7.2025	14.7.2025
Juli	11.8.2025	14.8.2025
August	10.9.2025	13.9.2025
September/III. Quartal	10.10.2025	13.10.2025
Oktober	10.11.2025	13.11.2025
November	10.12.2025	13.12.2025
Dezember/IV. Quartal/Kalenderjahr	12.1.20206	15.1.2026

Muster der Lohnsteuer-Anmeldung 2025

\- Bitte weiße Felder ausfüllen oder ☒ ankreuzen und Hinweise auf der Rückseite beachten -

2025

Fallart	Steuernummer	Unterfallart
11		62

30 Eingangsstempel oder -datum

Finanzamt

Arbeitgeber - Anschrift der Betriebsstätte - Telefonnummer - E-Mail

Lohnsteuer-Anmeldung 2025

Anmeldungszeitraum

bei **monatlicher** Abgabe bitte ankreuzen

25 01	Jan.		25 07	Juli
25 02	Feb.		25 08	Aug.
25 03	März		25 09	Sept.
25 04	April		25 10	Okt.
25 05	Mai		25 11	Nov.
25 06	Juni		2512	Dez.

bei **vierteljährlicher** Abgabe bitte ankreuzen

25 41	I. Kalendervierteljahr
25 42	II. Kalendervierteljahr
25 43	III. Kalendervierteljahr
25 44	IV. Kalendervierteljahr

bei jährlicher Abgabe bitte ankreuzen

25 19	Kalenderjahr

Berichtigte Anmeldung (falls ja, bitte eine „1" eintragen)......... 10

Zahl der Arbeitnehmer (einschl. Aushilfs- und Teilzeitkräfte)............... 86

zu Zeile 22: Zahl der Arbeitnehmer mit BAV-Förderbetrag..................... 90

Zeile		Kz	EUR	Ct
18	Summe der einzubehaltenden Lohnsteuer 1) 2)	42		
19	Summe der pauschalen Lohnsteuer - ohne § 37b EStG - 1)	41		
20	Summe der pauschalen Lohnsteuer nach § 37b EStG 1)	44		
21	abzüglich Kürzungsbetrag für Besatzungsmitglieder von Handelsschiffen	33		
22	abzüglich Förderbetrag zur betrieblichen Altersversorgung nach § 100 EStG (BAV-Förderbetrag) 1)	45		
23	Verbleiben 1)	48		
24	Solidaritätszuschlag 1) 2)	49		
25	pauschale Kirchensteuer im vereinfachten Verfahren	47		
26	Evangelische Kirchensteuer - ev 1) 2)	61		
27	Römisch-Katholische Kirchensteuer - rk 1) 2)	62		
28				
29				
30				
31				
32				
33	**Gesamtbetrag** 1)	83		

1) Negativen Beträgen ist ein **Minuszeichen** voranzustellen
2) Nach Abzug der im Lohnsteuer-Jahresausgleich erstatteten Beträge

34 Ein Erstattungsbetrag wird auf das dem Finanzamt benannte Konto überwiesen, soweit der Betrag nicht mit Steuerschulden verrechnet wird.

35 **Verrechnung des Erstattungsbetrags erwünscht / Erstattungsbetrag ist abgetreten** (falls ja, bitte eine „1" eintragen)............. 29
Geben Sie bitte die Verrechnungswünsche auf einem besonderen Blatt oder auf dem beim Finanzamt erhältlichen Vordruck „Verrechnungsantrag" an.

36 Das **SEPA-Lastschriftmandat** wird ausnahmsweise (z. B. wegen Verrechnungswünschen) für diesen Anmeldungszeitraum **widerrufen** (falls ja, bitte eine „1" eintragen)........................ 26
Ein ggf. verbleibender Restbetrag ist gesondert zu entrichten.

37 Über die Angaben in der Steueranmeldung hinaus sind weitere oder abweichende Angaben oder Sachverhalte zu berücksichtigen (falls ja, bitte eine „1" eintragen)........................ 23
Diese ergeben sich aus der beigefügten Anlage, welche mit der Überschrift „Ergänzende Angaben zur Steueranmeldung" gekennzeichnet ist.

38 Datum, Unterschrift

Datenschutzhinweis:
Die mit der Steueranmeldung angeforderten Daten werden auf Grund der §§ 149, 150 der Abgabenordnung und des § 41a des Einkommensteuergesetzes erhoben. Die Angabe der Telefonnummer und der E-Mail-Adresse ist freiwillig.
Informationen über die Verarbeitung personenbezogener Daten in der Steuerverwaltung und über Ihre Rechte nach der Datenschutz-Grundverordnung sowie über Ihre Ansprechpartner in Datenschutzfragen entnehmen Sie bitte dem allgemeinen Informationsschreiben der Finanzverwaltung. Dieses Informationsschreiben finden Sie unter www.finanzamt.de (unter der Rubrik „Datenschutz") oder erhalten Sie bei Ihrem Finanzamt.

3.24 - **LStA** - Lohnsteuer-Anmeldung 2025 -

3. Beitragszahlung an die Krankenkassen

Der Arbeitgeber ist verpflichtet, die **Beiträge an die zuständige Krankenkasse** abzuführen. Dies gilt auch für freiwillig versicherte Arbeitnehmer, wenn der Arbeitgeber einen Zuschuss zahlt. Der Arbeitgeber ist Beitragsschuldner und nach § 28e Abs. 1 Satz 1 SGB IV zur Zahlung des Gesamtsozialversicherungsbeitrags in voller Höhe (Arbeitgeber- und Arbeitnehmeranteil) verpflichtet.

HINWEIS

Die Gesamtsozialversicherungsbeiträge sind vom Arbeitgeber spätestens am drittletzten Bankarbeitstag im Monat zu zahlen. Die bis dahin noch nicht abgeschlossenen Tage im abzurechnenden Monat sind auf Basis einer voraussichtlichen Beitragsschätzung zu zahlen.

4. Beitragsnachweis

Der Arbeitgeber hat die voraussichtliche **Beitragsschuld** möglichst genau zu ermitteln. Bei Arbeitnehmern mit wechselnden Bezügen muss dies für die letzten Tage im Monat im Rahmen der Schätzmethode vorgenommen werden. Bei Arbeitnehmern mit festen Bezügen kann auf das Beitragssoll des Vormonats zurückgegriffen werden. Bei der Ermittlung der Beiträge ist besonders darauf zu achten, ob Arbeitnehmer neu eingetreten oder auch Arbeitnehmer ausgetreten sind. Eventuelle Änderungen der Beitragssätze, Änderungen in den Beitragsbemessungsgrenzen und ggf. Lohnveränderungen sind im jeweiligen Abgabezeitraum zu berücksichtigen. In Monaten mit Zahlung von **Einmalbezügen** sind diese grds. in die Beitragsberechnung mit einzubeziehen.

HINWEIS

Seit dem 1.1.2017 dürfen Arbeitgeber nach dem zweiten Bürokratieentlastungsgesetz[1] neben der Schätzmethode auch die Werte des Vormonats zur Beitragsermittlung heranziehen. Zahlung und Nachweis der Beiträge im vereinfachten Verfahren gestalten sich wie folgt:

- Grundlage der Abrechnung ist der Betrag der Echtabrechnung des Vormonats. Sofern sich zwischen der Echtabrechnung und dem Beitragsnachweis des Vormonats eine Differenz ergibt, ist diese außerdem zu berücksichtigen, so dass der Wert im Beitragsnachweis ggf. noch einmal anzupassen ist.
- Im Folgemonat ist dann allerdings der Wert aus dem Beitragsnachweis ohne die Differenz aus dem Vormonat für die erneute Differenzberechnung zwischen Beitragsnachweis und Echtabrechnung zugrunde zu legen.

Die Vereinfachungsregelung findet auf einmalig gezahltes Arbeitsentgelt keine Anwendung. Einmalzahlungen sind weiterhin in dem Monat zu berücksichtigen, in dem sie tatsächlich gezahlt werden. Der Wert der Echtabrechnung des Vormonats ist daher um den Betrag von Einmalzahlungen zu erhöhen, wenn diese im Abrechnungsmonat gezahlt werden.

Der **Beitragsnachweis** ist nach § 28f Abs. 3 Satz 1 SGB IV am fünftletzten Banktag bei der Einzugsstelle einzureichen. Die Einzugsstelle schätzt bei nicht rechtzeitiger Übermittlung die Beitragsschuld (§ 28f Abs. 3 Satz 2 SGB IV). Der Beitragsnachweis muss elektronisch an die zuständige Einzugsstelle der Krankenkasse übermittelt werden, bei der der Arbeitnehmer krankenversichert ist.

1 Gesetz v. 30.6.2017, BGBl 2017 I S. 2143.

Übersicht: Abgabetermine und Beitragsfälligkeit		
Zeiträume 2025	**Beitragsnachweise einzureichen bis zum**	**Beiträge spätestens zu zahlen bis zum**
Januar	27.1.2025	29.1.2025
Februar	24.2.2025	26.2.2025
März	25.3.2025	27.3.2025
April	24.4.2025	28.4.2025
Mai	23.5.2025	27.5.2025
Juni	24.6.2025	26.6.2025
Juli	25.7.2025	29.7.2025
August	25.8.2025	27.8.2025
September	24.9.2025	26.9.2025
Oktober wenn 31. Oktober Feiertag	27.10.2025 24.10.2025	29.10.2025 28.10.2025
November	24.11.2025	26.11.2025
Dezember	19.12.2025	23.12.2025

HINWEIS

Seit dem 1.1.2018 gilt für die Datenübermittlung der Beitragsnachweise eine einheitliche Datensatzbeschreibung.[1] Danach sind monatlich gesondert anzugeben:

- die Höhe der Krankenversicherungsbeiträge (inkl. des kassenindividuellen Zusatzbeitrags) sowie
- gesondert der kassenindividuelle Zusatzbeitrag.

Eine Korrektur eines Beitragsnachweises ist nicht möglich, denn durch das Ende der Rechnungsabgrenzung in der Krankenversicherung fließen alle Beiträge in den Gesundheitsfonds.

Die Hinweise enthalten weitere wichtige Punkte zum Inhalt und zur Übermittlung von Beitragsnachweisen. Ihr findet die Hinweise auf der Internetseite des GKV-Spitzenverbands[2] oder bei diversen Krankenkassen.

1 Gemeinsame Grundsätze zum Aufbau der Datensätze für die Übermittlung von Beitragsnachweisen durch Datenübertragung nach § 28b Abs. 1 Satz 1 Nr. 2 SGB IV in der v. 1.1.2018 an geltenden Fassung v. 23.3.2017.

2 www.gkv-datenaustausch.de.

IV. Meldung zur Sozialversicherung/DEÜV

Im Rahmen der Entgeltabrechnung hat der Arbeitgeber eine Vielzahl von **Meldepflichten**. Neben der Anmeldung eines Arbeitnehmers folgt noch eine Vielzahl von weiteren Meldungen. Die folgende Übersicht nennt die wichtigsten **Meldetatbestände**:

Übersicht: Meldetatbestände

Meldetatbestände	**Meldeschlüssel lt. DEÜV-Meldung**
Anmeldungen	
Beginn einer Beschäftigung	10
Wechsel der Krankenkasse	11
Beitragsgruppenwechsel	12
Anmeldung nach unbezahltem Urlaub oder einem Streik von mehr als einem Monat	13
Anmeldung wegen Rechtskreiswechsels ohne Krankenkassenwechsel	13
Anmeldung wegen Wechsels des Entgeltabrechnungssystems	13
Anmeldung nach Ende der Pflegezeit	13
Anmeldung wegen Änderung des Personengruppenschlüssels ohne Beitragsgruppenwechsel	13
Abmeldungen	
Ende der Beschäftigung	30
Ende der Beschäftigung bei Inanspruchnahme der Pflegezeit	30
Krankenkassenwechsel	31
Beitragsgruppenwechsel	32
Änderung im Beschäftigungsverhältnis	33
Ende einer sozialversicherungspflichtigen Beschäftigung nach einer Unterbrechung von mehr als einem Monat	34
Streik, länger als ein Monat	35
Wechsel des Entgeltabrechnungssystems	36
Gleichzeitige An- und Abmeldung wegen Ende einer Beschäftigung	40
Abmeldung wegen Todes	49
Jahres-, Unterbrechungs- und Sondermeldungen	
SV-Jahresmeldung	50
Unterbrechung wegen Bezugs von bzw. Anspruchs auf Entgeltersatzleistungen	51

Unterbrechung wegen Elternzeit	52
Unterbrechung wegen gesetzlicher Dienstpflicht	53
Sondermeldung wegen einmalig gezahlten Arbeitsentgelts	54
Nicht vereinbarungsgemäß verwendetes Wertguthaben	55
Unterschiedsbetrag bei Entgeltersatzleistungen während der Altersteilzeit	56
Vorausmeldung bei Rentenantragsstellern – drei Monate vor Rentenbeginn	57
Meldungen in Insolvenzfällen	
Jahresmeldung für freigestellten Arbeitnehmer	70
Meldung des Vortages der Insolvenz	71
Entgeltmeldung zum rechtlichen Ende der Beschäftigung	72
UV-Jahresmeldung	92

HINWEIS

Die Meldungen zur Sozialversicherung werden elektronisch an die jeweilige Einzugsstelle der Krankenkasse, bei der der Arbeitnehmer versichert ist, übermittelt. In den meisten Fällen erfolgt die Übermittlung aus dem jeweiligen Lohnprogramm (z. B. DATEV). Ist dies nicht der Fall, können die Daten auch über das Internetportal svnet (www.gkvnet-ag.de) übermittelt werden. Der Arbeitgeber muss das Original dem Arbeitnehmer aushändigen und hat eine Kopie bei den Lohnunterlagen zu hinterlegen.

1. Meldefristen

Übersicht: Meldefristen

Tatbestand	Frist
Beginn einer Beschäftigung (Anmeldung)	Mit der ersten Lohn-/Gehaltsabrechnung, spätestens innerhalb von sechs Wochen nach Beschäftigungsbeginn
Beginn einer Berufsausbildung (Anmeldung)	Mit der ersten Lohn-/Gehaltsabrechnung, spätestens innerhalb von sechs Wochen nach Ausbildungsbeginn
Ende einer Beschäftigung (Abmeldung)	Mit der nächsten Lohn-/Gehaltsabrechnung, spätestens innerhalb von sechs Wochen nach Beschäftigungsende
Ende einer Berufsausbildung (Abmeldung)	Mit der nächsten Lohn-/Gehaltsabrechnung, spätestens innerhalb von sechs Wochen nach Ausbildungsende

Tatbestand	Frist
Ende einer Beschäftigung nach einer in Vormonaten begonnenen Unterbrechung; zwei Meldungen: a) Ende der Entgeltzahlung bzw. Ende des Vormonats b) Ende des Beschäftigungsverhältnisses	a) Innerhalb von sechs Wochen nach Ende der Entgeltzahlung b) Innerhalb von sechs Wochen nach Beendigung des Beschäftigungsverhältnisses
Unterbrechung der Beschäftigung für mindestens einen Kalendermonat (Unterbrechungsmeldung)	Innerhalb von zwei Wochen nach Ablauf des ersten vollen Kalendermonats der Unterbrechung
Meldung Beginn der Elternzeit	a) bei gesetzlich Versicherten, wenn ein voller Kalendermonat ohne Entgelt vorliegt b) bei freiwillig Versicherten mit Beginn der Elternzeit
Sondermeldung für einmalig gezahltes Arbeitsentgelt (Sonderzuwendung)	Mit der nächsten Lohn-/Gehaltsabrechnung, spätestens innerhalb von sechs Wochen nach der Zahlung
Entgeltbescheinigung zum Jahresende (Jahresmeldung)	Bis 15.2. des folgenden Jahres
UV-Jahresmeldung	Bis 15.2. des folgenden Jahres (außer bei Beendigung aller Beschäftigungsverhältnisse, dann innerhalb von sechs Wochen)
Änderung im Beschäftigungs-/ Versicherungsverhältnis	Wie Beginn bzw. Ende der Beschäftigung
Wechsel der Krankenkasse	Wie Beginn bzw. Ende der Beschäftigung
Wechsel des Rechtskreises	Wie Beginn bzw. Ende der Beschäftigung
Änderung der Staatsangehörigkeit bzw. Änderung personenbezogener Daten	Mit der nächsten Lohn-/Gehaltsabrechnung, spätestens innerhalb von sechs Wochen nach der Änderung
Änderungen/Berichtigungen bereits abgegebener Meldungen	mit der nächsten Lohn-/Gehaltsabrechnung, spätestens innerhalb von sechs Wochen nach Eintritt des meldepflichtigen Tatbestands
Beginn einer geringfügigen Beschäftigung (Anmeldung)	wie Beginn der Beschäftigung
Ende einer geringfügigen Beschäftigung (Abmeldung)	wie Ende der Beschäftigung
Änderung der geringfügigen Beschäftigung	mit der nächsten Lohn-/Gehaltsabrechnung, spätestens innerhalb von sechs Wochen nach der Änderung

Tatbestand	Frist
Störfallmeldung von nicht vereinbarungsgemäß verwendetem Wertguthaben	mit der ersten folgenden Lohn-/Gehaltsabrechnung
Stornierungsmeldung	unverzüglich
gesonderte Meldung nach § 194 Abs. 1 SGB VI	frühestens drei Monate vor Rentenbeginn (auf Antrag des Arbeitnehmers)
Pflegezeit	wie Beginn bzw. Ende der Beschäftigung
Sofortmeldung nach § 28a Abs. 4 SGB IV	spätestens bei Aufnahme der Beschäftigung
GKV-Monatsmeldung	auf Anforderung der Krankenkasse

2. Jahresmeldung für die Unfallversicherung

Die Meldungen zur Unfallversicherung (Berufsgenossenschaft) wurden bis zum 31.12.2018 mittels eines summarischen Lohnnachweises für das zurückliegende Kalenderjahr gemeldet. Für die Kalenderjahre 2009 bis 2014 war zusätzlich in der DEÜV-Meldung die Unfallversicherung mitzumelden. Für das Meldejahr 2015 war erstmals die UV-Jahresmeldung als gesonderte Meldung an die Unfallversicherung abzusetzen. Die UV-Jahresmeldung muss seit dem 1.1.2016 für jeden Beschäftigten, der im laufenden Kalenderjahr in der Unfallversicherung versichert ist, bis zum 16.2. des Folgejahrs erstellt werden. Die Meldung ist mit dem Abgabegrund 92 zu erstatten. Als Zeitraum ist immer der 1.1. bis 31.12. anzugeben, auch wenn der Arbeitnehmer nicht das ganze Jahr beschäftigt war. Der Arbeitnehmer erhält keine Kopie der Meldung.

Weiterhin sind die Lohnnachweise für die gesetzliche Unfallversicherung vom Arbeitgeber jährlich elektronisch abzugeben (digitaler Lohnnachweis). Mit dem 5. SGB IV-Änderungsgesetz wurde das sog. elektronische Lohnnachweisverfahren (digitaler Lohnnachweis) auf den Weg gebracht und wird seit dem 1.1.2017 umgesetzt (§ 165 SGB VII i. V. m. § 99 SGB IV). Der digitale Lohnnachweis ist jeweils bis zum 16.2. des Folgejahrs zu erstellen, erstmals im Jahr 2017 für das Meldejahr 2016. Unterjährig ist ein digitaler Lohnnachweis abzusetzen, wenn

- es sich um Insolvenz,
- komplette Einstellung des Betriebs oder
- die Beendigung aller Beschäftigungsverhältnisse handelt.

In diesen Fällen ist die Meldung innerhalb von sechs Wochen abzugeben. Verbunden mit der Einführung des digitalen Lohnnachweises ist der Abruf des Stammdatendienstes bei der UV-DAV. Die Stammdaten sind von den Arbeitgebern mit einer Anzeige zur Abgabe des Lohnnachweises zu übermitteln. Die UV meldet daraufhin dem Arbeitgeber die für den digitalen Lohnnachweis maßgebenden Stammdaten mit den jeweiligen Gültigkeitszeiträumen zurück. Somit wird sichergestellt, dass der digitale Lohnnachweis immer mit den gültigen Daten der UV übermittelt wird.

In den Jahren 2017 und 2018 wurde die Abgabe des digitalen Lohnnachweises in der Erprobungsphase getestet. Grundlage für die Beitragsermittlung in diesen Zeiträumen war der Papierlohnnachweis (summarischer Lohnnachweis). Dieser musste daher in den Jahren 2017 und 2018, betreffend die Meldejahre 2016 und 2017, parallel zum digitalen Lohnnachweis abgegeben werden. Seit dem 1.1.2019 (ab Beitragsjahr 2018) erfolgt die Abgabe als digitaler Lohnnachweis.

Für die **elektronische Übermittlung** der UV-Jahresmeldung sind folgende Daten im Lohnprogramm zu hinterlegen:

- Betriebsnummer des UV-Trägers,
- Unternehmensnummer bzw. Mitgliedsnummer des Arbeitgebers in der UV,
- Gefahrentarifstelle(n),
- unfallversicherungspflichtiges Entgelt,
- Arbeitsstunden des Beschäftigten.

Für das Auslösen des **UV-Stammdatendienstes** wird zusätzlich eine **PIN** benötigt. Diese wird für jede Mitgliedsnummer eines Arbeitgebers erstellt und ist zwingend für den Abruf des Stammdatendienstes erforderlich.

Die unfallversicherungsspezifischen Daten sind zusätzlich zur Entgeltmeldung in einer separaten UV-Jahresmeldung nach § 28a Abs. 2a SGB IV zu übermitteln. Dabei sind keine Angaben zu folgenden Schlüsseln erforderlich: Personengruppenschlüssel, Staatsangehörigkeitsschlüssel, Beitragsgruppenschlüssel, Tätigkeitsschlüssel oder geleistete Arbeitsstunden.

Vor der Abgabe der UV-Jahresmeldungen und des elektronischen Lohnnachweises ist der Arbeitgeber verpflichtet, einen automatisierten Abgleich mit der Stammdatendatei der Deutschen Gesetzlichen Unfallversicherung (DGUV) durchzuführen (§ 101 Abs. 4 SGB IV). Dieser Abgleich stellt sicher, dass ausschließlich Meldungen mit korrekten Unternehmensnummern und Gefahrtarifstellen übermittelt werden können.

Die Unfallversicherungsträger informieren jedes Mitglied schriftlich über die relevanten Zugangsdaten (BBNRUV, MNR und PIN), die für die Teilnahme am Verfahren erforderlich sind. Wird der Abgleich mit der Stammdatendatei nicht durchgeführt, können weder die UV-Jahresmeldungen noch der elektronische Lohnnachweis übermittelt werden.

Die UV-Jahresmeldung ist an die Datenannahmestelle der Einzugsstelle zu senden, die zum Zeitpunkt der Abgabe der Meldung für den Arbeitnehmer zuständig ist. Falls keine zuständige Einzugsstelle ermittelt werden kann, ist die Meldung an die zuletzt bekannte Einzugsstelle zu übermitteln.

Eine Bescheinigung über den Inhalt der abgegebenen Meldung (§ 25 Abs. 1 Satz 1 DEÜV) ist für die UV-Jahresmeldung nicht erforderlich.

Die UV-Jahresmeldung dient primär Zwecken der Betriebsprüfung. Fehlt diese Meldung, müssen die erforderlichen Daten im Vorfeld der Prüfung direkt beim Arbeitgeber erhoben werden.

Seit dem 1.1.2023 hat jeder Arbeitgeber für sein Unternehmen beim Unfallversicherungsträger eine eigene Unternehmensnummer nach § 136a SGB VII (vormals Mitgliedsnummer). Diese wurde dem Arbeitgeber per Bescheid mitgeteilt und kann im Rahmen des elektronischen Stammdatenabgleichs abgefragt werden.

Die Unternehmensnummer ist fünfzehnstellig und setzt sich aus zwei Teilen zusammen:

- **Zwölfstellige Unternehmernummer**, die an der zwölften Stelle eine Prüfziffer enthält.

- **Dreistelliges Unternehmenskennzeichen**, das für das erste Unternehmen auf „001" festgelegt ist. Weitere Unternehmen eines Unternehmers werden numerisch in aufsteigender Reihenfolge nummeriert.

Die Unternehmensnummer stellt eine Verbindung zwischen den Einträgen des Unternehmers und den zugehörigen Unternehmen her.

Für UV-Jahresmeldungen, die Meldezeiträume vor dem 1.1.2023 betreffen, sind Korrekturen grundsätzlich mit der zuvor gültigen Mitgliedsnummer durchzuführen.

V. Elektronische Lohnsteuerabzugsmerkmale

Seit dem 1.1.2013 läuft der **elektronische Abruf der Lohnsteuerabzugsmerkmale**. Für die Entgeltabrechnung Januar 2013 konnte, spätestens für die Entgeltabrechnung Dezember 2013 musste jeder Arbeitgeber aus der zentralen Datenbank seinen Bestand an Arbeitnehmern einmalig anmelden und dadurch deren ab dem Startmonat gültige Besteuerungsmerkmale abrufen und automatisch in seinem Abrechnungssystem verarbeiten.

HINWEIS

Der Arbeitnehmer legt seinem Arbeitgeber seine IdNr. vor und dieser speichert sie in den Personalstammdaten. Die Angabe der IdNr. ist zwingend erforderlich, die Angabe der eTIN optional.[1] In Einzelfällen kann zusätzlich die Steuernummer des Dienstleisters notwendig sein.

Der Arbeitgeber ruft mit der Steueridentifikationsnummer und dem melderechtlichen Geburtsdatum des Arbeitnehmers die Besteuerungsmerkmale über die **zentrale Bestandsstelle** ab. Nach erfolgter Anmeldung durch den Arbeitgeber erstellt die Finanzverwaltung einen **ELStAM-Datensatz**. Die Anmeldung hat das Ziel, die ELStAM des Arbeitnehmers abzurufen (§ 39e Abs. 4 Satz 2 EStG).

Die von der Finanzverwaltung zurückgemeldeten Daten müssen im **Abrechnungssystem** verarbeitet und abgespeichert werden. Auf dieser Grundlage erfolgt die Besteuerung. Nach dem Startabruf muss der Arbeitgeber jeden Neueintritt und -austritt melden und monatlich den Änderungsdienst abrufen. Über diesen erhält er Änderungen seiner Arbeitnehmer in den ELStAM.

Für den Arbeitgeber ist eine **Registrierung** über das Elster-Online-Portal notwendig. Die für die Übermittlung der Lohnsteuerbescheinigung (ElsterLohn I) verwendete Authentifizierung kann auch für das ELStAM-Verfahren verwendet werden.

TIPP

- Für Steuerbüros ist es von Vorteil, ein sog. Organisationszertifikat einzusetzen, da dieses, anders als das personifizierte Zertifikat, flexibler eingesetzt werden kann. Für den Abruf der ELStAM-Daten ist die IdNr. des Arbeitnehmers zwingend erforderlich. Liegt die IdNr. nicht vor, kann kein Datenabruf über ELStAM erfolgen. Daher solltet ihr sie immer zu Beginn einer Beschäftigung abfragen bzw. eure Mandanten direkt bei der Neueinstellung. Bei beschränkt steuerpflichtigen Arbeitnehmern ist i. d. R. noch keine IdNr. vorhanden. In diesen Fällen muss beim Finanzamt eine „Bescheinigung für den Lohnsteuerabzug" beantragt werden.
- Bei der Anmeldung ist zwingend anzugeben, ob es sich um den Hauptarbeitgeber handelt oder ob es ein weiteres Dienstverhältnis neben einer Hauptbeschäftigung ist. Dies sollte im Personalfragebogen abgefragt werden. Denn nicht der Arbeitgeber hat die Frage zu klären, ob es sich um eine Hauptbeschäftigung handelt, sondern der Arbeitnehmer. Die Kennzeichnung Hauptarbeitgeber ist von entscheidender Bedeutung, denn im ELStAM-Verfahren erhält nur der Hauptarbeitgeber die Steuerklassen I bis V zurückgemeldet. Nebenarbeitgeber erhalten immer die Steuerklasse VI. Das System prüft nicht, ob es sich tatsächlich um einen Haupt- oder Nebenarbeitgeber handelt.
- Wird im Rahmen der ersten Anmeldung bei ELStAM ein Datensatz versendet, wird eine Empfangsbestätigung vonseiten der Annahmestelle zurückgemeldet. Nach kurzer Zeit (max. zwei Tage) stehen dann die ELStAM-Daten zur Abholung bereit und können abgerufen werden. Die abgerufenen Daten sind im Personaldatenstamm des Arbeitnehmers abzuspeichern (§ 52b Abs. 5 EStG).

1 BMF, Schreiben v. 28.11.2008, BStBl 2008 I S. 992 und v. 9.11.2009, BStBl 2009 I S. 1313.

Notwendige Abrufdaten

Für den Abruf sind die folgenden Daten vom Arbeitgeber vorzugeben:

- Steuer-ID des Arbeitnehmers,
- Kennzeichen Hauptarbeitgeber,
- melderechtliches Geburtsdatum,
- zu berücksichtigender Freibetrag (bei St-Kl. VI mit Freibetrag),
- Datum für ELStAM-Anmeldung ohne Eintritt,
- Datum für ELStAM-Abmeldung ohne Austritt,
- Referenzdatum Arbeitgeber (Datum, ab wann dem AG die ELStAM geliefert werden sollen).

Steuerliche ID-Nummer

Grundsätzlich muss der Arbeitnehmer seine Erlaubnis zum Datenabruf geben. Dafür genügt die Bekanntgabe der steuerlichen ID-Nr. Sollte der Arbeitgeber die ID-Nr. nicht vom Arbeitnehmer erhalten, darf er die Daten auch dann nicht abrufen, wenn er die ID-Nr. kennt. Beim Initiallauf kann davon ausgegangen werden, dass alle gespeicherten Arbeitnehmer die Erlaubnis gegeben haben.

Kennzeichen Hauptarbeitgeber

Das Feld „Hauptarbeitgeber“ oder „1. Arbeitgeber“ signalisiert dem System, dass die Hauptlohnsteuerklasse vergeben werden muss. Die ELSTER-Datenbank nimmt keine inhaltliche Prüfung des angemeldeten Sachverhaltes vor. Ist kein Hauptarbeitgeber vorhanden und die Anmeldung ohne das Kennzeichen erfolgt, wird die LSt-Klasse VI vergeben. Alle weiteren ELStAM werden mit übersandt.

WICHTIG

Der Arbeitgeber muss die übermittelten ELStAM so verwenden, wie sie bereitgestellt werden. Er muss dies auch tun, wenn ihm die Daten suspekt vorkommen, der Arbeitnehmer z. B. LSt-Klasse I hat, obwohl er verheiratet ist. Hierbei muss berücksichtigt werden, dass der Arbeitnehmer sich durchaus ungünstigere Steuermerkmale eintragen lassen kann.

Melderechtliches Geburtsdatum

VORSICHT

Das Geburtsdatum muss das gleiche sein, das im Personalausweis oder im Pass steht. Es kann sein, dass der Arbeitnehmer ein Fantasiegeburtsdatum in seinen Personaldokumenten stehen hat, z. B. 00.00.JJJJ oder 30.02.JJJJ oder TT.MM.2099. In diesen Fällen ist das Geburtsdatum nicht bekannt. Um eine Sozialversicherungsnummer zu erhalten, müsste in der DEÜV aber ein „echtes“ Geburtsdatum eingegeben werden, z. B. 01.01.JJJJ. Wird der Abruf mit diesem Datum aus dem Stammsatz vorgenommen, kommt es zu einer Fehlermeldung. Evtl. muss im ELStAM-Verfahren ein abweichendes steuerliches Geburtsdatum verwendet werden.

Zu berücksichtigender Freibetrag bei LSt-Klasse VI

Da die Lohnsteuer nur der Abschlag auf die Einkommensteuer ist, sollten die monatlichen Lohnsteuerbeträge in einem Jahr möglichst nahe an die Einkommensteuer herankommen. Die Lohnsteuerklasse VI wird allerdings ohne Freibeträge gerechnet, so dass es zu einer zu hohen Steuer kommen kann. Um diesen Nachteil bereits bei der monatlichen Entgeltabrechnung auszugleichen, konnte bei LSt-Klasse VI ein Freibetrag eingetragen werden, jeweils in Höhe des zu versteuernden Einkommens, und bei LSt-Klasse I wurde ein entsprechender Hinzurechnungsbetrag eingetragen. Im ELStAM-Verfahren wird dieser Freibetrag nicht automatisch übermittelt. Er wird vom Finanzamt in einer Summe eingetragen und der Arbeitgeber muss beim Abruf der ELStAM mit angeben, wie hoch der abzurufende Freibetrag sein soll. Diese Information muss er vom Arbeitnehmer bekommen. Alternativ können Arbeitnehmer der Finanzbehörde mitteilen, welcher Arbeitgeber den Freibetrag in der Steuerklasse VI erhalten soll. Somit entfällt die Notwendigkeit, dass der Arbeitnehmer seinen Arbeitgeber über den Freibetrag informieren muss und dieser eine Ab- und Anmeldung zum Abruf des Freibetrags vornehmen muss.

VORSICHT

Diese Regelung gilt nur bei LSt-Klasse VI, bei allen anderen LSt-Klassen wird der Freibetrag automatisch mitgeliefert.

Datum für ELStAM-Anmeldung ohne Eintritt

Dieses Datum wird benötigt, um Arbeitnehmer anzumelden, die vorher keinen echten Austritt hatten. Dies kann z. B. dann der Fall sein, wenn der Arbeitnehmer während der Elternzeit bei einem anderen Arbeitgeber arbeitet.

Referenzdatum

Das Referenzdatum ist ein Datenfeld zur Identifikation des Datenabrufs. Über dieses Datum wird bei einer Abmeldung der Bezug zum richtigen Datensatz hergestellt. Beim Einstieg in das Verfahren muss das aktuelle Datum als Referenzdatum mit angegeben werden. Nach dem Start des Verfahrens ist das Referenzdatum immer das Eintrittsdatum.

Für weitere Meldungen wird auf der Datenbank eine 1:1-Beziehung hergestellt.

Bildung der ELStAM

Grundlage für die Bildung der Lohnsteuerabzugsmerkmale sind die von den Meldebehörden mitgeteilten melderechtlichen Daten, wobei die Finanzverwaltung grundsätzlich an diese melderechtlichen Daten gebunden ist.

Zuständig für die Bildung der Lohnsteuerabzugsmerkmale ist in der Regel das Wohnsitzfinanzamt des unbeschränkt einkommensteuerpflichtigen Arbeitnehmers. Ändert sich der Familienstand eines Arbeitnehmers, z. B. durch Eheschließung, Begründung einer Lebenspartnerschaft, Tod des Ehegatten/Lebenspartners oder Scheidung, führt dies automatisch dazu, dass die nach Landesrecht für das Meldewesen zuständigen Behörden die melderechtlichen Änderungen des Familienstandes an die Finanzverwaltung übermitteln.

Rückmeldung der ELStAM

Der ELStAM-Datensatz beinhaltet folgende Informationen:

- Steuer-ID des Arbeitnehmers,
- Datum der Bereitstellung,
- Datum „gültig ab“,
- Steuerklasse,
- bei Anwendung des Faktorverfahrens den Minderungsfaktor zur Steuerklasse IV,
- Religion des Steuerpflichtigen,
- ggf. auch Religion des Ehegatten/Lebenspartners,

- Freibetrag/Hinzurechnungsbetrag,
- Anzahl Kinderfreibeträge.

Nach erfolgreichem ELStAM-Abruf hat der Arbeitgeber die abgerufenen ELStAM grundsätzlich für die nächste auf den Abrufzeitpunkt folgende Lohnabrechnung anzuwenden und im Lohnkonto aufzuzeichnen.

Der Datensatz enthält nur dann ein Kirchensteuermerkmal, wenn in dem Bundesland des Arbeitgebers Kirchensteuer einbehalten werden muss.

Aktionen beim Eintritt

Aktionen beim Eintritt eines Arbeitnehmers:

1. Der Arbeitnehmer muss dem Arbeitgeber seine Steuer-ID und sein amtliches Geburtsdatum (aus dem Personaldokument) nennen. Die Daten werden in dem System gespeichert. Hat der Arbeitnehmer eine Positivliste auf der ELSTER-Datenbank eingerichtet, muss er den Arbeitgeber zulassen.
2. Eine Anmeldung kann erst nach dem Eintrittsdatum erfolgen. Evtl. ist ein Wiedervorlagedatum zu erfassen. In Zukunft soll es möglich sein, die Anmeldung vorher durchzuführen (Zukunftsmeldung).
3. Der Arbeitgeber meldet den Mitarbeiter auf der ELSTER-Datenbank an und übermittelt die Steuer-ID und das Geburtsdatum des Arbeitnehmers sowie die Steuernummer des Arbeitgebers. Sollte ein Dienstleister die Payroll ausführen, ist dessen Steuernummer zu melden. Dabei ist zu beachten, dass Unternehmen häufig mehrere Steuernummern erhalten (für Umsatzsteuer, für Lohnsteuer, für Körperschaftssteuer). Für die Teilnahme an ELStAM muss die Steuernummer verwendet werden, mit der auch die Lohnsteueranmeldung übermittelt wird.
4. Der Arbeitgeber (Dienstleister) erhält eine E-Mail, dass die Daten bereitstehen.
5. Der Arbeitgeber ruft die Daten ab und spielt sie in sein System ein.

In der ELStAM-Datenbank kann eine falsche Anmeldung (derzeit) nicht storniert werden. Um eine mit falschem Datum vorgenommene Anmeldung zurückzunehmen, ist gegenwärtig nur der Weg über eine Abmeldung am gleichen Tag möglich. In diesem Fall wird aber in der Datenbank ein steuerliches Arbeitsverhältnis von einem Tag gespeichert. Hierbei ist allerdings zu beachten, dass mit der Anmeldung automatisch beim alten Arbeitgeber eine Abmeldung vorgenommen

VI. Eintritt eines Arbeitnehmers

Bei einem **Neueintritt eines Arbeitnehmers** sind vom Arbeitgeber eine Vielzahl von Unterlagen einzufordern. Diese sind Grundlage der späteren Abrechnung und unverzichtbar für eine ordnungsgemäße Erstellung der Entgeltabrechnung.

Folgende **Unterlagen** sind vor Aufnahme der Tätigkeit einzureichen:

- Lohnsteuerabzugsmerkmale (ELStAM) bzw. Steuerabzugsbescheinigung,
- Sozialversicherungsnummer aus dem Sozialversicherungsnummernnachweis,
- bei ausländischen Arbeitnehmern die Aufenthaltserlaubnis und die Arbeitserlaubnis,
- Angaben zur gesetzlichen Krankenkasse oder
- Bescheinigung über eine private Mitgliedschaft in der Krankenversicherung oder
- Bescheinigung über eine freiwillige Mitgliedschaft in der Krankenversicherung,
- Urlaubsbescheinigungen und ggf. Bildungsurlaubsbescheinigungen,
- Bescheinigung über bereits genommene Elternzeit,
- Nachweise über vermögenswirksame Leistungen,
- Nachweise über betriebliche Altersversorgung,
- Nachweise über vorliegende Pfändungen.

HINWEIS

Die vorgelegten Unterlagen sind für die Dauer des Arbeitsverhältnisses aufzubewahren und nach Beendigung an den Arbeitnehmer auszuhändigen.

1. Lohnsteuerabzugsmerkmale

Seit der Einführung von ELStAM zum 1.1.2013 muss jeder Arbeitgeber die Daten seiner Arbeitnehmer über die **ELStAM-Datenbank** abrufen. Nach dem ersten Abruf der Daten werden für die Folgemonate nur noch Änderungsdaten bereitgestellt. Die ELStAM-Daten beinhalten:

- Steueridentifikationsnummer (IdNr.) des Arbeitnehmers,
- Datum „gültig ab",
- Steuerklasse,
- Religion,
- ggf. Religion des Ehegatten,
- Freibetrag/Hinzurechnungsbetrag,
- Anzahl der Kinderfreibeträge,
- Versorgungsaufwendungen,
- ggf. Faktor zur Steuerklasse IV,
- Versorgungsaufwendungen (falls zu berücksichtigen).

Legt der Arbeitnehmer bei Neueintritt die notwendigen Informationen zum Abruf der Daten oder eine Ersatzbescheinigung schuldhaft **nicht rechtzeitig** vor, ist der Arbeitgeber verpflichtet, die Lohnsteuer nach der Steuerklasse VI abzurechnen (§ 39c EStG und R 39c LStR).

TIPP

Beschäftigt euer Mandant einen neuen Mitarbeiter, ist es sinnvoll, die notwendigen Daten des Arbeitnehmers durch einen Personalfragebogen abzufragen.

In diesem Personalfragebogen werden alle relevanten Daten schriftlich festgehalten und ihr könnt ihn mit den Lohnunterlagen archivieren. Ein Muster für einen Personalfragebogen findest du in Kapitel XVI.6 „Muster". Alternativ kann natürlich auch ein digitaler Personalfragebogen verwendet werden.

2. Krankenkasse

Der Arbeitnehmer ist verpflichtet, dem Arbeitgeber formlos (am besten erfolgt die Abfrage über den Personalfragebogen) die gewählte **Krankenkasse** mitzuteilen. Dieser Pflicht muss er innerhalb von zwei Wochen nach dem Neueintritt nachkommen. Unterlässt der Arbeitnehmer diesen Nachweis, hat der Arbeitgeber das Recht, ihn bei der Krankenkasse anzumelden, bei der er zuletzt versichert war, oder er meldet den Arbeitnehmer bei einer nach § 173 SGB V frei wählbaren Krankenkasse an.

HINWEIS

Ist der Arbeitnehmer privat krankenversichert, ist er bei einer beliebigen Krankenkasse anzumelden, die der Arbeitnehmer auch im Falle der Versicherungspflicht ausgewählt hätte.

Anmeldung des Arbeitnehmers bei der Krankenkasse

Der Arbeitgeber meldet den Arbeitnehmer **auf elektronischem Wege** mit dem Formular „Meldung zur Sozialversicherung" an. Als Meldegrund ist die Nr. 10 „Anmeldung wegen Beginn einer Beschäftigung" anzugeben. Die Meldung ist spätestens mit der nächsten Abrechnung durchzuführen.

In der Meldung sind folgende **Angaben** zu machen:

- Versicherungsnummer (Nummer wird mit dem Sozialversicherungsnummernnachweis dem Versicherten mitgeteilt),
- Personalnummer (Angabe ist freiwillig),
- Name des Arbeitnehmers,
- Anschrift des Arbeitnehmers,
- Staatsangehörigkeit,
- Meldegrund (Meldeschlüssel 10),
- Beginn der Beschäftigung,
- Betriebsnummer des Arbeitgebers (wird vom Arbeitsamt erteilt),
- Personengruppenschlüssel (dieser Schlüssel teilt dem Arbeitnehmer bestimmte Sozialversicherungsmerkmale zu),
- Beitragsgruppenschlüssel (mit diesem Schlüssel wird in den einzelnen Sozialversicherungszweigen die Form der Versicherungspflicht bestimmt),
- Mehrfachbeschäftigung des Arbeitnehmers (wenn vorhanden),
- Betriebstätte West oder Ost (notwendig für die Beitragsbemessungsgrenzen),
- Tätigkeitsschlüssel (werden durch ein Verzeichnis der Agentur für Arbeit je nach Berufsbild vorgegeben),

- Name der Krankenkasse bzw. Einzugsstelle, an die gemeldet werden soll,
- Name und Anschrift des Arbeitgebers.

Übersicht: Personengruppenschlüssel

Personengruppe	Personengruppenschlüssel
Sozialversicherungspflichtig Beschäftigte ohne besondere Merkmale	101
Auszubildende ohne besondere Merkmale	102
Beschäftigte in Altersteilzeit	103
Hausgewerbetreibende	104
Praktikanten	105
Werkstudenten	106
Behinderte Menschen in anerkannten Werkstätten oder gleichartigen Einrichtungen	107
Bezieher von Vorruhestandsgeld	108
Geringfügig entlohnte Beschäftigte	109
Kurzfristig Beschäftigte	110
Personen in Einrichtungen der Jugendhilfe, Berufsbildungswerken oder ähnlichen Einrichtungen für behinderte Menschen	111
Mitarbeitende Familienangehörige in der Landwirtschaft	112
Nebenerwerbslandwirte	113
Nebenerwerbslandwirte – saisonal beschäftigt	114
Ausgleichsgeldempfänger nach dem FELEG	116
Unständig Beschäftigte nicht berufsmäßig	117
Unständig Beschäftigte berufsmäßig	118
Versicherungsfreie Altersvollrentner und Versorgungsbezieher wegen Alters	119
Versicherungspflichtige Altersvollrentner und Versorgungsbezieher wegen Alters	120
Auszubildende, deren Arbeitsentgelt die Geringverdienergrenze (325 €) nicht übersteigt	121 (optional)
Auszubildende in einer außerbetrieblichen Einrichtung	122 (optional)
Personen, die ein freiwilliges soziales, ein freiwilliges ökologisches Jahr oder einen Bundesfreiwilligendienst leisten	123
Heimarbeiter ohne Anspruch auf Entgeltfortzahlung im Krankheitsfall	124

Behinderte Menschen, die im Anschluss an eine Beschäftigung in einer anerkannten Werkstatt in einem Integrationsprojekt beschäftigt sind	127
Seeleute	140
Auszubildende in der Seefahrt	141 (optional)
Seeleute in Altersteilzeit	142
Seelotsen	143
Auszubildende in der Seefahrt, deren Arbeitsentgelt die Geringverdienergrenze (325 €) nicht übersteigt	144 (optional)
In der Seefahrt beschäftigte, versicherungsfreie Altersvollrentner und Versorgungsbezieher wegen Alters	149
In der Seefahrt beschäftigte versicherungspflichtige Altersvollrentner	150
Beschäftigte, die ausschließlich Beschäftigte i. S. der Unfallversicherung sind	190

3. Tätigkeitsschlüssel

Der Tätigkeitsschlüssel dient zur **Einstufung der Arbeitnehmer** nach der Art der Schulbildung, der Ausbildung und des Berufsabschlusses. Des Weiteren werden darin Angaben zur Art der Anstellung (z. B. Befristung) und dem eigentlichen, ausgeübten Beruf gemacht. Diese Daten dienen zur Erhebung von Beschäftigungszahlen. Eine Übersicht über die Tätigkeitsschlüssel ist auf der Homepage der Agentur für Arbeit zu finden.

HINWEIS

Seit dem 1.1.2011 werden aufgrund vieler neuer Berufsbezeichnungen neue Tätigkeitsschlüssel mit neun Stellen verwendet.

Weitere Informationen zum Tätigkeitsschlüssel findest du auf der Internetseite der Agentur für Arbeit.[1]

1. bis 5. Stelle	= ausgeübte Tätigkeit (z. B. Maurer)
6. Stelle	= Ausbildungsabschluss (höchster beruflicher Ausbildungsabschluss)
8. Stelle	= Arbeitnehmerüberlassung (ja oder nein)
9. Stelle	= Arbeitsvertrag (befristet oder unbefristet)

1 https://www.arbeitsagentur.de/betriebsnummern-service/taetigkeitsschluessel.

VII. Aufbau der Lohnabrechnung

Arbeitnehmer erhalten im Rahmen ihrer Entgeltabrechnung verschiedene Bezüge. Diese werden zu einem **Gesamtbrutto** zusammengefasst. Das Gesamtbrutto abzgl. der steuerfreien Bezüge ergibt das Steuerbrutto. Das Steuerbrutto ist Grundlage für die Berechnung der Lohnsteuer, des Solidaritätszuschlags und ggf. der Kirchensteuer. Die Grundlage dafür bilden die Lohnsteuerabzugsmerkmale (siehe ELStAM, S. 87), welche zusätzlich noch Freibeträge oder Hinzurechnungsbeträge beinhalten können.

MERKE

Gesamtbrutto - steuerfreie Bezüge = Steuerbrutto

Das Gesamtbrutto abzgl. der sozialversicherungsfreien Bezüge ergibt das **Sozialversicherungsbrutto**. Es unterteilt sich in den Bereich der Kranken- und Pflegeversicherung und in den Bereich der Renten- und Arbeitslosenversicherung. Diese Unterteilung ist notwendig, da beide Bereiche unterschiedliche Beitragsbemessungsgrenzen zur Berechnung der Beiträge haben (vgl. Kapitel II „Sozialversicherung“, S. 43).

Das Gesamtbrutto wird dann vermindert um die Steuerbeträge und die Beiträge in der Sozialversicherung. Nach Abzug der Beträge und Beiträge ergibt sich der **Nettoverdienst** des Arbeitnehmers. Dieser Nettoverdienst wird ggf. durch die Nettobezüge oder Nettoabzüge gekürzt.

Typische **Nettoabzüge** sind z. B.:

- Beiträge zu vermögenswirksamen Leistungen,
- Beiträge zur Gewerkschaft oder Arbeitnehmerkammer,
- Vorschüsse,
- Darlehensrückzahlungen,
- Pfändungsbeträge,
- Beiträge zur freiwilligen Krankenversicherung,
- Wareneinkäufe.

Seit dem 1.7.2013 muss die Entgeltbescheinigung nach den Vorgaben des § 108 GewO aufgebaut sein. Dieser schreibt die **Mindestangaben** vor, die in einer Entgeltbescheinigung angegeben werden müssen.

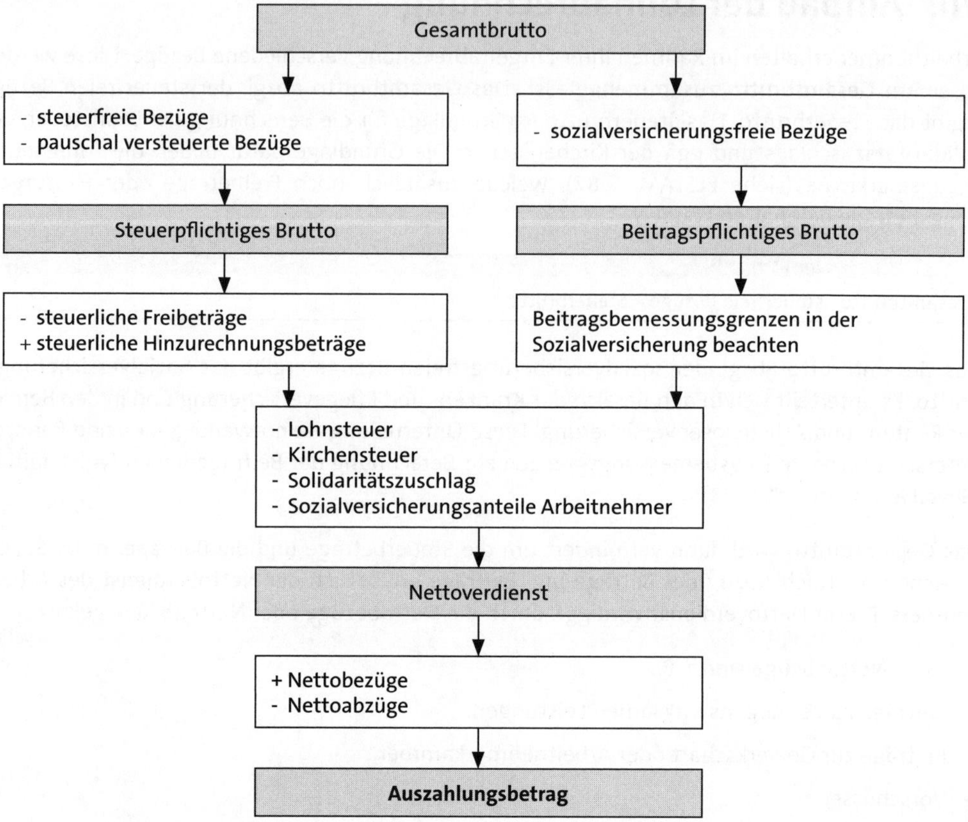
Gesamtbrutto
- steuerfreie Bezüge
- pauschal versteuerte Bezüge
- sozialversicherungsfreie Bezüge
Steuerpflichtiges Brutto
Beitragspflichtiges Brutto
- steuerliche Freibeträge
+ steuerliche Hinzurechnungsbeträge
Beitragsbemessungsgrenzen in der Sozialversicherung beachten
- Lohnsteuer
- Kirchensteuer
- Solidaritätszuschlag
- Sozialversicherungsanteile Arbeitnehmer
Nettoverdienst
+ Nettobezüge
- Nettoabzüge
Auszahlungsbetrag

VIII. Teillohnzahlungen

Besteht nicht für einen gesamten Monat Anspruch auf Arbeitslohn, liegt eine **Teillohnzahlung** für den betreffenden Monat vor. Dies kann der Fall sein, wenn der Arbeitnehmer im laufenden Monat ein- oder austritt, der Arbeitnehmer unbezahlten Urlaub nimmt oder die Entgeltfortzahlung ausläuft und Anspruch auf Krankengeld besteht.

Wird der Arbeitnehmer nach **Stundenlohn** bezahlt, ist die Berechnung eines Teilmonats recht einfach. Es werden nur die tatsächlich gearbeiteten Stunden bezahlt.

Bezieht der Arbeitnehmer jedoch einen **Festlohn** oder ein **Gehalt**, muss der Teilmonat berechnet werden. Dazu gibt es verschiedene Möglichkeiten.

1. Berechnungsmethoden

Kalendertägliche Berechnung

Bei dieser Berechnung wird für jeden **Kalendertag** der entsprechende Anteil des Festbetrags gezahlt.

BEISPIEL Der Arbeitnehmer beginnt zum 8.7. mit einem Monatsgehalt von 3.000,00 €:

$$\frac{\text{Gehalt x zu bezahlende Kalendertage}}{\text{tatsächliche Kalendertage im Monat}} \quad \frac{3.000{,}00\ € \text{ x } 24 \text{ Kalendertage}}{31 \text{ Kalendertage}} = 2.322{,}58\ €$$

Dreißigstel-Methode

Bei dieser Berechnung wird immer **durch 30 geteilt**. Die tatsächlichen Tage im jeweiligen Monat bleiben unbeachtet. Allerdings werden bei der Multiplikation die genauen Kalendertage berücksichtigt. Nur der Teiler wird bei dieser Methode immer mit 30 angesetzt.

BEISPIEL Beispiel wie oben:

$$\frac{\text{Gehalt x zu bezahlende Kalendertage}}{30} \quad \frac{3.000{,}00\ € \text{ x } 24 \text{ Kalendertage}}{30} = 2.400{,}00\ €$$

TIPP

Es werden in der Praxis noch weitere Berechnungsmethoden angewandt, wie z. B. die durchschnittlichen Arbeitstage oder die stundenweise Umrechnung. Allgemein gilt jedoch: Wird in einem Tarifvertrag, einer Betriebsvereinbarung oder einem Einzelvertrag nichts zur Umrechnung vereinbart, ist nach einem BAG-Urteil[1] die arbeitstägliche Methode anzuwenden.

Arbeitstägliche Methode

Der Festbetrag wird durch die Anzahl der **Arbeitstage** des Teilmonats geteilt. Dieser Betrag wird dann mit den zu bezahlenden Arbeitstagen des Teilmonats multipliziert.

BEISPIEL

$$\frac{\text{Gehalt x zu bezahlende Arbeitstage}}{\text{tatsächliche Arbeitstage im Monat}} \quad \frac{3.000{,}00\ € \text{ x } 18 \text{ Arbeitstage}}{23 \text{ Arbeitstage}} = 2.347{,}83\ €$$

1 BAG, Urteil v. 14.8.1985 – 5 AZR 384/84.

2. Anteilige Lohnsteuer

Liegt ein Teilmonat vor, z. B. durch Ein- oder Austritt, entstehen **anteilige Steuertage**. Zu den Steuertagen zählen alle Kalendertage einschließlich der Samstage, Sonntage und Feiertage. Für volle Monate werden immer 30 Steuertage berechnet.

Liegt ein Teilmonat vor, wird die Lohnsteuer nach der **Tagestabelle** berechnet. Die Monatstabelle bleibt unberücksichtigt, da diese bereits Freibeträge beinhaltet, die auch nur anteilig berücksichtigt werden dürfen.

Um die Tagestabelle anwenden zu können, muss die **Umrechnung der Steuertage** erfolgen.

BEISPIEL Bei einem Teilgehalt (kalendertägliche Methode) von 2.322,58 € und 24 anteiligen Steuertagen beträgt das Entgelt pro Steuertag 94,69 €.

$$\frac{\text{Teilgehalt}}{\text{anteilige Steuertage}} \quad \frac{2.322,58}{24} = 94,77\,€$$

Dieser Betrag wird dann in der Tageslohnsteuertabelle zur Ermittlung der Lohn-, Kirchensteuer und des Solidaritätszuschlags herangezogen.

Steuerliche Abzüge bei Steuerklasse III nach der Tagestabelle (Zusatzbeitrag 2,5 %, keine Kindereigenschaft)

Lohnsteuer	1,40 €
Kirchensteuer 9 %	0,12 €
Solidaritätszuschlag 5,5 %	0,00 €

Die steuerlichen Abzüge aus der Tagestabelle werden dann mit den tatsächlich angefallenen Steuertagen multipliziert und ergeben als Ergebnis die monatlichen Steuerbeträge für das anteilige Monatsgehalt bei einem Teilmonat:

Lösung:

Lohnsteuer	24 Steuertage x 1,40 € = 33,60 €
Kirchensteuer	24 Steuertage x 0,12 € = 2,88 €
Solidaritätszuschlag	24 Steuertage x 0,00 € = 0,00 €

Im Vergleich zur Monatstabelle (Lohnsteuer: 0,00 €) entsteht bei der **Tagestabelle** (Lohnsteuer: 33,60 €) im Ergebnis eine **höhere steuerliche Belastung**. Die Monatstabelle beinhaltet Freibeträge, die in der Tagestabelle nur anteilig berücksichtigt werden.

3. Anteilige Sozialversicherungsbeiträge

Bei Teilmonaten ist – wie bei der Berechnung der Steuerabzüge – auch bei der Berechnung der **Sozialversicherungsbeiträge** auf die **Sozialversicherungstage** zu achten. Sozialversicherungstage sind wie Steuertage alle Kalendertage einschließlich der Samstage, Sonn- und Feiertage. Ein voller Kalendermonat hat immer 30 Sozialversicherungstage.

Liegt ein **Teilmonat** vor, sind die Beitragsbemessungsgrenzen anteilig anzuwenden. Zuerst wird die tägliche Beitragsbemessungsgrenze errechnet.

Für das Jahr 2025 beträgt diese:

$$\frac{66.150\,€}{360\text{ Tage}} = 183,75\,€$$

(tägliche Beitragsbemessungsgrenze in der Kranken- und Pflegeversicherung)

$$\frac{96.600\,€}{360\ \text{Tage}} = 268{,}33\,€$$

(tägliche Beitragsbemessungsgrenze in der Renten- und Arbeitslosenversicherung)

Die täglichen Beitragsbemessungsgrenzen werden dann mit den tatsächlich angefallenen Sozialversicherungstagen multipliziert.

BEISPIEL (AUS DEM VORHER GENANNTEN BEISPIEL)

Kranken- und Pflegeversicherung	24 Sozialversicherungstage x 183,75 € = 4.410,00 €
Renten- und Arbeitslosenversicherung	24 Sozialversicherungstage x 268,33 € = 6.439,92 €

IX. Abwesenheitszeiten

Die Pflicht zur Arbeitsleistung und die Pflicht zur Zahlung einer Vergütung ergeben sich aus dem BGB. § 611 BGB definiert den Grundsatz „Kein Entgelt ohne Arbeit", der im Ergebnis aber auch bedeutet „keine Arbeit ohne Entgelt". Somit regelt das BGB, dass immer dann, wenn der Arbeitnehmer seine Arbeitsleistung zur Verfügung gestellt hat, er einen **Anspruch auf Zahlung von Vergütung** hat.

Allerdings kennt das deutsche Recht eine Vielzahl von Tatbeständen, bei denen es auch einen Entgeltanspruch gibt, **ohne** dass eine **Arbeitsleistung** vorgelegen hat. Besonders in den Fällen, in denen der Arbeitnehmer aus persönlichen Gründen an der Erbringung der Arbeitsleistung verhindert ist, sieht das Gesetz besondere Regelungen vor, z. B. **Entgeltfortzahlung**

- bei Krankheit und Kur,
- an Feiertagen,
- im Urlaub,
- im Mutterschutz,
- in Elternzeit.

1. Krankheit und Kur

Im Fall einer Erkrankung regelt das **Entgeltfortzahlungsgesetz** für alle in Deutschland beschäftigten Arbeitnehmer einen Anspruch auf Entgeltfortzahlung für die Dauer von **sechs Wochen**.

Diese gesetzliche Regelung gilt unabhängig von der wöchentlichen Arbeitszeit für **alle** im Unternehmen beschäftigten Arbeitnehmer unabhängig davon, ob es sich bei den Arbeitnehmern um Auszubildende, geringfügig Entlohnte oder kurzfristig Beschäftigte, Arbeiter oder Angestellte handelt.

Der Anspruch auf Entgeltfortzahlung im **Krankheitsfall** besteht für die Zeit der Arbeitsunfähigkeit, längstens für die Dauer von sechs Wochen bzw. 42 Kalendertagen. Der Anspruch auf Entgeltfortzahlung im Krankheitsfall kann durch zusätzliche Regelungen in Tarifverträgen, Betriebsvereinbarungen oder Arbeitsverträgen verlängert, jedoch niemals verkürzt werden.

Sicherlich wurde auch dir schon die Frage gestellt, ab wann ein Arbeitnehmer **arbeitsunfähig** ist bzw. wie zu verfahren ist, wenn der Arbeitnehmer im Laufe eines Tages erkrankt. Schließlich tritt eine Erkrankung nicht immer vor Beginn der Arbeit auf. Dabei ist Folgendes zu beachten:

- Tritt die Arbeitsunfähigkeit während oder im Anschluss an die Arbeitszeit ein, dann wird dieser Tag nicht mitgerechnet.
- Tritt die Arbeitsunfähigkeit vor **Arbeitsbeginn** ein, wird dieser Tag mitgerechnet.
- Ruht das Arbeitsverhältnis zu Beginn der Arbeitsunfähigkeit (z. B. unbezahlter Urlaub), werden diese Tage der Arbeitsunfähigkeit nicht auf die Frist von sechs Wochen bzw. 42 Kalendertagen angerechnet.

BEISPIEL Eine Arbeitnehmerin deines Mandanten hat vom 2.6. bis 20.6. unbezahlten Urlaub. Am 15.6. wird sie arbeitsunfähig krank und legt eine Arbeitsunfähigkeitsbescheinigung ihres Arztes vor. Die Frist von sechs Wochen bzw. 42 Kalendertagen beginnt erst am 21.6., also am Tag nach dem unbezahlten Urlaub.

Für die Dauer des unbezahlten Urlaubs hat der Arbeitnehmer keinen Anspruch auf Entgeltfortzahlung.

1.1 Mehrfacherkrankung

Bei **Mehrfacherkrankungen** eines Arbeitnehmers bestimmt sich die Dauer der Entgeltfortzahlung danach, ob es sich um eine Erkrankung mit gleicher Diagnose oder um eine neue **Krankheit** handelt.

Wird ein Arbeitnehmer infolge **gleicher Diagnose** (z. B. Migräne) mehrmals hintereinander arbeitsunfähig, besteht für die Dauer von insgesamt sechs Wochen Anspruch auf Entgeltfortzahlung. Eine Mehrfacherkrankung liegt vor, wenn der Arbeitnehmer wiederholt an derselben Krankheit erkrankt. Davon ist nach ständiger Rechtsprechung des BAG auszugehen, wenn die Erkrankung auf demselben Grundleiden beruht, das Grundleiden somit nicht ausgeheilt ist.

Dies würde jedoch auch dazu führen, dass Arbeitnehmer mit **chronischen Erkrankungen** (z. B. Migräne) nach sechs Wochen ihren Anspruch auf Entgeltfortzahlung verwirkt hätten. Um das zu verhindern, hat der Gesetzgeber im Entgeltfortzahlungsgesetz die Frist von sechs Monaten bzw. die Frist von zwölf Monaten eingeführt. Ist ein Arbeitnehmer vor erneuter Arbeitsunfähigkeit mindestens sechs Monate nicht infolge derselben Krankheit arbeitsunfähig, beginnt der Anspruch für die Dauer von sechs Wochen wieder neu.

Eine in der Zwischenzeit erneute Erkrankung aufgrund einer **anderen Ursache** ist dabei unschädlich und führt grds. zu einem neuen Anspruch auf Entgeltfortzahlung. Sind also z. B. zwischen zwei Krankheiten aufgrund derselben Diagnose (z. B. Migräne) sechs Monate vergangen, so entsteht auch dann ein neuer **Entgeltfortzahlungsanspruch**, wenn der Arbeitnehmer zwischendurch wegen einer Erkältung arbeitsunfähig war.

Grundsätzlich erwirbt der Arbeitnehmer einen neuen Anspruch auf sechs Wochen Entgeltfortzahlung, wenn zwischen den gleichen Erkrankungen keine sechs Monaten vergangen sind, aber seit Beginn des erstmaligen Auftretens der Erkrankung eine Frist von zwölf Monaten abgelaufen ist.

BEISPIEL (SECHS-MONATS-FRIST) Es liegt folgende ärztliche Arbeitsunfähigkeitsbescheinigung für einen Arbeitnehmer vor:

1. AU: 10.10. bis 27.11.	= 49 Kalendertage
Entgeltfortzahlung bis 20.11.	= 42 Kalendertage

2. AU: 8.6. im Folgejahr (gleiche Diagnose wie 1. AU)

Frage:

Sind seit der letzten Krankheit (27.11. bis 8.6.) mindestens sechs Monate vergangen?

Ergebnis:

Seit dem Ende der letzten AU (27.11.) bis zum Beginn der erneuten AU sind mehr als sechs Monate vergangen. Mit Beginn der neuen Arbeitsunfähigkeit aufgrund derselben Krankheit beginnt der Entgeltfortzahlungsanspruch für die Dauer von sechs Wochen erneut.

BEISPIEL (SECHS-MONATS-FRIST UND ZWÖLF-MONATS-FRIST NICHT ÜBERSCHRITTEN) Arbeitsunfähig seit: 3.8.

Ende der Sechs-Wochen-Frist: 13.9.

Arbeitsunfähigkeit wegen derselben Erkrankung: 5.11.

Fragen:

1. Sind seit der letzten AU (13.9. bis 5.11.) mindestens sechs Monate vergangen? Nein, weiter mit Frage 2.
2. Sind seit dem Auftreten der ersten Krankheit (3.8.) mindestens zwölf Monate vergangen? Nein.

Ergebnis:

Da weder ein Zeitraum von sechs Monaten seit der letzten Erkrankung und auch kein Zeitraum von mehr als zwölf Monaten nach dem erstmaligen Auftreten der Erkrankung vergangen ist, entsteht mit Beginn derselben Krankheit am 5.11. kein erneuter Anspruch auf Entgeltfortzahlung. Der Arbeitnehmer erhält ab dem 5.11. Krankengeld.

BEISPIEL (SECHS-MONATS-FRIST UND ZWÖLF-MONATS-FRIST ÜBERSCHRITTEN) ► Folgende AU-Bescheinigungen liegen für einen Arbeitnehmer vor:

1. AU 7.2. bis 27.2.	21 Kalendertage	
Folge: Entgeltfortzahlung bis 27.2.		21 Kalendertage
2. AU 7.7. bis 10.8.	35 Kalendertage	
Folge: Entgeltfortzahlung bis 27.7.		21 Kalendertage
		= 42 Kalendertage
3. AU 3.11. bis 20.11.	18 Kalendertage	
Folge: keine Entgeltfortzahlung, weil über 42 Kalendertage		
4. AU 15.3. Folgejahr		

Ergebnis:

Bei der 2. AU (7.7.) sind keine sechs Monate seit Ende der letzten AU (27.2.) vergangen. Der Arbeitnehmer erhält Entgeltfortzahlung bis 27.7., denn dann sind die 42 Kalendertage ausgeschöpft.

Bei der 3. AU (3.11.) sind auch keine sechs Monate seit der letzten Erkrankung und auch keine zwölf Monate seit der ersten Erkrankung vergangen. Es besteht daher kein neuer Anspruch auf Entgeltfortzahlung.

Bei der 4. AU (15.3. des Folgejahres) sind seit dem Ende der vorhergehenden AU (20.11.) noch keine sechs Monate vergangen, allerdings sind seit Beginn der ersten Erkrankung (7.2.) bereits zwölf Monate vergangen. Es besteht daher ein neuer Anspruch auf Entgeltfortzahlung für die Dauer von sechs Wochen für die 4. AU.

1.2 Neue Erkrankung

Erkrankt ein Arbeitnehmer an einer **neuen Erkrankung** und ist diese nicht im Zusammenhang mit der vorherigen Erkrankung, gilt Folgendes:

- Jede neue Erkrankung begründet generell einen **neuen Entgeltfortzahlungsanspruch** für die Dauer von sechs Wochen.
- Tritt während einer Arbeitsunfähigkeit eine weitere neue Erkrankung auf, verlängert sich dadurch nicht die Entgeltfortzahlung von insgesamt sechs Wochen.

TIPP

Ob Vorerkrankungszeiten angerechnet werden können, ist für dich nicht immer ersichtlich, da auf der Arbeitsunfähigkeitsbescheinigung hierzu keine Angaben gemacht werden. Im Zweifel musst du dich daher mit der Krankenkasse des Arbeitnehmers in Verbindung setzen. Dazu kannst du aus dem Lohnprogramm heraus eine elektronische Anfrage senden. Oftmals teilen die Krankenkassen dem Arbeitgeber die Vorerkrankungszeiträume auch schon zeitnah schriftlich mit.

1.3 Krankengeldbezug

Nach Ablauf der Frist von sechs Wochen erhält der Arbeitnehmer **Krankengeld** von seiner Krankenkasse. Krankengeld ist steuer- und sozialversicherungsfrei, unterliegt jedoch dem Progressionsvorbehalt. Daher muss der Arbeitnehmer seinem Wohnsitzfinanzamt die Höhe des Krankengelds mit der Einkommensteuererklärung mitteilen.

Eine **Unterbrechung der Beschäftigung** von mindestens fünf aufeinanderfolgenden Arbeitstagen muss der Arbeitgeber in der **Lohnsteuerbescheinigung** und im Lohnkonto dokumentieren. Dies erfolgt in der Zeile 2 der Lohnsteuerbescheinigung mit dem Großbuchstaben U.

Dauert eine Unterbrechung eines Arbeitsverhältnisses mindestens einen vollen Kalendermonat, ist vom Arbeitgeber eine Unterbrechungsmeldung an die zuständige Krankenkasse im Rahmen des DEÜV-Verfahrens abzugeben.

TIPP

In den Lohnprogrammen ist hier eine Unterbrechung mit dem Unterbrechungsgrund „Krankheit" zu setzen. Die meisten Programme erstellen dann automatisch auch die Krankengeldbescheinigung, die zusammen mit dem nächsten Abrechnungslauf elektronisch an die Krankenkasse übermittelt wird.

1.4 Wartezeit für Entgeltfortzahlung

Für neu beschäftigte Arbeitnehmer entsteht der Anspruch auf Entgeltfortzahlung erst, wenn das Beschäftigungsverhältnis mindestens vier Wochen (28 Kalendertage) ununterbrochen besteht.

Meldet sich ein Arbeitnehmer in den ersten vier Wochen der neuen Beschäftigung arbeitsunfähig, erhält er **Krankengeld** von der Krankenkasse bzw. **Verletztengeld** von der Berufsgenossenschaft. Dabei ist es nicht von Bedeutung, ob die Erkrankung vor oder nach Antritt des Arbeitsverhältnisses beginnt.

Dauert die Erkrankung des Arbeitnehmers länger als die ersten vier Wochen der neuen Beschäftigung, beginnt **danach** der Entgeltfortzahlungsanspruch für die Dauer von sechs Wochen. Eine Anrechnung der Wartezeit auf die sechswöchige Anspruchsdauer findet also nicht statt.

Ein **Arbeitgeberwechsel** führt zu einer neuen Frist von sechs Wochen. Erkrankungen bei einem früheren Arbeitgeber werden bei dem neuen Arbeitgeber nicht auf die Fristen angerechnet.

1.5 Berechnung der Entgeltfortzahlung

Die **Höhe der Entgeltfortzahlung** errechnet sich nach dem Ausfallprinzip. Danach ist der Arbeitnehmer so zu vergüten, als ob er gearbeitet hätte.

Dabei sind **zu berücksichtigen**:

- der Monats-, Wochen-, Tages- und Stundenlohn,
- Provisionen, die ohne Erkrankung erzielt worden wären,
- vermögenswirksame Leistungen,
- Sachbezüge,
- eine Tariferhöhung, die während der Arbeitsunfähigkeit stattfindet, muss auch bei der Entgeltfortzahlung berücksichtigt werden,
- Zuschläge für Sonntags-, Feiertags- und Nachtarbeit, wenn in der Vergangenheit solche Arbeit geleistet wurde und ohne Krankheit hätte geleistet werden müssen,
- Gefahren und Erschwerniszuschläge,

- bei Akkordlohn besteht Anspruch auf den in der maßgebenden regelmäßigen Arbeitszeit erzielbaren Durchschnittsverdienst (i. d. R. Durchschnitt der letzten drei Monate).

Bei der Entgeltfortzahlung bleiben **unberücksichtigt**:

- Auslösungen,
- Überstundenvergütungen,
- Essenszuschüsse,
- Fahrtkostenzuschüsse,
- Schmutzzulagen.

Dabei solltest du unbedingt beachten, dass bei einigen Mandaten in **Tarifverträgen** von diesen gesetzlichen Bestimmungen **abgewichen** wird. So wird z. B. in der Praxis die Höhe der Entgeltfortzahlung häufig auch nach dem Durchschnittsverdienst der letzten drei Monate berechnet. Hierbei ist zu beachten, dass der Tarifvertrag bestimmt, wie die Bemessungsgrundlage für die Entgeltfortzahlung zu ermitteln ist.

TIPP

Viele Programme bieten die Möglichkeit einer Durchschnittsberechnung. Dabei legst du für relevante Lohnarten fest, dass die Werte in Durchschnittsspeicher einfließen sollen. Bei Bedarf kannst du dir dann die aufgelaufenen Werte ausgeben lassen.

MERKE

Die Zahlung von Zuschlägen für Sonntags-, Feiertags- und Nachtarbeit ist im Rahmen der Lohnfortzahlung nicht mehr steuerfrei, da diese Zuschläge nur für tatsächlich geleistete Zeiten steuerfrei gezahlt werden dürfen. Sie müssen dann steuer- und sozialversicherungspflichtig abgerechnet werden.

2. Erholungsurlaub

Jeder Arbeitnehmer hat nach dem Bundesurlaubsgesetz (BUrlG)[1] Anspruch auf bezahlten Erholungsurlaub. Das Gesetz nennt einen Mindestanspruch auf Urlaub von 24 Werktagen für das Kalenderjahr.[2] Werktage nach dem Bundesurlaubsgesetz sind die Tage Montag bis Samstag, eine Ausnahme ist damit der arbeitsfreie Sonntag.[3] Somit beträgt die Anzahl der Tage, für die ein Anspruch auf Erholungsurlaub besteht, bei einer Woche mit sechs Werktagen 24 Werktage und wird entsprechend gekürzt, wenn an weniger Tagen gearbeitet wird. Sofern Arbeitnehmer nicht in einer Sechs-Tage-Woche beschäftigt sind, ist der gesetzliche Mindesturlaub nach Maßgabe der folgenden Formel zu berechnen:

Mindesturlaub pro Kalenderjahr:

24 Werktage x Anzahl der Wochenarbeitstage / 6 Wochenarbeitstage

1 § 1 BUrlG.
2 § 3 Abs. 1 BUrlG.
3 § 3 Abs. 2 BUrlG.

Nach der o. g. Formel ergibt sich folgender Urlaubsanspruch in Abhängigkeit von den Werktagen pro Woche:

TAB. 1: Anspruch auf Erholungsurlaub	
Weniger als 6 Werktage	
Bei einer 6-Tage-Woche	= 24 Werktage
Bei einer 5-Tage-Woche	= 20 Werktage
Bei einer 4-Tage-Woche	= 16 Werktage
Bei einer 3-Tage-Woche	= 12 Werktage
Bei einer 2-Tage-Woche	= 08 Werktage
Bei einer 1-Tag-Woche	= 04 Werktage

Über den gesetzlichen Urlaubsanspruch hinaus gewähren viele Arbeitgeber vertraglich oder tarifvertraglich eine höhere Anzahl an Urlaubstagen. Ein zusätzlicher Anspruch ist möglich, allerdings darf der gesetzliche Anspruch nicht unterschritten werden.

Der § 4 BUrlG erklärt bei Eintritt eines Arbeitnehmers einen Teilurlaubsanspruch. Somit entsteht der volle Urlaubsanspruch im Eintrittsjahr des Arbeitnehmers erst nach einer Wartezeit von sechs Monaten. In der Zeit bis zum Erreichen des vollen Urlaubsanspruchs besteht ein anteiliger Anspruch auf Erholungsurlaub. Der Arbeitnehmer hat einen Anspruch auf 1/12 des Jahresurlaubs für jeden vollen Monat des Bestehens des Arbeitsverhältnisses. Dies findet Anwendung bei Arbeitnehmern für die Zeiten eines Kalenderjahres, für die der Arbeitnehmer wegen Nichterfüllung der Wartezeit in diesem Kalenderjahr keinen vollen Anspruch auf den Jahresurlaub erwirbt. Für Arbeitnehmer, die vor erfüllter Wartezeit aus dem Arbeitsverhältnis ausscheiden, und für Arbeitnehmer, die nach erfüllter Wartezeit in der ersten Hälfte eines Kalenderjahres aus dem Arbeitsverhältnis ausscheiden, besteht ebenfalls ein Anspruch auf 1/12 des Jahresurlaubs für jeden vollen Monat des Bestehens des Arbeitsverhältnisses.

TAB. 2: Urlaubsanspruch bei Einstellung und Ausscheiden	
Einstellung bzw. Ausscheiden	Rechtsfolge
Einstellung in der ersten Jahreshälfte einschließlich des 30.6. eines Jahres	Es entsteht der volle Urlaubsanspruch nach Erfüllen der sechsmonatigen Wartezeit.
Einstellung in der zweiten Jahreshälfte	Der Arbeitnehmer erhält für jeden vollen Monat des Bestehens des Arbeitsverhältnisses in diesem Jahr 1/12 seines Jahresurlaubs.
Ausscheiden vor erfüllter Wartezeit	Der Arbeitnehmer erhält für jeden vollen Monat des Bestehens des Arbeitsverhältnisses in diesem Jahr 1/12 seines Jahresurlaubs. Diesen kann der Arbeitnehmer in Anspruch nehmen, wenn feststeht, dass das Arbeitsverhältnis vor Erreichen der Wartezeit endet.

Ausscheiden mit Erfüllung der Wartezeit	Der Arbeitnehmer erhält seinen vollen Jahresurlaub. Da er diesen während der Wartezeit nicht in Anspruch nehmen kann, ist er abzugelten.
Ausscheiden in der ersten Jahreshälfte	Der Arbeitnehmer erhält für jeden vollen Monat des Bestehens des Arbeitsverhältnisses im Jahr des Ausscheidens 1/12 seines Jahresurlaubs. Hat er bereits mehr in Anspruch genommen, steht dem Arbeitgeber kein Rückforderungsrecht zu.
Ausscheiden in der zweiten Jahreshälfte	Der Arbeitnehmer hat Anspruch auf seinen vollen Jahresurlaub. Der Arbeitgeber muss diesen gewähren.

Das BAG hat in einem Urteil[1] klargestellt, dass der Arbeitgeber zum Ausstellen einer Urlaubsbescheinigung bei Beendigung des Arbeitsverhältnisses verpflichtet ist. Der Arbeitgeber hat dem Arbeitnehmer bei Beendigung des Arbeitsverhältnisses eine Bescheinigung über den im laufenden Kalenderjahr gewährten oder abgegoltenen Urlaub auszuhändigen.[2] Der jeweilige Urlaubsanspruch bezieht sich auf das Kalenderjahr, nicht auf eine Beschäftigung. Bereits gewährter Urlaub wird im neuen Beschäftigungsverhältnis angerechnet.

In einem bestehenden Arbeitsverhältnis beginnt der Urlaubsanspruch zu Beginn eines neuen Kalenderjahres. Der Urlaub muss im laufenden Kalenderjahr gewährt und genommen werden.[3] Nicht genommene Urlaubstage innerhalb eines Kalenderjahres verfallen mit Ablauf des Kalenderjahres. Eine Übertragung auf das nächste Kalenderjahr darf nur erfolgen, wenn dringende betriebliche oder persönliche Gründe dies rechtfertigen und der Arbeitnehmer diese Übertragung beantragt.[4] Allerdings findet diese gesetzliche Regelung in der Praxis fast keine Berücksichtigung mehr, weil die meisten Arbeitgeber den nicht genommenen Urlaub bis zum 31.3. des Folgejahres gewähren. Wird der Urlaub dann immer noch nicht vom Arbeitnehmer genommen, verfällt der Urlaub nach gesetzlicher Frist endgültig am 31.3. des Folgejahres.[5]

Nach BAG-Urteilen[6] verfällt der Anspruch auf den gesetzlichen Mindesturlaub nur dann zum Ende des Kalenderjahres bzw. zum Ende des Übertragungszeitraums im Folgejahr, wenn der Arbeitgeber den Arbeitnehmer zuvor in die Lage versetzt hat, seinen Urlaubsanspruch wahrzunehmen und der Arbeitnehmer den Urlaub dennoch aus freien Stücken nicht genommen hat. Der Arbeitgeber ist frei in der Auswahl der Mittel, derer er sich zur Erfüllung seiner Mitwirkungspflichten bedient. Die Darlegungs- und Beweislast trägt der Arbeitgeber. Die Mitwirkungspflichten des Arbeitgebers bestehen auch nach dem Ausspruch einer arbeitgeberseitigen Kündigung fort.

1 BAG, Urteil v. 16.12.2014 – Az. 9 AZR 295/13.
2 § 6 Abs. 2 BUrlG.
3 § 7 Abs. 3 BUrlG.
4 § 7 Abs. 3 BUrlG.
5 § 7 Abs. 3 BUrlG.
6 BAG, Urteile v. 19.02.2019 – Az. 9 AZR 321/16, 423/16 und 541/15.

Beim Austritt eines Arbeitnehmers kann eventuell in der ersten Hälfte des Kalenderjahres erhaltenes Urlaubsentgelt für bereits genommenen Urlaub nicht zurückgefordert werden. Tritt der Arbeitnehmer nach erfüllter Wartezeit in der zweiten Hälfte des Kalenderjahres aus, erwirbt er den vollen Urlaubsanspruch.

In der Praxis fallen **verschiedene Vergütungen** im Zusammenhang mit Urlaub an:

- Urlaubslohn (Urlaubsentgelt),
- (zusätzliches) Urlaubsgeld,
- Urlaubsabgeltung.

TIPP

Es empfiehlt sich, im Arbeitsvertrag den Urlaubsanspruch in den gesetzlichen Urlaub und den vertraglich zusätzlich gewährten Urlaub zu unterteilen. So kann für den vertraglichen Urlaub vereinbart werden, dass dieser nach Ablauf des Übertragungszeitraums auch dann verfällt, wenn er wegen Arbeitsunfähigkeit des Arbeitnehmers nicht genommen werden konnte.

2.1 Berechnung des Urlaubsentgelts

Als **Urlaubsentgelt** bezeichnet man die gesetzlich vorgeschriebene Entgeltfortzahlung für Urlaubstage. In einigen Unternehmen wird das Urlaubsentgelt, also das fortgezahlte Entgelt während des Urlaubs, auch als **Urlaubslohn** bezeichnet.

Die **Berechnung** des Urlaubsentgelts erfolgt entsprechend dem § 11 BUrlG mit dem durchschnittlichen Arbeitsverdienst, den der Arbeitnehmer in den letzten 13 Wochen vor Beginn des Urlaubs erhalten hat.

Dabei sind zu berücksichtigen:

- Grundlohn,
- Erschwerniszulagen,
- Provisionen,
- Sachbezüge,
- Prämien,
- Zuschläge für Sonntags-, Feiertags- und Nachtarbeit.

Bei der Entgeltfortzahlung bleiben unberücksichtigt:

- einmalige Zuwendungen (Weihnachtsgeld, Urlaubsgeld usw.),
- Reisekostenersatz,
- Auslösungen,
- Überstunden und Überstundenzuschläge.

Tariflich wird häufig statt der 13 Wochen eine Frist von drei Monaten vereinbart, da dies praktikabler ist. Gehaltsempfänger oder Festlohnempfänger erhalten im Urlaub ihre fixe Entlohnung weiterbezahlt.

Die **Durchschnittsberechnung** findet ihren Einsatz vorwiegend bei Arbeitnehmern mit variablen Entgeltbestandteilen. Verdiensterhöhungen, die während des Urlaubs stattfinden, sind bei der Berechnung des Urlaubsentgelts zu berücksichtigen.

Das Urlaubsentgelt ist als laufender Bezug über die **Monatstabelle** zu versteuern. In der Sozialversicherung sind dabei die monatlichen Beitragsbemessungsgrenzen zu beachten.

Fließen zur Berechnung des Urlaubsentgelts steuerfreie **Sonntags-, Feiertags- und Nachtzuschläge** mit ein, sind diese in dem Fall steuer- und beitragspflichtig, da sie nicht für tatsächlich erbrachte Arbeitsleistung gezahlt werden.

Entstehen durch **Teillohnzahlungszeiträume** anteilige Steuer- bzw. **Sozialversicherungstage**, muss die Versteuerung über die Tagestabelle erfolgen. In der Sozialversicherung kürzen die anteiligen Sozialversicherungstage die monatlichen Beitragsbemessungsgrenzen. In einem solchen Monat werden Beiträge nur bis zu den anteilig errechneten Beitragsbemessungsgrenzen erhoben.

2.2 Urlaubsabgeltung

Kann bei Beendigung des Arbeitsverhältnisses der noch vorhandene Urlaub nicht mehr vollständig gewährt werden, ist der Urlaub vom Arbeitgeber abzugelten. Die **Urlaubsabgeltung** wird steuer- und sozialversicherungsrechtlich als **Einmalbezug** behandelt.

Eine Abgeltung des Urlaubsanspruchs bei einem bestehenden Arbeitsverhältnis ist grds. **nicht** möglich.

HINWEIS

Formel zur Berechnung der Urlaubsabgeltung:

$$\frac{\text{Bruttoentgelt der letzten 3 Monate x abzugeltende Urlaubstage}}{\text{Anzahl der wöchentlichen Arbeitstage x 13 Wochen}}$$

HINWEIS

Der Europäische Gerichtshof[1] hat das BAG-Urteil[2] zur Abgeltung des Urlaubs beim Tod des Arbeitnehmers bestätigt. Danach haben Erben und Hinterbliebene einen Anspruch auf die Abgeltung des nicht genommen Urlaubs eines verstorbenen Arbeitnehmers.

3. Feiertage

An Feiertagen haben Arbeitnehmer nach § 2 EntgFG einen gesetzlichen Anspruch auf Weiterzahlung ihres Arbeitsentgelts (Feiertagslohn), wenn infolge dieses gesetzlichen Feiertags die Arbeitszeit ausfällt. Das Arbeitsentgelt, was der Arbeitnehmer ohne den Arbeitsausfall erhalten hätte, ist zu zahlen.

Nach dem Gesetz sind Feiertage:

- Neujahr,
- Karfreitag,
- Ostermontag,
- 1. Mai,
- Christi Himmelfahrt,
- Pfingstmontag,

1 EuGH, Urteile v. 6.11.2018 – C-569/16, C-570/16.

2 BAG, Urteil v. 22.9.2015 – 9 AZR 170/14 und BAG, Urteile v. 22.1.2019 – 9 AZR 10/17, 45/16, 149/17 und 328/16.

- 3. Oktober (Tag der Deutschen Einheit),
- Buß- und Bettag (nur in Sachsen),
- 1. Weihnachtsfeiertag,
- 2. Weihnachtsfeiertag.

Allerdings ist bei Feiertagen zu beachten, dass zusätzliche Feiertage nach den jeweiligen Landesgesetzen der Bundesländer festgelegt werden können. Entscheidend ist das Recht des Bundeslandes, in dem der Arbeitnehmer seine Arbeit verrichtet. Wenn der Feiertag auf einen Samstag oder Sonntag fällt, besteht nur Anspruch auf Feiertagslohn, sofern der Arbeitnehmer auch an diesen Tagen gearbeitet hätte.

Ist ein Arbeitnehmer krankheitsbedingt arbeitsunfähig und fällt in diese Zeit der krankheitsbedingten Arbeitsunfähigkeit ein gesetzlicher Feiertag, besteht Anspruch auf Entgeltfortzahlung i. H. der jeweiligen Feiertagsvergütung. Für diesen Tag erfolgt somit keine Entgeltfortzahlung im Krankheitsfall, sondern es erfolgt Entgeltfortzahlung an Feiertagen. Die Höhe des Entgelts an Feiertagen richtet sich wie bei der Entgeltfortzahlung im Krankheitsfall nach dem Ausfallprinzip. Der Arbeitnehmer ist so zu vergüten, als ob er gearbeitet hätte.

Für die Arbeitszeit, die an einem gesetzlichen Feiertag gleichzeitig infolge von Kurzarbeit ausfällt und für die an anderen Tagen als gesetzlichen Feiertagen Kurzarbeit durchgeführt wird, wird das Entgelt nach den Regelungen für einen gesetzlichen Feiertag gezahlt und somit kein Kurzarbeitergeld. Nach ständiger Rechtsprechung ist für einen Feiertag, der in den Zeitraum von angeordneter Kurzarbeit fällt, Feiertagslohn i. H. des Kurzarbeitergelds zu zahlen, welches der Arbeitnehmer ohne den Feiertag bezogen hätte. Die Bundesagentur für Arbeit erstattet dem Arbeitgeber für diesen Tag kein Kurzarbeitergeld.

Bleiben Arbeitnehmer am letzten Arbeitstag vor oder am ersten Arbeitstag nach Feiertagen ohne Entschuldigung der Arbeit fern, können sie keinen Anspruch auf Vergütung dieser Feiertage geltend machen.[1] Ebenfalls sind die Sonderregelungen am Ostersonntag und Pfingstsonntag zu beachten. Diese sind keine gesetzlichen Feiertage,[2] sie werden aber u. U. als solche behandelt, z. B. bei der Berechnung der Steuerfreiheit von Sonntags-, Feiertags- und Nachtzuschlägen.[3]

Fällt ein gesetzlicher Feiertag in die Zeit des Erholungsurlaubs des Arbeitnehmers, wird ihm dafür kein Urlaubstag angerechnet, sondern die Fortzahlung des Arbeitsentgelts erfolgt nach den Regelungen für einen gesetzlichen Feiertag. Fällt der Feiertag jedoch in die Zeit eines unbezahlten Urlaubs, entfällt der Anspruch auf Entgeltfortzahlung.

Wenn ein Arbeitnehmer nach den Planungen des Arbeitgebers (z. B. Dienstplan oder Schichtplan) an einem bestimmten Wochentag regelmäßig nicht arbeitet und ein Feiertag fällt auf diesen arbeitsfreien Tag, besteht kein Anspruch auf Entgeltfortzahlung für den Feiertag.

Von der gesetzlichen Entgeltfortzahlung kann nicht zuungunsten des Arbeitnehmers abgewichen werden. Allerdings ist diese gesetzliche Regelung in der Praxis für Arbeitnehmer kaum

1 § 2 Abs. 3 EFZG.
2 Außer im Bundesland Brandenburg.
3 § 3b EStG i. V. m. R 3b Abs. 3 Satz 3 LStR.

von Bedeutung, da sie i. d. R. einen festen monatlichen Arbeitslohn unabhängig davon erhalten, ob ein oder mehrere Feiertage in den jeweiligen Abrechnungsmonat fallen.

Die Anwendung des Lohnausfallprinzips wirkt sich hauptsächlich bei Arbeitnehmern aus, die für ihre tatsächlich geleistete Arbeit entlohnt werden (z. B. Stundenlohn). Die Höhe des fortzuzahlenden Entgelts bemisst sich für den Arbeitnehmer an der für ihn maßgebenden regelmäßigen Arbeitszeit. Der Arbeitnehmer erhält den Arbeitslohn, der ihm aufgrund zuletzt geleisteter Arbeit gezahlt wurde, zzgl. eventueller Zuschläge und anderer von Schichtarbeit abhängiger Zahlungen.

Dabei werden zusätzliche für Überstunden gezahlte Arbeitsentgelte ebenfalls berücksichtigt. Diese Frage, ob und in welcher Höhe sich Überstunden auf die Berechnung auswirken können, die vor einem Feiertag tatsächlich geleistet wurden, wird in der Rechtsprechung immer wieder diskutiert. Nach ständiger Rechtsprechung ist davon auszugehen, dass in der Vergangenheit regelmäßig angefallene Überstunden (von Regelmäßigkeit geht man i. d. R. bei einem Zeitraum ab drei Monaten aus) auch bei der Feiertagsvergütung entsprechend berücksichtigt werden müssen.

Das Arbeitsentgelt an Feiertagen wird von vielen Arbeitgebern nicht nach dem Ausfallprinzip, sondern nach dem Referenzprinzip mit dem Durchschnitt der letzten drei Monate vergütet. Es wird z. B. der Arbeitslohn an Feiertagen mit dem durchschnittlichen Stundenlohn der letzten drei Monate errechnet. Nicht selten sehen Betriebsvereinbarungen oder Tarifverträge eine genauere Berechnungsmethode für den fortzuzahlenden Arbeitslohn vor.

Für die Berechnung der Stundenzahl sind die Stunden zugrunde zu legen, die der Arbeitnehmer ohne den Feiertag geleistet hätte. Beträgt z. B. die Wochenarbeitszeit 38 Stunden (bei fünf Arbeitstagen also 7,6 Stunden täglich), im Betrieb werden aber acht Stunden täglich gearbeitet, weil die Verlängerung der Arbeitszeit durch Freischichten ausgeglichen wird, hat der Arbeitnehmer Anspruch auf einen Arbeitslohn für den Feiertag von acht Stunden, wenn die Arbeit aufgrund eines gesetzlichen Feiertags ausfällt.

Die Entgeltfortzahlung für einen Feiertag ist steuer- und sozialversicherungspflichtig. Es handelt sich um die Weiterzahlung des Entgelts an gesetzlichen Feiertagen, an denen der Arbeitnehmer normalerweise ohne den Feiertag gearbeitet hätte. Etwas anderes gilt, wenn der Arbeitnehmer an diesen gesetzlichen Feiertagen tatsächlich Arbeitsleistung erbracht hat und er dafür einen bestimmten Feiertagszuschlag von seinem Arbeitgeber erhält. Dieser zusätzlich gezahlte Zuschlag ist komplett oder teilweise steuerfrei.[1]

TAB. 3: Übersicht über die Feiertage

Feiertage 2025	BW	BY	B	BB	HB	HH	HE	MV	NI	NW	RP	SL	SN	ST	SH	TH
Neujahr (1.1.)	X	X	X	X	X	X	X	X	X	X	X	X	X	X	X	X
Hl. drei Könige (6.1.)	X	X												X		

1 § 3b EStG.

Feiertage 2025	BW	BY	B	BB	HB	HH	HE	MV	NI	NW	RP	SL	SN	ST	SH	TH
Internationaler Frauentage (8.3.)			X													
Karfreitag (18.4.)	X	X	X	X	X	X	X	X	X	X	X	X	X	X	X	X
Ostersonntag (20.4.)				X												
Ostermontag (21.4.)	X	X	X	X	X	X	X	X	X	X	X	X	X	X	X	X
Tag der Arbeit (1.5.)	X	X	X	X	X	X	X	X	X	X	X	X	X	X	X	X
Jahrestag der Befreiung vom Nationalsozialismus und Ende des zweiten Weltkriegs (8.5.)			X													
Christi Himmelfahrt (29.5.)	X	X	X	X	X	X	X	X	X	X	X	X	X	X	X	X
Pfingstsonntag (8.6.)				X												
Pfingstmontag (9.6.)	X	X	X	X	X	X	X	X	X	X	X	X	X	X	X	X
Fronleichnam (19.6.)	X	X					X			X	X	X	1)			2)
Friedensfest (8.8.)		3)														
Mariä Himmelfahrt (15.8.)		2)										X				
Weltkindertag (20.9.)																X
Tag der dt. Einheit (3.10.)	X	X	X	X	X	X	X	X	X	X	X	X	X	X	X	X

Feiertage 2025	BW	BY	B	BB	HB	HH	HE	MV	NI	NW	RP	SL	SN	ST	SH	TH
Reformationstag (31.10.)				X	X	X		X	X				X	X	X	X
Allerheiligen (1.11.)	X	X								X	X	X				
Buß- und Bettag (19.11.)													X			
1. und 2. Weihnachtstag (25. und 26.12.)	X	X	X	X	X	X	X	X	X	X	X	X	X	X	X	X

BW = Baden-Württemberg
BY = Bayern
B = Berlin
BB = Brandenburg
HB = Bremen
HH = Hamburg
HE = Hessen
MV = Mecklenburg-Vorpommern
NI = Niedersachsen
NW = Nordrhein-Westfalen
RP = Rheinland-Pfalz
SL = Saarland
SN = Sachsen
ST = Sachsen-Anhalt
SH = Schleswig-Holstein
TH = Thüringen

1) In den Gemeinden im Landkreis Bautzen und Westlausitzkreis.
2) Gemeinden mit überwiegend katholischer Bevölkerung.
3) Nur in Augsburg.

3.1 Zusammentreffen von Feiertagen

Fällt ein gesetzlicher Feiertag in den **Erholungsurlaub** des Arbeitnehmers, darf ihm dafür kein Urlaubstag angerechnet werden. In diesem Fall hat der Arbeitnehmer Anspruch auf Entgeltfortzahlung am Feiertag. Fällt der Feiertag jedoch in die Zeit eines unbezahlten Urlaubs, entfällt der Anspruch auf Entgeltfortzahlung am Feiertag.

Wenn ein Arbeitnehmer nach **Dienstplan** an einem bestimmten Wochentag regelmäßig nicht arbeitet und ein Feiertag fällt auf diesen arbeitsfreien Tag, besteht kein Anspruch auf Entgeltfortzahlung für den Feiertag. Fällt ein Feiertag in eine Zeit der krankheitsbedingten **Arbeitsunfähigkeit**, besteht Anspruch auf Entgeltfortzahlung i. H. der jeweiligen Feiertagsvergütung.

Nach ständiger Rechtsprechung ist für einen Feiertag, der in den Zeitraum von angeordneter **Kurzarbeit** fällt, Feiertagslohn i. H. des Kurzarbeitergelds zu zahlen, welches der Arbeitnehmer ohne den Feiertag bezogen hätte. Das Arbeitsamt erstattet für diese Tage kein Kurzarbeitergeld.

3.2 Höhe des Entgelts an Feiertagen

Die **Höhe des Entgelts an Feiertagen** richtet sich wie bei der Entgeltfortzahlung im Krankheitsfall nach dem Ausfallprinzip. Der Arbeitnehmer ist so zu vergüten, als ob er gearbeitet hätte.

Von der gesetzlichen Entgeltfortzahlung kann **nicht** zuungunsten des Arbeitnehmers **abgewichen** werden. Allerdings ist diese gesetzliche Regelung in der täglichen Praxis für Angestellte kaum von Bedeutung, da diese i. d. R. ihr festes monatliches Gehalt beziehen und dieses unabhängig davon gezahlt wird, ob ein oder mehrere Feiertage in den jeweiligen Abrechnungsmonat fallen.

Die Anwendung des Lohnausfallprinzips wirkt sich hauptsächlich bei Arbeitnehmern aus, die für ihre **tatsächlich geleistete Arbeit** entlohnt werden. Das bedeutet in der Konsequenz, dass der Arbeitnehmer den Vergütungsanspruch hat, der ihm aufgrund zuletzt geleisteter Tätigkeit gezahlt wurde, zzgl. eventueller Zuschläge und anderer von Schichtarbeit abhängiger Zahlungen.

Immer wieder strittig ist dabei die Frage, ob und in welcher Höhe sich **Überstunden** auf die Berechnung auswirken, die vor einem Feiertag tatsächlich geleistet wurden. Nach ständiger Rechtsprechung ist davon auszugehen, dass regelmäßig angefallene Überstunden in der Vergangenheit (von Regelmäßigkeit geht man i. d. R. bei einem Zeitraum ab drei Monaten aus) auch bei der Feiertagsvergütung entsprechend berücksichtigt werden müssen.

Feiertagslohn wird in vielen Unternehmen nicht nach dem Allprinzip, sondern nach dem Referenzprinzip mit dem **Durchschnitt der letzten drei Monate** vergütet. So wird z. B. der Feiertagslohn mit dem durchschnittlichen Stundenlohn der letzten drei Monate bezahlt. Nicht selten sehen Betriebsvereinbarungen oder Tarifverträge die genaue Berechnungsmethode vor.

Für die **Berechnung der Stundenzahl** sind die Stunden zugrunde zu legen, die der Arbeitnehmer sonst ohne den Feiertag gearbeitet hätte. Beträgt z. B. die Wochenarbeitszeit 38 Stunden (bei fünf Arbeitstagen also 7,6 Stunden täglich), im Betrieb werden aber acht Stunden täglich gearbeitet, weil die Verlängerung der Arbeitszeit durch Freischichten ausgeglichen wird, hat der Arbeitnehmer Anspruch auf Entgeltfortzahlung für den Feiertag für acht Stunden, wenn die Arbeit aufgrund eines Feiertags ausfällt.

Die Entgeltfortzahlung für einen Feiertag ist **steuer- und sozialversicherungspflichtig**. Hierbei handelt es sich um die Weiterzahlung des Entgelts an gesetzlichen Feiertagen, an denen der Arbeitnehmer normalerweise ohne den Feiertag gearbeitet hätte. Etwas anderes ist es, wenn der Arbeitnehmer an diesen gesetzlichen Feiertagen tatsächlich Arbeitsleistung erbracht hat und er dafür einen bestimmten Feiertagszuschlag von seinem Arbeitgeber erhält. Dieser zusätzlich gezahlte Zuschlag ist aufgrund von § 3b EStG teilweise steuerfrei.

4. Mutterschutz

Schwangere und stillende Arbeitnehmerinnen stehen unter einem besonderen Schutz. Die werdende Mutter soll dem Arbeitgeber ihre Schwangerschaft und den voraussichtlichen Tag der Entbindung mitteilen, sobald sie davon Kenntnis erlangt hat. Aufgrund dieser Mitteilung werden die **gesetzlichen Beschäftigungsverbote** wirksam.

Das **Mutterschutzgesetz** wurde zum 1.1.2018 bei den Personengruppen, die unter den Anwendungsbereich des Gesetzes fallen, erweitert.

Nach § 1 MuSchG fallen unter den Anwendungsbereich des Gesetzes:

- Auszubildende,
- Praktikantinnen,

- behinderte Frauen, die in Werkstätten für behinderte Menschen beschäftigt sind,
- Entwicklungshelferinnen,
- Frauen im Rahmen eines freiwilligen sozialen Jahres,
- Frauen im Bundesfreiwilligendienst,
- Angehörige einer geistlichen Genossenschaft,
- Schülerinnen und Studentinnen, soweit der Ort der Ausbildung, Zeit und Ablauf verpflichtend vorgegeben ist.

Bereits **immer erfasst** vom Gesetz waren:

- arbeitnehmerähnliche Frauen,
- Heimarbeiterinnen.

Mit **Beginn bzw. Bekanntgabe der Schwangerschaft** können unmittelbare Beschäftigungsverbote verbunden sein. Es ist zwischen individuellen und generellen Beschäftigungsverboten zu unterscheiden.

4.1 Beschäftigungsverbote

Individuelles Beschäftigungsverbot

Besteht eine **Gefährdung von Leben oder Gesundheit** der werdenden Mutter oder des Kindes, wird durch den behandelnden Frauenarzt ein individuelles Beschäftigungsverbot ausgesprochen. Ein solches Beschäftigungsverbot wird in einigen Unternehmen auch durch den Betriebs- oder Werksarzt entsprechend ärztlichem Zeugnis ausgesprochen. Grundsätzlich muss bei einer werdenden und stillenden Mutter beachtet werden:

- Verbot von schwerer körperlicher Arbeit und des Umgangs mit gesundheitsgefährdenden Stoffen,
- Verbot von Mehr-, Nacht- und Sonntagsarbeit,
- Gefährdungsbeurteilung und ggf. Umgestaltung des Arbeitsplatzes oder auch Umbesetzung auf einen anderen Arbeitsplatz,
- Gespräch über die zu ergreifenden Maßnahmen zum Schutz der Arbeitnehmerin.

Generelles Beschäftigungsverbot

Werdende Mütter dürfen in den **letzten** sechs Wochen vor der Entbindung nicht mehr beschäftigt werden, es sei denn, sie haben sich ausdrücklich dazu bereit erklärt und es bestehen von Seiten des Arztes keine Bedenken. Für die Berechnung der Frist ist die Aussage des Arztes oder der Hebamme maßgebend.

Bis zum Ablauf von acht Wochen nach der Entbindung bzw. zwölf Wochen bei Früh-, Mehrlingsgeburten oder der Geburt eines behinderten Kindes dürfen Arbeitnehmerinnen ebenfalls nicht beschäftigt werden. Um eine Frühgeburt im medizinischen Sinne handelt es sich dann, wenn das Kind bei der Geburt weniger als 2.500 Gramm wiegt. Wird vor Ablauf von acht Wochen nach der Entbindung bei dem Kind eine Behinderung i. S. des § 2 Abs. 1 Satz 1 SGB IX festgestellt, verlängert sich die Schutzfrist nach der Geburt des behinderten Kindes auf zwölf Wochen (wie bei Früh- oder Mehrlingsgeburten).

Nach dem Mutterschutzgesetz können jedoch alle Mütter mindestens eine Mutterschutzfrist von **insgesamt** 14 Wochen in Anspruch nehmen, auch wenn das Kind vor dem errechneten Geburtstermin zur Welt kommt. Eine nicht verbrauchte Mutterschutzfrist vor der Geburt wird an die nachgeburtliche Schutzfrist angehängt.

4.2 Mutterschutzlohn

Im Falle eines individuellen Beschäftigungsverbots ist eine Fortsetzung der üblichen Arbeitstätigkeit verboten. Allerdings kann die Arbeitnehmerin auch mit anderen zumutbaren Arbeiten beschäftigt werden. Ist dies nicht möglich, führt dies zu einem Beschäftigungsverbot.

Ein individuelles Beschäftigungsverbot darf allerdings **nicht** zu einem **Ausfall von Arbeitslohn** führen. Der Arbeitgeber muss deshalb mindestens den Durchschnittsverdienst der drei Monate vor Beginn des Monats, in dem die Schwangerschaft eingetreten ist, weiterbezahlen (§ 18 MuSchG). Dabei ist von dem letzten Tag des Kalendermonats vor dem ersten Schwangerschaftsmonat um drei Monate zurückzurechnen.

Der Mutterschutzlohn ist als laufendes Arbeitsentgelt **steuer- und sozialversicherungspflichtig**. Die Entgeltbestandteile, die zur Berechnung des Mutterschutzlohns maßgebend sind, sind in der Tabelle aufgezählt.

Übersicht:	Entgeltbestandteile zur Berechnung des Mutterschutzlohns
Lohn/Gehalt	Maßgebend ist die im Berechnungszeitraum tatsächlich erzielte Arbeitsvergütung inklusive laufender Prämien und Akkordlohn.
Einmalzahlungen	Sind bei der Durchschnittsberechnung mit zu berücksichtigen
Provisionen	Zählen zum Arbeitsentgelt, wenn sie im Berechnungszeitraum fällig geworden sind, unabhängig vom Auszahlungszeitpunkt.
Sachbezüge	Sind Arbeitsverdienst und deshalb mit einzubeziehen (freie Wohnung, Unterhalt, Firmenwagen usw.). Nicht mit einzubeziehen sind aber unentgeltliche oder verbilligte Mahlzeiten.
Überstunden, Sonntags-, Feiertags- und Nachtarbeit	Sofern sie für einen Drei-Monats-Zeitraum anfallen, sind sie unabhängig vom Zeitpunkt der Auszahlung und ohne Rücksicht auf die Regelmäßigkeit, mit der sie anfielen, mit einzurechnen.
Zulagen	Zulagen, die im Berechnungszeitraum angefallen sind, sind ohne Rücksicht auf ihre Regelmäßigkeit dazuzurechnen.
Verdiensterhöhung	Verdiensterhöhungen nicht nur vorübergehender Art, die während oder nach dem Berechnungszeitraum eintreten, müssen berücksichtigt werden.
Verdienstkürzung	Verdienstkürzungen, die im Berechnungszeitraum infolge von Kurzarbeit, Arbeitsausfällen oder unverschuldeter Arbeitsversäumnis eintreten, bleiben für die Berechnung außer Betracht. Andere dauerhafte Verdienstkürzungen, die während oder nach Ablauf des Berechnungszeitraums eintreten und nicht auf einem mutterschutzrechtlichen Beschäftigungsverbot beruhen, sind künftig jedoch zu berücksichtigen.

Ab dem 1.6.2025 tritt das Mutterschutzanpassungsgesetz in Kraft. Es regelt einen Anspruch auf Mutterschaftsleistungen bei Fehlgeburten. Dann gelten gestaffelte Schutzfristen bei Fehlgeburten ab der 13. Schwangerschaftswoche.

Je länger die Schwangerschaft gedauert hat, desto länger dauert auch die Schutzfrist bei einer Fehlgeburt.

- Fehlgeburt ab der 13. Woche: bis zu 2 Wochen Mutterschutz
- Fehlgeburt ab der 17. Woche: bis zu 6 Wochen Mutterschutz
- Fehlgeburt ab der 20. Woche: bis zu 8 Wochen Mutterschutz

In diesen Schutzfristen dürfen Arbeitgeber die betroffenen Frauen nicht beschäftigen. Ausnahmen davon sind nur möglich, wenn sich die betroffene Frau ausdrücklich zur Arbeit bereit erklärt.

Während der Schutzfristen haben Frauen Anspruch auf Mutterschaftsleistungen. Die Dauer der Leistungen richtet sich nach der Schutzfrist.

Arbeitgeber können sich die Kosten für den Mutterschutz ganz normal über die Umlageversicherung U2 erstatten lassen.

4.3 Mutterschaftsgeld

Für den Zeitraum der Mutterschutzfrist von insgesamt 14 Wochen (sechs Wochen vor und acht bzw. zwölf Wochen nach der Entbindung) wird von der gesetzlichen Krankenkasse der Arbeitnehmerin **Mutterschaftsgeld** bezahlt. Mutterschaftsgeld erhalten allerdings nur Frauen, die bei Beginn der Schutzfrist in einem Arbeitsverhältnis stehen oder deren Arbeitsverhältnis während ihrer Schwangerschaft vom Arbeitgeber zulässig aufgelöst wurde.

Weitere Voraussetzung ist, dass in der Zeit zwischen dem zehnten und vierten Monat vor der Entbindung, inklusive dieser Monate, für mindestens zwölf Wochen **Versicherungspflicht** oder ein **Arbeitsverhältnis** bestanden hat.

Die Höhe des Mutterschaftsgeldes (§ 19 MuSchG) berechnet sich nach dem um die gesetzlichen Abzüge verminderten, durchschnittlichen kalendertäglichen **Arbeitsentgelt** der letzten drei abgerechneten Kalendermonate vor Beginn der Schutzfrist.

Die Höhe des Mutterschaftsgeldes, welches die **gesetzliche Krankenkasse** bezahlt, beträgt maximal 13 € pro Kalendertag. Arbeitnehmerinnen, die **privat krankenversichert** sind, erhalten auf Antrag vom Bundesversicherungsamt ein Mutterschaftsgeld von 13 € pro Kalendertag, höchstens jedoch 210 € (§ 19 Abs. 2 MuSchG).

TIPP

Das Mutterschaftsgeld ist zwar steuer- und sozialversicherungsfrei, unterliegt jedoch dem Progressionsvorbehalt. Dies solltest du deinen Mandanten bereits frühzeitig erklären, denn oft entstehen durch die Zahlung von Mutterschafts- und Elterngeld im Folgejahr hohe Steuernachzahlungen.

Zuschuss zum Mutterschaftsgeld

Der Arbeitgeber muss einen **Zuschuss zum Mutterschaftsgeld** bezahlen (§ 20 MuSchG), wenn das um die gesetzlichen Abzüge verminderte durchschnittliche kalendertägliche Arbeitsentgelt den Höchstbetrag des Mutterschaftsgeldes i. H. von 13 € kalendertäglich übersteigt. Als Zuschuss zum Mutterschaftsgeld wird der Unterschiedsbetrag zwischen 13 € und dem um die gesetzlichen Abzüge verminderten durchschnittlichen kalendertäglichen Arbeitsentgelt der letzten drei abgerechneten Kalendermonate vor Beginn der Schutzfrist vor der Entbindung gezahlt. Einer Frau, deren Beschäftigungsverhältnis während der Schutzfristen vor oder nach der Entbindung beginnt, wird der Zuschuss zum Mutterschaftsgeld von Beginn des Beschäftigungsverhältnisses an gezahlt.

Bei Verdiensterhöhungen ist Folgendes zu beachten:

- Tritt die Verdiensterhöhung innerhalb des Berechnungszeitraums ein, so ist die Erhöhung vom Zeitpunkt ihrer Gewährung an zu berücksichtigen.
- Verdiensterhöhungen, die während der Schutzfristen eintreten, sind ab diesem Zeitpunkt einzubeziehen.
- Die Grundsätze über eine Verdienstkürzung beim Zuschuss zum Mutterschaftsgeld sind identisch mit denen des Mutterschutzlohns.

Der Zuschuss zum Mutterschaftsgeld ist steuer- und sozialversicherungsfrei. Er unterliegt jedoch dem Progressionsvorbehalt. Deshalb ist der Betrag im **Lohnkonto** und auf der **Lohnsteuerbescheinigung** extra auszuweisen.

HINWEIS

Die Arbeitnehmerin hat dem Arbeitgeber eine Bescheinigung über den mutmaßlichen Entbindungstermin vorzulegen. Diese ist zu den Lohnunterlagen zu nehmen.

Viele Programme rechnen die Schutzfristen bereits automatisch bei Eingabe des mutmaßlichen Entbindungstermins aus. Außerdem bieten viele Krankenkassen einen Fristenrechner auf ihren Internetseiten an, mit denen die Mutterschutzfrist schnell ermittelt werden kann.

Zuschuss zum Mutterschaftsgeld bei mehreren Beschäftigungen

Übt die Arbeitnehmerin neben der versicherungspflichtigen Hauptbeschäftigung noch eine geringfügige Beschäftigung aus, dann wird der Zuschuss zum Mutterschaftsgeld bei beiden Arbeitgebern ins Verhältnis, in dem die Nettobezüge zueinander stehen, gesetzt. Das bedeutet, auch der Arbeitgeber der geringfügigen Beschäftigung muss einen Zuschuss zum Mutterschaftsgeld leisten.

Änderung der Steuerklasse

Der Zuschuss zum Mutterschaftsgeld ist abhängig vom **Nettoarbeitsentgelt** der letzten drei abgerechneten Kalendermonate. Entscheidend für das Nettoarbeitsentgelt sind die gemeldeten ELStAM-Daten (Steuerklasse, Freibeträge, Konfession). Häufig fragen deshalb Arbeitnehmerinnen, wie sich ein Steuerklassenwechsel oder die Eintragung eines Freibetrags auf den Arbeitgeberzuschuss auswirken.

Die durch einen Steuerklassenwechsel entstehenden **Einkommensvorteile** könnten dazu verleiten, für den Berechnungszeitraum des Arbeitgeberzuschusses die ELStAM ändern zu lassen. Auch ein beim Ehemann eventuell eingetragener Freibetrag kann von der Ehefrau übernommen werden. Nach steuerlichen Vorschriften sind solche Änderungen bis zum 30.11. des laufenden Jahres zulässig.

Das Mutterschutzgesetz sieht **keine gesonderten Regelungen** für eine solche Beeinflussung des Nettoarbeitsentgelts vor. Allerdings hat das BAG entschieden, dass der Arbeitgeber bei der Berechnung des Zuschusses zum Mutterschaftsgeld einem Steuerklassentausch nicht zu folgen braucht, wenn die Änderung der Steuerklasse ohne sachlichen Grund nur deshalb erfolgt, um den Nettoverdienst im Berechnungszeitraum des Mutterschaftsgeldes zu erhöhen.

Erfolgt die Änderung der Steuerklassen aber in **Anpassung an die tatsächlichen Verhältnisse**, stellt dies keine missbräuchliche Anwendung dar.

5. Elternzeit

Nach dem BEEG haben Arbeitnehmerinnen und Arbeitnehmer bis zur Vollendung des dritten Lebensjahres eines Kindes Anspruch auf **Elternzeit**. Bei der Mutter wird die acht- oder zwölfwöchige Schutzfrist nach der Geburt auf die Elternzeit angerechnet. Allerdings erfolgt die Anrechnung nur auf die Elternzeit der Mutter und nicht auf die Elternzeit des Vaters.

Ihren Anspruch auf Elternzeit können Arbeitnehmerinnen und Arbeitnehmer nur verlangen, wenn ihnen für das Kind die **Personenfürsorge** zusteht und sie es im eigenen Haushalt selbst betreuen und erziehen.

Dies gilt auch für Kinder des Ehepartners bzw. angenommene Kinder und Kinder in **Adoptionspflege**.

Zur Unterstützung ihrer minderjährigen Kinder können auch **Großeltern** Elternzeit in Anspruch nehmen. In einem solchen Fall übernehmen die Großeltern die Betreuung ihrer Enkel. Der Anspruch der Großeltern auf Elternzeit setzt wie bei allen anderen Elternzeitberechtigten voraus, dass die oder der Anspruchsberechtigte mit dem Kind in einem Haushalt lebt und das Kind selbst betreut und erzieht. Es wird nicht vorausgesetzt, dass der anspruchsvermittelnde Elternteil ebenfalls mit im Haushalt der Großeltern lebt.

5.1 Dauer der Elternzeit

Jeder Elternteil hat Anspruch zur Betreuung und Erziehung seines Kindes **bis zur Vollendung des dritten Lebensjahres**, das bedeutet bis zum Ablauf des Tages vor dem dritten Geburtstag. Eltern können die Elternzeit für Geburten nach dem 1.7.2015 auf drei Zeitabschnitte, für Geburten vor dem 1.7.2015 auf zwei Zeitabschnitte verteilen. Der Anspruch besteht für Arbeitnehmer gegenüber ihren Arbeitgebern. Während der Elternzeit ruht das Arbeitsverhältnis. Das Arbeitsverhältnis bleibt bestehen und nach Ablauf der Elternzeit können Arbeitnehmer einen Anspruch auf Rückkehr auf den ursprünglichen oder gleichwertigen Arbeitsplatz geltend machen. Die Elternzeit kann von beiden Elternteilen auch gleichzeitig bis zu drei Jahre in Anspruch genommen werden.

Für Geburten ab dem 1.7.2015 ist eine **Übertragung** der Elternzeit von bis zu 24 Monaten ohne Zustimmung des Arbeitgebers auf die Zeit zwischen dem dritten und achten Geburtstag des Kindes möglich (§ 15 Abs. 2 Satz 2 BEEG). Für Geburten vor dem 1.7.2015 ist eine Übertragung von zwölf Monaten mit Zustimmung des Arbeitgebers möglich.

Die Arbeitnehmer müssen nach § 16 Abs. 1 BEEG die Elternzeit spätestens sieben Wochen vor dem Beginn der Elternzeit bei ihrem Arbeitgeber **schriftlich anmelden**. Die Übertragung zwischen dem dritten und achten Lebensjahr des Kindes ist mindestens 13 Wochen vorher beim Arbeitgeber schriftlich anzumelden. Für einen Zeitraum von zwei Jahren ab der Geburt muss der Arbeitnehmer sich innerhalb der sieben Wochen vor der Elternzeit entscheiden, für welche Zeit Elternzeit genommen werden soll. Mit dem Gesetz zur Einführung des ElterngeldPlus mit Partnerschaftsbonus und einer flexibleren Elternzeit im BEEG (BGBl 2014 I S. 2325) änderte der Gesetzgeber die gesetzlichen Rahmenbedingungen u. a. bei der Übertragung der Elternzeit auf einen späteren Zeitabschnitt. Musste der Arbeitgeber bis 30.6.2015 der Übertragung der Elternzeit zustimmen, sieht das Gesetz seit dem 1.7.2015 eine Zustimmung des Arbeitgebers nicht mehr vor. Vielmehr kann der Arbeitnehmer frei erklären, dass er die Elternzeit in einem dritten Abschnitt bis zur Vollendung des achten Lebensjahres des Kindes verlangt.

BEISPIEL Die Geburt des Kindes erfolgte am 17.7.2020. Die Arbeitnehmerin erklärte ihrem Arbeitgeber sieben Wochen vor der Geburt die Elternzeit wie folgt:

- 1. Phase der Elternzeit: 17.7.2020 bis 16.7.2021
- 2. Phase der Elternzeit: 1.7.2023 bis 30.6.2024 (Eintritt Kindergarten)
- 3. Phase der Elternzeit: 1.7.2026 bis 30.6.2027 (Einschulung)

An die erste und zweite Phase der Festlegung ist der Arbeitgeber gebunden. Die zweite Phase liegt allerdings teilweise nach dem dritten Geburtstag des Kindes, dennoch hat der Arbeitgeber kein Ablehnungsrecht. Der dritten Phase kann der Arbeitgeber nur aus zwingenden betrieblichen Gründen innerhalb einer Frist von acht Wochen nach dem Zugang der Erklärung der Arbeitnehmerin widersprechen. Das Recht auf Ablehnung ergibt sich aus § 16 Abs. 1 Satz 7 BEEG.

Zwingende betriebliche Gründe sind zurzeit weder gesetzlich noch durch die Rechtsprechung klar erläutert. Es ist davon auszugehen, dass der Arbeitgeber umfangreich darlegen muss, warum er gerade auf diesen Arbeitnehmer nicht verzichten kann (z. B. durch erhebliche Beeinträchtigung des betrieblichen Ablaufs). In der Praxis dürfte es schwer werden, solche betrieblichen Gründe darlegen zu können.

Während der Elternzeit können Arbeitnehmer in **Teilzeit** weiterarbeiten (§ 15 Abs. 4 BEEG). Die Teilzeitarbeit während der Elternzeit ist bis zu 32 Wochenstunden zulässig. Nehmen beide Elternteile gleichzeitig Elternzeit, können somit insgesamt 64 Wochenstunden einer Teilzeitarbeit ausgeübt werden. Mit der Reform des Bundeselterngeld- und Elternzeitgesetzes wurde die zulässige Arbeitszeit während des Elterngeldbezugs und der Elternzeit von 30 auf 32 Wochenstunden angehoben. Die Reform trat zum 1.9.2021 in Kraft.[1] Mit der Anmeldung der Elternzeit, frühestens jedoch acht Wochen vor dem Beginn der Elternzeit sowie während der Elternzeit dürfen Arbeitnehmer von ihrem Arbeitgeber nicht gekündigt werden.

Während der Elternzeit sind Arbeitnehmer in der **Sozialversicherung beitragsfrei** weiter versichert. Wird während der Elternzeit vom Arbeitgeber einmalig gezahltes Entgelt gezahlt, z. B. Weihnachts- oder Urlaubsgeld, so ist dieses einmalig gezahlte Entgelt beitragspflichtig. Wird während der Elternzeit eine Teilzeitbeschäftigung ausgeübt, führt das Entgelt aus dieser Teilzeitbeschäftigung zur Versicherungspflicht. Für einen freiwillig versicherten Arbeitnehmer besteht ebenfalls Beitragsfreiheit in der Sozialversicherung, wenn dieser verheiratet ist und der Partner ebenfalls in der gesetzlichen Krankenversicherung versichert ist. Die Regelungen für die Pflegeversicherung sind analog. Privat krankenversicherte Arbeitnehmer zahlen während der Elternzeit ihre Beitragsprämie weiter. Bei Einhaltung der Grenze für geringfügig Beschäftigte sind die Grundsätze für eine solche Beschäftigung anzuwenden (pauschale Abgaben). Wird eine kurzfristige Beschäftigung für längstens drei Monate ausgeübt, ist diese grds. sozialversicherungspflichtig, da während der Elternzeit die kurzfristige Beschäftigung als berufsmäßig ausgeübt angesehen wird.

5.2 Kündigungsschutz

Für Arbeitnehmerinnen und Arbeitnehmer besteht ab dem Zeitpunkt der Anmeldung der Elternzeit bis zum Ende der Elternzeit **Kündigungsschutz** nach § 18 BEEG. Allerdings erst

1 Gesetz v. 15.2.2021, BGBl 2021 I S. 239.

- frühestens acht Wochen vor dem Beginn der Elternzeit bis zum dritten Lebensjahr des Kindes oder
- frühestens 14 Wochen vor dem Beginn der Elternzeit zwischen dem dritten und achten Lebensjahr des Kindes.

5.3 Antragsfristen

Die Arbeitnehmerinnen und Arbeitnehmer müssen nach § 16 Abs. 1 BEEG die Elternzeit bis zum dritten Lebensjahr des Kindes **schriftlich** sieben Wochen vor Beginn anmelden. Soll sie nicht unmittelbar nach der Geburt des Kindes oder nach Ablauf der Mutterschutzfrist beginnen, verlängert sich die Frist auf 13 Wochen zwischen dem dritten und achten Lebensjahr des Kindes.

Nutzen Eltern ihre Elternzeit vor dem dritten Geburtstag des Kindes nicht komplett aus, können sie max. 24 Monate auf die Zeit bis zum vollendeten achten Lebensjahr **übertragen**, ohne dass es dazu der Zustimmung des Arbeitgebers bedarf.

Für die Dauer der Elternzeit ruht das Beschäftigungsverhältnis. Die Mitgliedschaft in der **Sozialversicherung** bleibt unverändert erhalten. Bei fehlendem Arbeitsentgelt fallen keine Sozialversicherungsbeiträge an.

Sozialversicherungspflicht besteht auch nicht, wenn es sich um eine geringfügig entlohnte Beschäftigung handelt, das monatliche Arbeitsentgelt also nicht höher als 520 € ist. Dagegen führt eine kurzfristige, auf längstens drei Monate begrenzte Beschäftigung zur Sozialversicherungspflicht, weil die Teilzeitbeschäftigung während der Elternzeit als berufsmäßig ausgeübte Tätigkeit gilt.

TIPP

Ein Muster für einen Antrag auf Elternzeit haben wir dir im Kapitel XVI.6 „Muster", S. 288 dargestellt.

5.4 Beendigung der Elternzeit

Die Elternzeit kann nach § 16 Abs. 3 BEEG vorzeitig beendet werden, wenn der Arbeitgeber der **Beendigung** zustimmt. Die vorzeitige Beendigung wegen der Geburt eines weiteren Kindes oder in Fällen besonderer Härte, insbesondere beim Eintritt einer schweren Krankheit, Schwerbehinderung oder Tod eines Elternteils oder eines Kindes der berechtigten Person oder bei erheblich gefährdeter wirtschaftlicher Existenz der Eltern nach Inanspruchnahme der Elternzeit, kann der Arbeitgeber nur innerhalb von vier Wochen aus dringenden betrieblichen Gründen schriftlich ablehnen.

Die Elternzeit kann zur Inanspruchnahme der **Schutzfristen** des § 3 Abs. 2 und des § 6 Abs. 1 MuSchG auch ohne Zustimmung des Arbeitgebers vorzeitig beendet werden. In solchen Fällen soll die Arbeitnehmerin dem Arbeitgeber die Beendigung der Elternzeit rechtzeitig mitteilen. Eine Verlängerung der Elternzeit kann verlangt werden, wenn ein vorgesehener Wechsel der Anspruchsberechtigten aus einem wichtigen Grund nicht erfolgen kann.

6. Elterngeld

6.1 Anspruchsvoraussetzungen

Anspruch auf **Elterngeld** (Basiselterngeld) und **ElterngeldPlus** haben Mütter und Väter, die

- ihr Kind/ihre Kinder nach der Geburt selbst betreuen und erziehen,

- in der Woche nicht mehr als 32 Stunden einer Erwerbstätigkeit nachgehen,
- gemeinsam mit dem Kind/den Kindern im Haushalt zusammenleben,
- ihren Wohnsitz oder gewöhnlichen Aufenthalt in Deutschland haben.

Elterngeld wird für jeden **Lebensmonat** des Kindes gewährt. Ein Lebensmonat beginnt mit dem Tag der Geburt und endet im folgenden Monat am Vortag des Geburtstags.

BEISPIEL Ein Kind ist am 15.5.2023 geboren. Der Lebensmonat endet also am 14.6.2023.

Bei schwerer Krankheit, schwerer Behinderung oder dem Tod der Eltern haben **Verwandte bis zum dritten Grad** und ihre Ehepartner/Lebenspartner Anspruch auf Elterngeld. Verwandte dritten Grades sind Geschwister, Großeltern, Urgroßeltern, Tanten und Onkel.

Werden Kinder auf Grundlage des Kinder- und Jugendrechts (SGB VIII) in **Pflegefamilien** untergebracht, kann kein Elternteil Elterngeld beziehen.

6.2 Höhe des Elterngeldes

Elterngeld (Basiselterngeld)

Das Gesetz zum Elterngeld und zur Elternzeit sieht im § 2 BEEG für Kinder ein **Elterngeld** i. H. von 65 % bzw. 67 % des letzten Nettoeinkommens vor. Das Elterngeld beträgt mindestens 300 €, höchstens jedoch 1.800 €. Die jeweilige Höhe des Elterngelds errechnet sich individuell nach den jeweiligen Einkommensverhältnissen vor der Geburt des Kindes. Die Höchstgrenze für das zu versteuernde Einkommen für den Bezug von Elterngeld beträgt für Alleinerziehende 250.000 € bzw. für Verheiratete seit 1.9.2021 300.000 € im Kalenderjahr vor der Geburt.

Elterngeld wird seit dem 1.1.2011 bei einem bisherigen **Nettoverdienst unter 1.200 €** i. H. von 67 % gezahlt. Dabei ist das durchschnittliche Netto der letzten zwölf Monate vor dem Monat der Geburt des Kindes Grundlage der Berechnung. Nach einem Urteil des BSG[1] sind steuerfreie Beträge des Arbeitgebers zur betrieblichen Altersversorgung nicht beim Nettoeinkommen zu berücksichtigen. Hierbei ist es unerheblich, ob die steuerfreien Beiträge vom Arbeitgeber zusätzlich zum ohnehin geschuldeten Arbeitslohn erbracht werden oder ob diese durch eine Entgeltumwandlung des Arbeitnehmers finanziert werden. Das Elterngeld als Basisleistung für Eltern wird gezahlt, wenn diese ihr Kind in den ersten 14 Monaten nach der Geburt selbst betreuen und nicht oder nicht voll erwerbstätig sind. Der Mutter und dem Vater stehen zwölf Monatsbeträge Elterngeld zu, die sie frei untereinander aufteilen können. Nutzen beide Elternteile das Elterngeld als Ersatz für ihr Einkommen, wird für zwei zusätzliche Monate als Partnermonate das Elterngeld weitergezahlt (nicht zu verwechseln mit dem Partnerschaftsbonus ab 1.7.2015). Während des Bezugs von Elterngeld ist eine **Teilzeitbeschäftigung** bis zu 32 Wochenstunden möglich. Mit der Reform des Bundeselterngeld- und Elternzeitgesetzes wird die zulässige Arbeitszeit während des Elterngeldbezugs und der Elternzeit von 30 auf 32 Wochenstunden angehoben. Die Reform trat zum 1.9.2021 in Kraft.[2]

Bei einem **Nettoeinkommen vor der Geburt von 1.240 € und mehr** beträgt das Elterngeld 65 %. Bei einem Nettoeinkommen zwischen 1.000 € und 1.200 € beträgt das Elterngeld 67 %. Zwischen 1.200 € und 1.240 € wird es auf 65 % stufenweise abgesenkt (bei 1.220 € beträgt es 66 %). Bei einem Nettoeinkommen von weniger als 1.000 € (Geringverdiener) beträgt das Elterngeld mehr als 67 %.

---

1 BSG, Urteil v. 25.6.2009 – B 10 EG 9/08 R, NWB XAAAD-29257.

2 Gesetz v. 15.2.2021, BGBl 2021 I S. 239.

Es kann dann u. U. bis zu 100 % des bisherigen Nettoeinkommens betragen. Der Prozentsatz erhöht sich dabei um 0,1 % pro 2 €, um die das maßgebliche Einkommen den Betrag von 1.000 € unterschreitet.

BEISPIEL Das maßgebliche Nettoeinkommen vor der Geburt des Kindes beträgt 800 €. Unter Berücksichtigung der Grenze von 1.000 € ergibt sich eine Differenz von 200 €.

200 € / 2 = 100

100 x 0,1 % = 10 %

67 % + 10 % = 77 %

Das Elterngeld beträgt somit 616 € (77 % von 800 €).

ElterngeldPlus

Das für Geburten seit dem 1.7.2015 wählbare **ElterngeldPlus** ersetzt das Einkommen beim Ausüben einer Teilzeitbeschäftigung. Es beträgt die Hälfte des monatlichen Elterngeldes (Basiselterngeld), das ohne Teilzeitkommen zustehen würde. Es wird allerdings statt wie beim Elterngeld für einen Monat für zwei Monate ElterngeldPlus gezahlt. Somit halbiert sich zwar der Betrag, er wird allerdings auch doppelt so lange gezahlt. Das ElterngeldPlus kann somit sowohl in den ersten 14 Lebensmonaten des Kindes als auch nach den ersten 14 Lebensmonaten beantragt werden. In den ersten 14 Lebensmonaten sind die Eltern in ihrer Entscheidung frei. Ab dem 15. Lebensmonat muss in jedem Monat ohne Unterbrechung von mindestens einem Elternteil ElterngeldPlus bezogen werden. Wird nicht durchgängig ElterngeldPlus bezogen und entstehen Lücken im Leistungsbezug, können verbleibende Monatsbeträge nicht mehr in Anspruch genommen werden. Beim ElterngeldPlus erfolgt somit eine **verbesserte Anrechnung des Nettoeinkommens** während des Bezugs von ElterngeldPlus und der Beschäftigung in Teilzeit.

BEISPIEL Das Nettoeinkommen vor der Geburt des Kindes beträgt 2.000 €. Während des Bezugs von ElterngeldPlus führt die Mutter eine Teilzeitbeschäftigung aus, in der sie ein Nettoeinkommen von 800 € erhält. Das weggefallene Einkommen beträgt 1.200 €.

Das Elterngeld (Basiselterngeld) beträgt 65 % von 2.000 € = 1.300 € ohne eine Teilzeitbeschäftigung. ElterngeldPlus ist die Hälfte des Basiselterngeldanspruchs 1.300 € / 2 = 650 €.

Die Kombination von Elterngeld (Basiselterngeld) und ElterngeldPlus ist möglich. Der maximale Bezug von ElterngeldPlus beträgt 24 Monate bzw. 28 Monate mit dem sog. Partnerschaftsbonus.

TIPP

Auf der Internetseite des Bundesministeriums für Familie, Senioren, Frauen und Jugend (www.familienportal.de) werden mehrere Rechner zur ersten Berechnung von z. B. Elterngeld oder Familienpflegezeit angeboten.

Geschwisterbonus

Bei mehr als einem Kind erhalten Familien den **Geschwisterbonus**. Dabei erhalten Eltern zusätzlich zum Elterngeld 10 %, mindestens aber 75 € im Monat. Beim ElterngeldPlus beträgt der Geschwisterbonus die Hälfte des regulären Zuschlags.

Mehrlingsgeburten

Die bisherige gesetzliche Regelung, wonach Eltern von Zwillingen einen doppelten Elterngeldanspruch hatten, gibt es nicht mehr. Für **Mehrlingsgeburten** ab dem 1.1.2015 erhalten Eltern beim Elterngeld (Basiselterngeld) einen Mehrlingszuschlag von 300 € und beim ElterngeldPlus einen Mehrlingszuschlag von 150 € für jedes weitere Mehrlingsgeschwisterkind.

BEISPIEL Geschwisterbonus bei Elterngeld: 10 % vom Basiselterngeld, mindestens 75 €.

Geschwisterbonus bei ElterngeldPlus: 10 % vom ElterngeldPlus, mindestens 37,50 €.

Der Anspruch auf den Geschwisterbonus besteht bei zwei Kindern so lange, bis das ältere Geschwisterkind drei Jahre alt ist.

Partnerschaftsbonus

Für Geburten seit dem 1.7.2015 können Eltern zusätzlich zum ElterngeldPlus einen **Partnerschaftsbonus** erhalten. Der Partnerschaftsbonus kann vor, während oder nach dem ElterngeldPlus zusätzlich in Anspruch genommen werden. Ein Bezug von ElterngeldPlus ist nicht Voraussetzung. Allerdings sind Partnerschaftsbonusmonate immer ElterngeldPlus-Monate und werden in die Gesamtberechnung des ElterngeldPlus-Anspruchs mit einbezogen. Die Partnerschaftsmonate müssen allerdings gemeinsam genommen werden.

Anspruch auf den Partnerschaftsbonus haben Mütter und Väter, wenn diese

- ihre Kinder nach der Geburt selbst betreuen und erziehen,
- eine Erwerbstätigkeit von 24 bis 32 Wochenstunden ausüben,
- mit ihrem Kind im Haushalt zusammenleben,
- ihren Wohnsitz oder gewöhnlichen Aufenthalt in Deutschland haben und
- den Partnerschaftsbonus beide Elternteile parallel für die Dauer von vier aufeinanderfolgenden Monaten gemeinsam ausführen.

TIPP

Auch Alleinerziehende können den Partnerschaftsbonus nutzen. Sie können diese vier Monate zusätzlich erhalten, wenn sie die Voraussetzungen für den Bezug des Partnerschaftsbonus selbst und für den steuerlichen Entlastungsbetrag für Alleinerziehende nach § 24b Abs. 1 und 2 EStG erfüllen. Einer Erwerbstätigkeit (24 bis 32 Wochenstunden) müssen Alleinerziehende dazu in vier aufeinanderfolgenden Monaten nachgehen.

Anrechnung des Mutterschaftsgelds

Mutterschaftsgeld und der jeweilige Zuschuss zum Mutterschaftsgeld werden taggenau auf den Anspruch der Mutter des Elterngelds angerechnet, wenn sich die Zeiträume des Bezugs überschneiden. Der Anspruch auf Elterngeld entsteht mit der Geburt des Kindes. Das vom Bundesversicherungsamt gezahlte Mutterschaftsgeld bei privat Krankenversicherten i. H. von 210 € dient nicht dem Ausgleich des weggefallenen Einkommens und wird deshalb auch nicht beim Elterngeld angerechnet.

Lohnsteuer und Sozialversicherung bei Elterngeld

Das Elterngeld ist nach § 3 Nr. 67 EStG **steuerfrei** und somit auch **sozialversicherungsfrei**. Es unterliegt allerdings nach § 32b Abs. 1 Satz 1 Nr. 1 Buchst. j EStG dem Progressionsvorbehalt. Der BFH hat in einem Urteil auch den Progressionsvorbehalt für den Sockelbetrag von 300 € bestätigt. Somit ist auch der Sockelbetrag dem Progressionsvorbehalt zu unterwerfen.

TIPP

Das Elterngeld ist zwar steuer- und sozialversicherungsfrei, unterliegt jedoch dem Progressionsvorbehalt. Dies solltest du deinen Mandanten bereits frühzeitig erklären, denn oft entstehen durch die Zahlung von Mutterschafts- und Elterngeld im Folgejahr hohe Steuernachzahlungen.

Auswirkung der Steuerklasse auf die Höhe des Elterngelds

Bei der Berechnung des Elterngelds ist das Nettoeinkommen der letzten zwölf Monate vor der Geburt maßgeblich. Bei Ehegatten, die beide Lohn aus Arbeit beziehen, hängt der Nettolohn für die maßgebliche Berechnung des Elterngelds von der **Steuerklasse** ab. Somit können Steuerklassenwechsel von der Steuerklassenkombination IV/IV oder III/V zu erheblichen Änderungen bei der Höhe des Elterngelds führen.

Beim **Wechsel der Steuerklasse** ist allerdings zu beachten, dass die neue Steuerklasse nur dann berücksichtigt wird, wenn sie im Zwölfmonatszeitraum überwiegend, also mindestens sieben Monaten angewandt wurde.

7. Pflegezeiten

Mit dem Gesetz zur besseren Vereinbarkeit von Familie, Pflege und Beruf wurden bereits bestehende Regelungen im Pflegezeitengesetz (PflegeZG) und dem Familienpflegezeitgesetz (FPfZG) verbessert und miteinander verzahnt. Arbeitnehmer erhalten einen Rechtsanspruch auf **Pflegezeit** oder **Familienpflegezeit**. Allerdings unterscheiden sich die Ansprüche je nach Pflegezeit. Die unterschiedlichen Pflegezeiten können miteinander kombiniert und somit an die persönlichen Lebensumstände besser angepasst werden. Daneben erhalten Arbeitnehmer eine bessere Absicherung für ihren Lebensunterhalt während der Freistellung.

Übersicht: Die Pflegezeiten im Überblick

Pflegeunterstützungsgeld	**Pflegezeit**	**Familienpflegezeit**
§ 2 PflegeZG § 44a Abs. 3 SGB XI	§§ 3, 4 PflegeZG	§ 2 FPfZG
Kurzzeitige Freistellung von bis zu zehn Arbeitstagen bei einer akuten Pflegesituation	Bis zu sechs Monate Pflegezeit bei einer vollständigen oder teilweisen Freistellung für die häusliche Pflege eines nahen Angehörigen Bis zu sechs Monate für die Betreuung eines pflegebedürftigen minderjährigen nahen Angehörigen Bis zu drei Monate Freistellung für die Begleitung eines nahen Angehörigen in der letzten Lebensphase	Bis zu 24 Monate Familienpflegezeit bei einer teilweisen Freistellung für die häusliche Pflege eines nahen Angehörigen Bis zu 24 Monate für die Betreuung einer oder eines pflegebedürftigen minderjährigen nahen Angehörigen
Unabhängig von der Größe des Arbeitgebers	Kein Rechtsanspruch gegenüber Arbeitgebern mit i. d. R. 15 oder weniger Arbeitnehmern	Kein Rechtsanspruch gegenüber Arbeitgebern mit i. d. R. 25 oder weniger Beschäftigten. Zur Berufsausbildung beschäftigte Arbeitnehmer bleiben unberücksichtigt.
Keine Ankündigungsfrist	Zehn Tage Ankündigungsfrist	Acht Wochen Ankündigungsfrist

7.1 Naher Angehöriger

Nahe Angehörige i. S. dieser Gesetze (PflegeZG und FPfZG) sind

- Großeltern, Eltern, Schwiegereltern, Stiefeltern,
- Ehegatten, Lebenspartner, Partner einer eheähnlichen oder lebenspartnerschaftsähnlichen Gemeinschaft, Geschwister, Schwägerinnen und Schwäger,
- Kinder, Adoptiv- oder Pflegekinder, die Kinder, Adoptiv- oder Pflegekinder des Ehegatten oder Lebenspartners, Schwiegerkinder und Enkelkinder.

7.2 Kurzzeitige Freistellung

Bei einer **plötzlich auftretenden akuten Pflegesituation** können Arbeitnehmer bis zu zehn Arbeitstage ohne Einhaltung einer Ankündigungsfrist von der Arbeit fernbleiben, wenn sie für einen nahen Angehörigen in einer akut aufgetretenen Pflegesituation die Pflege organisieren bzw. sicherstellen müssen/wollen. Dabei muss eine akute Pflegesituation vorliegen; ein Krankheitsfall erfüllt nicht die gesetzlichen Voraussetzungen. Die Begriffe „Pflegebedürftigkeit" und „naher Angehöriger" sind bei den Ausführungen zur Pflegezeit bzw. Familienpflegezeit näher erläutert; inhaltlich gelten sie hier entsprechend. Der Mitarbeiter muss eine **ärztliche Bescheinigung** über die Pflegebedürftigkeit vorlegen, wenn der Arbeitgeber dies verlangt. Es reicht allerdings aus, wenn der Angehörige voraussichtlich pflegebedürftig sein wird. Entwickelt sich doch noch alles zum Guten und die Pflegebedürftigkeit tritt nicht ein, erwächst dem Mitarbeiter daraus im Nachhinein kein Nachteil.

Auch nach dem Inkrafttreten des Gesetzes zur besseren Vereinbarkeit von Familie, Pflege und Beruf bleibt es dabei, dass in den Fällen der sog. Kurzpflegezeit (bis zu zehn bzw. 20 Arbeitstage) i. S. des § 2 PflegeZG grds. **kein Anspruch** des pflegenden Arbeitnehmers **auf Entgeltfortzahlung** besteht. Der Gesetzgeber hat diesen finanziellen Nachteil durch eine Ergänzung des § 44a SGB XI ausgeglichen, indem er eine Entgeltersatzleistung in Form des Pflegeunterstützungsgeldes geschaffen hat.

Das **Pflegeunterstützungsgeld** für eine pflegebedürftige Person wird durch die Pflegekasse oder das private Pflegeversicherungsunternehmen des pflegebedürftigen nahen Angehörigen gezahlt; dieses wird jedoch nur auf Antrag gewährt. Während der Arbeitgeber sich im Zusammenhang mit seiner Freistellungsverpflichtung ein ärztliches Attest über die Pflegebedürftigkeit des nahen Angehörigen aushändigen lassen kann, ist der Pflegekasse ein Attest zur Erlangung von Pflegeunterstützungsgeld zwingend vorzulegen. Die Höhe des Pflegeunterstützungsgeldes berechnet sich gem. § 44a Abs. 3 Satz 4 SGB XI i. V. m. § 45 Abs. 2 Satz 3 bis 5 SGB V nach den Vorschriften über das Krankengeld, das während der Freistellung zur Betreuung eines erkrankten Kindes bezogen werden kann. Es beträgt damit im Grundsatz 90 % des ausfallenden Nettogehalts. Wurde in den letzten zwölf Monaten eine beitragspflichtige Einmalzahlung erhalten, beträgt das Pflegeunterstützungsgeld sogar 100 % des Nettoarbeitsentgelts. Die Berechnung erfolgt dabei nicht auf der Basis des vor der Freistellung erzielten, sondern des während der Freistellung ausfallenden Arbeitsentgelts. Damit unterscheidet sich der Bemessungszeitraum für die Berechnung des Pflegeunterstützungsgeldes deutlich vom Bemessungszeitraum, der nach § 47 Abs. 2 SGB V für die Berechnung des Krankengeldes bei eigener Arbeitsunfähigkeit anzusetzen ist.

HINWEIS

Auch geringfügig Beschäftigte haben Anspruch auf Pflegeunterstützungsgeld.[1]

Wenn **mehrere Arbeitnehmer** den Anspruch nach § 2 Abs. 1 PflegeZG für einen pflegebedürftigen nahen Angehörigen geltend machen, ist deren Anspruch auf Pflegeunterstützungsgeld auf insgesamt zehn Arbeitstage begrenzt, § 44a Abs. 3 Satz 2 SGB XI.

7.2.1 Auswirkungen auf die betriebliche Entgeltabrechnung

Wie bereits ausgeführt, besteht im Regelfall **kein Anspruch auf bezahlte Freistellung** gegenüber dem Arbeitgeber. Vielmehr verringert sich in diesen Monaten das Bruttoentgelt. Die Sozialversicherungsbeiträge werden dann aus dem verminderten, tatsächlichen Arbeitsentgelt berechnet. „Rutscht" das Arbeitsentgelt dadurch in den Übergangsbereich (siehe Kapitel X), sind diese Regelungen nicht anzuwenden. Meldungen sind ebenfalls nicht erforderlich. Bei der Bestimmung des Umfangs der Beitragspflicht eines (später im Jahr) gezahlten einmalig gezahlten Entgelts zählen die Tage der Freistellung als Sozialversicherungstage; Beitragsfreiheit im Rahmen des § 224 SGB V – wie etwa beim Kranken- oder Mutterschaftsgeld – ist beim Pflegeunterstützungsgeld nicht vorgesehen.

HINWEIS

Im Lohnprogramm wird hier der Unterbrechungsgrund „kurzzeitige Pflege" gewählt. Dadurch wird das Gehalt um die entsprechenden Fehltage gekürzt.

7.2.2 Wirtschaftliche und soziale Absicherung

Obwohl es bei der kurzzeitigen Arbeitsbefreiung um einen begrenzten Zeitraum geht, war es dem Gesetzgeber wohl wichtig, für einen **Einkommensersatz** zu sorgen und auch in der Renten- und Arbeitslosenversicherung selbst kleinere Einbußen zu vermeiden. In der Kranken- und Pflegeversicherung kommt dem Bezug von Pflegeunterstützungsgeld bei versicherungspflichtig Beschäftigten eine **mitgliedschaftserhaltende Wirkung** zu (vgl. § 192 Abs. 1 Nr. 2 SGB V, § 49 Abs. 2 SGB XI). In der Renten- und Arbeitslosenversicherung wird hierfür sogar eine eigenständige Versicherungspflicht begründet (vgl. § 3 Satz 1 Nr. 3 SGB VI, § 26 Abs. 2 Nr. 2b SGB III).

Nach dem Grundsatz „Versicherungspflicht führt zur Beitragspflicht" sind auch aus dem Pflegeunterstützungsgeld **Beiträge zur Kranken-, Renten- und Arbeitslosenversicherung** zu entrichten. Die Beiträge werden kalendertäglich berechnet. Bemessungsgrundlage für diese Beiträge sind 80 % des während der Freistellung ausgefallenen laufenden Brutto-Arbeitsentgelts (vgl. § 232b Abs. 1 SGB V, § 166 Abs. 1 Nr. 2f SGB VI, § 345 Satz 1 Nr. 6b SGB III). Die Berechnung und Abführung sämtlicher Beiträge erfolgt allerdings durch die Pflegekasse; die betriebliche Entgeltabrechnung ist damit nicht belastet.

In der Krankenversicherung gelangt neben dem allgemeinen Beitragssatz (Regelfall) auch der **krankenkassenindividuelle Zusatzbeitragssatz** zur Anwendung. Die Aufbringung dieses Beitrags erfolgt allerdings nicht paritätisch. Vielmehr trägt der Leistungsbezieher einen Beitrag in der Höhe, die sich ergibt, wenn man den halben Beitragssatz des jeweiligen Versicherungszweigs auf den Zahlbetrag des Pflegeunterstützungsgelds anwendet; die zum Gesamtbeitrag dann noch

1 Vgl. BR-Drucks. 463/14 S. 42 f.

fehlenden Beiträge trägt die Pflegekasse. Das Verfahren folgt somit in wesentlichen Teilen dem Berechnungsmodus wie bei der Berechnung der Beiträge aus Krankengeld (vgl. § 249c Satz 1 SGB V, § 170 Abs. 1 Nr. 2 Buchst. e SGB VI, § 347 Nr. 6b SGB III).

HINWEIS

Für den Bereich der Krankenversicherungsbeiträge wurde ausdrücklich festgelegt, dass der Zusatzbeitragssatz vom Leistungsträger (Pflegekasse) allein zu tragen ist.[1]

7.2.3 Dokumentation

Die für den pflegebedürftigen nahen Angehörigen zuständige Pflegekasse stellt dem Empfänger des Pflegeunterstützungsgeldes eine **Bescheinigung** aus, aus der der Bezugszeitraum und die Höhe der gezahlten Leistung hervorgehen (vgl. § 44a Abs. 5 Satz 1 SGB XI). Der Arbeitgeber hat diese Bescheinigung bei den Entgeltunterlagen aufzubewahren (§ 8 Abs. 2 Nr. 14 BVV).

7.3 Pflegezeit

Arbeitnehmer haben nach § 3 PflegeZG einen Rechtsanspruch auf eine bis zu sechsmonatige teilweise oder vollständige Freistellung, wenn sie einen **pflegebedürftigen nahen Angehörigen** in häuslicher Umgebung pflegen. Der Rechtsanspruch besteht für Arbeitnehmer, die bei einem Arbeitgeber mit i. d. R. mehr als 15 Arbeitnehmern beschäftigt sind (§ 3 Abs. 1 Satz 2 PflegeZG). Freiwillige interbetriebliche Regelungen können neben dem gesetzlichen Anspruch ebenfalls getroffen werden.

Die Pflegezeit kann auch in Anspruch genommen werden, wenn die Betreuung **minderjähriger**, pflegebedürftiger naher Angehöriger **in außerhäuslicher Umgebung** erfolgt. Für denselben nahen Angehörigen kann die Pflegezeit nur einmal in Anspruch genommen werden. Das PflegeZG sieht allerdings vor, dass allen Arbeitnehmern eine bis zu sechs Monate vollständige oder teilweise Freistellung für die häusliche Pflege eines nahen Angehörigen zusteht. Somit können Geschwister sich die Pflege zeitgleich teilen oder die Pflege nacheinander übernehmen.

Arbeitnehmer müssen gegenüber ihrem Arbeitgeber die Pflegebedürftigkeit **nachweisen**. Anders als beim Pflegeunterstützungsgeld reicht hier keine Bescheinigung des Arztes aus. Arbeitnehmer müssen die Pflegebedürftigkeit des Angehörigen durch die Vorlage einer Bescheinigung des Medizinischen Dienstes der Krankenversicherung (MDK) oder einer Bescheinigung der Pflegekasse nachweisen. Auch Versicherte in der privaten Pflegeversicherung müssen einen solchen Nachweis erbringen.

Die Pflegezeit muss mit einer **Frist** von zehn Tagen beim Arbeitgeber angemeldet werden. Sie endet nach Ablauf der in Anspruch genommenen Zeit, spätestens mit Ablauf von sechs Monaten. Sollten sich die Umstände ändern, die zur Beendigung der Pflegezeit führen, endet die Pflegezeit vier Wochen nach Eintritt der veränderten Umstände. Dieses kann z. B. dann der Fall sein, wenn die zu pflegende Person nicht mehr pflegebedürftig ist oder die Umstände die häusliche Pflege für den Arbeitnehmer unmöglich oder unzumutbar machen. Aber auch der Tod des zu

1 Gemeinsame Verlautbarung des GKV-Spitzenverbands, der DRV Bund, der Bundesagentur für Arbeit und des PKV-Verbands zu den versicherungs-, beitrags- und melderechtlichen Auswirkungen des Bezugs von Pflegeunterstützungsgeld v. 5.3.2015.

pflegenden Angehörigen beendet die Pflegezeit. Eine vorzeitige Beendigung der Pflegezeit ohne die vorgenannten Gründe ist nur mit Zustimmung des Arbeitgebers möglich.

Die **Erklärung des Beschäftigten** zur Inanspruchnahme einer Pflegezeit nach § 3 PflegeZG ist vom Arbeitgeber bei den Entgeltunterlagen **aufzubewahren**.

Für die Zeit der **Freistellung** erhält der Arbeitnehmer **kein Arbeitsentgelt** von seinem Arbeitgeber. Um diesen finanziellen Nachteil neben der Belastung der Pflegesituation abzumindern, erhalten Arbeitnehmer seit dem 1.1.2015 auf Antrag vom Bundesamt für Familie und zivilgesellschaftliche Aufgaben (BAfzA) ein zinsloses Darlehen zur Verfügung gestellt.

7.3.1 Auswirkungen auf die Entgeltabrechnung

Die sechsmonatige Pflegezeit ist von allen Varianten der Pflegezeiten diejenige, die die meisten Fragen im Personalbüro aufwirft. Je nachdem, in welchem Umfang von der Freistellung Gebrauch gemacht wird, ergeben sich unterschiedliche Auswirkungen auf die **Umsetzung in der Entgeltabrechnung**. Darüber hinaus darf die soziale Absicherung der Pflegepersonen nicht aus den Augen verloren werden.

7.3.2 Arbeitsleistung wird in komplettem Umfang eingestellt

Die **vollständige Freistellung** von der Arbeitsleistung durch Inanspruchnahme der Pflegezeit lässt die an das entgeltliche Beschäftigungsverhältnis geknüpfte Versicherungspflicht entfallen. Ein Fortbestehen des versicherungspflichtigen Beschäftigungsverhältnisses für Pflegezeiten ist von Gesetzes wegen nicht vorgesehen. Im Gegenteil: Durch § 7 Abs. 3 Satz 3 SGB IV wird bewirkt, dass selbst für den ersten Monat der Pflegezeit eine Beschäftigung gegen Arbeitsentgelt auch nicht fingiert werden kann. Deshalb endet in diesen Fällen die sozialversicherungspflichtige Beschäftigung; der Arbeitnehmer ist vom Arbeitgeber **abzumelden** (Abgabegrund 30). Damit besteht ein unmittelbarer Klärungsbedarf für den Kranken- und Pflegeversicherungsschutz während der sechsmonatigen Pflegezeit.

HINWEIS

Für die Anmeldung bei Wiederaufnahme der Arbeit nach Ablauf der Pflegezeit ist der Abgabegrund 13 vorgesehen.

7.3.3 Sterbebegleitung

Ebenfalls zum 1.1.2015 eingeführt wurde die **Begleitung eines pflegebedürftigen nahen Angehörigen in der letzten Lebensphase**. Das Pflegezeitgesetz sieht dazu in § 3 Abs. 6 i. V. m. § 4 Abs. 3 Satz 2 PflegeZG ein weiteres Recht auf vollständige oder teilweise Freistellung von der Arbeitsleistung für eine Höchstdauer von drei Monaten vor. Das Recht auf die sog. Sterbebegleitung besteht auf gleicher Grundlage wie die Pflegezeit. Allerdings wird mit dieser Freistellung die Begleitung in der letzten Lebensphase ermöglicht, was weder die Pflege noch die Betreuung des nahen Angehörigen voraussetzt, sondern allein die Begleitung in der letzten Lebensphase, somit also die Leistung von Beistand gleich welcher Art und Intensität. Der Arbeitnehmer muss seinem Arbeitgeber das Vorliegen einer solchen Erkrankung des nahen Angehörigen durch Vorlage eines ärztlichen Zeugnisses nachweisen. Die Anforderungen an das ärztliche Zeugnis entsprechen denen nach § 45 Abs. 4 Satz 1 SGB V. Mit dem Recht auf Sterbebegleitung ist keine örtliche Einschränkung vorhanden. Die Voraussetzungen für eine Sterbebegleitung sind gegeben, wenn

- die Krankheit progredient (d. h. fortschreitend) verläuft,
- sie bereits ein weit fortgeschrittenes Stadium erreicht hat,
- eine Heilung ausgeschlossen ist,
- eine palliativmedizinische Behandlung notwendig ist und
- lediglich eine begrenzte Lebenserwartung (wenige Wochen oder Monate) zu erwarten ist.

Diese Neuregelung ermöglicht auch die Begleitung in der letzten Lebensphase durch einen **weiteren Personenkreis** (beispielsweise durch Großeltern).

Auch bei der Sterbebegleitung muss, wie bei der Pflegezeit auch, bei teilweiser Freistellung von der Arbeitsleistung eine entsprechende **schriftliche Vereinbarung** zwischen dem Arbeitgeber und dem Arbeitnehmer nach § 3 Abs. 6 Satz 3 i. V. m. Abs. 4 PflegeZG getroffen werden. Dabei hat der Arbeitgeber den Wünschen des Arbeitnehmers zu entsprechen, außer dem stehen zwingende betriebliche Gründe entgegen.

7.4 Familienpflegezeit

Arbeitnehmer haben einen **Rechtsanspruch** auf eine bis zu 24-monatige teilweise oder vollständige Freistellung, wenn sie einen pflegebedürftigen nahen Angehörigen in häuslicher Umgebung pflegen. Der Rechtsanspruch besteht für Arbeitnehmer, die bei einem Arbeitgeber mit i. d. R. mehr als 25 Arbeitnehmern beschäftigt sind. Freiwillige interbetriebliche Regelungen können neben dem gesetzlichen Anspruch ebenfalls getroffen werden.

Bei der Familienpflegezeit handelt es sich i. d. R. um eine **teilweise Freistellung**. Nach § 2 Abs. 1 Satz 2 FPfZG muss die verringerte Arbeitszeit während der Familienpflegezeit wöchentlich mindestens 15 Stunden betragen. Bei unterschiedlichen Wochenarbeitszeiten oder einer unterschiedlichen Verteilung der wöchentlichen Arbeitszeit darf die wöchentliche Arbeitszeit im Durchschnitt eines Zeitraums von bis zu einem Jahr 15 Stunden nicht unterschreiten. Somit kann es unter gewissen Umständen auch während der Familienpflegezeit zu einer teilweisen kompletten Freistellung kommen, da nach Gesetz die 15 Wochenstunden im Durchschnitt vorliegen müssen. Anstelle des Anspruchs auf Familienpflegezeit können Beschäftigte gem. § 2 Abs. 5 Satz 1 FPfZG gegen ihren Arbeitgeber einen Anspruch auf teilweise Freistellung von der Arbeitsleistung für längstens 24 Monate zur Betreuung eines minderjährigen pflegebedürftigen nahen Angehörigen geltend machen. Aufgrund der Verweisung u. a. auf § 2 Abs. 1 Satz 2 FPfZG in § 2 Abs. 5 Satz 3 FPfZG muss auch bei der Minderjährigenbetreuung die verringerte Arbeitszeit wöchentlich mindestens 15 Stunden betragen.

Die Familienpflegezeit muss mit einer **Frist** von acht Wochen beim Arbeitgeber angemeldet werden (§ 2a Abs. 1 Satz 1 FPfZG). Sie endet nach Ablauf der in Anspruch genommenen Zeit, spätestens mit Ablauf von 24 Monaten. Sollten sich die Umstände ändern, die zur Beendigung der Pflegezeit führen, endet die Pflegezeit vier Wochen nach Eintritt der veränderten Umstände. Diese Gründe sind identisch mit den im Pflegezeitengesetz genannten Beendigungsgründen. Eine vorzeitige Beendigung der Pflegezeit ohne die vorgenannten Gründe ist nur mit Zustimmung des Arbeitgebers möglich.

HINWEIS

Die Flexibilisierungen im Pflegezeitgesetz und im Familienpflegezeitgesetz, etwa eine kürzere Frist für die Ankündigung der Familienpflegezeit oder die Möglichkeit, diese per E-Mail anzukündigen, gelten bis zum 30.4.2023. Bis zu diesem Zeitpunkt können auf Antrag auch bei der Ermittlung einer Darlehenshöhe nach dem Familienpflegezeitgesetz Monate unberücksichtigt bleiben, in denen das Einkommen aufgrund der Pandemie geringer war.[1]

Auswirkungen auf die Entgeltabrechnung; soziale Absicherung der Pflegeperson

Da die Beschäftigung weiterhin an mindestens 15 Stunden in der Woche ausgeübt werden muss, ist es – erst recht seit Mindestlohn-Zeiten – nicht mehr möglich, dass das Entgelt unter die Geringfügigkeitsgrenze sinkt. Bestand bereits bislang in allen Zweigen Versicherungspflicht, bleibt diese weiterhin bestehen. Lediglich bei der Beitragsberechnung kommt u.U. die Anwendung der Gleitzonenregelung infrage.

Wird ein vormals krankenversicherungsfreier Jahresarbeitsentgelt-Übergrenzer durch die Reduzierung der Arbeitszeit wegen seines Antrags auf Familienpflegezeit krankenversicherungspflichtig, stehen ihm die gleichen Optionen wie bei der Pflegezeit zur Verfügung. Eine mögliche Befreiung wirkt dann für die Dauer der Familienpflegezeit.

7.5 Darlehen als Lohnersatzleistung

Für die Zeit der Freistellung erhält der Arbeitnehmer kein Arbeitsentgelt von seinem Arbeitgeber. Um diesen finanziellen Nachteil neben der Belastung der Pflegesituation abzumindern, erhalten Arbeitnehmer auch bei der Familienpflegezeit seit dem 1.1.2015 vom BAfzA ein **zinsloses Darlehen** auf Antrag zur Verfügung gestellt.

Mit dem Gesetz zur besseren Vereinbarkeit von Familie, Pflege und Beruf hat der Gesetzgeber zur „besseren Bewältigung des Lebensunterhalts während der Freistellung, die mit einer Gehaltsreduzierung verbunden ist“,[2] durch Einführung eines in § 3 Abs. 1 Satz 1 FPfZG geregelten Anspruchs der Beschäftigten gegen das BAfzA auf **finanzielle Förderung** in Form eines zinslosen Darlehens für die Dauer der Familienpflegezeit nach § 2 Abs. 1 FPfZG oder der Minderjährigenbetreuung nach § 2 Abs. 5 FPfZG reagiert.

Dieser Anspruch gilt gem. § 3 Abs. 1 Satz 1 FPfZG auch für alle in § 3 PflegeZG enthaltenen **Freistellungstatbestände**, also für Pflegezeiten i. S. von § 3 Abs. 1 PflegeZG, Minderjährigenbetreuung i. S. von § 3 Abs. 5 PflegeZG und Sterbebegleitung i. S. von § 3 Abs. 6 PflegeZG. Der Anspruch auf finanzielle Förderung ergibt sich nach der gesetzgeberischen Begründung auch dann, wenn Kleinunternehmen i. S. von § 2 Abs. 1 Satz 4 FPfZG oder § 3 Abs. 1 Satz 2 PflegeZG auf freiwilliger Basis Familienpflegezeit oder Pflegezeit mit ihren Beschäftigten vereinbaren.[3]

Das monatlich in Teilbeträgen ausgezahlte Darlehen wird auf Antrag beim BAfzA gewährt. Die **monatlichen Darlehensraten** werden i. H. der Hälfte der Differenz zwischen den pauschalierten monatlichen Nettoentgelten vor und während der Freistellung gewährt. Das Darlehen ist vom Beschäftigten im Anschluss an die Freistellung nach § 3 Abs. 1 FPfZG **innerhalb von 48 Monaten** nach Beginn der Freistellung in „möglichst gleichbleibenden monatlichen Raten“, die vom BAfzA

1 BGBl 2022 I S. 1454.
2 Vgl. BGBl 2014 I S. 2462; BR-Drucks. 463/14 S. 2.
3 Vgl. BGBl 2014 I S. 2462; BR-Drucks. 463/14 S. 35.

durch Bescheid festzusetzen sind, **zurückzuzahlen** (§ 6 Abs. 1 FPfZG). Der Arbeitgeber hat gem. § 4 Satz 1 FPfZG dem BAfzA für bei ihm beschäftigte Arbeitnehmer den Arbeitsumfang sowie das Arbeitsentgelt vor der Freistellung nach § 3 Abs. 1 FPfZG zu bescheinigen, soweit dies zum Nachweis des Einkommens aus Erwerbstätigkeit oder der wöchentlichen Arbeitszeit der die Förderung beantragenden Arbeitnehmer erforderlich ist.

7.6 Urlaubsanspruch während der Freistellung

In der „Lohn und Gehalt direkt digital", Ausgabe 1 vom 15.1.2016, haben wir auf die Rechtsprechung des BAG mit Urteil vom 6.5.2014[1] verwiesen, wonach auch bei einem **ruhenden Arbeitsverhältnis** die gesetzlichen **Urlaubsansprüche** bestehen. Vor diesem Hintergrund hat der Gesetzgeber nach dem Vorbild des § 17 Abs. 1 BEEG den § 4 Abs. 4 PflegeZG ergänzt. Somit haben Arbeitgeber auch bei der Freistellung in der Pflegezeit die Möglichkeit, den dem Arbeitnehmer für das Urlaubsjahr zustehenden Erholungsurlaub für jeden vollen Kalendermonat der vollständigen Freistellung von der Arbeitsleistung um ein Zwölftel zu kürzen.

7.7 Kündigungsschutz

Arbeitgeber dürfen Arbeitnehmer von der Ankündigung, höchstens jedoch zwölf Wochen vor dem angekündigten Freistellungsbeginn, bis zur Beendigung der Freistellung im Rahmen der kurzzeitigen Freistellung (Pflegeunterstützungsgeld), der Freistellung nach dem PflegeZG oder nach dem FPfZG **nicht kündigen**. Nur in besonderen Fällen kann eine Kündigung ausnahmsweise für zulässig erklärt werden, wenn hierfür zwingende betriebliche Gründe vorliegen (§ 2 Abs. 3 FPfZG i.V.m. §§ 5-8 PflegeZG).

7.8 Pflegezeit und Familienpflegezeit

Die Freistellungssachverhalte nach dem PflegeZG und dem FPfZG können miteinander **kombiniert** werden. Somit haben Arbeitnehmer die Möglichkeit, die Freistellungssachverhalte den veränderten Umständen anzupassen. Die Freistellungssachverhalte müssen nahtlos aneinander anschließen. Gemäß § 4 Abs. 1 Satz 4 PflegeZG bzw. § 2 Abs. 2 FPfZG dürfen Pflegezeit und Familienpflegezeit gemeinsam die Gesamtdauer von 24 Monaten je pflegebedürftigem nahen Angehörigen nicht überschreiten.

Zu beachten sind in diesem Zusammenhang auch die **verlängerten Ankündigungsfristen**. Soll die Familienpflegezeit im Anschluss an eine Pflegezeit nach § 3 Abs. 1 PflegeZG (oder im Anschluss an eine Freistellung nach § 3 Abs. 5 PflegeZG) genommen werden, muss dies der Arbeitnehmer, abweichend von der achtwöchigen Grundankündigungsfrist des § 2a Abs. 1 Satz 1 FPfZG, spätestens drei Monate vor Beginn der Familienpflegezeit dem Arbeitgeber ordnungsgemäß ankündigen (§ 2a Abs. 1 Satz 5 FPfZG; § 3 Abs. 3 Satz 5 PflegeZG). Soweit der Arbeitnehmer **umgekehrt** die Pflegezeit erst im unmittelbaren Anschluss an eine Familienpflegezeit (oder im Anschluss an eine Freistellung nach § 2 Abs. 5 FPfZG) nehmen will, gilt für die Ankündigungsfrist der Pflegezeit nicht die kurze Grundankündigungsfrist von zehn Arbeitstagen (§ 3 Abs. 3 Satz 1 PflegeZG), sondern eine verlängerte Ankündigungsfrist von acht Wochen nach § 2a Abs. 1 Satz 6 FPfZG; § 3 Abs. 3 Satz 6 PflegeZG.

1 BAG, Urteil v. 6.5.2014 – 9 AZR 678/12.

8. Beitragspflicht während des Bezugs von Sozialleistungen

In § 23c Satz 1 SGB IV ist geregelt, dass arbeitgeberseitige Leistungen, die für die Zeit des Bezugs von **Sozialleistungen** gezahlt werden, nicht als beitragspflichtiges Arbeitsentgelt (beitragspflichtige Einnahme) zu berücksichtigen sind, soweit die Einnahmen zusammen mit den Sozialleistungen das Nettoarbeitsentgelt (§ 47 SGB V) nicht um mehr als 50 € (Freigrenze) im Monat übersteigen (SV-Freibetrag).

Alle darüberhinausgehenden Beträge sind als **beitragspflichtige Einnahmen** zu berücksichtigen. Hiervon werden auch geringe Beträge erfasst.

Für die **Beurteilung**, ob § 23c SGB IV angewendet werden muss, sind mehrere Schritte durchzuführen:

1. Schritt:	Bestimmung der arbeitgeberseitigen Leistungen
2. Schritt:	Ermittlung der Sozialleistungen
3. Schritt:	Ermittlung des Nettoarbeitsentgelts
4. Schritt:	Ermittlung des SV-Freibetrags

Zu den laufend gezahlten arbeitgeberseitigen Leistungen zählen insbesondere:

- Zuschüsse zum Krankengeld, Verletztengeld, Übergangsgeld,
- Zuschüsse zum Mutterschaftsgeld,
- Zuschüsse zum Krankentagegeld privat Versicherter,
- Sachbezüge (z. B. Kost, Wohnung und private Nutzung von Geschäftsfahrzeugen),
- Firmen- und Belegschaftsrabatte,
- vermögenswirksame Leistungen,
- Kontoführungsgebühren,
- Zinsersparnisse aus verbilligten Arbeitgeberdarlehen,
- Telefonzuschüsse und
- Beiträge und Zuwendungen zur betrieblichen Altersversorgung.

Das Gesetz nennt folgende **Sozialleistungen**, neben denen laufend gezahlte Leistungen des Arbeitgebers unter den genannten Voraussetzungen **nicht** als **beitragspflichtige Einnahmen** gelten:

- Krankengeld und Krankengeld bei Erkrankung des Kindes (Krankenkassen),
- Verletztengeld und Verletztengeld bei Verletzung des Kindes (Unfallversicherungsträger),
- Übergangsgeld (Rentenversicherungsträger/Bundesagentur für Arbeit/Unfallversicherungsträger/Kriegsopferfürsorge),
- Versorgungskrankengeld (Träger der Kriegsopferversorgung),
- Mutterschaftsgeld (Krankenkassen/Bund),
- Krankentagegeld (private Krankenversicherungsunternehmen),
- Pflegeunterstützungsgeld,
- Elternzeit (obwohl keine Sozialleistung im eigentlichen Sinne, wird von § 23c SGB IV auch die Elternzeit erfasst).

8.1 Nettoarbeitsentgelt

Zur Feststellung des Sozialversicherungsfreibetrags wird ein zu vergleichendes **Nettoarbeitsentgelt (Vergleichsnetto)** herangezogen. Der höchstmögliche Sozialversicherungsfreibetrag ist die Differenz zwischen dem Vergleichsnetto und der Netto-Sozialleistung.

Das **Vergleichsnetto** entspricht dem Nettoarbeitsentgelt, das der Arbeitgeber den gesetzlichen Sozialleistungsträgern zur Berechnung der Sozialleistung in einer Entgeltbescheinigung mitteilen muss. Auf dieser Grundlage wird die Sozialleistung berechnet.

Für **privat Krankenversicherte** hat der Arbeitgeber das Vergleichs-Nettoarbeitsentgelt in gleicher Weise zu ermitteln. Der so ermittelte Betrag bleibt für die Dauer des Bezugs von Sozialleistungen unverändert.

Sehen arbeitsrechtliche bzw. tarifrechtliche Regelungen für die Berechnung des Zuschusses des Arbeitgebers zur Sozialleistung ein **anderes Nettoarbeitsentgelt** vor als das der Berechnung der Sozialleistung zugrunde liegende, bestehen keine Bedenken, dieses vereinbarte Nettoarbeitsentgelt als Vergleichs-Nettoarbeitsentgelt zu verwenden.

Es bestehen ebenfalls keine Bedenken, wenn der Arbeitgeber monatlich das Nettoarbeitsentgelt als Vergleichs-Nettoarbeitsentgelt berücksichtigt, das im Falle der **tatsächlichen Ausübung der Beschäftigung** zu ermitteln wäre.

8.2 Beitragspflichtige Einnahmen

Laufend gezahlte arbeitgeberseitige Leistungen werden in der Sozialversicherung **beitragspflichtig**. Hierfür sind jeweils die Netto-Sozialleistung und die Bruttozahlungen des Arbeitgebers zu berücksichtigen.

Die **Netto-Sozialleistung** ist bei gesetzlichen Leistungsträgern die Brutto-Sozialleistung abzgl. der daraus zur Sozialversicherung vom Versicherten zu tragenden Beitragsanteile.

Kürzungen von Sozialleistungen wirken sich weder auf die Brutto- noch auf die Netto-Sozialleistung, sondern nur auf den Auszahlungsbetrag der Sozialleistung aus. Die Netto-Sozialleistung bleibt deshalb für den gesamten Zeitraum des Bezugs von Sozialleistungen für die Ermittlung des SV-Freibetrags unverändert.

Beitragspflichtige Einnahmen aufgrund von **arbeitgeberseitigen Leistungen** fallen – auch in Monaten mit nur teilweisem Sozialleistungsbezug – nur an, wenn unter Berücksichtigung eines vollen Abrechnungsmonats mit Bezug von Sozialleistungen die dem Grunde nach beitragspflichtigen laufend gezahlten arbeitgeberseitigen Leistungen zusammen mit der Sozialleistung das Vergleichs-Nettoarbeitsentgelt übersteigen.

Die Regelung hat folgende Auswirkungen:

- Für Unterbrechungszeiten, in denen SV-pflichtiges Brutto anfällt, entstehen normale SV-Tage (30 SV-Tage pro Monat). Dies führt zu einer Erhöhung der SV-Luft bei der Ermittlung der SV-Beiträge für Einmalbezüge.
- Durch die Zahlung von beitragspflichtigem Entgelt entfällt die Grundlage für eine Unterbrechungsmeldung. Eine solche ist nicht durchzuführen, wenn der SV-Freibetrag durch Arbeitgeberleistungen überschritten wird.

► Bei einem privat krankenversicherten Arbeitnehmer entscheidet die Höhe des Krankentagegeldes, ob zusätzliche Leistungen des Arbeitgebers (z. B. Sachbezüge) in der Renten- und Arbeitslosenversicherung pflichtig sind.

SV-Freigrenze

Seit dem 1.1.2008 gilt eine **Freigrenze von 50 € im Monat**. Wird der SV-Freibetrag überschritten, kommt es bis zu einem Betrag von 50 € nicht zu einem § 23c SGB IV-Fall. Werden die 50 € überschritten, ist der gesamte Betrag SV-pflichtig. Die Freigrenze ist ein monatlicher Wert und darf nicht kumuliert werden. Liegen in einem Monat mehrere Sozialleistungen vor, ist die Freigrenze jeweils getrennt zu berechnen.

X. Besondere Abrechnungsgruppen

1. Geringfügig Beschäftigte

Geringfügig beschäftigte Arbeitnehmer sind eine besondere Gruppe in der Entgeltabrechnung. Oft werden sie auch als **Minijobber** bezeichnet.

HINWEIS

Die Bundesregierung hat zum 1.10.2022 die Grenze für geringfügig entlohnte Beschäftigte auf 520 € angehoben. Die Grenze ist am Mindestlohn dynamisiert. Sie wird berechnet, indem der Mindestlohn mit 130 vervielfacht, anschließend durch drei geteilt und das Ergebnis auf volle Euro aufgerundet wird. Die Geringfügigkeitsgrenze wird vom Bundesministerium für Arbeit (BMAS) bei Anpassung des gesetzlichen Mindestlohns im Bundesanzeiger jeweils bekannt gegeben.

Bei einer geringfügigen Beschäftigung handelt es sich um eine in der Kranken-[1] und Arbeitslosenversicherung[2] versicherungsfreie Beschäftigung. Aus der Krankenversicherungsfreiheit folgt, dass auch keine Versicherungspflicht in der Pflegeversicherung besteht. Seit dem Jahr 2013 besteht für geringfügig Beschäftigte Versicherungspflicht in der Rentenversicherung. Je nach Sachverhalt können geringfügig entlohnte Beschäftigte rentenversicherungspflichtig, rentenversicherungsfrei oder von der Rentenversicherung befreit sein.

Eine geringfügige Beschäftigung kann nach § 8 Abs. 1 Nr. 1 SGB IV wegen der Höhe des Arbeitslohns vorliegen. Diese Beschäftigung wird als klassisch geringfügig entlohnte Beschäftigung bezeichnet. Oder eine geringfügige Beschäftigung kann nach § 8 Abs. 1 Nr. 2 SGB IV wegen ihrer zeitlich kurzen Dauer vorliegen, die dann als kurzfristige Beschäftigung bezeichnet wird.

Eine **geringfügige Beschäftigung** (§ 8 Abs. 1 Nr. 1 SGB IV) liegt vor, wenn das Arbeitsentgelt (§ 8 Abs. 1 Nr. 1 SGB IV) aus dieser Beschäftigung regelmäßig die Geringfügigkeitsgrenze nicht übersteigt. Es ist dabei unerheblich, welche wöchentliche Arbeitszeit geleistet wird.

Bei der Beurteilung einer geringfügigen Beschäftigung ist die Ermittlung des Arbeitsentgelts von entscheidender Rolle. Dabei ist zu prüfen, ob das regelmäßige Arbeitsentgelt die Geringfügigkeitsgrenze übersteigt. Das regelmäßige Arbeitsentgelt ermittelt sich abhängig von der Anzahl der Monate, für die eine Beschäftigung gegen Arbeitsentgelt besteht. Dabei ist allerdings maximal ein Jahreszeitraum mit 12 Monaten zugrunde zu legen. Wird eine Beschäftigung im Laufe eines Kalendermonats aufgenommen, kann für die Ermittlung des Jahreszeitraums auf den ersten Tag des Monats abgestellt werden.

Bei der Ermittlung des **regelmäßigen Arbeitsentgelts** ist stets von Beginn der Beschäftigung an eine Prognose im Wege einer vorausschauenden Betrachtung aufzustellen. Ändert sich das Entgelt, ist die bisherige Prognose den veränderten Verhältnissen anzupassen, wenn es sich nicht nur um gelegentliche und unvorhersehbare Veränderungen handelt. Änderungen in diesem Zusammenhang sind Erhöhungen oder Reduzierungen des Arbeitsentgelts. Bei der aufzustellenden Prognose müssen keine Eventualitäten berücksichtigt werden. Es ist lediglich eine ungefähre Einschätzung vorzunehmen, welches Arbeitsentgelt mit hinreichender Sicherheit zu erwarten ist. Dabei sind neben den tarif- und arbeitsvertraglichen Ansprüchen, allerdings auch bisherige betriebliche Übungen zu beachten. Stellt sich im Verlauf der Entgeltzahlung heraus, dass die

1 § 7 Abs. 1 SGB V.
2 § 27 Abs. 2 SGB III.

Prognose infolge nicht sicher voraussehbarer Umstände nicht stimmt, bleibt die für die Vergangenheit getroffene Feststellung maßgebend. Sollte eine Prognose allerdings schuldhaft falsch für die Zukunft aufgestellt werden, führt dieser Sachverhalt auch zu einer rückwirkenden Neubeurteilung.

Bei **schwankendem Arbeitsentgelt** ist das Arbeitsentgelt im Rahmen einer Schätzung bzw. durch Durchschnittsberechnung zu ermitteln, wenn es unvorhersehbar schwankend oder in den Fällen einer Dauerbeschäftigung saisonbedingt vorhersehbar unterschiedlich in der Höhe ausfällt. Bei dieser Art der Prognose ist allein die Tatsache entscheidend, dass die jährliche Grenze von 6.672 € nicht überschritten wird. Einzelne Monate, in denen ein Arbeitsentgelt von über 556 € erzielt wird, sind unschädlich für das Vorliegen einer geringfügig entlohnten Beschäftigung. Somit können Arbeitgeber bei der Prognose des Arbeitsentgelts auch nur auf die Einhaltung der Grenze von 6.672 € im Jahr abzielen. Dies findet allerdings keine Anwendung, wenn eine regelmäßige geringfügig entlohnte Beschäftigung auszuschließen ist, weil das Arbeitsentgelt in dieser Beschäftigung sehr hohen Schwankungen unterliegt.

TIPP

Bei Arbeitnehmern mit schwankendem Arbeitsentgelt sollte die Prognose stets dokumentiert werden. Somit ist eine spätere Nachvollziehbarkeit besser gegeben.

BEISPIEL ▸ Überschreitung Geringfügigkeitsgrenze

Eine Hausfrau arbeitet als Servicekraft in einem Restaurant. In den Monaten Mai bis August verdient sie 670 € monatlich, in den restlichen Monaten 500 €.

Lösung:

Januar bis April (4 x 500,00 €)	= 2.000,00 €
Mai bis August (4 x 670,00 €)	= 2.680,00 €
September bis Dezember (4 x 500,00 €)	= 2.000,00 €
Summe	= 6.680,00 €
6.680,00 € : 12 Monate	= 556,67 €

Das durchschnittliche Arbeitsentgelt übersteigt die Geringfügigkeitsgrenze. Die Arbeitnehmerin ist somit seit Beginn der Beschäftigung in allen Zweigen der Sozialversicherung versicherungspflichtig.

Bei **einmaligen Einnahmen**, wie z. B. dem Weihnachtsgeld, ist vorausblickend darauf zu achten, dass die Geringfügigkeitsgrenze über das gesamte Jahr nicht überschritten wird.

BEISPIEL ▸ Überschreitung der Geringfügigkeitsgrenze bei Einmalzahlungen

Eine Hausfrau arbeitet als Servicekraft in einem Restaurant und verdient monatlich 530 €. Im November erhält sie ein vertraglich vereinbartes Weihnachtsgeld i. H. von 400 €.

Lösung:

Entgelt monatlich	12 x 530,00 € = 6.360,00 €
Weihnachtsgeld	= 400,00 €
Summe	= 6.760,00 €
6.760,00 € : 12 Monate	= 563,33 €

Das durchschnittliche Arbeitsentgelt übersteigt die Geringfügigkeitsgrenze. Die Arbeitnehmerin ist somit seit Beginn der Beschäftigung in allen Zweigen der Sozialversicherung versicherungspflichtig.

HINWEIS

Die Arbeitnehmerin könnte auf 88 € Weihnachtsgeld verzichten und würde somit unter die Grenze fallen (6.672 € : 12 Monate = 556 €).

Einmalzahlungen sind nur zu berücksichtigen, wenn sie dem Arbeitnehmer auch tatsächlich zufließen. Wie im Steuerrecht gilt auch im Sozialversicherungsrecht das Zuflussprinzip. Verzichtet der Arbeitnehmer (vgl. v. g. Beispiel) auf die Einmalzahlung, muss dies im Voraus schriftlich erfolgen. Nur dann erfolgt keine Berücksichtigung bei der Berechnung der Geringfügigkeitsgrenze.

Einmalzahlungen können auf Grundlage eines Tarifvertrags, einer Betriebsvereinbarung, eines Arbeitsvertrags oder betrieblicher Übung gezahlt werden. Nicht selten werden Einmalzahlungen aber auch ohne eine vertragliche Grundlage, als Anreiz bzw. zur Motivation oder als Honorierung einer besonderen Arbeitsleistung gezahlt.

Bei der Entgeltgrenze für eine geringfügig entlohnte Beschäftigung ist genau zu prüfen, ob eine Einmalzahlung berücksichtigt werden muss. Wird eine Einmalzahlung mit hinreichender Sicherheit einmal jährlich gewährt, ist sie bei der Ermittlung des Arbeitsentgelts zu berücksichtigen.[1]

HINWEIS

Du musst daher unbedingt prüfen, welche Einmalzahlungen mit dem Arbeitnehmer vereinbart sind und auf welcher Grundlage diese Vereinbarung erfolgt.

Wird die Entgeltgrenze überschritten, liegt vom Tag des Überschreitens an keine geringfügig entlohnte Beschäftigung mehr vor. Wird die Entgeltgrenze nur gelegentlich und nicht vorhersehbar überschritten, führt dies nicht zur Beendigung der geringfügigen Beschäftigung. Ein gelegentliches und unvorhersehbares Überschreiten ist anzunehmen, wenn innerhalb eines Zeitjahres die Grenze bis zu drei Monate überschritten wird.

Überschreitet das Arbeitsentgelt nicht regelmäßig, sondern nur ausnahmsweise und unvorhersehbar in einzelnen Kalendermonaten die Geringfügigkeitsgrenze, ohne dauerhaft beabsichtigt zu sein, wirkt sich das unter bestimmten Voraussetzungen nicht auf die geringfügig entlohnte Beschäftigung aus. Überschreitungen der Geringfügigkeitsgrenze in einzelnen Kalendermonaten sind generell unschädlich, solange dadurch die Jahresentgeltgrenze von 6.672 € (12 x 556 €) in dem vom Arbeitgeber für die Ermittlung des regelmäßigen monatlichen Arbeitsentgelts gewählten Jahreszeitraum nicht überschritten wird. Dies gilt nur dann nicht, wenn eine regelmäßige geringfügig entlohnte Beschäftigung auszuschließen ist, weil deren Umfang erheblichen Schwankungen unterliegt.

Als unvorhersehbar gilt die Zahlung eines Arbeitsentgelts, das der Arbeitgeber im Rahmen seiner vorausschauenden Jahresbetrachtung zur Ermittlung des regelmäßigen Arbeitsentgelts nicht mit hinreichender Sicherheit berücksichtigen konnte, weil es zu diesem Zeitpunkt nicht bekannt war. Darunter fallen beispielsweise Mehrarbeit aus unvorhersehbarem Anlass (z. B. Krankheitsvertretung) sowie Einmalzahlungen, die dem Grunde und der Höhe nach vom Geschäftsergebnis oder von einer individuellen Arbeitsleistung des Vorjahres abhängen.

HINWEIS

Bis zum 30.9.2022 galt nach der Geringfügigkeits-Richtlinie aus dem Jahr 2021 im Rahmen der Auslegung in Anlehnung an die kurzfristige Beschäftigung ein dreimaliges nicht vorhersehbares Überschreiten der monatlichen Entgeltgrenze innerhalb eines Zeitjahres, unabhängig von der Höhe des Arbeitsentgelts, als zulässig.

1 BSG, Urteil v. 28.02.1984 – 12 RK 21/83.

BEISPIEL ▸ Gelegentliches unvorhersehbares Überschreiten

Eine familienversicherte Raumpflegerin ist geringfügig entlohnt beschäftigt und verdient seit dem 1.1.2025 ein monatliches Arbeitsentgelt von 556 €. Sie hat sich von der Rentenversicherungspflicht befreien lassen. Ende Juli 2025 bittet der Arbeitgeber sie wider Erwarten, vom 1.8. bis zum 30.9.2025 zusätzlich eine Krankheitsvertretung zu übernehmen. Dadurch erhöht sich das Arbeitsentgelt in den Monaten August und September 2025 auf monatlich 1.112 €.

Lösung:

Aufgrund der Krankheitsvertretung übersteigt das regelmäßige monatliche Arbeitsentgelt im Durchschnitt der Jahresbetrachtung (1.1. bis 31.12.2025) die für die Annahme einer geringfügig entlohnten Beschäftigung maßgebende Geringfügigkeitsgrenze von 556 €. Die Raumpflegerin bleibt dennoch auch für die Zeit vom 1.8. bis 30.9.2025 weiterhin geringfügig entlohnt beschäftigt, da es sich innerhalb des jeweils maßgebenden Zeitjahres (1.9.2024 bis 31.8.2025 bzw. 1.10.2024 bis 30.9.2025) nur um ein gelegentliches (maximal zweimaliges) und unvorhersehbares Überschreiten der Geringfügigkeitsgrenze handelt. Das vereinbarte monatliche Arbeitsentgelt von 556 € hat sich in dem jeweiligen Kalendermonat des Überschreitens maximal auf das Doppelte der Geringfügigkeitsgrenze (1.112 €) erhöht. Der Arbeitgeber hat (auch in der Zeit vom 1.8. bis zum 30.9.2025) weiterhin Pauschalbeiträge zur Kranken- und Rentenversicherung aufgrund der durchgehend geringfügig entlohnten Beschäftigung zu zahlen.

- Personengruppenschlüssel: 109
- Beitragsgruppenschlüssel: 6-5-0-0

BEISPIEL ▸ Kombination Arbeitsentgelt ohne Überschreiten der Jahresentgeltgrenze in Verbindung mit gelegentlichem unvorhersehbarem Überschreiten

Ein gesetzlich krankenversicherter Student arbeitet seit dem 1.1.2025 gegen ein Arbeitsentgelt von 510 € in der Werkstatt eines Fahrradgeschäfts. Er hat sich von der Rentenversicherungspflicht befreien lassen. Es kommt immer mal wieder vor, dass unvorhersehbare Mehrarbeit in einzelnen Kalendermonaten wie folgt zu einem höheren Arbeitsentgelt oberhalb der Geringfügigkeitsgrenze führt:

Februar 2025	560 €
Mai 2025	630 €
Juli 2025	560 €
Oktober2025	910 €

Lösung:

Aufgrund der unvorhersehbaren Mehrarbeit im Februar 2025 übersteigt das regelmäßige monatliche Arbeitsentgelt im Durchschnitt der Jahresbetrachtung (1.1.2025 bis 31.12.2025) nicht die jährliche Geringfügigkeitsgrenze i H. von 6.672 € (Beurteilung im Februar 2025: 11 x 510 € + 560 € = 6.170 €).

Aufgrund der unvorhersehbaren Mehrarbeit im Mai 2025 übersteigt das regelmäßige monatliche Arbeitsentgelt im Durchschnitt der Jahresbetrachtung (1.1.2025 bis 31.12.2025) nicht die jährliche Geringfügigkeitsgrenze i. H. von 6.672 € (Beurteilung im Mai 2025: 10 x 510 € + 560 € + 630 € = 6.290 €).

Aufgrund der unvorhersehbaren Mehrarbeit im Juli 2025 übersteigt das regelmäßige monatliche Arbeitsentgelt im Durchschnitt der Jahresbetrachtung (1.1.2025 bis 31.12.2025) immer noch **nicht** die jährliche Geringfügigkeitsgrenze i. H. von 6.672 € (Beurteilung im Juli 2025: 9 x 510 € + 560 € + 630 € + 560 € = 6.340 €).

Die Überschreitungen der monatlichen Geringfügigkeitsgrenze in den Monaten Februar, Mai und Juli 2025 sind **zulässige Überschreitungen**. Sie bleiben **unberücksichtigt, weil** die **zulässige Jahresentgeltgrenze** von **6.672 €** in dem vom Arbeitgeber für die Ermittlung des regelmäßigen monatlichen Arbeitsentgelts gewählten Jahreszeitraum (1.1.2025 bis 31.12.2025) in den jeweiligen Monaten **nicht überschritten wird.**

Aufgrund der unvorhersehbaren Mehrarbeit **übersteigt** das regelmäßige monatliche Arbeitsentgelt im Durchschnitt der Jahresbetrachtung (1.1.2025 bis 31.12.2025) **erstmalig im Oktober 2025** die für die Annahme einer geringfügig entlohnten Beschäftigung maßgebliche jährliche Geringfügigkeitsgrenze i. H. von **6.672 €** (Beurteilung im Oktober 2025: 8 x 510 € + 560 € + 630 € + 560 € + 910 € = 6.740 €).

Der Student bleibt **auch für die Zeit vom 1.10. bis zum 31.10.2025** weiterhin **geringfügig entlohnt** beschäftigt, da es sich innerhalb des maßgebenden Zeitjahres (1.11.2024 bis 31.10.2025) zum einen nur um ein **gelegentliches und unvorhersehbares Überschreiten** der Geringfügigkeitsgrenze handelt (im Oktober 2025 die erste von maximal zwei möglichen Überschreitungen innerhalb des Zeitjahres). Das vereinbarte monatliche Arbeitsentgelt von 510 € hat sich im Oktober 2025 zum anderen **maximal auf das Doppelte** der **Geringfügigkeitsgrenze (1.112 €)** erhöht.

Der Arbeitgeber hat auch für Oktober 2025 weiterhin Pauschalbeiträge zur Kranken- und Rentenversicherung aufgrund der durchgehend geringfügig entlohnten Beschäftigung zu zahlen.

- Personengruppenschlüssel: 109
- Beitragsgruppenschlüssel: 6-5-0-0

HINWEIS

Der Begriff „unvorhersehbar" ist in der Praxis sehr streng definiert. Als unvorhersehbares Ereignis kommt fast nur die Erkrankung eines Kollegen in Betracht, für den der geringfügig Beschäftigte einspringen musste, und das auch nur zum Zeitpunkt des Beginns der Erkrankung. Unterlagen hierzu sind unbedingt zu den Lohnunterlagen zu nehmen.

1.1 Steuerabzug

Der Irrglaube, dass geringfügig entlohnte Beschäftigte von der Lohnsteuer befreit sind, ist weit verbreitet. Der Arbeitslohn aus einer geringfügigen Beschäftigung ist steuerpflichtig. Es gibt allerdings verschiedene Möglichkeiten, die Lohnsteuer **pauschal** abzuführen. Der Arbeitgeber hat dabei folgende Möglichkeiten:

- Lohnsteuerabzug gem. der Lohnsteuerabzugsmerkmale (keine Pauschalisierung),
- Pauschalierung mit 2 % (§ 40a Abs. 2 EStG),
- Pauschalisierung mit 20 % (§ 40a Abs. 2a EStG).

In den meisten Fällen entscheiden sich die Arbeitgeber für die **Pauschalierung (auch Pauschsteuer genannt) mit 2 %.** In diesem Pauschalbetrag sind bereits die Lohnsteuer, Kirchensteuer und der Solidaritätszuschlag enthalten. Eine Besonderheit ist hierbei zu beachten, denn die pauschale Steuer wird nicht an das zuständige Finanzamt des Arbeitgebers abgeführt, sondern im Rahmen der Beitragszahlung an die **Minijob-Zentrale der Knappschaft-Bahn-See** gemeldet und abgeführt. Zahlt der Arbeitgeber die pauschale Steuer von 2 %, ist die Voraussetzung, dass der Arbeitgeber die pauschalen Rentenversicherungsbeiträge i. H. von 15 % abführt.

Bei der Pauschalisierung mit 20 % werden zusätzlich noch 5,5 % **Solidaritätszuschlag** und ggf. **Kirchensteuer** erhoben. Diese Methode wird meist gewählt, wenn der Arbeitnehmer ein weiteres geringfügiges Beschäftigungsverhältnis neben seiner Hauptbeschäftigung ausübt. Diese pauschale Steuer wird aber wie gewohnt an das zuständige Finanzamt gemeldet und abgeführt.

HINWEIS

Der Vorteil der Pauschalisierung für den Arbeitnehmer liegt darin, dass der Arbeitgeber die Lohnsteuer alleine trägt. Er erhält somit einen Bruttolohn ohne gesetzliche Steuerabzüge. Allerdings steht es dem Arbeitgeber frei, die pauschale Steuer auch auf seinen Arbeitnehmer abzuwälzen (§ 39b Abs. 2 EStG).

1.2 Sozialversicherung

Der Arbeitnehmer ist bei einer geringfügigen Beschäftigung **von der Sozialversicherung befreit**. Dafür muss der Arbeitgeber pauschale Beiträge zur Krankenversicherung i. H. von 13 % und zur

Rentenversicherung i. H. von 15 % zahlen (§ 249b SGB V, § 172 Abs. 3 SGB VI). Beiträge für die Pflege- und Arbeitslosenversicherung fallen nicht an. Ist der Arbeitnehmer nicht in einer gesetzlichen, sondern in einer privaten Krankenversicherung versichert, entfällt der pauschale Beitrag zur Krankenversicherung.

Der pauschale Beitrag des Arbeitgebers zur Krankenversicherung begründet keinen Leistungsanspruch für den Arbeitnehmer. Mit der **Anhebung der Geringfügigkeitsgrenze** ändert sich auch der Versicherungsstatus in der Rentenversicherung.

HINWEIS

Während in der Altregelung bis 31.12.2012 nur der Arbeitnehmer auf Antrag, zusätzlich zum pauschalen Rentenversicherungsbeitrag, Beiträge in die Rentenversicherung einzahlte (Option-in-Modell), ist er ab 1.1.2013 grds. rentenversicherungspflichtig mit der Folge, dass er neben dem pauschalen Rentenversicherungsbeitrag von 15 %, der vom Arbeitgeber getragen wird, zusätzlich 3,6 % in die gesetzliche Rentenversicherung einzahlt. Der Arbeitnehmer kann auf Antrag auf dieses Modell verzichten (Option-out-Modell).

Somit ist jeder geringfügig Beschäftigte ab dem 1.1.2013 grds. rentenversicherungspflichtig. Durch die Rentenversicherungspflicht möchte der Gesetzgeber das Bewusstsein der geringfügig Beschäftigten für ihre Alterssicherung stärken. Mit der Rentenversicherungspflicht erwerben geringfügig Beschäftigte Rentenversicherungsansprüche, Ansprüche auf Erwerbsminderungsrente und können ggf. Leistungen der medizinischen oder beruflichen Rehabilitation in Anspruch nehmen. Daneben können durch die Versicherungszeiten Lücken in der Versicherungsbiografie vermieden werden.

Den geringfügig Beschäftigten steht es somit frei, sich auf Antrag beim Arbeitgeber von der Versicherungspflicht in der gesetzlichen Rentenversicherung **befreien** zu lassen. In diesen Fällen zahlt der Arbeitgeber den Pauschalbeitrag von 15 % und es tritt die Versicherungsfreiheit ein. Die Befreiung erfolgt auf **schriftlichen Antrag** des Arbeitnehmers beim Arbeitgeber. Wichtig dabei ist, dass der Arbeitgeber den Antrag mit dem Eingangsdatum versehen und bei den Lohnunterlagen aufbewahren muss. Der Arbeitgeber beantragt dann die Befreiung elektronisch per DEÜV-Meldung bei der Knappschaft-Bahn-See (Beitragsgruppenschlüssel 2. Stelle = „5" (pauschale Beiträge) statt „1" normaler Beitrag). Diese Meldung muss mit der nächsten Entgeltabrechnung erfolgen, spätestens sechs Wochen nach Antragseingang.

Die Knappschaft-Bahn-See prüft diesen Antrag und erteilt **stillschweigend** ihre **Zustimmung**, wenn sie nicht innerhalb von sechs Wochen nach Eingang der DEÜV-Meldung dem Antrag widerspricht. Der Antrag auf Befreiung wirkt rückwirkend zum Ersten des Monats, in dem der Arbeitnehmer den Antrag bei seinem Arbeitgeber gestellt hat.

HINWEIS

Die Übergangsregelungen für Arbeitnehmer, deren Arbeitsverhältnis zum 31.12.2012 bereits bestand, waren nur bis zum 31.12.2014 anzuwenden.

HINWEIS

Seit dem 1.1.2022 ist im DEÜV-Meldeverfahren ein zusätzlicher Steuerbaustein für geringfügig entlohnte Beschäftigte zu befüllen. Neben der Steuernummer des Arbeitgebers ist auch die Steuer-ID des Arbeitnehmers anzugeben. Zusätzlich sind Angaben über die erhobene Steuer (individuelle oder pauschale Versteuerung) zu machen.

Antrag auf Befreiung von der Rentenversicherungspflicht bei einer geringfügig entlohnten Beschäftigung nach § 6 Absatz 1b Sozialgesetzbuch – Sechstes Buch – (SGB VI)

Arbeitnehmer:

Name: ______________________________

Vorname: ______________________________

Rentenversicherungsnummer: |_|_|_|_|_|_|_|_|_|_|_|_|

Hiermit beantrage ich die Befreiung von der Versicherungspflicht in der Rentenversicherung im Rahmen meiner geringfügig entlohnten Beschäftigung und verzichte damit auf den Erwerb von Pflichtbeitragszeiten. Ich habe die Hinweise auf dem „Merkblatt über die möglichen Folgen einer Befreiung von der Rentenversicherungspflicht" zur Kenntnis genommen.

Mir ist bekannt, dass der Befreiungsantrag für alle von mir zeitgleich ausgeübten geringfügig entlohnten Beschäftigungen gilt und für die Dauer der Beschäftigungen bindend ist; eine Rücknahme ist nicht möglich. Ich verpflichte mich, alle weiteren Arbeitgeber, bei denen ich eine geringfügig entlohnte Beschäftigung ausübe, über diesen Befreiungsantrag zu informieren.

______________________________ (Ort, Datum)

______________________________ (Unterschrift des Arbeitnehmers bzw. bei Minderjährigen Unterschrift des gesetzlichen Vertreters)

Arbeitgeber:

Name: ______________________________

Betriebsnummer: |_|_|_|_|_|_|_|_|

Der Befreiungsantrag ist am |_|_|_|_|_|_|_|_| bei mir eingegangen.
T T M M J J J J

Die Befreiung wirkt ab dem |_|_|_|_|_|_|_|_|.
T T M M J J J J

______________________________ (Ort, Datum)

______________________________ (Unterschrift des Arbeitgebers)

Hinweis für den Arbeitgeber:

Der Befreiungsantrag ist nach § 8 Absatz 2 Nr. 4a Beitragsverfahrensverordnung (BVV) zu den Entgeltunterlagen zu nehmen und nicht an die Minijob-Zentrale zu senden.

Merkblatt über die möglichen Folgen einer Befreiung von der Rentenversicherungspflicht

Allgemeines

Arbeitnehmer, die eine geringfügig entlohnte Beschäftigung (450-Euro-Minijob) ausüben, unterliegen grundsätzlich der Versicherungs- und vollen Beitragspflicht in der gesetzlichen Rentenversicherung. Der vom Arbeitnehmer zu tragende Anteil am Rentenversicherungsbeitrag beläuft sich auf 3,6 Prozent (bzw. 13,6 Prozent bei geringfügig entlohnten Beschäftigungen in Privathaushalten) des Arbeitsentgelts. Er ergibt sich aus der Differenz zwischen dem Pauschalbeitrag des Arbeitgebers (15 Prozent bei geringfügig entlohnten Beschäftigungen im gewerblichen Bereich bzw. 5 Prozent bei solchen in Privathaushalten) und dem vollen Beitrag zur Rentenversicherung in Höhe von 18,6 Prozent. Zu beachten ist, dass der volle Rentenversicherungsbeitrag mindestens von einem Arbeitsentgelt in Höhe von 175 Euro zu zahlen ist.

Vorteile der vollen Beitragszahlung zur Rentenversicherung

Die Vorteile der Versicherungspflicht für den Arbeitnehmer ergeben sich aus dem Erwerb von Pflichtbeitragszeiten in der Rentenversicherung. Das bedeutet, dass die Beschäftigungszeit in vollem Umfang für die Erfüllung der verschiedenen Wartezeiten (Mindestversicherungszeiten) berücksichtigt wird. Pflichtbeitragszeiten sind beispielsweise Voraussetzung für

- einen früheren Rentenbeginn,
- Ansprüche auf Leistungen zur Rehabilitation (sowohl im medizinischen Bereich als auch im Arbeitsleben),
- den Anspruch auf Übergangsgeld bei Rehabilitationsmaßnahmen der gesetzlichen Rentenversicherung,
- die Begründung oder Aufrechterhaltung des Anspruchs auf eine Rente wegen Erwerbsminderung,
- den Rechtsanspruch auf Entgeltumwandlung für eine betriebliche Altersversorgung und
- die Erfüllung der Zugangsvoraussetzungen für eine private Altersvorsorge mit staatlicher Förderung (zum Beispiel die so genannte Riester-Rente) für den Arbeitnehmer und gegebenenfalls sogar den Ehepartner.

Darüber hinaus wird das Arbeitsentgelt nicht nur anteilig, sondern in voller Höhe bei der Berechnung der Rente berücksichtigt.

Antrag auf Befreiung von der Rentenversicherungspflicht

Ist die Versicherungspflicht nicht gewollt, kann sich der Arbeitnehmer von ihr befreien lassen. Hierzu muss er seinem Arbeitgeber - möglichst mit dem beiliegenden Formular - schriftlich mitteilen, dass er die Befreiung von der Versicherungspflicht in der Rentenversicherung wünscht. Übt der Arbeitnehmer mehrere geringfügig entlohnte Beschäftigungen aus, kann der Antrag auf Befreiung nur einheitlich für alle zeitgleich ausgeübten geringfügigen Beschäftigungen gestellt werden. Über den Befreiungsantrag hat der Arbeitnehmer alle weiteren - auch zukünftige - Arbeitgeber zu informieren, bei denen er eine geringfügig entlohnte Beschäftigung ausübt. Die Befreiung von der Versicherungspflicht ist für die Dauer der Beschäftigung(en) bindend; sie kann nicht widerrufen werden.

Die Befreiung wirkt grundsätzlich ab Beginn des Kalendermonats des Eingangs beim Arbeitgeber, frühestens ab Beschäftigungsbeginn. Voraussetzung ist, dass der Arbeitgeber der Minijob-Zentrale die Befreiung bis zur nächsten Entgeltabrechnung, spätestens innerhalb von 6 Wochen nach Eingang des Befreiungsantrages bei ihm meldet. Anderenfalls beginnt die Befreiung erst nach Ablauf des Kalendermonats, der dem Kalendermonat des Eingangs der Meldung bei der Minijob-Zentrale folgt.

Konsequenzen aus der Befreiung von der Rentenversicherungspflicht

Geringfügig entlohnte Beschäftigte, die die Befreiung von der Rentenversicherungspflicht beantragen, verzichten freiwillig auf die oben genannten Vorteile. Durch die Befreiung zahlt lediglich der Arbeitgeber den Pauschalbeitrag in Höhe von 15 Prozent (bzw. 5 Prozent bei Beschäftigungen in Privathaushalten) des Arbeitsentgelts. Die Zahlung eines Eigenanteils durch den Arbeitnehmer entfällt hierbei. Dies hat zur Folge, dass der Arbeitnehmer nur anteilig Monate für die Erfüllung der verschiedenen Wartezeiten erwirbt und auch das erzielte Arbeitsentgelt bei der Berechnung der Rente nur anteilig berücksichtigt wird.

Hinweis: Bevor sich ein Arbeitnehmer für die Befreiung von der Rentenversicherungspflicht entscheidet, wird eine individuelle Beratung bezüglich der rentenrechtlichen Auswirkungen der Befreiung bei einer Auskunfts- und Beratungsstelle der Deutschen Rentenversicherung empfohlen. Das Servicetelefon der Deutschen Rentenversicherung ist kostenlos unter der 0800 10004800 zu erreichen. Bitte nach Möglichkeit beim Anruf die Versicherungsnummer der Rentenversicherung bereithalten.

(Quelle: www.minijob-zentrale.de)

Mindestbeitragsbemessungsgrenze

Liegt das Arbeitsentgelt unter 175 €, werden die Pflichtbeiträge zur Rentenversicherung auf mindestens 175 € erhoben (**Mindestbeitragsbemessungsgrundlage**). Dies gilt nicht für Arbeitsentgelte aus einer nach § 230 Abs. 8 Satz 1 SGB VI weiterhin rentenversicherungsfreien geringfügig entlohnten Beschäftigung.

BEISPIEL ▶ Mindestbeitragsbemessungsgrundlage

Arbeitnehmerin arbeitet als geringfügig entlohnte Beschäftigte mit einem monatlichen Entgelt von 150 €.

Lösung:

Beitragsberechnung RV-Beiträge 18,6 % von 175,00 €	= 32,55 €
Anteil Arbeitgeber 15 % von 150,00 €	= 22,50 €
Anteil Arbeitnehmer 32,55 € – 22,50 €	= 10,05 €

Umlagepflicht für geringfügig entlohnte Beschäftigte

Auch geringfügig entlohnte Beschäftigte haben einen sechswöchigen Anspruch auf **Lohnfortzahlung im Krankheitsfall**. Anspruchsgrundlage ist das Entgelt, das der Beschäftigte erhalten hätte, wenn er nicht erkrankt wäre.

Ein **Zuschuss zum Mutterschaftsgeld** ist nur dann zu zahlen, wenn die Beschäftigte auch Mutterschaftsgeld von der Krankenkasse erhält. Dies ist z. B. dann der Fall, wenn sie gesetzlich krankenversichert ist.

HINWEIS

Die Höhe der Umlage wird jährlich von der Knappschaft-Bahn-See neu festgelegt. Im Jahr 2023 betragen die Umlagensätze:

- U1 = 1,1 % / U2 = 0,22 %

Gesetzliche Abgaben des Arbeitgebers für geringfügig entlohnte Beschäftigte:

Rentenversicherung	pauschal 15 %
Krankenversicherung	pauschal 13 %
Lohnsteuer	Pauschalsteuer 2 % (inkl. KiSt und SolZ)
Umlage U1	1,1 % (bei weniger als 30 Arbeitnehmern)
Umlage U2	0,22 %
Insolvenzgeldumlage	0,15 %
Gesamtbeiträge Arbeitgeber	31,47 % (ohne U1/U2 und Insolvenzgeldumlage 30 %)

Gesetzliche Abgaben des geringfügig entlohnten beschäftigten Arbeitnehmers:

Rentenversicherung	3,6 %
Gesamtbeiträge Arbeitnehmer	3,6 %

BEISPIEL ▶ Geringfügige Beschäftigung

Arbeitnehmerin als geringfügig Beschäftigte mit einem monatlichen Entgelt von 556 €. Die Arbeitnehmerin ist bei ihrem Ehemann im Rahmen der Familienversicherung gesetzlich krankenversichert.

Die Arbeitnehmerin ist versicherungsfrei in der Kranken-, Pflege- und Arbeitslosenversicherung, da ihr monatliches Entgelt 556 € nicht übersteigt. Der Arbeitgeber zahlt in die Krankenversicherung einen pauschalen Beitrag von 13 % an die Knappschaft-Bahn-See (Minijob-Zentrale). In der Rentenversicherung besteht Versicherungspflicht (seit 1.1.2013). Der Arbeitgeber zahlt in die Rentenversicherung einen pauschalen Beitrag von 15 %. Die Arbeitnehmerin zahlt die Differenz zum normalen Beitragssatz in die Rentenversicherung i. H. von 3,6 % (18,6 % - 15 % = 3,6 %). Die Besteuerung erfolgt mit der Pauschalsteuer i. H. von 2 %. Mit diesem pauschalen Steuersatz sind auch die Kirchensteuer und der Solidaritätszuschlag abgegolten.

Lösung:

– Arbeitnehmerin:

Monatslohn	556,00 €
LSt/KiSt/SolZ	0,00 €
Kranken-, Pflege- und Arbeitslosenversicherung	0,00 €
Rentenversicherung (Differenzbetrag 3,6 %)	20,02 €
Nettolohn	535,98 €

– Arbeitgeber:

LSt (einschl. KiSt/SolZ, pauschal 2 %)	11,12 €
Krankenversicherung (pauschal 13 %)	72,28 €
Rentenversicherung (pauschal 15 %)	83,40 €
Umlage U1 (1,1 %)	6,12 €
Umlage U2 (0,22 %)	1,22 €
Insolvenzgeldumlage (0,15 %)	0,83 €
Insgesamt	174,97 €

In diesem Beispiel gehen wir davon aus, dass die Arbeitnehmerin in einem Unternehmen mit weniger als 30 Arbeitnehmern beschäftigt ist. Somit fällt auch der Beitrag in der Umlage U1 Entgeltfortzahlung an. Die Umlage U1 Mutterschaftsaufwendungen fällt auch bei Unternehmen mit mehr als 30 Arbeitnehmern an (Kapitel „Umlageversicherung").

1.3 Zusammenrechnung der Beschäftigungen

Werden **mehrere Beschäftigungen** bei verschiedenen Arbeitgebern nebeneinander ausgeübt, sind die Arbeitsentgelte aus diesen Beschäftigungen zusammenzurechnen. Ergibt das Zusammenrechnen der Beschäftigungen ein Gesamtarbeitsentgelt bis zur Geringfügigkeitsgrenze, sind alle Beschäftigungen geringfügig entlohnt. Werden mehrere Beschäftigungen zusammengerechnet und beträgt das Entgelt aus allen Beschäftigungen mehr als die Geringfügigkeitsgrenze, sind alle Beschäftigungen keine geringfügig entlohnten Beschäftigungen mehr. Dies ist auch dann gegeben, wenn neben zwei geringfügig entlohnten Beschäftigungen, die infolge des Zusammenrechnens versicherungspflichtig sind, eine weitere geringfügig entlohnte Beschäftigung aufgenommen wird. Nicht zusammengerechnet werden eine geringfügig entlohnte Beschäftigung und eine weitere kurzfristige Beschäftigung.

Für die Beurteilung der geringfügig entlohnten Beschäftigung ist von entscheidender Bedeutung, ob diese **neben einer sozialversicherungspflichtigen Beschäftigung** ausgeübt wird. Die gesetzlichen Regelungen[1] sehen vor, dass neben einer sozialversicherungspflichtigen Beschäftigung eine geringfügige Beschäftigung bei einem anderen Arbeitgeber nicht zusammengerechnet werden. Daraus folgt der Grundsatz: Neben einer Hauptbeschäftigung (sozialversicherungspflichtige Beschäftigung über 556 € im Monat) ist die zuerst aufgenommene geringfügige Beschäftigung für sich gesehen geringfügig entlohnt. Im Sozialgesetzbuch (§ 8 Abs. 2 Satz 1 SGB IV) wird dazu ausgeführt, dass mit Ausnahme einer geringfügigen Beschäftigung, bei mehreren geringfügigen und nicht geringfügigen Beschäftigungen diese zusammenzurechnen sind. Die Einschränkung „mit Ausnahme einer geringfügig entlohnten Beschäftigung" bedeutet, dass

1 § 8 Abs. 2 Satz 1 SGB IV i. V. m. § 7 Abs. 1 Satz 2 SGB V bzw. § 6 Abs. 1b Satz 3 SGB VI.

unabhängig davon, ob neben einer nicht geringfügig entlohnten Beschäftigung (also versicherungspflichtigen Beschäftigung) eine oder mehrere geringfügig entlohnte Beschäftigungen ausgeübt werden, es stets für eine geringfügig entlohnte Beschäftigung nicht zum zusammenrechnen mit der sozialversicherungspflichtigen Beschäftigung kommt.

Werden allerdings neben einer sozialversicherungspflichtigen Beschäftigung (also nicht geringfügigen Beschäftigung) mehrere geringfügig entlohnte Beschäftigungen ausgeübt, dann scheidet für die zuerst aufgenommene geringfügig entlohnte Beschäftigung die Zusammenrechnung mit der sozialversicherungspflichtigen Beschäftigung aus. Dabei besteht kein Wahlrecht für die Beschäftigung, mit der keine Zusammenrechnung erfolgen soll, sondern es scheidet immer die zuerst aufgenommene geringfügig entlohnte Beschäftigung für das Zusammenrechnen aus. Jede weitere geringfügig entlohnte Beschäftigung wird mit der sozialversicherungspflichtigen Hauptbeschäftigung zusammengerechnet.

Meldungen

Geringfügig Beschäftigte sind wie alle Angestellten **meldepflichtig**. Für diese Abrechnungsgruppe müssen auch An- und Abmeldungen, Jahresmeldungen und Unterbrechungsmeldungen erstellt werden. Für geringfügig entlohnte Beschäftigte dient die Minijob-Zentrale der Knappschaft-Bahn-See als zentrale Einzugsstelle. Die Minijob-Zentrale Knappschaft-Bahn-See erhält auch die Pauschalbeiträge zur Kranken- und Rentenversicherung sowie den Aufstockungsbetrag zur Rentenversicherung der Arbeitnehmer. Gleichzeitig ist die Minijob-Zentrale Knappschaft-Bahn-See die Umlagekasse und erhält die pauschale Lohnsteuer i. H. von 2 %, die von der Minijob-Zentrale der Knappschaft-Bahn-See an die Finanzbehörde weitergeleitet wird.

TIPP

Wird neben einer versicherungspflichtigen Hauptbeschäftigung eine geringfügig entlohnte Beschäftigung ausgeübt, musst du für die Meldungen Folgendes beachten:

- für die Hauptbeschäftigung gehen die Meldungen weiterhin an die zuständige gesetzliche Krankenkasse,
- für die erste geringfügig entlohnte Beschäftigung gehen die Meldungen an die Knappschaft-Bahn-See,
- für jede weitere geringfügig entlohnte Beschäftigung, die trotz Zusammenrechnung weiterhin geringfügig bleibt, gehen die Meldungen an die Knappschaft-Bahn-See,
- für jede weitere geringfügig entlohnte Beschäftigung, die durch Zusammenrechnung versicherungspflichtig wird, gehen die Meldungen an die für den Arbeitnehmer zuständige gesetzliche Krankenversicherung.

Siehe auch das Schaubild „Rentenversicherungsrechtliche Behandlung von Altersvollrentnern mit einem Minijob mit Verdienstgrenze ab 1. Januar 2017“ (Quelle: Minijob-Zentrale, https://go.nwb.de/hb3id) auf S. 140.

Zur Unterstützung bei der Anmeldung eines geringfügigen Beschäftigten haben wir eine Checkliste entworfen. Du findest diese im Kapitel XVI „Checklisten & Übersichten“.

Rentenversicherungsrechtliche Behandlung von Altersvollrentnern mit einem Minijob mit Verdienstgrenze ab 1. Januar 2017

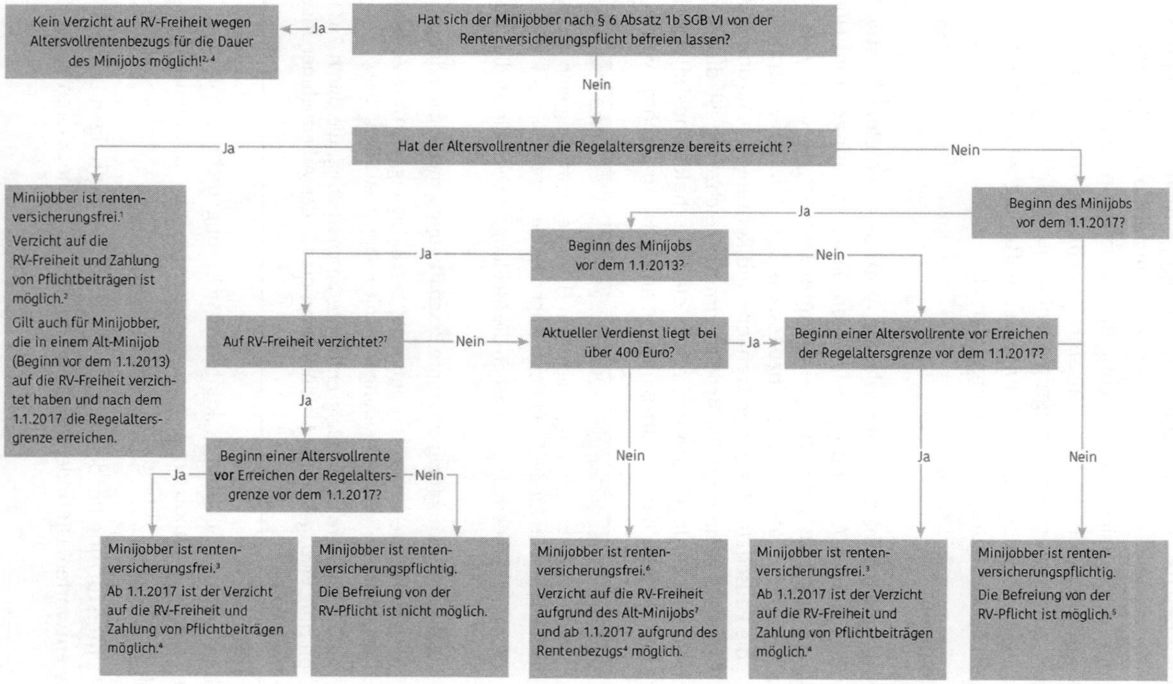

Gesetzesgrundlagen

1. Nach § 5 (4) S. 1 Nr. 1 SGB VI rentenversicherungsfrei als Bezieher einer Altersvollrente nach Erreichen der Regelaltersgrenze.
2. Nach § 5 (4) S. 2 SGB VI Verzicht auf die Rentenversicherungsfreiheit als Altersvollrentner nach Erreichen der Regelaltersgrenze.
3. Nach § 230 (9) S. 1 SGB VI als Altersvollrentner rentenversicherungsfrei.
4. Nach § 230 (9) S. 2 SGB VI kann der Altersvollrentner auf die Rentenversicherungsfreiheit verzichten.
5. Auf Antrag von der Rentenversicherungspflicht befreit nach § 6 (1b) SGB VI.
6. Nach § 230 (8) S. 1 SGB VI rentenversicherungsfrei im Alt-Minijob (Beginn vor 2013).
7. Verzicht auf die RV-Freiheit nach §§ 229 (5), 230 (8) S. 2 SGB VI im Alt-Minijob (Beginn vor 2013).

1.6 Beschäftigung im Privathaushalt

Eine **geringfügige Beschäftigung im privaten Haushalt** ist eine eigenständige Form (§ 8a SGB IV) der Beschäftigung. Grundsätzlich gelten auch hier die gleichen Bedingungen der geringfügigen Beschäftigung. Der private Arbeitgeber zahlt jedoch lediglich 5 % Rentenversicherung und 5 % Krankenversicherung als pauschale Abgabe. Die pauschale Steuer beträgt auch hier 2 %. Der private Arbeitgeber kann aber auch die Versteuerung nach den Lohnsteuerabzugsmerkmalen vornehmen. Seit 1.1.2013 sind auch geringfügig Beschäftigte in Privathaushalten in der Rentenversicherung pflichtversichert. Für die beschäftigte Person beträgt in diesem Fall der Beitragsanteil zur Rentenversicherung 13,6 % (18,6 % - 5 % = 13,6 %). Eine Befreiung von der Rentenversicherungspflicht ist auf Antrag möglich.

Zentrale Melde- und Einzugsstelle ist auch hier die Minijob-Zentrale der **Knappschaft-Bahn-See**. Diese hat zur Vereinfachung der Meldung ein sog. **Haushaltsscheckverfahren** eingerichtet. Die Minijob-Zentrale der Knappschaft-Bahn-See berechnet die Beiträge und zieht diese mittels SEPA-Lastschriftmandat ein. Zusätzlich sind die Arbeitnehmer über die Berufsgenossenschaft auch unfallversichert.

TIPP

Zur Anmeldung der Haushaltshilfe findest du auf der Internetseite der Minijob-Zentrale ein Formular. Dieses müssen Arbeitgeber und Arbeitnehmer gemeinsam ausfüllen und an die Minijob-Zentrale senden. Der Lastschrifteinzug der Beiträge erfolgt dann halbjährlich. Die Minijob-Zentrale kümmert sich auch um die Unfallversicherung. Hier ist durch den Arbeitgeber nichts weiter zu veranlassen. Seit dem 1.1.2018 ist auch eine elektronische Teilnahme am Haushaltsscheckverfahren möglich.[1]

2. Kurzfristig Beschäftigte

Eine zweite Form der geringfügigen Beschäftigung ist die **kurzfristige Beschäftigung**. Anders als bei den geringfügig Beschäftigten unterscheidet sich hier die Definition der kurzfristig Beschäftigten im Steuer- und Sozialversicherungsrecht.

MERKE

Kurzfristige Beschäftigungen i. S. der Sozialversicherung sind:

- Beschäftigungen als Saisonarbeiter,
- Beschäftigungen im Rahmen eines zeitlichen Projekts,
- Beschäftigungen in einer Notsituation.

Anders als die geringfügige Beschäftigung ist die kurzfristige Beschäftigung (§ 8 Abs. 1 Nr. 2 SGB IV) **zeitlich begrenzt**. Eine kurzfristige Beschäftigung ist nach ihrer Art ein befristetes Arbeitsverhältnis und muss daher **schriftlich** vertraglich festgehalten werden.

Voraussetzungen für eine kurzfristige Beschäftigung sind:

- Das Beschäftigungsverhältnis wird von vornherein nicht länger als drei Monate oder nicht an mehr als 70 Arbeitstagen im Kalenderjahr ausgeübt.
- Die Tätigkeit darf nicht berufsmäßig ausgeübt werden.

1 Haushaltscheckverfahren der Minijob-Zentrale: http://go.nwb.de/3iyd7.

Eine berufsmäßige Ausübung liegt vor, wenn die Beschäftigung nicht von untergeordneter wirtschaftlicher Bedeutung ist. Eine berufsmäßige Ausübung liegt auch vor, wenn Personen

- arbeitslos gemeldet sind und Leistungen nach dem SGB III beziehen;
- arbeitslos gemeldet sind und Leistungen beziehen und mehr als 556 € hinzuverdienen;
- während der Elternzeit eine Teilzeitbeschäftigung ausführen;
- während eines unbezahlten Urlaubs eine Beschäftigung ausüben;
- zwischen Schulentlassung und Ableisten eines freiwilligen sozialen oder ökologischen Jahres, eines Bundesfreiwilligendienstes, eines dem freiwilligen sozialen oder ökologischen Jahr vergleichbaren freiwilligen Dienst oder des freiwilligen Wehrdienstes eine Beschäftigung ausüben.

Liegt eine **berufsmäßige Ausübung** vor, kann es sich niemals um eine kurzfristige Beschäftigung handeln. In diesen Fällen kann aber eine geringfügig entlohnte Beschäftigung vorliegen.

Wird die maßgebende Zeitgrenze nicht überschritten, erfüllt eine kurzfristige Beschäftigung jedoch dann nicht die Voraussetzungen einer geringfügigen Beschäftigung, wenn die Beschäftigung berufsmäßig ausgeübt wird und ihr Arbeitsentgelt die Geringfügigkeitsgrenze im Monat übersteigt. Die Prüfung der Berufsmäßigkeit ist mithin nicht erforderlich, wenn das aufgrund dieser Beschäftigung erzielte Arbeitsentgelt die Geringfügigkeitsgrenze im Monat nicht überschreitet. Die Geringfügigkeitsgrenze ist ein Monatswert, der auch dann gilt, wenn die Beschäftigung nicht während des gesamten Kalendermonats besteht.[1]

HINWEIS

Die Geringfügigkeits-Richtlinie vom 14.12.2023 enthält unter Punkt 2.3.3 weitere wichtige Ausführungen zur Prüfung der Berufsmäßigkeit.

2.1 Zeitgrenzen

Die Voraussetzungen einer kurzfristigen Beschäftigung sind nur gegeben, wenn die Beschäftigung von vornherein auf nicht mehr als drei Monate (Kalender- und Zeitmonate) oder 70 Arbeitstage (auch kalenderjahrüberschreitend) befristet ist. Hierbei sind alle Tage zu berücksichtigen, für die ein Anspruch auf Arbeitsentgelt besteht; dazu gehören z. B. auch Tage, an denen bezahlter Urlaub gewährt oder Bereitschaftsdienst geleistet wird.[2]

Die Zeitgrenze von drei Monaten und die Zeitgrenze von 70 Arbeitstagen sind gleichwertige Alternativen zur Begründung einer kurzfristigen Beschäftigung; eine Anwendung der jeweiligen Zeitgrenze in Abhängigkeit von der Anzahl der wöchentlichen Arbeitstage erfolgt nicht (vgl. Urteil des BSG v. 24.11.2020 – B 12 KR 34/19 R, USK 2020-57). Die zeitlichen Voraussetzungen für eine kurzfristige Beschäftigung sind demzufolge unabhängig von der arbeitszeitlichen Ausgestaltung der Beschäftigung immer erfüllt, wenn die Beschäftigung entweder auf längstens drei Monate oder bei einem darüberhinausgehenden Zeitraum auf längstens 70 Arbeitstage befristet ist (vgl. Punkt 2.3.1 der Geringfügigkeits-Richtlinie).

Bei der Prüfung, ob die Zeiträume von drei Monaten oder 70 Arbeitstagen überschritten werden, sind die Zeiten mehrerer aufeinanderfolgender kurzfristiger Beschäftigungen zusammenzurech-

1 BSG, Urteil v. 5.12.2017 – B 12 R 10/15 R, USK 2017-102.

2 Geringfügigkeits-Richtlinie v. 26.7.2021.

nen unabhängig davon, ob sie geringfügig entlohnt oder mehr als geringfügig entlohnt sind. Zu berücksichtigen sind die Zeiträume der Beschäftigung, die vom Arbeitgeber mit der Personengruppe 110 (kurzfristige Beschäftigung) gemeldet wurden. Dies gilt auch dann, wenn die einzelnen Beschäftigungen bei verschiedenen Arbeitgebern ausgeübt werden. Zu Beginn der Beschäftigung ist zu prüfen, ob die Beschäftigung zusammen mit den anderen kurzfristigen Beschäftigungen im laufenden Kalenderjahr die v. g. maßgebenden Zeitgrenzen überschreitet.

2.2 Steuerabzug

Bei kurzfristig Beschäftigten wird – ähnlich wie bei geringfügig Beschäftigten – nach § 40a EStG eine **Pauschalierung der Lohnsteuer** vorgenommen. Der pauschale Steuersatz beträgt 25 % mit der Hinzurechnung von Solidaritätszuschlag und ggf. Kirchensteuer. Beträgt der Arbeitslohn mehr als 19 € pro Stunde, ist eine Pauschalisierung ausgeschlossen (§ 40a Abs. 4 Nr. 1 EStG).

Anders als das Sozialversicherungsrecht unterscheidet das **Steuerrecht** die Definition kurzfristig. Nach § 40a Abs. 1 Nr. 2 EStG liegt steuerlich eine kurzfristige Beschäftigung vor, wenn der Arbeitnehmer beim Arbeitgeber gelegentlich, nicht regelmäßig, wiederkehrend beschäftigt wird, die Dauer der Beschäftigung 18 zusammenhängende Kalendertage nicht übersteigt und der Arbeitslohn während der Beschäftigungsdauer 150 € durchschnittlich je Arbeitstag nicht übersteigt oder die Beschäftigung zu einem unvorhersehbaren Zeitpunkt sofort erforderlich war. Allerdings ist dann die Grenze für den Stundenlohn i. H. von max. 19 € zu beachten.

2.3 Sozialversicherung

Eine kurzfristige Beschäftigung ist **sozialversicherungsfrei**. Weder Arbeitgeber noch Arbeitnehmer zahlen Beiträge in die Kranken-, Renten-, Arbeitslosen- und Pflegeversicherung. Allerdings besteht auch für kurzfristig Beschäftigte Umlagepflicht in die Umlagekassen zum Ausgleich der Aufwendungen des Arbeitgebers bei Krankheit.

- Die Umlage U1 ist nur zu zahlen, wenn die Beschäftigung länger als vier Wochen dauert und der Arbeitgeber umlagepflichtig ist.
- Die Umlage U2 dient zum Ausgleich der Aufwendungen des Arbeitgebers im Rahmen der gesetzlichen Pflichten bei Schwangerschaft/Mutterschaft (Mutterschutzlohn und Zuschuss zum Mutterschaftsgeld). Diese Umlage zahlen deine Mandanten auch für männliche Beschäftigte.

PRAXISHINWEIS

Kurzfristig Beschäftigte sind mit der Personengruppe 110 und dem Beitragsgruppenschlüssel 0000 anzumelden.

Zur Unterstützung bei der Anmeldung eines kurzfristig Beschäftigten haben wir eine Checkliste entworfen. Du findest diese im Kapitel XVI „Checklisten & Übersichten“.

3. Auszubildende

Der Beginn des Berufslebens startet in den meisten Fällen mit einer **Berufsausbildung** im dualen Ausbildungssystem. Neben der Ausbildung in der Praxis erfolgt ein Teil der theoretischen Ausbildung in der Berufsschule. Eine Ausbildung ist daher einem „normalen“ Arbeitsverhältnis nicht gleichzusetzen. Die Regelungen des Arbeitsrechts werden durch das Berufsbildungsgesetz

(BBiG) ergänzt. Für Auszubildende gilt z. B. ein besonderer Kündigungsschutz (§ 22 BBiG). Der Arbeitgeber ist vor Aufnahme der Ausbildung verpflichtet, eine ärztliche Untersuchung durchführen zu lassen, in der die gesundheitliche Eignung festgestellt werden muss (§ 32 JArbSchG).

HINWEIS

Bei der Ausbildung von Minderjährigen ist zusätzlich das Jugendarbeitsschutzgesetz (JArbSchG) zu berücksichtigen. Jugendlicher i. S. des JArbSchG ist, wer 15, aber noch nicht 18 Jahre alt ist (§ 2 JArbSchG). Weiter regelt das Gesetz die Dauer der Arbeitszeit (§ 8 JArbSchG), die Freistellung zur Teilnahme an der Berufsschule (§ 9 JArbSchG), die Ruhepausen (§ 11 JArbSchG), die Nachtruhe und Sonn- und Feiertagsruhe (§§ 14, 16, 17, 18 JArbSchG) sowie den besonderen Urlaubsanspruch (§ 19 JArbSchG). Das JArbSchG regelt aber noch mehr. Es findet nicht nur Anwendung bei Auszubildenden, sondern grds. Anwendung bei Arbeitnehmern, die noch nicht 18 Jahre alt sind. Wer unter 15 Jahre alt ist, darf nur in Ausnahmefällen eine Arbeit ausführen (§ 2 JArbSchG).

Seit dem 1.1.2020 erhalten Auszubildende eine gesetzlich vorgeschriebene Mindest-Ausbildungsvergütung. Der Gesetzgeber hat dazu das Gesetz zur Modernisierung und Stärkung der beruflichen Bildung beschlossen.[1] Für das Jahr 2025 beträgt die gesetzliche Mindest-Ausbildungsvergütung:

- 1. Ausbildungsjahr = 682 €
- 2. Ausbildungsjahr = 805 €
- 3. Ausbildungsjahr = 921 €
- 4. Ausbildungsjahr = 955 €

Seit dem Jahr 2024 erfolgt die Anpassung der Mindest-Ausbildungsvergütung durch Rechtsverordnung anhand der durchschnittlichen Höhe aller Ausbildungsvergütungen. In Tarifverträgen können um bis zu 20 % niedrigere Ausbildungsvergütungen vereinbart werden.

3.1 Steuerabzug

Im steuerlichen Bereich sind Auszubildende keine Besonderheit, sondern werden als **normale Arbeitnehmer** behandelt. Der Arbeitgeber führt die gesetzlichen Steuerabzüge vom Bruttoarbeitslohn an das zuständige Finanzamt ab.

Die steuerlichen Abzüge werden individuell nach den Steuerabzugsmerkmalen des Auszubildenden berechnet. Zu beachten ist: Erhält ein Auszubildender eine Vergütung bis 556 € brutto im Monat, wird dieser **nicht** einer geringfügigen Beschäftigung gleichgestellt. Die Besteuerung erfolgt nicht mit der pauschalen Steuer. Auch findet der Übergangsbereich bei Auszubildenden keine Anwendung.

3.2 Sozialversicherung

Auch in der Sozialversicherung werden Auszubildende als **normale Arbeitnehmer** behandelt. Das beitragspflichtige Entgelt ist unabhängig von der Höhe die Grundlage der Sozialversicherungsabzüge. Auch finden die Grenze für geringfügig Beschäftigte und der Übergangsbereich keine Anwendung. Arbeitgeber und Arbeitnehmer teilen sich die Beiträge in der Sozialversicherung (Halbteilungsgrundsatz). Der **Arbeitgeber** hat jedoch die gesamten Sozialversicherungsbeiträge **alleine** zu zahlen, wenn die gesamte Ausbildungsvergütung 325 € nicht übersteigt (Ge-

1 Gesetz v. 12.12.2019, BGBl 2019 I S. 2522.

ringverdienergrenze = nicht geringfügig Beschäftigte, § 20 Abs. 3 Nr. 1 SGB IV). In diesem Fall gilt dies auch für den Beitragszuschlag für Kinderlose zur Pflegeversicherung i. H. von 0,35 %. Allerdings fällt dieser Zuschlag nur an, wenn der Arbeitnehmer das 23. Lebensjahr vollendet hat. Trotz der Mindest-Ausbildungsvergütung können Auszubildende noch unter die Geringverdienergrenze fallen, da die neuen Regelungen für Ausbildungen ab dem 1.1.2020 anzuwenden sind. Ausbildungen die vor dem 1.1.2020 begonnen wurden, fallen nicht unter die Neuregelung.

HINWEISE

- Beim Überschreiten der Geringverdienergrenze von 325 € (z. B. durch Weihnachtsgeldzahlung) trägt der Arbeitgeber die auf den Betrag von 325 € entfallenden Beiträge alleine (§ 20 Abs. 3 Satz 2 SGB IV). Der darüberhinausgehende Betrag wird nach der allgemeinen Regelung zwischen Arbeitgeber und Arbeitnehmer aufgeteilt.
- Wichtiges zum Kindergeld: Für ein Kind, das sich in der Schul- oder Berufsausbildung befindet, wird auch nach Vollendung des 18. Lebensjahrs Kindergeld gezahlt. Das Kindergeld wird bei der Schul- oder Berufsausbildung im Normalfall bis zum 25. Lebensjahr, in Ausnahmefällen auch darüber hinaus gezahlt. Seit dem Jahr 2012 wird das Kindergeld unabhängig von der Höhe der Einkünfte und sonstigen Bezüge des Kindes gewährt. Die Einkunftsgrenze i. H. des Grundfreibetrags ist ab dem Jahr 2012 ersatzlos gestrichen.

4. Schüler

Schüler, die das 18. Lebensjahr noch nicht vollendet haben, fallen unter das **Jugendarbeitsschutzgesetz** (JArbSchG). Nach dem Gesetz dürfen nur Jugendliche ab dem 15. Lebensjahr eine Beschäftigung ausführen. Für Kinder ist nach § 5 Abs. 1 JArbSchG die Beschäftigung neben der Schule **grds. verboten**. Für Kinder über 13 Jahre bestehen **Ausnahmen** (§ 5 Abs. 3 JArbSchG). Diese dürfen nach Zustimmung der Eltern z. B. Zeitschriften, Anzeigenblätter und Prospekte austragen und verteilen. Dabei darf die Tätigkeit höchstens an fünf Tagen in der Woche für max. zwei Stunden ausgeführt werden. Zulässig ist zudem die Beschäftigung von Jugendlichen ab dem 15. Lebensjahr während der gesetzlichen Schulferien für höchstens vier Wochen.

4.1 Steuerabzug

Schüler, die neben der Schule eine Beschäftigung ausführen, sind **steuerpflichtig**. Hierbei muss beachtet werden, dass die notwendigen Lohnsteuerabzugsmerkmale vorgelegt werden. Eine Ausnahme von der individuellen Besteuerung ist nur dann möglich, wenn es sich um eine geringfügige Beschäftigung handelt.

4.2 Sozialversicherung

Schüler sind in der **Kranken-, Pflege- und Rentenversicherung beitragspflichtig**. Ausnahme ist auch hier die Beschäftigung als geringfügig Beschäftigter. Eine Ausnahme gibt es zudem in der Arbeitslosenversicherung. Schüler, die eine allgemeinbildende Schule besuchen, sind von der Arbeitslosenversicherung befreit (§ 27 Abs. 4 Satz 1 Nr. 1 SGB III).

Zu den **allgemeinbildenden Schulen** gehören Grundschulen, Hauptschulen, Realschulen, Gymnasien und Aufbauschulen. Eine Abendschule zählt nicht zu den allgemeinbildenden Schulen.

Schüler, die einer Beschäftigung nachgehen, müssen ihrem Arbeitgeber eine **Schulbescheinigung** vorlegen. Diese Bescheinigung ist den Lohnunterlagen beizulegen und entsprechend aufzubewahren. Ist ein Schüler als geringfügig entlohnter Beschäftigter angestellt, so muss er mit der Meldung zur Sozialversicherung bei der Knappschaft-Bahn-See angemeldet werden, denn die sog. Minijob-Zentrale ist für **alle** geringfügig entlohnten Beschäftigten zuständig.

5. Studenten

Neben dem Studium zu arbeiten, ist für viele Studenten der Normalfall. Doch es gibt einige Besonderheiten, die es von Seiten der Arbeitgeber zu beachten gilt. Arbeiten Studenten neben ihrem Studium, werden sie als **Werkstudenten** bezeichnet. Studenten, die ein duales Studium absolvieren, werden seit dem 1.1.2012 den Beschäftigten in der Berufsausbildung gleichgestellt. Diese Regelung stellt sicher, dass die Teilnehmer in der Kranken-, Pflege-, Renten- und Arbeitslosenversicherung als Beschäftigte versicherungspflichtig sind.

HINWEIS

Die in Kapitel X.1 „Geringfügig Beschäftigte" erläuterten Regelungen finden auch für Studenten Anwendung.

5.1 Steuerabzug

Studenten, die neben ihrem Studium arbeiten, sind **Arbeitnehmer**. Ihr Arbeitslohn unterliegt der individuellen Besteuerung und muss nach den Lohnsteuerabzugsmerkmalen abgeführt werden. Eine Ausnahme ist nur möglich, wenn es sich um eine geringfügige Beschäftigung oder eine Teilzeitbeschäftigung handelt.

5.2 Sozialversicherung

Bei Studenten, sog. Werkstudenten, wird vom Grundsatz, dass eine Beschäftigung gegen Entgelt der Sozialversicherungspflicht unterliegt, unter bestimmten Voraussetzungen abgewichen. Dabei unterteilt die Rechtsprechung die Studenten in **Gruppen**.

HINWEIS

Der „ordentliche Student" ist an der Universität bzw. Hochschule oder an der Fachhochschule immatrikuliert und setzt seine Zeit überwiegend für das Studium ein. Die Zugehörigkeit endet in dieser Stufe mit dem Erreichen des erstmöglichen Abschlusses, i. d. R. dem Bachelor.

Der sog. **„ordentliche Student"** ist in der Kranken-, Pflege- und Arbeitslosenversicherung **beitragsfrei**. Die Höhe des Arbeitsentgelts ist hierbei unbeachtlich (§ 6 Abs. 1 Nr. 3 SGB V und § 27 Abs. 4 Satz 1 Nr. 2 SGB III). In die Rentenversicherung zahlen Arbeitgeber und Arbeitnehmer je zur Hälfte. Voraussetzung dafür:

- ordentlicher Student an einer Universität, Hochschule oder Fachhochschule,
- die Beschäftigung wird nicht mehr als 20 Stunden in der Woche ausgeübt,
- der Student hat die Studienzeit von 25 Fachsemestern noch nicht überschritten.

Das BSG hat in seiner Rechtsprechung die 20-Stunden-Grenze festgelegt. Es geht davon aus, dass ein Student bis zu 20 Stunden wöchentlich einer Beschäftigung nachgehen kann, ohne dabei das Studium zu vernachlässigen. Dies bedeutet aber auch, dass Studenten, deren wöchentliche Arbeitszeit mehr als 20 Stunden beträgt, nicht mehr versicherungsfrei sind.

MERKE

Die Rechtsprechung bzw. das BSG hat aber auch einige Ausnahmen zugelassen:

- Ausnahme:

  Wird die Beschäftigung mit mehr als 20 Stunden wöchentlich ausgeübt und liegen die Überschreitungen vorwiegend in Beschäftigungszeiten am Abend oder in der Nacht oder auch am Wochenende, kann dies in Einzelfällen zur Versicherungsfreiheit führen, wenn diese Beschäftigung befristet ist. Voraussetzung ist allerdings, dass die überwiegende Zeit des Studenten für das Studium in Anspruch genommen wird. Ein entsprechender Nachweis ist durch den Studenten zur erbringen.

- Ausnahme:

  Liegt die Überschreitung der 20 Stunden in der vorlesungsfreien Zeit (Semesterferien) und wird diese während der Vorlesungen wieder auf 20 Stunden verkürzt, besteht auch während der Zeit der Semesterferien Versicherungsfreiheit.

- Ausnahme:

  Findet eine Beschäftigung von mehr als 20 Stunden pro Woche statt, darf die Summe der Beschäftigungszeit nicht mehr als 26 Wochen (182 Tage) innerhalb eines Zeitjahrs umfassen. Wird die 26-Wochen-Frist überschritten, ist ab dem Zeitpunkt der Überschreitung die Beschäftigung sozialversicherungspflichtig. Der zurückliegende Zeitraum bleibt unberührt.

HINWEIS

Bei Studenten, die ein duales Studium absolvieren, ist mit dem vierten Gesetz zur Änderung des SGB IV eine generelle Versicherungspflicht ab dem 1.1.2012 eingeführt worden. Die Gruppe dieser Studenten ist dann einheitlich in der Kranken-, Pflege-, Renten- und Arbeitslosenversicherung für die gesamte Dauer ihres Studiums versicherungspflichtig. Mit der Änderung wird diese Gruppe der Studenten den Auszubildenden gleichgestellt.

TIPP

Werkstudenten sind im Programm mit der Personengruppe 106 und dem Beitragsgruppenschlüssel 0100 anzumelden. Die Immatrikulationsbescheinigung ist zu den Lohnunterlagen zu nehmen. Außerdem empfiehlt sich der Abschluss eines schriftlichen Arbeitsvertrags, in dem die wöchentliche Arbeitszeit festgehalten wird, da diese grds. nicht über 20 Stunden liegen darf.

6. Praktikanten

Vorweggenommen: Nicht jeder, der als Praktikant betitelt wird, ist wirklich einer. Oftmals handelt es sich um „ganz normale" Arbeitnehmer. Hier sind genaue Prüfungen vorzunehmen. Praktikanten sind unabhängig von ihrer Bezeichnung üblicherweise Personen, die sich im Zusammenhang mit einer Schul- oder Berufsausbildung in einem Betrieb praktische Kenntnisse und Erfahrungen aneignen, die der Vorbereitung, Unterstützung oder Vervollständigung der Schul- oder Berufsausbildung dienen.

6.1 Steuerabzug

Praktikanten, die ein Entgelt beziehen, sind steuerpflichtig. Hierbei muss beachtet werden, dass die notwendigen Lohnsteuerabzugsmerkmale vorgelegt werden. Eine Ausnahme von der individuellen Besteuerung ist nur dann möglich, wenn es sich um eine geringfügige Beschäftigung handelt oder die Möglichkeit der pauschalen Besteuerung durch den Arbeitgeber besteht.

6.2 Sozialversicherung

In der Sozialversicherung gibt es eine ganze Reihe von Konstellationen. Hier ist zu prüfen, ob es sich um ein freiwilliges Praktikum oder ein vorgeschriebenes Praktikum handelt, ob dieses ein Vor-, Zwischen- oder Nachpraktikum darstellt und ob Arbeitsentgelt aus dieser Tätigkeit bezogen wird. Ein vorgeschriebenes Praktikum liegt vor, wenn es in einer Ausbildungs-, Studien- oder Prüfungsordnung angeordnet ist.

TAB. 4: Beschäftigung ohne Entgelt

	Personengruppe	KV	RV	AV	PV
Vorgeschriebenes Vorpraktikum	105	0	1	1	0
Vorgeschriebenes Zwischenpraktikum	190	0	0	0	0
Vorgeschriebenes Nachpraktikum	105	0	1	1	0

Sofern SV-Pflicht in einzelnen Zweigen besteht, wird als Entgelt fiktiv 1 % der mtl. Bezugsgröße herangezogen. Die SV-Beiträge zahlt der Arbeitgeber allein.

TAB. 5: Beschäftigung mit Entgelt

	Personengruppe	KV	RV	AV	PV
Vorgeschriebenes Vorpraktikum	121, wenn Entgelt bis 325 €, ansonsten 105	1	1	1	1
Vorgeschriebenes Zwischenpraktikum	190	0	0	0	0
Vorgeschriebenes Nachpraktikum	121, wenn Entgelt bis 325 €, ansonsten 105	1	1	1	1

Bei einem nicht vorgeschriebenen Praktikum besteht grds. Sozialversicherungspflicht in allen Zweigen (Personengruppe 101). Hier ist zu prüfen, ob die Regelungen für geringfügig Beschäftigte oder Werkstudenten angewendet werden können.

HINWEIS

Unterlagen über ein vorgeschriebenes Praktikum müssen unbedingt als Nachweis zum Lohnkonto genommen werden. Dies kann z. B. ein Auszug aus der Studienordnung oder der Vertrag mit der Hochschule sein.

7. Rentner

Rentner können auch nach Eintritt in das Rentenalter als Angestellte beschäftigt werden. Allerdings müssen hierbei Unterscheidungen getroffen werden, um welche Art von Rentenbezieher es sich handelt. Rentner sind, wenn sie weiterhin beschäftigt werden, als **normale Arbeitnehmer** anzusehen.

7.1 Steuerabzug

Hat der Arbeitnehmer am 1.1. des Jahres das 64. Lebensjahr vollendet, kommt der **Altersentlastungsbetrag** zum Tragen. Für das Jahr 2023 muss der Arbeitnehmer vor dem 2.1.1959 geboren sein. Der Altersentlastungsbetrag ist ein steuerlicher Freibetrag auf die Einkommensteuer des Arbeitnehmers. Der Altersentlastungsbetrag wird prozentual vom Bruttolohn gerechnet und ist in seiner Höhe als Maximalbetrag begrenzt. Neben dem Bruttolohn werden alle positiven Einkünfte dem Altersentlastungsbetrag hinzugerechnet (z. B. Kapitaleinkünfte, Einkünfte aus Vermietung und Verpachtung). Nach Einführung des Alterseinkünftegesetzes mit Änderungen aus dem Wachstumschancengesetz sinkt der Altersentlastungsbetrag seit dem Jahr 2005 bis auf 0 % im Jahre 2058. Im Jahr 2025 beträgt der Altersentlastungsbetrag 13,3 %, max. 627 € (§ 24a EStG). Bei der Abrechnung von älteren Arbeitnehmern sind der Abzug des Altersentlastungsbetrags und die Anwendung eines besonderen Lohnsteuertarifs mit den gekürzten Vorsorgepauschalen zu beachten.

7.2 Sozialversicherung

In der Sozialversicherung gibt es für Rentner **Sonderregelungen**. Beitragsrechtlich werden Rentner je nach Bezug der Rentenart und der jeweiligen Sozialversicherung unterschieden.

HINWEIS

Die Hinzuverdienstgrenzen haben keinen Einfluss auf die Gehaltsabrechnung und werden deshalb in diesem Praxishandbuch nicht behandelt.

Übersteigt das Arbeitsentgelt die Geringfügigkeitsgrenze, ist der Rentner in der **Kranken- und Pflegeversicherung beitragspflichtig**. Dabei ist unerheblich, ob der Rentner eine Altersvollrente oder eine Teilrente erhält. Zu beachten ist allerdings, dass Rentner den ermäßigten Beitragssatz i. H. von 14,0 % in der Krankenversicherung (KV) zahlen. Beim Bezug einer Berufsunfähigkeitsrente oder teilweisen Erwerbsminderungsrente ist der allgemeine Beitragssatz i. H. von 14,6 % fällig.

MERKE

- Mit Ablauf des Monats, in dem der Arbeitnehmer einen Anspruch auf Altersvollrente erwirbt, besteht in der Arbeitslosenversicherung Beitragsfreiheit für den Arbeitnehmer. Der Arbeitgeber zahlt weiterhin seinen Beitragsanteil i. H. von 50 % des Arbeitslosenversicherungsbeitrags. Die Sonderregelung aus dem Flexirentengesetz war bis zum 31.12.2021 anzuwenden.
- Bezieht der Rentner eine Altersvollrente, bleibt er in der Rentenversicherung beitragsfrei. Mit dem Gesetz zur Flexibilisierung des Übergangs vom Erwerbsleben in den Ruhestand und zur Stärkung von Prävention und Rehabilitation im Erwerbsleben (Flexirentengesetz) wurde die Möglichkeit der Zahlung von Rentenversicherungsbeiträgen auch für Bezieher einer Altersvollrente geschaffen. Somit können Arbeitnehmer, die über den Bezug der Regelaltersgrenze weiterarbeiten, ab dem 1.1.2017 freiwillig Beiträge in die gesetzliche Rentenversicherung zahlen (Option zur RV). In einem solchen Fall zahlen Arbeitgeber und Arbeitnehmer weiterhin ihren Beitragsanteil in die Rentenversicherung ein (jeweils zur Hälfte). Die sich aus der weiteren Beitragszahlung ergebene Erhöhung der bereits laufenden Regelaltersrente erfolgt dann jährlich zum 1.7. eines Jahres automatisch durch die Deutsche Rentenversicherung Bund.
- Macht der Regelaltersrentner von der freiwilligen Beitragszahlung keinen Gebrauch, zahlt der Arbeitgeber auch weiterhin seinen Beitragsanteil i. H. von 50 % des Rentenversicherungsbeitrags.

Beispiel: Berechnung der Sozialversicherungsbeiträge bei einem Altersvollrentner

	KV	PV	RV	AV
Bruttolohn	2.600,00 €	2.600,00 €	2.600,00 €	2.600,00 €
Beitragssätze	14,0 % ermäßigter Beitrag (ohne Zusatzbeitrag)	3,60 % Kindereigenschaft erbracht	18,6 %	2,6 %
Anteil Arbeitnehmer	182,00 €	46,80 €	0,00 €	0,00 €
Anteil Arbeitgeber	182,00 €	46,80 €	241,80 €	33,80 €

Übersicht: Sozialversicherungsrechtliche Behandlung der einzelnen Rentenarten	KV	PV	RV	AV
Altersvollrente ohne RV-Option	Versicherungspflicht mit dem ermäßigten Beitragssatz	Versicherungs-pflicht	Versicherungsfrei, aber Arbeitgeber-anteil	Versicherungsfrei, aber Arbeitgeber-anteil
Altersvollrente mit RV-Option	Versicherungspflicht mit dem ermäßigten Beitragssatz	Versicherungs-pflicht	Versicherungs-pflicht	Versicherungsfrei, aber Arbeitgeber-anteil
Berufsunfähigkeits-rente	Versicherungspflicht	Versicherungs-pflicht	Versicherungs-pflicht	Versicherungspflicht
Erwerbsminderungs-rente oder auch Erwerbsunfähigkeits-rente	Versicherungspflicht mit dem ermäßigten Beitragssatz	Versicherungs-pflicht	Versicherungs-pflicht	Versicherungsfrei
Teilrente	Versicherungspflicht	Versicherungs-pflicht	Versicherungs-pflicht	Versicherungspflicht bis zum Erreichen der Regelaltersgren-ze, danach versiche-rungsfrei
Hinterbliebenen-rente	Versicherungspflicht	Versicherungs-pflicht	Versicherungs-pflicht	Versicherungspflicht

TIPP

Es ist ratsam, Arbeitnehmern, die bereits eine Rente beziehen, bei Beschäftigungsbeginn zu empfehlen, sich mit der Deutschen Rentenversicherung in Verbindung zu setzen und die Auswirkung auf die Rente überprüfen zu lassen.

8. Geschäftsführer

Arbeitsrechtlich wird ein Geschäftsführer einer GmbH – unabhängig von seinen Anteilen an der Gesellschaft – nicht als Arbeitnehmer i. S. des Arbeitsrechts angesehen. Daher finden für ihn die Regelungen über Entgeltfortzahlung, Urlaub, Kündigung usw. keine Anwendung.

Um die Vorschriften, die für den Geschäftsführer einer GmbH gelten, zu verstehen, ist es notwendig, neben dem Arbeitsrecht die Arbeitnehmereigenschaft in steuerlicher und sozialversicherungsrechtlicher Hinsicht zu berücksichtigen.

8.1 Beiträge bei Geschäftsführern

Ein Geschäftsführer einer GmbH, der als Gesellschafter-Geschäftsführer mindestens über die Hälfte des Stammkapitals der GmbH verfügt und somit maßgeblichen Einfluss auf die Entscheidungen der Gesellschaft hat, ist kein Arbeitnehmer i. S. der Sozialversicherung. Da ohne seine Zustimmung keine Beschlüsse gefasst werden können, liegt kein abhängiges Beschäftigungsverhältnis im sozialversicherungsrechtlichen Sinne vor. Beträgt der Gesellschafteranteil **weniger** als die Hälfte des Stammkapitals der GmbH, ist i. d. R. davon auszugehen, dass es sich um ein abhängiges Beschäftigungsverhältnis handelt und somit der Geschäftsführer sozialversicherungspflichtig ist.

In einigen Fällen kann jedoch auch bei einem Geschäftsführer mit weniger als der Hälfte oder überhaupt keinem Gesellschafteranteil kein abhängiges Beschäftigungsverhältnis und somit Sozialversicherungsfreiheit auftreten. Davon ist auszugehen, wenn er aufgrund seiner Stellung, der vertraglichen Gestaltung seiner Mitarbeit oder wegen besonderer Verhältnisse im Einzelfall bestimmte Entscheidungen verhindern kann.

8.2 Meldepflicht

Bei Zweifeln hinsichtlich der richtigen sozialversicherungsrechtlichen Einordnung eines Gesellschafter-Geschäftsführers kannst du auch im Auftrag deines Mandanten eine verbindliche Rechtsauskunft bei der Deutschen Rentenversicherung Bund einholen.

HINWEIS

Das Statusfeststellungsverfahren ist seit dem 1.1.2005 ein automatisiertes Verfahren. Gesellschafter-Geschäftsführer, die neu eintreten, müssen ab diesem Zeitpunkt bei einer zuständigen Krankenkasse angemeldet werden. Im Rahmen der DEÜV-Anmeldung ist das Feld (Statuskennzeichen) auszufüllen. Für Gesellschafter-Geschäftsführer ist in dieses Feld die Ziffer 2 zu setzen. Die Deutsche Rentenversicherung Bund leitet nach der Übermittlung der DEÜV automatisch das Statusfeststellungsverfahren ein. Die Krankenkasse informiert dann deinen Mandanten über das Ergebnis der Prüfung.

8.3 Lohnsteuer

Lohnsteuerrechtlich gesehen liegt i. d. R. fast immer ein Arbeitsverhältnis und somit die Pflicht zum Lohnsteuerabzug vor. Dies gilt bei entsprechend klaren Vereinbarungen auch dann, wenn es sich um einen Gesellschafter-Geschäftsführer oder um einen Geschäftsführer einer sog. Ein-Mann-GmbH handelt. Es ist davon auszugehen, dass das Gehalt eines Geschäftsführers im Normalfall lohnsteuerpflichtig ist.

9. Übergangsbereich

Neben den geringfügig entlohnten Beschäftigten wurde auf dem Arbeitsmarkt der **Niedriglohnbereich** eingeführt. Hierbei soll der Anreiz geschaffen werden, eine Beschäftigung auch in den unteren Lohngruppen aufzunehmen. Seit dem 1.7.2019 wird der **Übergangsbereich** angewandt. Der Übergangsbereich für sog. **Midijobber** beträgt vom 1.7.2019 bis 30.9.2022 von 450,01 € bis 1.300,00 €.[1] In den letzten Jahren wurde dieser Niedriglohnbereich in der Anwendbarkeit immer mehr erweitert. Ab dem 1.1.2025 umfasst der Übergangsbereich eine Entgeltspanne von 556,01 € bis 2.000 €.

Für Arbeitnehmer, deren Entgelt **über 556 €** bis **maximal 2.000 €** liegt, gelten besondere Regelungen in der Sozialversicherung.

Mit den Änderungen zum 1.10.2022 ist bei der Berechnung der Beiträge ein neues Verfahren eingeführt.

Ausgehend von der reduzierten Bemessungsgrundlage werden in einem zweiten Schritt die zu zahlenden Gesamtbeiträge ermittelt; die konkrete Vorgehensweise wird in § 2 Abs. 2 Satz 1 BVV beschrieben. Danach wird je Versicherungszweig der halbe Beitragssatz auf die reduzierte

1 Vgl. § 20 Abs. 2 SGB IV.

Bemessungsgrundlage angewendet und das so ermittelte Ergebnis zunächst gerundet und anschließend verdoppelt.

Bis hierher entspricht diese Vorgehensweise noch dem bisherigen Verfahren.

Neu ist nun, dass für die Ermittlung des Arbeitnehmeranteils eine separate reduzierte beitragspflichtige Einnahme zu ermitteln ist. Als Nächstes ist der Arbeitnehmeranteil zu ermitteln; die hierfür gültige Formel ist in § 20 Abs. 2a Satz 6 SGB IV niedergelegt.

Auf diese reduzierte beitragspflichtige Einnahme ist je Versicherungszweig der halbe Beitragssatz anzuwenden; das Ergebnis ist auf zwei Nachkommastellen kaufmännisch zu runden.[1]

Im letzten Schritt berechnet sich nun der Arbeitgeberanteil – statt bei der alten Berechnung der Arbeitnehmeranteil. Der Abzug des Beitragsanteils des Beschäftigten vom Gesamtbeitrag ergibt den Beitragsanteil des Arbeitgebers.[2]

Ob die maßgebenden Entgeltgrenzen regelmäßig im Monat oder nur gelegentlich unter- oder überschritten werden, ist bei Beginn der Beschäftigung und erneut bei jeder dauerhaften Veränderung in den Verhältnissen (z. B. Erhöhung oder Reduzierung des Arbeitsentgelts) im Wege einer vorausschauenden Betrachtung zu beurteilen. Dabei dürfen Änderungen des Arbeitsentgelts (z. B. eine Entgelterhöhung aus Anlass einer bereits feststehenden Tariferhöhung) erst von dem Zeitpunkt an berücksichtigt werden, ab dem der Anspruch auf das neue Entgelt besteht (vgl. BSG, Urteil v. 7.12.1989, Aktenzeichen 12 RK 19/87 -, USK 89115). Die hiernach erforderliche Prognose erfordert keine alle Eventualitäten berücksichtigende genaue Vorhersage, sondern lediglich eine ungefähre Einschätzung, welches Arbeitsentgelt – ggf. nach der bisherigen Übung– mit hinreichender Sicherheit zu erwarten ist. Im Prognosezeitpunkt muss davon auszugehen sein, dass sich das Arbeitsentgelt bei normalem Ablauf der Dinge nicht relevant verändert. Grundlage der Prognose können dabei lediglich Umstände sein, von denen in diesem Zeitpunkt anzunehmen ist, dass sie das Arbeitsentgelt bestimmen werden. Solche Umstände können die versicherungs- und beitragsrechtliche Beurteilung dann nicht in die Vergangenheit hinein verändern. Stimmt diese Prognose mit dem späteren Verlauf infolge nicht sicher voraussehbarer Umstände nicht überein, bleibt die für die Vergangenheit getroffene Feststellung maßgebend. Allerdings kann die nicht zutreffende Prognose Anlass für eine neue Prüfung und – wiederum vorausschauende – Betrachtung sein.

HINWEIS

Seit dem 1.1.2023 beträgt die Grenze für die Anwendung des Übergangsbereichs 2.000 €.

HINWEIS

Wichtig ist dabei zu beachten:

- Auszubildende fallen nie in den Übergangsbereich.
- Werden mehrere geringfügig entlohnte Beschäftigungen zusammengerechnet, kommt eventuell der Übergangsbereich zur Anwendung.
- Neben dem Hauptarbeitsverhältnis ist es nicht möglich, weitere Arbeitsverhältnisse innerhalb des Übergangsbereichs auszuüben.
- Arbeitnehmer, für deren Beitragsberechnung ein fiktives Arbeitsentgelt zugrunde gelegt wird, fallen nicht in den Übergangsbereich (behinderte Arbeitnehmer in Einrichtungen für behinderte Menschen).

1 Vgl. § 2 Abs. 2 Satz 3 BVV.

2 Vgl. § 2 Abs. 2 Satz 4 BVV.

- Arbeitnehmer, die Kurzarbeitergeld erhalten und bei denen das geminderte Entgelt innerhalb des Übergangsbereichs liegt, fallen nicht in den Übergangsbereich.
- Arbeitnehmer, die an einer Wiedereingliederungsmaßnahme teilnehmen, fallen nicht in den Übergangsbereich.
- Personen, die ein freiwilliges soziales Jahr oder ein freiwilliges ökologisches Jahr ableisten, fallen nicht in den Übergangsbereich.

9.1 Beiträge innerhalb des Übergangsbereichs

Für die Beitragsberechnung und Beitragstragung bei Beschäftigungen mit einem regelmäßigen monatlichen Arbeitsentgelt innerhalb des Übergangsbereichs gelten in der Kranken-, Pflege-, Renten- und Arbeitslosenversicherung besondere Regelungen. Im Ergebnis haben die Arbeitnehmer nur einen reduzierten Beitragsanteil zu den einzelnen Versicherungszweigen zu tragen, der bei einem Arbeitsentgelt i. H. der unteren Entgeltgrenze des Übergangsbereichs 0 € beträgt und mit zunehmendem Arbeitsentgelt gleitend ansteigt, bis er bei einem Arbeitsentgelt i. H. von 2.000 € seine reguläre Höhe von derzeit rund 20 % des Arbeitsentgelts erreicht. Der verringerte Arbeitnehmerbeitragsanteil ergibt sich durch die der Berechnung zugrunde zu legende reduzierte beitragspflichtige Einnahme und die besonderen Regelungen über die Beitragstragung.

Die Arbeitgeber haben bei einem Arbeitsentgelt i. H. der unteren Entgeltgrenze des Übergangsbereichs einen Beitragsanteil von insgesamt rund 28 % zu tragen, der den von ihnen für einen geringfügig entlohnten Beschäftigten zu leistenden Pauschalbeträgen entspricht. Mit zunehmendem Arbeitsentgelt nimmt der Beitragsanteil des Arbeitgebers gleitend ab, bis er bei einem Arbeitsentgelt i. H. der oberen Entgeltgrenze des Übergangsbereichs von 2.000 € seine reguläre Höhe von derzeit rund 20 % erreicht.

HINWEIS

Die Beitragsberechnung für versicherungspflichtig Beschäftigte mit einem regelmäßigen monatlichen Arbeitsentgelt von 450,01 € bis 520 €, die vor dem 1.10.2022 aufgenommen wurden, war längstens bis zum 31.12.2023 im Rahmen einer Übergangsregelung vorzunehmen.

Für Arbeitnehmer im Übergangsbereich dient als Bemessungsgrundlage zur Sozialversicherung nicht das tatsächlich erzielte Arbeitsentgelt, sondern eine sog. **beitragspflichtige Einnahme**, die sich nach der folgenden Formel ermitteln lässt:

Berechnungsformel Übergangsbereich für Gesamtbeitrag

$$F \times G + \left(\frac{2.000}{2.000 - G} - \frac{G}{2.000 - G} \times F \right) \times (AE - G)$$

Vereinfachte Berechnungsformel: 1,1277182 x AE – 255,4365654

AE ist dabei das Arbeitsentgelt, **F** ist ein Faktor.

F = Faktor, wird jährlich vom Gesetzgeber festgelegt.

Ausgehend von der reduzierten Bemessungsgrundlage (v. g. Punkt) werden in einem zweiten Schritt die zu zahlenden Gesamtbeiträge ermittelt; die konkrete Vorgehensweise wird in § 2 Abs. 2 Satz 1 BVV beschrieben. Danach wird je Versicherungszweig der halbe Beitragssatz auf die reduzierte Bemessungsgrundlage angewendet und das so ermittelte Ergebnis zunächst gerundet und anschließend verdoppelt.

Der durchschnittliche Gesamtsozialversicherungsbeitragssatz und somit der Faktor F wird immer bis zum 31.12. des laufenden Jahres vom Bundesministerium für Gesundheit und Soziale Sicherung für das folgende Kalenderjahr im Bundesanzeiger bekannt gegeben. **Der Prozentsatz errechnet sich aus der Summe der** Beitragssätze zum 1.1. des laufenden Jahres für die KV, RV, AV und PV.

Für das Jahr 2025 ergibt sich demnach:

Allgemeiner Beitragssatz der gesetzlichen Krankenversicherung (inkl. durchschnittlichen Zusatzbeitrags)	17,1 %
Rentenversicherung	18,6 %
Arbeitslosenversicherung	2,6 %
Pflegeversicherung	3,6 %
Beitragssatz	**41,9 %**

Der Gesamtsozialversicherungsbeitragssatz beträgt für das Jahr **2025** daher **41,9 %**. Der Faktor F beträgt **0,6683** (28 : 41,9).

Neu ist nun, dass für die Ermittlung des Arbeitnehmeranteils eine separate reduzierte beitragspflichtige Einnahme zu ermitteln ist. Als Nächstes ist der Arbeitnehmeranteil zu ermitteln; die hierfür gültige Formel ist in § 20 Abs. 2a Satz 6 SGB IV niedergelegt:

Berechnungsformel Übergangsbereich Beitragsanteil Arbeitnehmer

$$\left(\frac{2.000}{2.000 - G}\right) \text{ x } (AE - G)$$

Vereinfachte Berechnungsformel: 1,3850415 x AE – 770,0831024

Auf diese reduzierte beitragspflichtige Einnahme ist je Versicherungszweig der halbe Beitragssatz anzuwenden; das Ergebnis ist auf zwei Nachkommastellen kaufmännisch zu runden.[1]

Im letzten Schritt berechnet sich nun der Arbeitgeberanteil – statt bei der alten Berechnung der Arbeitnehmeranteil. Der Abzug des Beitragsanteils des Beschäftigten vom Gesamtbeitrag ergibt den Beitragsanteil des Arbeitgebers.[2]

HINWEIS

Diese Formeln sind auch dann anzuwenden, wenn der Arbeitnehmer nicht in allen Zweigen sozialversicherungspflichtig ist.

Die Berechnung der Beiträge und die Verteilung der Beitragslast für Arbeitgeber und Arbeitnehmende erfolgen gesondert für jeden Versicherungszweig wie folgt in drei Schritten:

Schritt 1: Berechnung des Gesamtbeitrags ausgehend von der reduzierten beitragspflichtigen Einnahme, die über die Formel 1,1277182 x AE – 255,4365654 ermittelt wird.

Schritt 2: Berechnung des Beitragsanteils des Arbeitnehmers oder der Arbeitnehmerin ausgehend von der reduzierten beitragspflichtigen Einnahme, die über die Formel 1,3850415 x AE – 770,0831024 ermittelt wird.

1 Vgl. § 2 Abs. 2 Satz 3 BVV.
2 Vgl. § 2 Abs. 2 Satz 4 BVV.

Schritt 3: Berechnung des Arbeitgeberbeitragsanteils durch Abzug des Arbeitnehmerbeitragsanteils vom Gesamtbeitrag.

BEISPIEL Ein Arbeitnehmer (zwei Kinder) bezieht ein monatliches Gehalt von 800 €.

Berechnung der Beiträge innerhalb des Übergangsbereichs:

Dieser Bezug liegt innerhalb des Übergangsbereichs bis 2.000 €. Für die Ermittlung der Sozialversicherungsbeiträge muss zuerst einmal die beitragspflichtige Einnahme nach der Formel im Übergangsbereich ermittelt werden.

1. 646,74 € (1,1277182 x 800 – 255,4365654)
2. 337,95 € (1,3850415 x 800 – 770,0831024)
3. 254,82 € - 188,25 € = 66,57 €

Die beitragspflichtige Einnahme (BE1) von 646,74 € ist die Grundlage für die Berechnung der Gesamtbeiträge im Übergangsbereich. Der Arbeitnehmer zahlt seinen Beitragsanteil auf die beitragspflichtige Einnahme (BE2) und der Arbeitgeber trägt die Differenz zwischen den beiden Beitragsberechnungen.

Beitragssatz		**Gesamtbeitrag**	**AN-Anteil**	**AG-Anteil**
		(BE1: 646,74 € x Beitragssatz)	(BE2: 337,95 € x 1/2 Beitragssatz)	(Gesamtbeitrag abzgl. AN-Anteil)
Krankenversicherung*	14,6 %	94,42 €	24,67 €	69,75 €
Pflegeversicherung	3,6 %	23,28 €	6,08 €	17,20 €
Rentenversicherung	18,6 %	120,30 €	31,43 €	88,87 €
Arbeitslosenversicherung	2,6 %	16,82 €	4,39 €	12,43 €
Summen		**254,82 €**	**66,57 €**	**188,25 €**
* Ohne kassenindividuellen Zusatzbeitrag.				

BEISPIEL MIT ZUSATZBEITRAG Alle Angaben wie im vorherigen Beispiel, allerdings erhebt die Krankenkasse einen Zusatzbeitrag von 1,6 %.

Beitragssatz		**Gesamtbeitrag**	**AN-Anteil**	**AG-Anteil**
		(BE1: 646,74 € x Beitragssatz)	(BE2: 337,95 € x 1/2 Beitragssatz)	(Gesamtbeitrag abzgl. AN-Anteil)
Krankenversicherung*	16,2 %	104,76 €	27,37 €	77,39 €
Pflegeversicherung	3,6 %	23,28 €	6,08 €	17,20 €
Rentenversicherung	18,6 %	120,30 €	31,43 €	88,87 €
Arbeitslosenversicherung	2,6 %	16,82 €	4,39 €	12,43 €
Summen		**265,16 €**	**69,27 €**	**195,89 €**
* Inkl. eines kassenindividuellen Zusatzbeitrags von 1,6 %.				

HINWEIS

Die reduzierten Rentenversicherungsbeiträge führen nicht mehr zu geringeren Rentenleistungen.

HINWEIS

Durch die Änderungen bei den geringfügig Beschäftigten ab dem 1.10.2022 ändert sich auch die Formel zur Berechnung des Übergangsbereichs für Beschäftigte, die am Tag vor Inkrafttreten dieses Gesetzes in einer mehr als geringfügigen Beschäftigung nach § 8 Abs. 1 Nr. 1 oder § 8a i. V. m. § 8 Abs. 1 Nr. 1 SGB IV versicherungspflichtig waren, die die Merkmale einer geringfügigen Beschäftigung nach diesen Vorschriften in der ab dem Datum des Inkrafttretens dieses Gesetzes geltenden Fassung erfüllt. Bis zum 31.12.2023 ist die beitragspflichtige Einnahme in dieser Beschäftigung der Betrag, der sich aus der gesonderten Formel ergibt.

10. Der gesetzliche Mindestlohn

Mit dem Gesetz zur Stärkung der Tarifautonomie[1] (**Mindestlohngesetz** – MiLoG) ist zum 1.1.2015 ein flächendeckender Mindestlohn in Deutschland eingeführt. In den Jahren 2015 und 2016 betrug der gesetzliche Mindestlohn 8,50 € brutto je Zeitstunde. Seit dem 1.10.202 beträgt der gesetzliche Mindestlohn **12,82 € brutto je Zeitstunde**. Er ist auf alle in Deutschland beschäftigten Arbeitnehmer anzuwenden unabhängig davon, ob der Arbeitgeber seinen Firmensitz im Inland oder Ausland hat. Fällig ist der Mindestlohn spätestens am letzten Bankarbeitstag des Monats, der auf den Monat folgt, in dem der Arbeitnehmer die Arbeitsleistung erbracht hat.

HINWEIS

Zum 1.10.2025 wurde der gesetzliche Mindestlohn auf 12,82 € brutto je Zeitstunde erhöht.

Der Gesetzestext hält aber auch **Ausnahmeregelungen** parat, bei denen der Mindestlohn keine Anwendung findet. **Ausgeschlossen** sind demnach:

10.1 Personengruppen

Zur Berufsausbildung beschäftigte Personen (§ 22 Abs. 3 MiLoG)

Eine Berufsausbildung ist nach Auffassung des BAG ein eigenständiges Vertragsverhältnis, das nur dann als ein Arbeitsverhältnis anzusehen ist, wenn sich dies ausdrücklich aus dem jeweils in Betracht kommenden Gesetz ergibt.

HINWEIS

Die Mindest-Ausbildungsvergütung (siehe Auszubildende, Punkt 3, S. 143 ff.) ist kein gesetzlicher Mindestlohn nach dem Mindestlohngesetz.

Die Ausnahmeregelung erfasst alle zu ihrer Berufsausbildung beschäftigten Personen unabhängig davon, ob bei diesen das BBiG Anwendung findet. Somit sind Studenten im Rahmen eines dualen Studiums von der Ausnahmenregelung erfasst.

Ehrenamtliche (§ 22 Abs. 3 MiLoG)

Sie sind grds. nicht als Arbeitnehmer anzusehen und erhalten für ihre **ehrenamtliche Tätigkeit** i. d. R. keine Vergütung. Sie können somit auch keinen Anspruch auf einen gesetzlichen Mindestlohn geltend machen. Zur Gruppe der ehrenamtlich Tätigen zählen auch Personen, die einen **Freiwilligendienst** i. S. des § 32 EStG leisten.

Praktikanten (§ 22 Abs. 1 Satz 2, 3 MiLoG)

Diese Gruppe wird ausführlicher im MiLoG behandelt. Das MiLoG hat eine große Gruppe von **Praktikanten** in das Gesetz mit aufgenommen, um ihnen den gesetzlichen Mindestlohn zukom-

1 Gesetz v. 11.8.2014, BGBl 2014 I S. 1348.

men zu lassen. Der Hintergrund für diese Entscheidung dürfte von Seiten des Gesetzgebers sein, dass in der Vergangenheit einige Arbeitgeber Missbrauch mit der Beschäftigung von Praktikanten betrieben haben. Hierbei sei erwähnt, dass eine Vielzahl von Arbeitgebern Praktikanten ohne eine Vergütung beschäftigen oder die Vergütung so gering ist, dass sie in keinem Verhältnis zur Arbeitsleistung steht.

Nicht selten ist ein Praktikumsverhältnis nach der Art der Anstellung ein **Arbeits-** oder ein **Berufsausbildungsverhältnis**. Es ist zu prüfen, ob das Praktikumsverhältnis im Rahmen eines Studiums/einer Hochschulausbildung vorgeschrieben ist. Das Praktikum ist dann Teil dieses Studiums, und folglich findet das Arbeitsrecht keine Anwendung. Werden dagegen Praktikanten neben einer Hochschul- oder sonstigen Schulausbildung in einem Unternehmen beschäftigt, um z. B. das Studium zu finanzieren, ist in diesem Fall von einem befristeten Arbeitsverhältnis auszugehen. Für diese Art der Praktikanten hat das MiLoG die Anwendung des gesetzlichen Mindestlohns vorgesehen.

Nach dem MiLoG gelten Praktikantinnen und Praktikanten als **Arbeitnehmer/innen**, es sei denn, dass sie

- ein Praktikum verpflichtend aufgrund schulrechtlicher Bestimmungen ableisten,
- ein Praktikum bis zu drei Monaten zur Orientierung für eine Berufsausbildung oder für die Aufnahme eines Studiums leisten,
- ein Praktikum von bis zu drei Monaten begleitend zu einer Berufs- oder Hochschulausbildung leisten, wenn nicht ein solches Praktikumsverhältnis mit demselben Ausbildenden bereits zuvor bestanden hat, oder
- an einer sog. Einstiegsqualifizierung oder einer Berufsausbildungsvorbereitung (gem. § 54a SGB III bzw. §§ 68 bis 70 BBiG) teilnehmen.

HINWEIS

Wichtig für die Ausnahmeregelung ist die Trennung zwischen ausbildungsbezogenen (dann regelmäßig keine Geltung des MiLoG) und sonstigen Praktikumsverhältnissen, die nicht direkt mit einer Berufs-/Hochschulausbildung zusammenhängen (dann i. d. R. Arbeitsverhältnis und Geltung des MiLoG).

Kinder und Jugendliche (§ 22 Abs. 2 MiLoG)

Kinder und **Jugendliche** sind Personen, die das 18. Lebensjahr noch nicht vollendet haben. Es liegt nur dann die Arbeitnehmereigenschaft vor, wenn Jugendliche bereits eine **Berufsausbildung abgeschlossen** haben.

- **Keine Berufsausbildung = keine Anwendung des MiLoG**
- **Abgeschlossene Berufsausbildung = MiLoG anzuwenden**

Der Gesetzgeber versucht, mit dieser Regelung zu verhindern, dass Jugendliche den gesetzlichen Mindestlohn als Anreiz nehmen, zugunsten einer mit dem Mindestlohn vergüteten Beschäftigung auf eine Berufsausbildung zu verzichten.

Langzeitarbeitslose (§ 22 Abs. 4 MiLoG)

Arbeitnehmerinnen und Arbeitnehmer, die unmittelbar vor der Beschäftigung **ein Jahr oder länger arbeitslos** gemeldet waren werden als Langzeitarbeitslose nach § 18 Abs. 1 SGB III bezeichnet.

Die Regelung für Langzeitarbeitslose lautet: Keine Anwendung des Mindestlohns für die ersten sechs Monate der neu aufgenommenen Beschäftigung.

Die Einführung dieser Sonderregelung war **umstritten**, weil befürchtet wurde, dass Arbeitgeber diese Regelung missbrauchen könnten. So könnten Langzeitarbeitslose bis max. sechs Monate befristet beschäftigt und somit der gesetzliche Mindestlohnanspruch umgangen werden. Der Gesetzgeber wiederum verspricht sich durch diese Sonderregelung eine bessere Chance für Langzeitarbeitslose am Arbeitsmarkt.

Zeitungszusteller

Die Gruppe der **Zeitungszusteller** wurde im § 24 MiLoG unter eine Ausnahme gestellt. Diese Regelung war in der Zeit vom 1.1.2015 bis 31.12.2017 anzuwenden. Der Gesetzgeber sah für diese Gruppe eine **mehrstufige Anpassung** an den gesetzlichen Mindestlohn vor:

- seit dem 1.1.2015 gesetzlicher Anspruch von 75 % des Mindestlohns (6,38 €),
- seit dem 1.1.2016 gesetzlicher Anspruch von 85 % des Mindestlohns (7,23 €),
- seit dem 1.1.2017 bis 31.12.2017 gesetzlicher Anspruch von 8,50 € je Zeitstunde.

Somit erhalten Zeitungszusteller den gesetzlichen Mindestlohn **seit dem 1.1.2018**.

Tarifverträge mit Übergangsregelung

In § 24 MiLoG war neben der Sonderregelung für Zeitungszusteller eine **weitere Übergangsregelung** für die Jahre 2015 bis Ende 2017 vorgesehen. Sie ist für **Tarifverträge** anzuwenden, bei denen abweichend von der gesetzlichen Mindestlohnregelung eine Vereinbarung unter 8,84 € vereinbart ist. Diese abweichende Regelung für Tarifverträge und Vereinbarungen nach dem AÜG und AEntG sah ab dem 1.1.2017 eine Lohnuntergrenze von 8,50 € vor. Seit dem 1.1.2018 gilt der gesetzliche Mindestlohn.

HINWEIS

Beachte bitte, dass bei Leiharbeitnehmern abweichende gesetzliche Mindestlöhne zur Anwendung kommen.

Mindestlöhne vor dem 1.1.2018 in € nach dem AEntG und dem AÜG (Auszug):

- Arbeitnehmerüberlassung: West: 8,80 €/Ost: 8,20 €
- Fleischwirtschaft: West: 8,60 €/Ost: 8,60 €
- Land- und Forstwirtschaft und Gartenbau: West: 8,00 €/Ost: 7,90 €
- Textil- und Bekleidungsindustrie: West: 8,50 €/Ost: 8,25 €

10.2 Aufzeichnungspflichten

Ein weiterer wichtiger Punkt im Mindestlohngesetz sind die Regelungen zur **Aufzeichnung der Arbeitszeit**. Das MiLoG verweist in § 17 Abs. 1 MiLoG auf den § 2a des Gesetzes zur Bekämpfung der Schwarzarbeit und die darin genannten Arbeitnehmer. Zusätzlich werden die geringfügig Beschäftigten genannt, bei denen Beginn, Dauer und Ende der täglichen Arbeitszeit aufgezeichnet werden müssen. Die Aufzeichnungen sind mindestens zwei Jahre in den Lohnunterlagen aufzubewahren. Sie müssen spätestens bis zum Ablauf des siebten auf den Tag der Arbeitsleistung folgenden Kalendertags erfolgen. Für **Entleiher**, dem ein Verleiher einen oder mehrere Arbeitnehmerinnen und Arbeitnehmer zur Verfügung stellt, gelten diese Regelungen parallel.

Das MiLoG schreibt vor, dass die Dokumentation im Inland in deutscher Sprache **für die gesamte Dauer der tatsächlichen Beschäftigung** vorgehalten werden muss, mindestens für die Dauer der gesamten Werk- oder Dienstleistung, insgesamt jedoch nicht länger als zwei Jahre. Die Prüfbehörde kann verlangen, dass die Aufzeichnungen auch am Ort der Beschäftigung bereitgehalten werden müssen (§ 17 Abs. 2 MiLoG).

TIPP

Eine Vorlage zur Dokumentation der Arbeitszeit haben wir dir im Kapitel XVI.6 „Muster", S. 291 dargestellt.

Arbeitszeitkonto

Arbeitnehmer, die Anspruch auf den gesetzlichen Mindestlohn haben, während dieser aber durch die Zahlung des verstetigten Arbeitseinkommens nicht erfüllt ist, können Überstunden auf ein **Arbeitszeitkonto** einstellen. Das Arbeitszeitkonto muss innerhalb von zwölf Kalendermonaten nach der jeweiligen Erfassung durch bezahlte Freistellung oder Auszahlung der Überstunden ausgeglichen werden. Die eingestellte Arbeitszeit darf 50 % der vereinbarten Arbeitszeit nicht übersteigen (§ 2 Abs. 2 MiLoG).

10.3 Haftung bei Dienst- oder Werkdienstleistungen

Ein sehr wichtiger Punkt im Mindestlohngesetz ist die **Bürgenhaftung** (§ 13 MiLoG i.V.m. § 14 AEntG). Der Gesetzgeber ahndet Verstöße mit Geldbußen von bis zu 500.000 €. Gemeint ist die Haftung des Auftraggebers von Werk- oder Dienstleistungen in dem Fall, dass ein Sub- oder Nachunternehmer oder aber auch ein von diesen beauftragtes Unternehmen im Rahmen der Arbeitnehmerüberlassung seinen Arbeitnehmern nicht den gesetzlichen Mindestlohn zahlt. Der **Auftraggeber haftet** in diesen Fällen wie ein Bürge für die Einhaltung der Mindestlohnregelungen für die Arbeitnehmer. Der Gesetzgeber verstärkt mit dieser Regelung die Wirksamkeit des Mindestlohns. In der Praxis wird sich noch herausstellen müssen, inwieweit die Auftraggeber vollumfänglich ihrer Kontrollpflicht nachkommen können.

TIPP

Diese Punkte sollten deine Mandanten in Mindestlohn-Fällen unbedingt beachten:

- Sorgfältige Prüfung der Angebote. Der angebotene Preis muss nach wirtschaftlichen Kriterien die Zahlung des gesetzlichen Mindestlohns ermöglichen.
- Vertragliche Zusicherung des Auftragnehmers zur Zahlung des gesetzlichen Mindestlohns.
- Vertragliche Zusicherung des Auftragnehmers zum Führen der jeweiligen Aufzeichnungen über geleistete Arbeitsstunden und das hierfür gezahlte Arbeitsentgelt. Diese Aufzeichnungen müssen durch den Auftraggeber geprüft werden!
- Vereinbarung einer Vertragsstrafe bei Nichteinhaltung der Nachweispflicht.
- Vertraglich die Durchführung der angefragten Leistung durch den Auftragnehmer zusichern lassen. Weitere Nachunternehmer dürfen nur nach ausdrücklicher Zustimmung des Auftraggebers eingesetzt werden.
- Vereinbarung über zusätzlich bereitzustellende Mittel zur finanziellen Absicherung bei Nichteinhaltung.
- Sonderkündigungsrecht und Schadenersatzregelungen bei Nichteinhaltung des Vertrages.

10.4 Berechnung

Für den Mindestlohnanspruch ist der **Bemessungszeitraum** nach der gesetzlichen Regelung zur Fälligkeit der Kalendermonat. Wurde ein Festlohn vereinbart, ist entsprechend dem maßgeblichen Stundenlohn aus dem Quotienten aus dem Festlohn und den tatsächlichen Arbeitsstunden eines jeden Monats maßgeblich. Bei einem verstetigten Monatslohn errechnet sich der tatsächliche Stundenlohn aus dem Quotienten des verstetigten Monatslohns und der regelmäßigen monatlichen Arbeitszeit. Diese wird mit folgender Formel ermittelt:

$$\frac{\text{wöchentliche Arbeitszeit x 13}}{3}$$

Aufgrund unterschiedlicher Arbeitstage in einem Monat kann der Mindestlohn **in einzelnen Monaten unterschritten** werden.

Auf den Mindestlohn **anrechenbare Lohnbestandteile** sind nach Auffassung des zuständigen Ministeriums nach der Rechtsprechung von EuGH und BAG solche Lohnbestandteile, die nicht das Verhältnis zwischen der Leistung des Arbeitnehmers und der von ihm hierfür erbrachten Gegenleistung ändern. Dies ist nach der EuGH-Rechtsprechung regelmäßig der Fall, wenn die Zulagen oder Zuschläge zusammen mit anderen Leistungen des Arbeitgebers ihrem Zweck nach diejenige Arbeitsleistung des Arbeitnehmers entgelten sollen, die mit dem Mindestlohn zu vergüten ist (funktionale Gleichwertigkeit der zu vergleichenden Leistungen).

Der Mindestlohn nach dem Mindestlohngesetz wird als Brutto-Stundenlohn je Zeitstunde festgesetzt. Das Gesetz macht den Anspruch nicht von der zeitlichen Lage der Arbeit oder den mit der Arbeitsleistung verbundenen Umständen oder Erfolgen abhängig. Der Anspruch auf den Mindestlohn ist dann erfüllt, wenn dieser dem Arbeitnehmer endgültig zur freien Verfügung übereignet oder überwiesen ist.

Alle im Austauschverhältnis zwischen Arbeitgeber und Arbeitnehmer stehenden Geldleistungen des Arbeitgebers sind geeignet, den Mindestlohnanspruch des Arbeitnehmers zu erfüllen. Von den im arbeitsvertraglichen Austauschverhältnis erbrachten Entgeltzahlungen des Arbeitgebers fehlt nur solchen die Erfüllungswirkung, die der Arbeitgeber ohne Rücksicht auf eine tatsächliche Arbeitsleistung erbringt oder die auf einer besonderen gesetzlichen Zweckbestimmung beruhen.

Demnach sind auf den Mindestlohn anrechenbar:

- Zulagen und Zuschläge, mit denen lediglich die regelmäßige und dauerhaft vertragliche geschuldete Arbeitsleistung vergütet wird, z. B. Bauzulage;
- Zulage zum Ausgleich eines aus dem Ausland entsandten Arbeitnehmers als Differenz zwischen dem geschuldeten Mindestlohn in Deutschland und seinem Herkunftsland;
- Zulagen, die als Ergänzung von besonderen Entlohnungsmodellen gezahlt werden, z. B. Stücklohn;
- Zulagen und Zuschläge die nicht das Verhältnis zwischen Leistung und Gegenleistung berühren, z. B. Kinderzulage;
- Entgeltumwandlungen zur betrieblichen Altersversorgung;
- Einmalzahlungen, allerdings nur im Fälligkeitsmonat, wenn diese unwiderruflich gezahlt werden;

- Akkordprämien,
- Qualitätsprämien,
- Überstundenvergütungen für tatsächlich geleistete Überstunden,
- Sonn- und Feiertagszuschläge,
- Schmutz- und Gefahrenzulage.

Nicht anrechenbar auf den Mindestlohn sind:

- Zuschläge für Nachtarbeit,
- Zulagen und Zuschläge, die nicht eine vertraglich geschuldete Zusatzleistung ausgleichen, z. B. Kindergartenzuschuss,
- Zuschüsse zu den vermögenswirksamen Leistungen,
- Zuschüsse zur betrieblichen Altersversorgung,
- Auslagenersatz,
- Reisekostenerstattungen,
- Trinkgelder,
- Zuschläge zur privaten Lebensführung,
- Sachbezüge (Ausnahme Saisonarbeiter;[1] demnach sind Sachbezüge nach § 107 Abs. 2 Satz 5 GewO jedoch nur bis zur Höhe des pfändbaren Teils des Arbeitsentgelts anrechenbar).

Nach aktueller BAG-Rechtsprechung[2] sind **Bereitschaftsdienste** mit dem Mindestlohn zu entlohnen, da sie eine vergütungspflichtige Arbeitszeit darstellen. Eine Rufbereitschaft stellt keine Arbeitszeit dar, weil sie nicht an einem vom Arbeitgeber vorgegebenen Ort (Arbeitsstätte) erfolgt.

HINWEIS

Die Einhaltung des Mindestlohns sollte unbedingt im Rahmen der Erstellung der Gehaltsabrechnungen überprüft werden. Die Deutsche Rentenversicherung überprüft in ihren Prüfungen die Einhaltung des Mindestlohnes und ist seit dem Jahr 2017 verpflichtet, Verstöße gegen das Mindestlohngesetz an den Zoll zu melden.

10.5 Anpassung

Erstmals zum 30.6.2016 beschloss die **Mindestlohnkommission** die **Anpassung** des auf 8,50 € pro Zeitstunde festgelegten Mindestlohns mit Wirkung zum 1.1.2017 auf 8,84 €. Danach erhöhte sich der Mindestlohn zum 1.1.2021 auf 9,50 € und zum 1.7.2021 auf 9,60 €. Im letzten Jahr erhöhte sich der Mindestlohn mit Wirkung zum 1.1.2022 auf 9,82 € und zum 1.7.2022 auf 10,45 €. Auch weiterhin muss die Mindestlohnkommission alle zwei Jahre über eine mögliche Anpassung beschließen. Sie kann eine Erhöhung, aber auch eine Absenkung des Mindestlohns beschließen. Letzteres ist allerdings derzeit eher unwahrscheinlich.

HINWEIS

Zum 1.10.2025 wurde der gesetzliche Mindestlohn auf 12,82 € brutto je Zeitstunde erhöht. Die nächste Anpassung des Mindestlohns erfolgt zum 1.1.2026.

1 BT-Drucks. 18/2010 S. 16, Abschn. IV Nr. 7.

2 BAG, Urteil v. 29.6.2016 – 5 AZR 716/15, NWB HAAAF-84021.

TIPP

In Vereinbarungen zwischen Arbeitgebern und Arbeitnehmern sollte sich auf eine Vergütung gem. dem gesetzlichen Mindestlohn bezogen werden. Dabei sollten eure Mandanten nicht auf die derzeit festgesetzten 12 € verweisen, weil dann bei Änderungen durch die Mindestlohnkommission diese Vereinbarung angepasst werden muss.

Die **Entscheidung der Mindestlohnkommission** erfolgt anhand von Kriterien des § 9 Abs. 2 MiLoG. Darin ist genannt:

- Die Mindestlohnkommission prüft im Rahmen der Gesamtabwägung zu einem angemessenen Mindestschutz der Arbeitnehmerinnen und Arbeitnehmer,
- faire und funktionierende Wettbewerbsbedingungen zur Sicherung der Beschäftigung.

Der Beschluss der Mindestlohnkommission ist **schriftlich zu begründen** und kann von der Bundesregierung durch Rechtsverordnung verbindlich gemacht werden. Dabei ist die Zustimmung des Bundesrates nicht notwendig.

10.6 Mindestlohnkommission (§§ 4 ff. MiLoG)

Die **Mindestlohnkommission** wird als Gremium mit dem MiLoG eingesetzt. Ihre Aufgabe ist es, den gesetzlichen Mindestlohn fortzuschreiben. Die Mitglieder der Mindestlohnkommission werden durch die Bundesregierung **für fünf Jahre berufen**, sie besteht aus insgesamt neun Mitgliedern.

- **Drei Mitglieder** (mindestens eine Frau und ein Mann) der Bundesregierung auf Vorschlag der **Spitzenorganisationen der Arbeitgeber** und
- **drei Mitglieder** (mindestens eine Frau und ein Mann) der Bundesregierung auf Vorschlag der **Spitzenorganisationen der Arbeitnehmer.**

HINWEIS

Kommen die Arbeitgeberverbände oder die Gewerkschaften ihrem Vorschlagsrecht nicht nach, muss die Bundesregierung die Mitglieder der Kommission aus den Reihen der Arbeitgeberverbände oder der Gewerkschaften berufen.

- **Ein Mitglied** als Vorsitzender der Kommission auf **gemeinsamen Vorschlag der Spitzenorganisationen der Arbeitgeber und Arbeitnehmer**. Kommt es zu keinem gemeinsamen Vorschlag, werden zwei Personen benannt. In einem solchen Fall hätte die Mindestlohnkommission **zwei Vorsitzende**. Die Zahl der Mitglieder in der Kommission bleibt davon unberührt, da stets nur ein/e Vorsitzende/r die Sitzung leiten kann. Ein jeweiliger Wechsel im Vorsitz kann nur nach einer Beschlussfassung über die Neufestsetzung eines gesetzlichen Mindestlohns erfolgen (§ 9 MiLoG). Diese Regelung ist auf ihren Nutzen hin zu überprüfen, denn der/die Vorsitzende hat in der Abstimmung der Mindestlohnkommission im Falle eines Patts die entscheidende Stimme (§ 10 MiLoG).

HINWEIS

Den Vorsitz der Mindestlohnkommission hat zurzeit Frau Christiane Schönefeld.

- **Zwei beratende Mitglieder** aus den Kreisen der Wirtschaft, die **kein Stimmrecht** erhalten.

10.7 Ordnungswidrigkeiten (§ 21 MiLoG)

Das MiLoG sieht **keine neuen Straftatbestände** vor. Der umfassende Katalog von Ordnungswidrigkeiten bleibt unverändert bestehen. Allerdings sieht das MiLoG hohe Geldbußen vor.

Wird eine Prüfung behindert oder wird der Prüfer bei der Durchführung seiner Prüfung eingeschränkt, werden **Geldbußen bis zu 30.000 €** verhängt, da kein Fall des § 21 Abs. 1 Nr. 9 oder § 21 Abs. 2 MiLoG vorliegt.

Verstöße gegen die Höhe des Arbeitsentgelts und die Fälligkeitsfristen werden mit bis zu 500.000 € geahndet. In Fällen, in denen ein Arbeitgeber Werks- oder Dienstleistungen von **Dritten** ausführen lässt, haftet der Auftraggeber für die Einhaltung des Mindestlohns bei seinem Subunternehmer. Verstöße gegen die Zahlung des Mindestlohns, auch beim Subunternehmen, werden mit bis zu 500.000 € bestraft.

Andere Verstöße, z. B. gegen die Aufzeichnungs- und Nachweispflichten, können mit bis zu 30.000 € geahndet werden.

XI. Grundlage für die Bruttolohnabrechnung

Für die richtige Berechnung des Lohnsteuerabzugs und des Abzugs der Sozialversicherungsbeiträge ist die Grundlage das sog. **Gesamt-Brutto**. Es ist gleichzeitig die **Bemessungsgrundlage für die Lohnabzüge**.

Beim Arbeitslohn handelt es sich um **Einnahmen aus nichtselbständiger Arbeit**. In § 19 EStG heißt es dazu: „Zu den Einnahmen aus nichtselbständiger Arbeit gehören Gehälter, Löhne, Gratifikationen, Tantiemen und andere Bezüge und Vorteile für eine Beschäftigung im öffentlichen oder privaten Dienst."

In diesem Zusammenhang ist die **gesetzliche Definition** von Einnahmen in den Blick zu nehmen. § 8 Abs. 1 EStG führt dazu aus: „Einnahmen sind alle Güter, die in Geld oder Geldeswert bestehen und dem Steuerpflichtigen im Rahmen einer der Einkunftsarten des § 2 Abs. 2 Satz 1 Nr. 4 bis 7 EStG zufließen." Unter § 2 Abs. 1 Satz 1 Nr. 4 EStG sind die Einkünfte aus nichtselbständiger Arbeit genannt. In der Lohn- und Gehaltsabrechnung sprechen wir von den **Einkünften aus nichtselbständiger Arbeit**.

1. Arbeitszeit

Bei einigen Entlohnungen ist die Ermittlung des Gesamt-Brutto unproblematisch. Zu diesen Entlohnungen zählen die **vertraglich fest vereinbarten Summen**. Diese sind meist fix und werden immer wieder in gleicher Höhe gezahlt (z. B. Gehälter, Monatslohn, Ausbildungsvergütung usw.). Bei einer **flexiblen Entlohnung** ist die Zahlung abhängig von flexiblen Größen (z. B. Arbeitsstunden oder Stückanzahlen). Bei den flexiblen Größen ist die Ermittlung des Gesamt-Brutto anhand von Rechenfaktoren zu ermitteln. Diese sind im Einzelnen:

- Basiseinheit (Arbeitsstunden, Stückzahlen),
- Lohnsatz pro Basiseinheit (Stundenlohn, Stücklohn),
- Zuschlagssätze (Überstundenzuschlag, Wochenendzuschlag),
- Anteile von einem Basisbetrag (Umsatzprovision).

Die **korrekte Ermittlung der Arbeitszeit** ist die Grundlage für die Lohnabrechnung. Dazu bedienen sich viele Unternehmen elektronischer Hilfsmittel. Für die Zeiterfassung werden oft elektronische Zeiterfassungsgeräte eingesetzt, wie eine Stempeluhr. Die Zeiterfassung kann aber auch manuell erfolgen. Viele Unternehmen nutzen Stundenzettel oder Arbeitsnachweise zur Ermittlung der Zeit.

HINWEIS

Der Europäische Gerichtshof hat mit einem Urteil[1] die Anforderung an die nationalen Staaten formuliert, Systeme einzurichten, mit denen die tägliche Arbeitszeit gemessen werden kann. Ohne ein solches System kann weder die Zahl der geleisteten Arbeitszeit und ihre zeitliche Verteilung noch die Zahl der Überstunden objektiv und verlässlich ermittelt werden. Zum Zeitpunkt der Drucklegung war keine nationale Gesetzgebung geplant. Nach einer Studie, die für das Bundesarbeitsministerium erstellt wurde, muss der Gesetzgeber eine Änderung der gesetzlichen Regelung herbeiführen. Zum Zeitpunkt der Drucklegung lag noch kein entsprechender Gesetzesentwurf vor.

1 EuGH, Urteil v. 14.5.2018 – C-55/18.

2. Zulagen und Zuschläge

Auf Grundlage der geleisteten Arbeitszeit gewähren einzelne Arbeitgeber **Zulagen** und/oder **Zuschläge**. Diese Zahlungen werden zusätzlich zum vereinbarten Entgelt gezahlt. Ein gesetzlicher Anspruch auf Zulagen/Zuschläge besteht grds. nicht. Die Art der Zulagen/Zuschläge und deren Höhe werden meist in Arbeitsverträgen, Tarifverträgen oder in den Betriebsvereinbarungen festgelegt.

Übersicht: Arten von Zulagen und Zuschlägen

Zulagen:	Zuschläge:
Erschwerniszulagen	Überstunden
Leistungszulagen	Mehrarbeit
Funktionszulagen	Sonntags-, Feiertags- und Nachtarbeit
Sozialzulagen	
Persönliche Zulagen	

Der **Zuschlagssatz** kann sich mit seiner Höhe an der Basisvergütung (z. B. Stundenlohn) orientieren, oder es werden pauschale Beträge festgesetzt.

BEISPIELE

Erschwerniszulage:	**Überstundenzuschlag:**
Ein Arbeitnehmer erhält aufgrund einer hohen körperlichen Belastung eine Erschwerniszulage (z. B. Stahlkocher). Beispiel: Die Zulage beträgt pro gearbeitete Stunde 1,50 € zusätzlich zum Grundlohn.	Ein Arbeitnehmer erhält für jede geleistete Überstunde einen Zuschlag von 25 % auf seinen Grundlohn. Beispiel: Stundenlohn 12,00 € x 25 % = 3,00 €. Überstundenzuschlag 3,00 €

Von großer Bedeutung ist die Berücksichtigung von Zuschlägen für die steuer- und sozialversicherungspflichtige Behandlung der Lohn- und Gehaltsabrechnung. Grundsätzlich sind alle Zuschläge dem beitragspflichtigen Bruttoentgelt hinzuzurechnen. Sie sind somit **steuer- und sozialversicherungspflichtiges Entgelt**. Allerdings sind einige Zuschläge von der Steuer- und Sozialversicherungspflicht befreit, um einige Arbeitnehmergruppen mit ungünstigen Arbeitszeiten zu begünstigen.

§ 3b EStG legt die Ausnahmen fest. Zuschläge für Sonn,- Feiertags- und Nachtarbeit (SFN-Zuschläge) sind im bestimmten Umfang steuerfrei. Jedoch müssen sie für tatsächlich geleistete Sonn-, Feiertags- und Nachtarbeit neben dem Grundlohn gezahlt werden und dürfen bestimmte Grenzen nicht überschreiten.

Übersicht: Steuerliche Behandlung von Zuschlägen nach § 3b EstG

Sonntagsarbeit:	Feiertagsarbeit:	Nachtarbeit:
0 bis 24 Uhr	0 bis 24 Uhr	20 bis 6 Uhr
– Steuerfrei bis 50 % des Grundlohns	– Für gesetzliche Feiertage (0 bis 24 Uhr) bis 125 % des Grundlohns – Für Silvester (14 bis 24 Uhr) bis 125 % des Grundlohns – Für Heiligabend (14 bis 24 Uhr) bis 150 % des Grundlohns – Für Weihnachtsfeiertage (25. und 26.12.) bis 150 % des Grundlohns – Am 1.5. bis 150 % des Grundlohns	– Bis 25 % des Grundlohns – Bis 40 % des Grundlohns für Arbeit von 0 bis 4 Uhr, wenn die Arbeit vor 0 Uhr aufgenommen wurde

HINWEIS

Abweichend vom Arbeitsgesetz definiert das Einkommensteuergesetz bereits Arbeitsstunden ab 20 Uhr als Nachtarbeit.

Grundlohn ist i. S. des EStG laufender Arbeitslohn, der dem Arbeitnehmer für seine regelmäßige Arbeitszeit zusteht. Er ist in einen Stundenlohn umzurechnen und darf nicht mehr als 50 € pro Stunde betragen.

Der für die Bemessung der Steuerfreiheit von Zuschlägen zur Sonntags-, Feiertags- oder Nachtarbeit maßgebende Grundlohn ist der laufende Arbeitslohn, der dem Arbeitnehmer bei der für ihn maßgebenden regelmäßigen Arbeitszeit für den jeweiligen Lohnzahlungszeitraum arbeitsvertraglich zusteht (siehe auch BFH, Urteil v. 10.8.2024 – VI R 11/21, NAAAJ-51033).

Ob und in welchem Umfang der Grundlohn dem Arbeitnehmer tatsächlich zufließt, ist für die Bemessung der Steuerfreiheit der Zuschläge daher ohne Belang.

Grundlohn

Die steuerfreien Zuschläge für tatsächlich geleistete Sonntags-, Feiertags- und Nachtarbeit ermitteln sich auf Basis des Grundlohns. Grundlohn ist der auf die maßgebende Arbeitszeit (Arbeitsstunde) entfallende laufende Arbeitslohn, den der Arbeitnehmer für den jeweiligen Lohnzahlungszeitraum aufgrund seiner regelmäßigen Arbeitszeit erwirbt (§ 3b Abs. 2 EStG). Die regelmäßige Arbeitszeit ist die für das Dienstverhältnis vereinbarte normale Arbeitszeit. Der Grundlohn ist steuerlich höchstens mit 50 € und sozialversicherungsrechtlich höchstens mit 25 € pro Stunde (§ 1 ArEV) anzusetzen.

In den Grundlohn mit einzurechnen sind:

- laufender Arbeitslohn,
- laufende Zuschläge und Zulagen, die während der regelmäßigen Arbeitszeit gezahlt werden (z. B. Schichtzulagen),
- Zuschüsse zu den vermögenswirksamen Leistungen,
- laufend gewährte Sachbezüge/geldwerte Vorteile, soweit diese steuerpflichtig behandelt werden,

- nicht pauschal versteuerter Fahrtkostenzuschuss,
- laufend gezahlte Beiträge zu einer umlagefinanzierten Pensionskasse, auch wenn diese steuerfrei nach § 3 Nr. 56 EStG behandelt werden,
- laufend gezahlte Beiträge in eine Direktversicherung, Pensionskasse oder Pensionsfonds, auch wenn diese steuerfrei nach § 3 Nr. 63 EStG behandelt werden,
- laufend gezahlte Beiträge in eine Pensionskasse und Direktversicherung, auch wenn diese mit 20 % pauschal besteuert werden,
- Nachzahlungen von Arbeitslohn, wenn diese zum laufenden Arbeitslohn gehören.

In den Grundlohn nicht mit einzurechnen sind:

- sonstige Bezüge (z. B. Weihnachts- oder Urlaubsgeld),
- Überstundenvergütungen,
- Mehrarbeitsvergütungen,
- steuerfreier Arbeitslohn,
- pauschal versteuerter Arbeitslohn nach § 40 EStG,
- Zuschläge für Sonntags-, Feiertags- und Nachtarbeit, auch wenn diese nicht steuerfrei nach § 3b EStG behandelt werden, und
- Nachzahlungen von Arbeitslohn, wenn diese als sonstiger Bezug behandelt wird.

Basisgrundlohn

Zur Ermittlung des Grundlohns sind drei Schritte notwendig. Im ersten Schritt muss der Basisgrundlohn ermittelt werden. Dabei bleiben Zeiten mit Arbeitsausfällen unberücksichtigt (z. B. Krankheit oder Urlaub). Grundlohn ist somit der laufende Arbeitslohn, der im Voraus feststeht.

Grundlohnzusätze

Nach der Ermittlung des Basisgrundlohns folgt in einem zweiten Schritt die Ermittlung der Grundlohnzusätze. Diese sind zusätzliche Lohnbestandteile des laufenden Arbeitslohns, deren Höhe nicht im Voraus feststeht.

Grundlohn auf Basis eines Stundenlohns

Im dritten Schritt werden der Basisgrundlohn (Schritt 1) und die Grundlohnzusätze (Schritt 2) zusammengerechnet. Das Ergebnis wird durch die Zahl der Stunden der regelmäßigen, im jeweiligen Lohnzahlungszeitraum anfallenden Arbeitszeit geteilt. Bei monatlichen Lohnzahlungszeiträumen ist der Divisor mit dem 4,35-fachen der wöchentlichen Arbeitszeit anzusetzen. Dieses Ergebnis ist der Grundlohn, der für die Berechnung der steuerfreien Sonntags-, Feiertags- und Nachtarbeit maßgebend ist.

BEISPIEL

Monatlicher Basisgrundlohn	2.800 €
+ Erschwerniszuschlag	200 €
= Grundlohn	3.000 €

Die regelmäßig vereinbarte Wochenarbeitszeit beträgt 40 Stunden.

40 Stunden/Woche x 4,35 = 174 Stunden im Monat

Grundlohn 3.000 € / Stunden im Monat 174 = 17,24 €

In der **Sozialversicherung** sind Zuschläge, die zusätzlich zum Entgelt gezahlt werden und lohnsteuerfrei sind, auch sozialversicherungsfrei. Der sozialversicherungspflichtige Begriff des Arbeitsentgelts richtet sich nach dem Steuergesetz. Hier darf der Wert des Grundlohns allerdings 25 € pro Stunde nicht übersteigen.

Übersicht:	Steuer- und sozialversicherungsrechtliche Behandlung des Grundlohns	
Höhe der Zuschlagssätze	**Lohnsteuerpflichtig**	**Sozialversicherungspflichtig**
Stundengrundlohn bis 25 €	Nein	Nein
Stundengrundlohn 25 € bis 50 €	Nein	Ja
Stundengrundlohn über 50 €	Ja	Ja

Sozialversicherungsrechtliche Beurteilung

Neben den lohnsteuerrechtlichen Regelungen zur Steuerfreiheit von Zuschlägen für Sonntags-, Feiertags- und Nachtarbeit ergänzt die Sozialversicherungsentgeltverordnung (SvEV) die Regelunge für die beitragsrechtliche Beurteilung dieser Zuschläge. Dem beitragspflichtigem Entgelt werden nicht zugerechnet Zuschläge, soweit diese lohnsteuerfrei sind. Dies gilt nicht für Sonntags-, Feiertags- und Nachtarbeitszuschläge, soweit das Entgelt, auf dem sie berechnet werden, mehr als 25 € für jede Stunde beträgt (§ 1 Abs. 1 Nr. 1 SvEV). Somit sind Zuschläge für die Sonntags-, Feiertags- und Nachtarbeit nur dann in der Sozialversicherungsfrei beitragsfrei, wenn der Grundlohn die 25 € pro Arbeitsstunde nicht überschreitet (steuerlich 50 €). Für die Höhe der Zuschlagssätze und die Berechnung des Grundlohns sind in der Sozialversicherung die gleichen Regelungen wie im Lohnsteuerrecht anzuwenden (§ 3b EStG, R 3b LStR, H 3b LStH).

BEISPIEL:

Monatlicher Basisgrundlohn	3.800 €
+ Erschwerniszuschlag	200 €
+ geldwerter Vorteil aus der Nutzung Firmenwagen	550 €
+ steuerfreier Beitrag in eine Pensionskasse	254 €
= Grundlohn	4.804 €

Die regelmäßig vereinbarte Wochenarbeitszeit beträgt 40 Stunden.

40 Stunden/Woche x 4,35 =	174 Stunden im Monat
Grundlohn 4.804 € / Stunden im Monat 174 =	27,61 €

Der Arbeitgeber zahlt an seinen Arbeitnehmer für tatsächlich geleistete Sonntagsarbeit einen Zuschlag von 20 €/Stunde. Im Beispiel hat der Arbeitnehmer 10 Stunden Sonntagsarbeit geleistet.

Steuerfreier Zuschlag (Sonntag) 50 % von 27,61 € =	13,81 €
Sozialversicherungsfreier Zuschlag (Sonntag) 50 % von 25 €* =	12,50 €

* begrenzt auf den sozialversicherungsrechtlichen Grundlohn von 25 € (§ 1 Abs. 1 Nr. 1 SvEV).

Ermittlung des steuer- und sozialversicherungspflichtiges Brutto:

Monatlicher Basisgrundlohn	3.800 €
+ Erschwerniszuschlag	200 €
+ geldwerter Vorteil aus der Nutzung Firmenwagen	550 €
+ Zuschläge für Sonntagsarbeit 10 x 20 €	200 €
davon sind steuerpflichtig 20 € – 13,81 € = 6,19 € x 8 =	49,52 €
davon sind beitragspflichtig 20 € – 12,50 € = 7,50 € x 8	60 €
Insgesamt lohnsteuerpflichtig	4.599,52 €
Insgesamt sozialversicherungspflichtig	4.610 €

Die Verbeitragung erfolgt maximal bis zur Beitragsbemessungsgrenze. In unserem Beispiel ist das beitragspflichtige Entgelt innerhalb aller Beitragsbemessungsgrenzen.

Nicht beim steuer- und sozialversicherungspflichtigen Brutto mitberücksichtigt, aber in der Entgeltabrechnung enthalten:

+ steuerfreier Beitrag in eine Pensionskasse 254 €

Abweichende Zuschlagssätze

In der Praxis kommt es nicht selten vor, dass die arbeitsvertraglich oder auch tarifvertraglich vereinbarten Zuschläge für Sonntags-, Feiertags- und Nachtarbeit nicht mit den prozentualen Zuschlagssätzen nach § 3b EStG übereinstimmen. Zahlt ein Arbeitgeber z. B. einen Nachtarbeitszuschlag, der niedriger ist als nach § 3b EStG vorgesehen, bleibt ggf. der volle Nachtarbeitszuschlag steuerfrei.

BEISPIEL: Ein Arbeitnehmer mit einem Stundenlohn von 28 € erhält einen Nachtarbeitszuschlag i. H. von 15 %.

15 % von 28 € = 4,20 €

Bei 8 Nachtarbeitsstunden sind das 8 x 4,20 € = 33,60 €

Lösung:

Dieser Nachtarbeitszuschlag ist komplett steuerfrei, da der maximale Zuschlag nach § 3b EStG höher wäre. Nach § 3b EStG wäre ein maximaler Nachtarbeitszuschlag möglich:

25 % von 28 € = 7,00 €

Bei 8 Nachtarbeitsstunden sind das 8 x 7,00 € = 56,00 €

Der tatsächlich vom Arbeitgeber gezahlte Nachtarbeitszuschlag beträgt allerdings nur 33,60 €, damit bleibt dieser Betrag komplett steuerfrei.

In der Sozialversicherung ist die Berechnung des Nachtarbeitszuschlags ebenfalls vorzunehmen:

25 % von 25 € = 6,25 €

Bei 8 Nachtarbeitsstunden sind das 8 x 6,25 € = 50,00 €

Der tatsächlich vom Arbeitgeber gezahlte Nachtarbeitszuschlag beträgt allerdings nur 33,60 €, damit bleibt dieser Betrag ebenfalls komplett beitragsfrei.

Die folgende Übersicht zeigt die Bewertung bei einem Nachtarbeitszuschlag i. H. von 15 %:

Zuschläge für Nachtarbeit (steuerfrei i. H. von 25 %)					
Grundlohn	tatsächlich gezahlter Zuschlagssatz	tatsächlich gezahlter Zuschlag	Höchstzuschlag nach § 3b EStG	steuerfrei	beitragsfrei
20 €	15 %	3,00 €	25 %	3,00 €	3,00 €
25 €	15 %	3,75 €	25 %	3,75 €	3,75 €
30 €	15 %	4,50 €	25 %	4,50 €	4,50 €
35 €	15 %	5,25 €	25 %	5,25 €	5,25 €
40 €	15 %	6,00 €	25 %	6,00 €	6,00 €
45 €	15 %	6,75 €	25 %	6,75 €	6,25 €*
50 €	15 %	7,50 €	25 %	7,50 €	6,25 €*
55 €	15 %	8,25 €	25 %	8,25 €	6,25 €*

60 €	15 %	9,00 €	25 %	9,00 €	6,25 €*
65 €	15 %	9,75 €	25 %	9,75 €	6,25 €*
70 €	15 %	10,50 €	25 %	10,50 €	6,25 €*
75 €	15 %	11,25 €	25 %	11,25 €	6,25 €*
80 €	15 %	12,00 €	25 %	12,00 €	6,25 €*
85 €	15 %	12,75 €	25 %	12,50 €*	6,25 €*
90 €	15 %	13,50 €	25 %	12,50 €*	6,25 €*
95 €	15 %	14,25 €	25 %	12,50 €*	6,25 €*

* steuerlich höchsten 25 % von 50 € = 12,50 € und sozialversicherungsrechtlich höchstens 25 % von 25 € = 6,25 €.

3. Vermögenswirksame Leistungen

Vermögenswirksame Leistungen sind Geldleistungen, die der Arbeitgeber für den Arbeitnehmer bei einer Bausparkasse oder Versicherung anlegt. Dabei gibt es die Möglichkeit, dass der Arbeitgeber einen Zuschuss zum Arbeitslohn zahlt. Dieser Arbeitslohn wird zusätzlich zum Arbeitsentgelt gezahlt.

Der Arbeitgeber führt dann den Sparbetrag vom Nettoentgelt des Arbeitnehmers an die **zuständige Stelle** ab. Der Zuschuss zum Arbeitsentgelt vonseiten des Arbeitgebers ist steuer- und sozialversicherungspflichtig.

HINWEIS

Erhält ein Arbeitnehmer in einem Monat keinen Arbeitslohn, aber einen Zuschuss zur vermögenswirksamen Leistung, ist dieser Zuschlag steuerpflichtig, aber frei in der Sozialversicherung.

4. Einmalzahlungen/sonstige Bezüge

Neben dem laufenden Arbeitslohn sind auch **Einmalzahlungen** steuer- und sozialversicherungspflichtig. Begrifflich trennen wir diese Zahlungen in der Steuer- und Sozialversicherungspflicht. Im Steuerrecht werden Einmalzahlungen als „sonstige Bezüge“, im Sozialversicherungsrecht als „einmalig gezahltes Arbeitsentgelt“ bezeichnet.

Übersicht:	Einmalzahlungen & sonstige Bezüge
Einmalzahlungen im Sozialversicherungsrecht	**Sonstige Bezüge im Lohnsteuerrecht**
Zusätzliche Gehälter	13. bzw. 14. Monatsgehalt
Gratifikationen	Tantiemen, Gratifikationen und Prämien
Weihnachtsgelder	Weihnachtszuwendungen
Urlaubsgelder	Urlaubsgelder (nicht fortlaufend gezahlt)
Urlaubsabgeltung für nicht gewährten Erholungsurlaub	Entschädigung zur Abgeltung nicht genommenen Urlaubs
Gewinnbeteiligungen	Jubiläumszuwendungen

In der Lohnsteuer wird eine Einmalzahlung als „sonstiger Bezug“ bezeichnet. Der sonstige Bezug ist somit der Gegensatz zum laufenden Arbeitslohn (wie z. B. ein Gehalt). Dabei ist nicht nur der Begriff ein anderer. Die lohnsteuerrechtliche Behandlung eines sonstigen Bezugs unterscheidet sich von der eines laufenden Bezugs.

Laufender Arbeitslohn[1] ist der Arbeitslohn, der dem Arbeitnehmer regelmäßig fortlaufend zufließt, insbesondere:

- Monatsgehälter,
- Wochen- und Tagelöhne,
- Mehrarbeitsvergütungen,
- Zuschläge und Zulagen,
- geldwerte Vorteile aus der ständigen Überlassung von Dienstwagen zur privaten Nutzung,
- Nachzahlungen und Vorauszahlungen, wenn sich diese ausschließlich auf Lohnzahlungszeiträume beziehen, die im Kalenderjahr der Zahlung enden,
- Arbeitslohn für Lohnzahlungszeiträume des abgelaufenen Kalenderjahres, der innerhalb der ersten drei Wochen des nachfolgenden Kalenderjahres zufließt.

Zur besseren Abgrenzung von einem laufenden Bezug enthält R 39b.2 LStR eine Aufzählung von Beispielen:

„Ein sonstiger Bezug ist der Arbeitslohn, der nicht als laufender Arbeitslohn gezahlt wird. Zu den sonstigen Bezügen gehören insbesondere einmalige Arbeitslohnzahlungen, die neben dem laufenden Arbeitslohn gezahlt werden, z. B.:

1. dreizehnte und vierzehnte Monatsgehälter,
2. einmalige Abfindungen und Entschädigungen,
3. Gratifikationen und Tantiemen, die nicht fortlaufend gezahlt werden,
4. Jubiläumszuwendungen,
5. Urlaubsgelder, die nicht fortlaufend gezahlt werden, und Entschädigungen zur Abgeltung nicht genommenen Urlaubs,
6. Vergütungen für Erfindungen,
7. Weihnachtszuwendungen,
8. Nachzahlungen und Vorauszahlungen, wenn sich der Gesamtbetrag oder ein Teilbetrag der Nachzahlung oder Vorauszahlung auf Lohnzahlungszeiträume bezieht, die in einem anderen Jahr als dem der Zahlung enden, oder, wenn Arbeitslohn für Lohnzahlungszeiträume des abgelaufenen Kalenderjahres später als drei Wochen nach Ablauf dieses Jahres zufließt,
9. Ausgleichszahlungen für die in der Arbeitsphase erbrachten Vorleistungen auf Grund eines Altersteilzeitverhältnisses im Blockmodell, das vor Ablauf der vereinbarten Zeit beendet wird,
10. Zahlungen innerhalb eines Kalenderjahres als viertel- oder halbjährliche Teilbeträge.“

1 R 39b.2 Abs. 1 LStR.

Wird bei einem laufenden Bezug die Lohnsteuer nach der Monatstabelle berechnet, so ist sie bei einem sonstigen Bezug nach der Jahrestabelle zu berechnen. Würde der sonstige Bezug nach der Monatstabelle versteuert werden, würde dies zu einer überhöhten Lohnsteuer führen.

Die gesetzliche Grundlage für die Berechnung der Lohnsteuer nach der Jahrestabelle stellt § 39b EStG dar. Darin wird zur Ermittlung der Lohnsteuer für einen sonstigen Bezug der voraussichtliche Jahresarbeitslohn ermittelt und zur Berechnung der Lohnsteuer für den sonstigen Bezug herangezogen. Dazu ist es notwendig, die Lohnsteuer zu ermitteln, die sich bei Anwendung der Jahreslohnsteuertabelle auf den maßgebenden Jahresarbeitslohn ohne sonstigen Bezug und auf den Jahresarbeitslohn einschließlich des sonstigen Bezugs ergibt. Somit ergeben sich zwei Lohnsteuerwerte nach der Jahrestabelle. Zum einen die Lohnsteuer laut Jahrestabelle ohne sonstigen Bezug (LSt 2), zum anderen die Lohnsteuer laut Jahrestabelle mit dem sonstigen Bezug (LSt 1). Die Differenz ergibt die Lohnsteuer für den sonstigen Bezug (LSt 1 - LSt 2 = LSt für den sonstigen Bezug). Durch diese Berechnung wird verhindert, dass eine zu hohe progressive Besteuerung des sonstigen Bezugs erfolgt, indem die Besteuerung so erfolgt, als wäre sie gleichmäßig mit je einem Zwölftel auf das gesamte Kalenderjahr verteilt worden.

Berechnungsschema für sonstige Bezüge:

	bereits individuell versteuerter laufender Arbeitslohn beim jetzigen Arbeitgeber
+	zu erwartender individuell zu versteuernder Arbeitslohn
+	Vorarbeitgeberwerte lt. Lohnsteuerbescheinigung von früheren Arbeitgebern (wenn nicht das gesamte Kalenderjahr beim jetzigen Arbeitgeber beschäftigt)
+	bisherige sonstige steuerpflichtige Bezüge
+	Hinzurechnungsbetrag lt. ELStAM-Daten
-	Jahresfreibetrag lt. ELStAM-Daten
-	Altersentlastungsbetrag
-	Versorgungsfreibetrag und Zuschlag zum Versorgungsfreibetrag
=	voraussichtlicher Jahresarbeitslohn ohne sonstigen Bezug, anschließend Ermittlung der entsprechenden LSt lt. Jahrestabelle (LSt 2)
+	sonstiger Bezug für den laufenden Monat
=	voraussichtlicher Jahresarbeitslohn mit sonstigem Bezug, anschließend Ermittlung der entsprechenden LSt lt. Jahrestabelle (LSt 1)

Bei der Berechnung des voraussichtlichen Jahresarbeitslohns werden Freibeträge berücksichtigt. Neben einem jährlichen Steuerfreibetrag des Arbeitnehmers, der mittels ELStAM-Daten an den Arbeitgeber übermittelt wird, werden auch die weiteren Freibeträge wie Altersentlastungsbetrag und Versorgungsfreibetrag und der Zuschlag zum Versorgungsfreibetrag berücksichtigt. Der Altersentlastungsbetrag wird berücksichtigt bei Arbeitnehmern, die zu Beginn des Kalenderjahres das 64. Lebensjahr vollendet haben. Für das Jahr 2016 muss der Arbeitnehmer vor dem 2.1.1952 geboren sein. Der Altersentlastungsbetrag kann bei der Feststellung des voraussichtlichen Jahresarbeitslohns berücksichtigt werden, alternativ kann er auch beim sonstigen Bezug berücksichtigt werden.

Der Versorgungsfreibetrag und der Zuschlag zum Versorgungsfreibetrag werden berücksichtigt, wenn im Kalenderjahr auch begünstigte Versorgungsbezüge, wie z. B. eine Betriebsrente, gezahlt werden. Der Versorgungsfreibetrag und der Zuschlag zum Versorgungsfreibetrag können bei der Feststellung des voraussichtlichen Jahresarbeitslohns berücksichtigt werden, alternativ kann beides auch beim sonstigen Bezug berücksichtigt werden.

Ein Hinzurechnungsbetrag kann seit dem Jahr 2000 beim Lohnsteuerabzug berücksichtigt werden. Er wird dem voraussichtlichen Jahresarbeitslohn hinzugerechnet und nicht wie ein Freibetrag abgezogen.

Bei der Berechnung des voraussichtlichen Jahresarbeitslohns sind die im selben Kalenderjahr gewährten sonstigen Bezüge zu berücksichtigen, soweit diese steuerpflichtig waren. In der Zukunft gezahlte sonstige Bezüge bleiben dagegen unberücksichtigt, auch dann, wenn ihre Zahlung mit Sicherheit feststeht (R 39b.6 Abs. 2 Satz 4 LStR).

Ermittlung des bereits erhaltenen Arbeitslohns

Zu berücksichtigen ist der bereits für alle abgelaufenen Lohnzahlungszeiträume zugeflossene laufende steuerpflichtige Bruttoarbeitslohn, einschließlich aller weiteren steuerpflichtigen Vergütungen, die dem laufenden Arbeitslohn zugerechnet wurden, wie z. B. Vergütungen für Überstunden, vermögenswirksame Leistungen, Sachbezüge. Unberücksichtigt bleiben dagegen steuerfreie Bezüge, wie z. B. Sonn-, Feiertags- und Nachtzuschläge, Reisekosten.

War der Arbeitnehmer nicht das gesamte Jahr beim selben Arbeitgeber beschäftigt, ist der bereits bezogene Arbeitslohn aus dem bisherigen Arbeitsverhältnis bei einem anderen Arbeitgeber bei der Ermittlung des bisherigen Arbeitslohns im selben Kalenderjahr mit zu berücksichtigen. Seit Einführung der elektronischen Lohnsteuerbescheinigung kann der bisherige Arbeitslohn bei vorherigen Arbeitgebern nur berücksichtigt werden, wenn der Arbeitnehmer diese Bescheinigung seinem neuen Arbeitgeber vorlegt. Dazu ist der Arbeitnehmer nicht verpflichtet, da die elektronische Lohnsteuerbescheinigung als Bescheinigung der an die Finanzbehörde übermittelten Daten dient. Legt der Arbeitnehmer seinem neuen Arbeitgeber die Bescheinigung nicht vor, bedeutet dies nicht, dass dieser die Vorarbeitgeberwerte unberücksichtigt lassen darf. Nach § 39b Abs. 3 Satz 2 EStG ist der Arbeitgeber verpflichtet, ohne Vorlage der Vorarbeitgeberwerte den voraussichtlichen Jahresarbeitslohn mit einer Hochrechnung der Vorarbeitgeberwerte zu schätzen. Der Arbeitgeber muss den Arbeitslohn des Vorarbeitgebers auf der Grundlage hochrechnen, die sich ergibt, wenn der laufende Arbeitslohn im Monat der Zahlung des sonstigen Bezugs entsprechend der Beschäftigungsdauer bei früheren Arbeitgebern hochgerechnet wird.

Ermittlung des künftigen Arbeitslohns

Für die ordnungsgemäße Berechnung der Lohnsteuer für einen sonstigen Bezug ist die Ermittlung des künftigen Arbeitslohns von großer Bedeutung. Je genauer die Berechnung, umso genauer ist auch der Steuerabzug. Somit bleiben Überraschungen in der späteren Einkommensteuerveranlagung aus. Die R 39b.6 Abs. 2 Satz 3 LStR sieht vor, dass der voraussichtliche zukünftige Arbeitslohn durch Umrechnung des bisherigen Arbeitslohns auf den restlichen Zeitraum des Kalenderjahres ermittelt werden kann.

Maßgebender Jahresarbeitslohn

Bei der Besteuerung eines sonstigen Bezugs ist es das Ziel, bereits zum Zeitpunkt des Zuflusses des sonstigen Bezugs die Lohnsteuer zu berechnen, die auf das gesamte Kalenderjahr, bezogen auf den laufenden Arbeitslohn und den sonstigen Bezug, entfällt. Es wird somit unterstellt, dass der Arbeitnehmer über das gesamte Kalenderjahr in jedem Monat ein Zwölftel des sonstigen Bezugs erhalten hat. Ziel ist es dabei, eine Verschärfung der Progression im Steuertarif zu verhindern. Dazu ist es allerdings notwendig, den voraussichtlichen Jahresarbeitslohn so realistisch wie möglich zu errechnen.

Bei der Ermittlung des voraussichtlichen Jahresarbeitslohns sind drei Schritte notwendig:

1. Schritt: Ermittlung des bereits im Kalenderjahr gezahlten laufenden Arbeitslohns
2. Schritt: Ermittlung des voraussichtlichen Arbeitslohns, der noch bis zum Ende des Kalenderjahres gezahlt wird
3. Schritt: Ermittlung der bereits im Kalenderjahr gezahlten steuerpflichtigen sonstigen Bezüge

Kirchensteuer und uns Solidaritätszuschlag

Die Kirchensteuer und der Solidaritätszuschlag müssen in allen Fällen, unter Anwendung der maßgebenden Steuersätze, von der Höhe der jeweiligen Lohnsteuer für den sonstigen Bezug errechnet werden. Für die Kirchensteuer kommt je nach Bundesland ein Steuersatz von 8 % oder 9 % zum Tragen. Der Solidaritätszuschlag beträgt 5,5 % von der Höhe der Lohnsteuer. Anders wie bei einem laufenden Bezug, wird bei einem sonstigen Bezug ein Kinderfreibetrag nicht berücksichtigt. Die Kirchensteuer und Solidaritätszuschlag wird somit nicht direkt nach der Jahrestabelle errechnet.

Sozialversicherung

Anders als in der Lohnsteuer wird in der Sozialversicherung eine Einmalzahlung als einmalige Zuwendung bezeichnet. Im § 23a SGB IV werden als einmalige Zuwendungen die Entgelte bezeichnet, die nicht nur für die Arbeit in einem einzelnen Entgeltabrechnungszeitraum (Monat) gezahlt werden. In der Regel ist die Einschätzung einer einmaligen Zuwendung identisch mit der eines sonstigen Bezugs in der Lohnsteuer. Allerdings führt z. B. die Nachzahlung von laufendem Arbeitslohn zu einer unterschiedlichen Bewertung. Während steuerlich das Zuflussprinzip anzuwenden ist, wird in der Sozialversicherung das Entstehungsprinzip angewendet. Somit muss eine solche Nachzahlung dem Monat zugeordnet werden, in dem sie entstanden ist, also der Anspruch auf das Arbeitsentgelt entstanden ist.

Wie in der Lohnsteuer auch müssen bei einmaligen Zuwendungen besondere Beitragsberechnungen vorgenommen werden, wenn diese mit laufendem Arbeitsentgelt zusammen in einem Lohnabrechnungszeitraum gezahlt werden. Dabei ist es entscheidend, ob die Beitragsbemessungsgrenzen in der Sozialversicherung überschritten werden.

Übersteigt das Gesamtentgelt, bestehend aus laufendem Arbeitsentgelt und einmalig gezahltem Entgelt, in einem Abrechnungszeitraum nicht die Beitragsbemessungsgrenze, muss keine gesonderte Berechnung der Beiträge erfolgen. Das Gesamtentgelt ist komplett beitragspflichtig. Wird durch die Zahlung einer einmaligen Zuwendung die maßgebende Beitragsbemessungsgrenze überschritten erfolgt die Beitragsberechnung auf Grundlage des § 23a Abs. 3 SGB IV. Anders wie bei der Lohnsteuer wird bei der Sozialversicherung das Entgelt nicht auf ein Kalenderjahr hochgerechnet. Für die Beitragsberechnung ist es notwendig, die anteilige Jahresbeitragsbemessungsgrenze zu ermitteln. Für die Ermittlung der anteiligen Jahresbeitragsbemessungsgrenze wird die Dauer aller Beschäftigungsverhältnisse beim zahlenden Arbeitgeber im laufenden Kalenderjahr bis zum Ablauf des Lohnzahlungszeitraums berücksichtigt, in dem das einmalige Entgelt gezahlt wird. Dabei werden nur die Zeiten berücksichtigt, die mit Beiträgen belegten Beschäftigungszeiten entsprechen. Es bleiben also Zeiten, die nicht mit Beiträgen belegt wurden, unberücksichtigt. Zeiten ohne Beitragspflicht sind Zeiten des Bezugs von

- Mutterschaftsgeld,
- Krankengeld,
- Verletztengeld,
- Übergangsgeld,
- Pflegeunterstützungsgeld,
- Versorgungskrankengeld.

Die so ermittelten anteiligen Jahresbeitragsbemessungsgrenzen werden auf die gesamte Beschäftigungszeit entfallenen Beiträge aus beitragspflichtigem Arbeitsentgelt gegenübergestellt. Das Entgelt aus dem jeweiligen Zuflussmonat wird bei dem beitragspflichtigen Entgelt mitberücksichtigt.

Beitragspflichtiges Arbeitsentgelt ist das Entgelt, das mit Beiträgen in der Sozialversicherung belegt wurde. Somit bleibt Entgelt, dass die Beitragsbemessungsgrenze überschreitet, unberücksichtigt. Zur Ermittlung der anteiligen Jahresbeitragsbemessungsgrenzen sind alle Entgelte beim selben Arbeitgeber im Laufe des Kalenderjahres zu berücksichtigen, die mit Beiträgen belegt wurden. Frühere Beschäftigungszeiten beim selben Arbeitgeber sind dabei zu berücksichtigen. Volle Monate werden in der Sozialversicherung mit 30 Kalendertagen und angebrochene Monate mit den tatsächlichen Kalendertagen berücksichtigt.

Den Sozialversicherungstagen werden dagegen angerechnet, Zeiten

- des unentschuldigten Fernbleibens bis zu einem Monat,
- des unbezahlten Urlaubs bis zu einem Monat,
- des rechtmäßigen oder unrechtmäßigen Streiks bis zu einem Monat,
- des Bezugs von Kurzarbeitergeld,
- des Bezugs von Saisonkurzarbeitergeld.

BEISPIEL: Dein Mandant beschäftigt einen Arbeitnehmer seit dem 11.1. Der Arbeitnehmer ist in der Zeit vom 18.8. bis 10.9. im Krankengeldbezug und erhält im November ein Weihnachtsgeld i. H. von 1.000 €.

Lösung:

Die Ermittlung der Sozialversicherungstage erfolgt anhand der Beschäftigungszeiten

Januar: 21 Tage (11.1. – 31.1.)

Februar: 30 Tage

März: 30 Tage

April: 30 Tage

Mai: 30 Tage

Juni: 30 Tage

Juli: 30 Tage

August: 17 Tage (1.08. – 17.8.)

September: 20 Tage (11.9. – 30.9.)

Oktober: 30 Tage

November: 30 Tage

Bei der Berechnung der anteiligen Jahresbeitragsmessungsgrenzen wird somit geprüft, ob das bereits mit Beiträgen belegte Entgelt noch eine Differenz zur Verbeitragung der einmaligen Zuwendung lässt.

BEISPIEL 1: Ein Arbeitnehmer (Niedersachsen) erhält von deinem Mandanten ein monatliches Gehalt i. H. von 2.500 € brutto. Sie war das gesamte Kalenderjahr bei deinem Mandanten beschäftigt. Im Juli erhielt der Arbeitnehmer bereits ein Urlaubsgeld i. H. von 1.000 € und im November erhält er ein Weihnachtsgeld als 13. Monatsgehalt i. H. von 2.500 €.

Lösung Urlaubsgeld:

	KV/PV	RV/AV
Januar bis Juli 66.150 € / 360 x 210 SV-Tage	38.587,50 €	
Januar bis Juli 96.600 € / 360 x 210 SV-Tage		56.350,00 €
Bisheriges beitragspflichtiges Entgelt:		
Januar bis Juli 7 x 2.500,00 €	17.500,00 €	17.500,00 €
Differenz	21.087,50 €	38.850,00 €

Das Urlaubsgeld i. H. von 1.000 € unterliegt im Juli der vollen Beitragspflicht.

Lösung Weihnachtsgeld:

	KV/PV	RV/AV
Januar bis November 66.150 € / 360 x 330 SV-Tage	60.637,50 €	
Januar bis November 96.600 / 360 x 330 SV-Tage		88.550,00 €
Bisheriges beitragspflichtiges Entgelt:		
Januar bis November 11 x 2.500,00 €	27.500,00 €	27.500,00 €
Urlaubsgeld Juli	1.000,00 €	1.000,00 €
Differenz	32.137,50 €	60.050,00 €

Das Weihnachtsgeld i. H. von 2.500 € unterliegt im November vollen Beitragspflicht. In allen Zweigen der Sozialversicherung sind Beiträge auf das Weihnachtsgeld abzuführen.

BEISPIEL 2: Eine Arbeitnehmerin (Niedersachsen) erhält von deinem Mandanten ein monatliches Gehalt i. H. von 5.300 € brutto. Sie war das gesamte Kalenderjahr bei deinem Mandanten beschäftigt. Im Juli erhielt die Arbeitnehmerin bereits ein Urlaubsgeld i. H. von 2.650 € und im November erhält sie ein Weihnachtsgeld als 13. Monatsgehalt i. H. von 5.300 €.

Lösung Urlaubsgeld:

	KV/PV	RV/AV
Januar bis Juli 66.150 € / 360 x 210 SV-Tage	38.587,50 €	
Januar bis Juli 96.600 € / 360 x 210 SV-Tage		56.350,00 €
Bisheriges beitragspflichtiges Entgelt:		
Januar bis Juli 7 x 5.300,00 €	37.100,00 €	37.100,00 €
Differenz	1.487,50 €	19.250,00 €

Das Urlaubsgeld i. H. von 2.650 € unterliegt im Juli nur in der Renten- und Arbeitslosenversicherung der vollen Beitragspflicht. In der Kranken und Pflegeversicherung ist das Urlaubsgeld i. H. von 1.487,50 € beitragspflichtig. Der übersteigende Betrag i. H. von 1.422,50 € bleibt in der Kranken- und Pflegeversicherung beitragsfrei.

Lösung Weihnachtsgeld:

	KV/PV	RV/AV
Januar bis November 66.150 € / 360 x 330 SV-Tage	60.637,50 €	
Januar bis November 96.600 / 360 x 330 SV-Tage		88.550,00 €
Bisheriges beitragspflichtiges Entgelt:		
Januar bis November 11 x 5.300,00 €	58.300,00 €	58.300,00 €
Urlaubsgeld Juli	1.487,50 €	2.650,00 €
Differenz	850,00 €	27.600,00 €

Das Weihnachtsgeld i. H. von 5.300 € unterliegt im November nur in der Renten- und Arbeitslosenversicherung der vollen Beitragspflicht. In der Kranken und Pflegeversicherung ist das Weihnachtsgeld i. H. von 850 € beitragspflichtig. Der übersteigende Betrag i. H. von 4.450 € bleibt in der Kranken- und Pflegeversicherung beitragsfrei.

Märzklausel

Die Zuordnung von einmaligen Zuwendungen erfolgt in der Sozialversicherung in dem Monat, in dem sie ausgezahlt werden. Aus den o. g. Beispielen wird deutlich, dass ein im Januar gezahltes einmaliges Entgelt u. u. komplett beitragsfrei bleiben könnte. Um zu verhindern, dass Arbeitgeber damit versuchen Entgelte beitragsfrei zu belassen, hat der Gesetzgeber mit dem § 23a Abs. 4 SGB IV die sog. Märzklausel eingeführt. Diese besagt, dass einmalige Zuwendungen, die in der Zeit vom 1.1. bis 31.3. eines Jahres gezahlt werden, dem letzten Entgeltabrechnungszeitraum des vorangegangenen Kalenderjahres zugerechnet werden müssen, wenn sie vom Arbeitgeber in dem Monat der Zahlung die anteilige Beitragsbemessungsgrenze überschreiten.

Diese Regelung führt dazu, dass einmalige Zuwendungen, die im ersten Vierteljahr eines Kalenderjahres ausgezahlt werden, dem letzten Entgeltabrechnungszeitraum des vorangegangenen Kalenderjahres zugerechnet werden müssen, wenn zum Zeitpunkt der Zahlung diese einmalige Zuwendung nicht in voller Höhe verbeitragt werden kann.

BEISPIEL: Ein Arbeitnehmer erhält von deinem Mandanten ein monatliches Gehalt i. H. von 4.200 € brutto. Im März erhielt der Arbeitnehmer eine Gewinnbeteiligung i. H. von 5.500 €.

Lösung:

	KV/PV	RV/AV
Januar bis März 66.150 € / 360 x 90 SV-Tage	16.537,50 €	
Januar bis März 96.600 € / 360 x 90 SV-Tage		24.150,00 €
Bisheriges beitragspflichtiges Entgelt:		
Januar bis März 3 x 4.200,00 €	12.600,00 €	12.600,00 €
Differenz	3.937,50 €	11.550,00 €

Die Differenz in der Kranken und Pflegeversicherung reicht nicht aus, um die Gewinnbeteiligung i. H. von 5.500 € mit muss die Gewinnbeteiligung in der Kranken- und Pflegeversicherung aber auch in der Renten- und Arbeitslosenversicherung dem letzten Entgeltsabrechnungszeitraum im Vorjahr, also dem Dezember zugeordnet werden. In einem solchen Fall finden die alten Beitragsbemessungsgrenzen und Beitragssätze Anwendung.

Es ist also bei der Anwendung der Märzklausel für die Berechnung der Beiträge von den Vorschriften auszugehen, die für den Lohnzahlungszeitraum anzuwenden sind, in dem die einmalige Zuwendung verbeitragt wird. Wichtig ist, dabei auch zu beachten, dass der seit dem 1.1.2015 eingeführte Zusatzbeitrag der gesetzlichen Krankenversicherung auch bei der Märzklausel zu berücksichtigen ist. Somit kann durch die Zuordnung im Vorjahr ein anderer Zusatzbeitrag für die einmalige Zuwendung zur Anwendung kommen.

Einmalige Zuwendungen, die im Rahmen der Märzklausel dem letzten Entgeltabrechnungszeitraum des Vorjahres zugeordnet werden, sind mit der Sondermeldung Meldegrund 54 gesondert zu melden.

WICHTIG:

In der Unfallversicherung findet die Märzklausel keine Anwendung. Hier erfolgt die Beitragsberechnung zum Zeitpunkt der Zahlung des Entgelts.

5. Akkordlohn

Akkordlohn wird meist in Betrieben mit einer Produktion gezahlt, um einen Anreiz für Arbeitnehmer zu schaffen. Die produzierte Menge bestimmt die Höhe des Arbeitslohns. Akkordlohn ist somit ein unmittelbarer Leistungsbezug.

5.1 Voraussetzungen für Akkordlohn

Um Akkordlohn zahlen zu können, müssen Vorrausetzungen erfüllt sein:

- Der Arbeitnehmer muss in der Lage sein, die Leistungsmenge unmittelbar beeinflussen zu können.
- Akkordfähigkeit ist gegeben, wenn
  - dem Arbeitnehmer die Arbeitsschritte bekannt sind (Akkordfähigkeit),
  - die Arbeitsschritte gleichartig und regelmäßig wiederkehrend sind,
  - Arbeitszeit und Arbeitsergebnis leicht und genau messbar sind.
- Die Akkordreife ist erfüllt, wenn
  - die Arbeitsschritte nach einer Einarbeitungsphase und Übung sicher beherrschbar sind,
  - der Arbeitsablauf störungs- und fehlerfrei ist.

5.2 Akkordrichtsatz

Der Akkordlohn besteht aus dem Mindestlohn und dem Akkordzuschlag. Der Mindestlohn entspricht dem vergleichbaren Zeitlohn für die Normalleistung des Arbeitnehmers. Der Akkordzuschlag ist ein Prozentsatz auf den Mindestlohn. Mindestlohn und Akkordzuschlag ergeben den Akkordrichtsatz.

Dieser Akkordrichtsatz wird für die normale Arbeitsleistung gezahlt. Erreicht ein Arbeitnehmer die Normalleistung nicht, erhält dieser einen geringeren Akkordrichtsatz, leistet er mehr, erhöht sich der Akkordrichtsatz. Allerdings darf bei geringerer Leistung niemals der gesetzliche Mindestlohnanspruch bzw. der vereinbarte Mindestlohn unterschritten werden.

BEISPIEL Der Zeitlohn pro Stunde beträgt in einem Unternehmen, das Autoteile produziert, 20 €. Die Arbeit erfüllt die Akkordfähigkeit und Akkordreife. Die Normalleistung pro Stunde beträgt 10 Teile.

60 Minuten / 10 Teile = 6 Minuten. Die Vorgabezeit für ein Teil beträgt 6 Minuten.

Der Akkordzuschlag beträgt 20 %.

20 € x 20 % = 4 €; 20 € + 4 € = 24 €. Der Akkordrichtsatz beträgt 24 €.

Beim Akkordlohn werden zwei Arten unterschieden: der in der Praxis weit verbreitete Zeitakkord und der Stückakkord auch Geldakkord genannt.

5.3 Zeitakkord

Beim Zeitakkord ist die Vorgabezeit die Grundlage der Berechnung. Im o. g. Beispiel beträgt die Vorgabezeit 6 Minuten pro Stück.

BEISPIEL ZEITAKKORD Akkordlohn = Menge x Vorgabezeit x Minutenfaktor

Minutenfaktor = Akkordrichtsatz / 60 Minuten

Für das o. g. Beispiel bedeutet das:

Minutenfaktor = 20 € / 60 = 0,333333 €

Produziert der Arbeitnehmer 10 Autoteile in der Stunde:

10 Stück/Stunde x 6 Minuten/Stück x 0,333333 Minutenfaktor = 20,00 €

Produziert der Arbeitnehmer 12 Autoteile in der Stunde:

12 Stück/Stunde x 6 Minuten/Stück x 0,333333 Minutenfaktor = 24,00 €

Produziert der Arbeitnehmer 15 Autoteile in der Stunde:

15 Stück/Stunde x 6 Minuten/Stück x 0,333333 Minutenfaktor = 30,00 €

Produziert der Arbeitnehmer 8 Autoteile in der Stunde:

8 Stück/Stunde x 6 Minuten/Stück x 0,333333 Minutenfaktor = 16,00 €

5.4 Stückakkord

Beim Stückakkord wird ein Geldbetrag pro Stück (Akkordsatz) vorgegeben. Im o. g. Beispiel beträgt der Stückakkord 2 € pro Stück.

BEISPIEL STÜCKAKKORD Akkordlohn = Menge x Akkordsatz

Akkordlohn = 10 Stück/Stunde x 2 € pro Stück

Produziert der Arbeitnehmer 10 Autoteile in der Stunde:

10 Stück/Stunde x 2 € Akkordsatz = 20,00 €

Produziert der Arbeitnehmer 12 Autoteile in der Stunde:

12 Stück/Stunde x 2 € Akkordsatz = 24,00 €

Produziert der Arbeitnehmer 15 Autoteile in der Stunde:

15 Stück/Stunde x 2 € Akkordsatz = 30,00 €

Produziert der Arbeitnehmer 8 Autoteile in der Stunde:

8 Stück/Stunde x 2 € Akkordsatz = 16,00 €

In den Beispielen wird deutlich, dass sich der Arbeitslohn erhöht, je mehr pro Stunde produziert wird. Allerdings wird bei der Akkordarbeit auch eine Vorgabe zur Produktion pro Stück vorgegeben. Im o. g. Beispiel wäre die Mindestleistung pro Stunde bei mindestens 10 Stück.

Vergütungen in Form von Akkordlohn sind steuer- und beitragspflichtiger Arbeitslohn.

XII. Sachbezüge

Sachbezüge sind eine besondere Form der Entlohnung. Sie werden anstelle von Geldzahlungen geleistet. Für die richtige Besteuerung und die ordnungsgemäße Abführung der Sozialversicherungsbeiträge ergibt sich häufig die Schwierigkeit, den Sachbezug in seinen **Geldwert umzurechnen**. Der Wert eines Sachbezugs in Geldwert wird als **geldwerter Vorteil** bezeichnet.

Beispiele für Sachbezüge:

- private Nutzung von Firmenfahrzeugen,
- verbilligte oder freie Mahlzeiten,
- verbilligte oder freie Unterkunft,
- verbilligter Einkauf,
- Gutscheine und Geldkarten,
- Betriebsveranstaltungen.

Bei der Erstellung der Lohnabrechnung ist die genaue **Qualifizierung** des Sachbezugs wichtig. Die sich daraus ergebende Beurteilung in der Lohnsteuer und Sozialversicherung kann erhebliche steuerliche und beitragsrechtliche Konsequenzen haben.

Steuerlich regelt das EStG die Beurteilung von Sachbezügen. § 8 Abs. 1 EStG nennt die **Einnahmen**: „Einnahmen sind alle Güter, die in Geld oder Geldeswert bestehen ...“ Im § 8 Abs. 2 EStG heißt es weiter: „Einnahmen, die nicht in Geld bestehen (Wohnung, Kost, Waren, Dienstleistungen und sonstige Sachbezüge), sind mit den um übliche Preisnachlässe geminderten üblichen Endpreisen am Abgabeort anzusetzen.“ Weitere Verwaltungsvorschriften zu den Sachbezügen finden wir in den Lohnsteuerrichtlinien (R 19.3 LStR). Die Beurteilung in der **Sozialversicherung** richtet sich nach dem Steuerrecht. Ausnahme hier ist die Sachbezugsverordnung, in der die Bewertung von Sachbezügen, wie Verpflegung und Unterkunft, mit jährlich neuen Werten geregelt wird. In diesem Fall wiederum werden die Regelungen vom Steuerrecht übernommen.

1. Steuerliche Behandlung

Steuerlich sind Sachbezüge **Bestandteil des steuerpflichtigen Entgelts**. Dabei besteht die Schwierigkeit, den Sachbezug mit seinem Geldwert festzustellen. So wird im Rahmen der Beurteilung zwischen Zuwendungen und Sachzuwendungen unterschieden.

TIPP

Sachzuwendungen, die ein Arbeitgeber, also euer Mandant, seinen Arbeitnehmern überwiegend aus betrieblichem Interesse zukommen lässt, werden nicht als steuerpflichtiger Bruttolohn besteuert. Dies können zum einen Betriebsveranstaltungen wie Weihnachtsfeiern oder Betriebsausflüge sein (bis max. zwei Veranstaltungen pro Jahr, soweit die Aufwendungen je Veranstaltung und Arbeitnehmer nicht 110 € übersteigen; siehe Unterpunkt Betriebsveranstaltungen, XII. 3.11). Zum anderen ist dies der Fall, wenn ein Arbeitnehmer aufgrund eines persönlichen Anlasses, z. B. seines Geburtstags oder eines Jubiläums, eine Sachzuwendung, z. B. Geschenk, Buch oder Blumen, bis zu einem Wert von 60 € (brutto) in Form einer „Aufmerksamkeit“ erhält.

MERKE

Steuerlich gilt für Sachbezüge eine Freigrenze von 50 €. Die sog. Bagatellgrenze berücksichtigt alle Sachbezüge im Monat und stellt die Sachbezüge unter dieser Freigrenze steuerfrei. Bei Überschreitung der Freigrenze ist der gesamte Sachbezug steuerpflichtig. Ausnahmen sind Sachbezüge, bei denen der Rabattfreibetrag anwendbar ist oder bei denen amtliche Sachbezugswerte festgesetzt sind. Bedingung für die Anwendung der 50-€-Freigrenze für Sachbezüge ist, dass diese zusätzlich zum ohnehin geschuldeten Arbeitslohn gewährt werden (§ 8 Abs. 2 Satz 11 EStG).

Der Gesetzgeber hat mit dem Gesetz zur weiteren steuerlichen Förderung der Elektromobilität und zur Änderung weiterer steuerlicher Vorschriften[1] eine neue Definition für Sachbezüge eingeführt. Danach heißt es im § 8 Abs. 1 EStG:

„Einnahmen sind alle Güter, die in Geld oder Geldeswert bestehen und dem Steuerpflichtigen im Rahmen einer der Einkunftsarten des § 2 Abs. 1 Satz 1 Nr. 4 bis 7 EStG zufließen. Zu den Einnahmen in Geld gehören auch zweckgebundene Geldleistungen, nachträgliche Kostenerstattungen, Geldsurrogate und andere Vorteile, die auf einen Geldbetrag lauten. Satz 2 gilt nicht bei Gutscheinen und Geldkarten, die ausschließlich zum Bezug von Waren oder Dienstleistungen berechtigen und die Kriterien des § 2 Absatz 1 Nummer 10 des Zahlungsdiensteaufsichtsgesetzes (ZAG) erfüllen".

Die Ergänzung nach dem 1. Satz ist seit 1.1.2020 in Kraft und maßgeblich für die Anwendung der 50-€-Freigrenze bzw. der Pauschalversteuerung nach § 37b EStG.

Nach der neuen Definition sind **Geldleistungen** z. B.

- zweckgebundene Geldzahlungen,
- nachträgliche Kostenerstattungen,
- Geldsurrogate, andere Vorteile, die auf einen Geldbetrag lauten,
- Prepaidkarten, die uneingeschränkt an allen Akzeptanzstellen zur Bezahlung eingesetzt werden können und einen Bargeldersatz darstellen.

Sachbezüge z. B.

- Gutscheine oder Geldkarten, die ausschließlich zum Bezug von Waren oder Dienstleistungen berechtigen und die Kriterien des § 2 Abs. 1 Nr. 10 ZAG erfüllen. Somit verfügen diese nicht über eine Auszahl-, Barzahlungs- oder Wandlungsfunktion.
- Prepaidkarten, die nur an bestimmten Akzeptanzstellen, in einem bestimmten Einkaufszentrum oder in den Geschäften des Ausstellers der Karte verwendet werden können.

HINWEIS

Das Bundesfinanzministerium hat zu der Ergänzung des § 8 Abs. 1 EStG am 15.3.2022 ein aktualisiertes BMF-Schreiben veröffentlicht. Das BMF-Schreiben löst das bisherige BMF-Schreiben vom 13.4.2021 ab.

1 Gesetz v. 12.12.2019, BGBl 2019 I S. 2451.

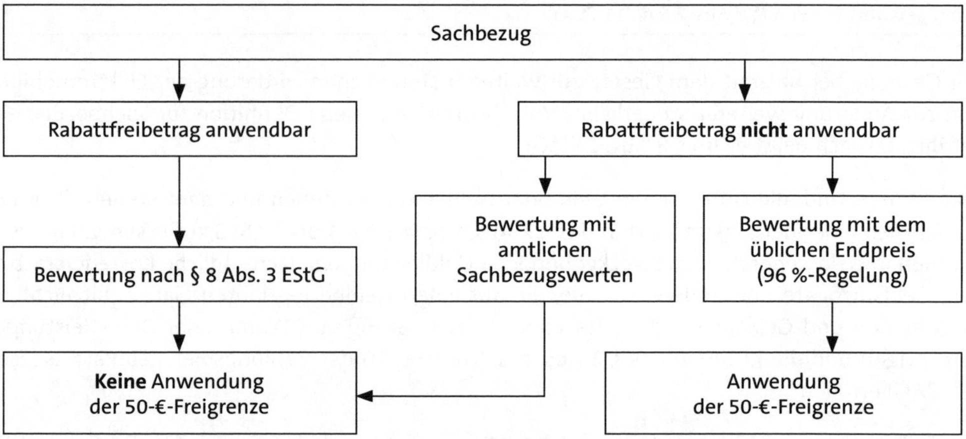

2. Sozialversicherungsrechtliche Beurteilung

Auch bei der **sozialversicherungsrechtlichen Beurteilung** ist es wichtig, den Sachbezug in seiner Art richtig zu bewerten. In der Qualifizierung richtet sich das Sozialversicherungsrecht nach dem Steuerrecht. Als einzige Ausnahme ist hier noch einmal die Sachbezugsverordnung zu nennen, die bei einzelnen Sachbezügen die sog. Rechengrößen festlegt. Die Sachbezugsverordnung wird mit ihren Werten jährlich angepasst.

HINWEIS

Für die Beurteilung der Beitragspflicht in der Sozialversicherung kann als Regel herangezogen werden, dass Beiträge zur Sozialversicherung weitestgehend nur auf Arbeitsentgelt erhoben werden, das steuerpflichtiges Entgelt darstellt. Eine Ausnahme ist pauschal versteuertes Entgelt; dieses ist i. d. R. in der Sozialversicherung beitragsfrei.

3. Arten von Sachbezügen

Es gibt mehrere **Arten von Sachbezügen**, die wir in diesem Abschnitt im Einzelnen darstellen. Bei der Vielzahl von Sachbezügen beschränken wir uns hier auf die, die auch in der Praxis eine häufige Anwendung finden.

3.1 Firmenwagen

3.1.1 Geldwerter Vorteil

Erhält ein Arbeitnehmer einen **Firmenwagen**, den er auch privat nutzen darf, so ist dieser als geldwerter Vorteil zu bewerten und somit Bestandteil des steuerpflichtigen Arbeitslohns. § 8 EStG nennt als Einnahmen alle Güter, die in Geld oder Geldeswert bestehen. Ein Firmenwagen, der auch privat genutzt werden darf, ist ein geldwerter Vorteil, weil der Arbeitnehmer nicht die Sache, also das Kraftfahrzeug, sondern die Leistung, also die Nutzung des Kraftfahrzeugs erhält. Zur genauen Ermittlung der Höhe des geldwerten Vorteils ist der **private Nutzungsanteil** zu ermitteln. Für die Ermittlung sieht das Einkommensteuergesetz zwei Möglichkeiten vor.

Fahrtenbuchmethode

Die Ermittlung des geldwerten Vorteils erfolgt auf Grundlage der **tatsächlich privat gefahrenen Kilometer**. Dazu ist es notwendig, die insgesamt entstehenden Aufwendungen für das Kraftfahrzeug durch Belege nachzuweisen.

Als weiteres muss jeweils der Anteil, der auf die private Nutzung und auf die Nutzung für Fahrten zwischen Wohnung und erster Tätigkeitsstätte entfällt, auf Grundlage eines ordnungsgemäß geführten **Fahrtenbuchs** nachgewiesen werden. Dabei sind nicht nur die privaten Fahrten zu verzeichnen, sondern alle, also auch die dienstlichen Fahrten. Nur so kann der Anteil der privaten Fahrten im Verhältnis zu den gesamten Kraftfahrzeugaufwendungen angesetzt werden.

Diese sog. **Fahrtenbuchmethode** ist zwar die Methode, die den genauen privaten Anteil ermittelt, sie ist aber auch die **arbeitsintensivste Variante**. Der Gesetzgeber hat an ein ordnungsgemäßes Fahrtenbuch klare Regeln geknüpft. Zuletzt hat der BFH[1] entschieden, dass ein ordnungsgemäßes Fahrtenbuch insbesondere Datum und Ziel der jeweiligen Fahrten nachweisen muss. Nach R 8.1 Abs. 9 Nr. 2 LStR sind für ein ordnungsgemäßes Fahrtenbuch **folgende Angaben erforderlich**:

- Datum und Kilometerstand zu Beginn und am Ende jeder einzelnen Auswärtstätigkeit,
- Reiseziel und bei Umwegen auch die Reiseroute,
- Reisezweck und aufgesuchte Geschäftspartner.

Für Privatfahrten genügen **Kilometerangaben**, für Fahrten zwischen Wohnung und Arbeitsstätte genügt ein kurzer Vermerk im Fahrtenbuch. Durch die Aufzeichnungen im Fahrtenbuch muss eine Zuordnung der beruflichen Fahrten **uneingeschränkt** möglich sein. Alle Fahrten, die nicht zuzuordnen sind, werden als Privatfahrten gewertet. Lückenhafte Fahrtenbücher oder Fahrtenbücher mit nur unzureichenden Angaben werden von den Finanzämtern **nicht** anerkannt. Durch eine bundeseinheitliche Verwaltungsanweisung ist bei bestimmten Berufsgruppen mit einer häufigen Reisetätigkeit das Führen eines Fahrtenbuchs in bestimmten Punkten erleichtert worden. So darf bei bestimmten Berufsgruppen auf einzelne Angaben wie Reiseziel, Reiseroute, Reisezweck und aufgesuchter Geschäftspartner verzichtet werden, wenn im Einzelfall die Aussagekraft des Fahrtenbuchs nicht beeinträchtigt wird.

Folgende Berufsgruppen sind von dieser **Ausnahmeregelung** betroffen:

- Handelsvertreter,
- Kundendienstmonteure,
- Automatenlieferanten,
- Kurierdienstfahrer,
- Pflegedienstmitarbeiter,
- Taxifahrer,
- Fahrlehrer,
- Verkaufsfahrer,
- Personen mit besonderer Sicherheitsgefährdung.

1 BFH, Urteil v. 1.3.2012 – VI R 33/10, BStBl 2012 II S. 505.

TIPP

Bei den einzelnen Berufsgruppen gibt es unterschiedliche Mindestanforderungen an ein Fahrtenbuch. Im Zweifel sollten eure Mandanten und deren Mitarbeiter daher lieber mehr Angaben machen als zu wenige!

Das Führen eines **elektronischen Fahrtenbuchs** ist von der Finanzverwaltung anerkannt. Dabei muss das elektronische Fahrtenbuch die gleichen Voraussetzungen erfüllen wie ein manuell geführtes Fahrtenbuch. Wichtige Voraussetzung für ein elektronisches Fahrtenbuch ist zusätzlich, dass nach dem Ausdrucken der elektronischen Aufzeichnungen nachträglich keine Veränderungen an den aufgezeichneten Daten vorgenommen werden können. Zumindest müssen nachträgliche Änderungen gekennzeichnet und nachvollziehbar dokumentiert werden.

Für die Ermittlung des geldwerten Vorteils für die privaten Fahrten sind die **tatsächlichen Gesamtkosten des Kraftfahrzeugs** durch entsprechende Einzelbelege nachzuweisen. Das Verhältnis der Kilometer der privaten Fahrten zu den übrigen Fahrten wird dann ins Verhältnis zu den Gesamtkosten gesetzt. Trägt der Arbeitnehmer Kosten selbst (z. B. Treibstoffkosten), bleiben diese Kosten bei der Ermittlung der Gesamtkosten außer Ansatz. Gesamtkosten sind alle Aufwendungen, die im Zusammenhang mit dem Halten und Betreiben des Fahrzeugs stehen, zzgl. Umsatzsteuer.

Zu den **Gesamtkosten** gehören u. a.:

- Absetzung für Abnutzung (AfA),
- Leasingzahlungen,
- Treibstoffkosten,
- Betriebsstoffe,
- Kfz-Steuer,
- Kfz-Versicherungen,
- Reparaturkosten,
- Wartungskosten,
- Garagenkosten.

Nicht zu den **Gesamtkosten** gehören u. a.:

- Unfallversicherung,
- Insassenversicherung,
- Bußgelder/Verwarnungsgelder,
- Parkgebühren,
- Mautgebühren,
- Fahrzeugschutzbrief,
- Zinsen für Darlehen für Fahrzeuganschaffung,
- Unfallkosten (Wahlrecht bis 1.000 €).

Bei der Anwendung der Fahrtenbuchmethode ist es sinnvoll, in der Finanzbuchhaltung **gesonderte Aufwandskonten** einzurichten. Nach dem BFH[1] ist dies aber nicht vorgeschrieben.

1 BFH, Urteil v. 10.4.2008 – VI R 38/06, BStBl 2008 II S. 768.

Für die Ermittlung der **Abschreibung für Abnutzung (AfA)** ist der tatsächliche Kaufpreis des Fahrzeuges einschließlich Umsatzsteuer linear auf die voraussichtliche Nutzungsdauer des Fahrzeugs zu verteilen. Die AfA ist für jeden angefangenen Monat der Nutzung mit einem Zwölftel anzusetzen (pro rata temporis). Nach der amtlichen AfA-Tabelle der Finanzbehörde beträgt die Nutzungsdauer für einen Pkw sechs Jahre. Bei gebrauchten Pkw ist die AfA nach der Restnutzungsdauer zu ermitteln. Der BFH hat[1] entschieden, dass auch eine tatsächliche längere Nutzungsdauer für die Berechnung des geldwerten Vorteils angesetzt werden darf. Der BFH bestätigte in seinem Urteil eine achtjährige Nutzungsdauer und eine AfA-Satz von jährlich 12,5 %, der für Arbeitnehmer vorteilhafter ist.

BEISPIEL Ein Arbeitgeber stellt seinem Arbeitnehmer ab Januar einen Firmenwagen auch zur privaten Nutzung und für Fahrten zwischen Wohnung und erster Tätigkeitsstätte zur Verfügung. Der Arbeitnehmer führt ein ordnungsgemäßes Fahrtenbuch. Der Listenpreis des Fahrzeuges beträgt 40.000 € zzgl. Umsatzsteuer. Der Händler gewährt dem Arbeitgeber einen Rabatt i. H. von 10 % vom Listenpreis. Die Nutzungsdauer beträgt lt. amtlicher AfA-Tabelle sechs Jahre. Am Ende des Jahres ermittelt der Arbeitgeber die Gesamtkosten des Fahrzeugs auf Grundlage der Sachkonten wie folgt:

AfA (1/6 von 36.000 €)	6.000 €
Benzinkosten (ohne Umsatzsteuer)	3.500 €
Reparaturkosten (ohne Umsatzsteuer)	1.200 €
Kfz-Steuer	180 €
Haftpflichtversicherung	510 €
Vollkaskoversicherung	820 €
Gesamtkosten lt. Sachkonten	12.210 €

Die Aufzeichnungen des Fahrtenbuchs ergeben folgende Angaben:

Gesamt gefahrene Jahreskilometer	35.000 km
Privatfahrten	3.000 km
Fahrten Wohnung – erste Tätigkeitsstätte	12.500 km

Die Ermittlung des geldwerten Vorteils in der Entgeltabrechnung des Arbeitnehmers wird wie folgt vorgenommen:

Die AfA wird abweichend von der buchhalterischen AfA ermittelt:

Listenpreis Pkw	40.000 €
– 10 % Rabatt	4.000 €
verbleiben	36.000 €
+ 19 % Umsatzsteuer	6.840 €
Grundlage AfA	42.840 €
AfA 12,5 % von 42.840 €	5.355 €
Benzinkosten (mit Umsatzsteuer)	4.165 €
Reparaturkosten (mit Umsatzsteuer)	1.428 €
Kfz-Steuer	180 €
Haftpflichtversicherung	510 €
Vollkaskoversicherung	820 €
Gesamtkosten lt. Sachkonten	12.458 €

1 BFH, Urteil v. 29.3.2005 – IX B 174/03, BStBl 2006 II S. 368.

Gesamtkosten	12.458 €
12.458 € : Jahres-km (35.000) =	0,36 €
Privatfahrten 3.000 km x 0,36 €	1.080 €
Fahrten Wohnung – erste Tätigkeitsstätte 12.500 km x 0,36 €	4.500 €
Geldwerter Vorteil insgesamt	5.580 €

Nach R 8.1 Abs. 9 Nr. 3 Satz 2 LStR ist der geldwerte Vorteil in der monatlichen Entgeltabrechnung des Arbeitnehmers nach **geschätzten Beträgen** anzusetzen. Dabei ist sich an den Werten des Vorjahres zu orientieren. Die genaue Ermittlung des geldwerten Vorteils kann nach dieser Berechnungsmethode erst mit Ablauf des Jahres erfolgen. Von der Finanzverwaltung wird es nicht beanstandet, wenn der geldwerte Vorteil vorläufig mit 0,001 % des Listenpreises pro Kilometer angesetzt wird.

Pauschale (Prozent-)Methode

Bei der **Prozentmethode** wird der geldwerte Vorteil nicht mit einem individuell ermittelten Kilometersatz, sondern mit einem pauschal ermittelten Wert angesetzt. Der pauschal ermittelte Wert wird vom Bruttolistenpreis zum Zeitpunkt der Erstzulassung ermittelt. Dabei ist zu beachten, ob der Arbeitnehmer den Firmenwagen nur für Privatfahrten oder zusätzlich auch für Fahrten zwischen Wohnung und erster Tätigkeitsstätte nutzen darf. Für beide Arten der Nutzung muss der geldwerte Vorteil getrennt ermittelt werden, und zwar für die privaten Fahrten 1 % vom Bruttolistenpreis zum Zeitpunkt der Erstzulassung pro Monat und für Fahrten zwischen Wohnung und erster Tätigkeitsstätte zusätzlich 0,03 % vom Bruttolistenpreis zum Zeitpunkt der Erstzulassung je Entfernungskilometer pro Monat.

3.1.2 Listenpreis

Grundlage für die Ermittlung ist der **Listenpreis** des Fahrzeugs zzgl. Sonderausstattung und Umsatzsteuer (also **Bruttolistenpreis**). Der Bruttolistenpreis inkl. Sonderausstattung ist auf volle 100 € abzurunden. Bei gebrauchten Firmenfahrzeugen oder Leasingfahrzeugen ist ebenfalls der Listenpreis zzgl. Sonderausstattung und Umsatzsteuer zum Zeitpunkt der Erstzulassung maßgebend. Der BFH hat in diversen Urteilen den Bruttolistenpreis zum Zeitpunkt der Erstzulassung auch bei gebrauchten Fahrzeugen bejaht. Preisnachlässe und Rabatte bleiben beim Bruttolistenpreis für die Ermittlung des geldwerten Vorteils unberücksichtigt.

Als **Sonderausstattung** ist alles mit einzubeziehen, was zum Zeitpunkt der Erstzulassung bereits ab Werk fest verbaut ist. Somit sind auch fest verbaute Navigationsgeräte beim geldwerten Vorteil mit einzurechnen. Die Kosten für ein Autotelefon bleiben nach Auffassung der Finanzverwaltung außer Ansatz, da sowohl die private Nutzung wie auch die Einrichtung nach § 3 Nr. 45 EStG beim Arbeitnehmer steuerfrei sind. Wird eine Ausstattung erst im Nachhinein in das Fahrzeug eingebaut, bleibt diese unberücksichtigt.

Anders als bei den Anschaffungs- und Herstellungskosten bleiben auch die **Überführungskosten** und die **Zulassungskosten** beim geldwerten Vorteil **unberücksichtigt**. Zusätzliche Reifen inkl. Felgen werden dem Arbeitslohn ebenfalls nicht hinzugerechnet.

Zurechnung zum Bruttolistenpreis als Sonderausstattung:

Sonderausstattungen	Mit einzubeziehen	Nicht einzubeziehen
Autoradio	x	
Autotelefon		x
Diebstahlsicherung	x	
Freisprecheinrichtung		x
Klimaanlage	x	
Navigationsgerät (werkseitig verbaut)	x	
Standheizung	x	
Zusätzlicher Reifensatz	x	
Überführungskosten		x
Zulassungskosten		x

TIPP

Am besten erfragst du den Bruttolistenpreis bei dem Autohaus, bei dem das Fahrzeug gekauft wurde, so hast du auch gleich einen Nachweis für die nächste Lohnsteuer-Außenprüfung oder die Prüfung der Deutschen Rentenversicherung.

3.1.3 Privatfahrten

Bei dieser Methode wird der Sachbezug nach der **1 %-Methode** ermittelt. Dazu wird 1 % vom Bruttolistenpreis des Fahrzeugs monatlich als steuerpflichtiger Arbeitslohn angerechnet. Als Grundlage ist der inländische Listenpreis des Herstellers zum Zeitpunkt der Erstzulassung zzgl. aller Sonderausstattungen und zzgl. Umsatzsteuer, abgerundet auf volle Hundert, anzusetzen.

BEISPIEL Ein Arbeitnehmer erhält von eurem Mandanten einen Firmenwagen mit Verbrennermotor, dessen Listenpreis 54.450,00 € beträgt (ohne USt). Laut Rechnung des Herstellers wurde werkseitig Sonderausstattung i. H. von 3.625,00 € (ohne USt) im Fahrzeug verbaut. Der Arbeitnehmer nutzt das Fahrzeug für Privatfahrten und führt kein Fahrtenbuch.

Ermittlung nach der 1 %-Regelung:

Listenpreis lt. Herstellerrechnung	54.450,00 €
+ Sonderausstattung	3.625,00 €
insgesamt	58.075,00 €
+ 19 % Umsatzsteuer	11.034,25 €
Bruttolistenpreis	69.109,25 €
abgerundet auf volle Hundert	69.100,00 €
1 % von 69.100,00 €	691,00 €

Der geldwerte Vorteil für die Privatfahrten beträgt im Monat 691 €.

3.1.4 Fahrten zwischen Wohnung und erster Tätigkeitsstätte

Ist die Nutzung des Firmenwagens auch für Fahrten zwischen Wohnung und erster Tätigkeitsstätte zulässig, ist dies unabhängig von anderen Privatfahrten auch ein geldwerter Vorteil, der dem Arbeitslohn zuzurechnen ist. Die Anwendung der 1 %-Methode bleibt hiervon unberührt. Der Gesetzgeber unterscheidet zwischen Privatfahrten und Fahrten zwischen Wohnung und erster Tätigkeitsstätte. Die **Fahrten zwischen Wohnung und erster Tätigkeitstätte** werden monatlich für jeden Entfernungskilometer von der Wohnung zum Arbeitgeber mit **0,03 % des Bruttolistenpreises** veranschlagt. Wie bei der 1 %-Methode wird auch bei der 0,03 %-Methode der private Anteil **pauschal** ermittelt.

Bei dieser Regelung muss beachtet werden, dass es sich um eine **feste erste Tätigkeitsstätte** handelt. Dies ist z. B. nicht der Fall, wenn ein Außendienstmitarbeiter über kein Büro im Betrieb verfügt und seine Fahrten von zu Hause beginnt. Hierbei handelt es sich nicht um Fahrten zwischen Wohnung und erster Tätigkeitstätte, sondern i. d. R. um Reisekosten.

BEISPIEL Aufbauend auf das vorgenannte Beispiel zur 1 %-Methode. Der Arbeitnehmer nutzt den Firmenwagen auch für Fahrten zwischen Wohnung und erster Tätigkeitstätte. Die einfache Entfernung beträgt 35 km.

Ermittlung nach der 0,03 %-Methode

0,03 % von 69.100 € x 35 km	725,55 €

Der geldwerte Vorteil für die Fahrten Wohnung – erste Tätigkeitstätte beträgt im Monat 725,55 €.

Summe Sachbezüge pro Monat

Privatfahrten	691,00 €
Fahrten Wohnung – erste Tätigkeitstätte	725,55 €
Geldwerter Vorteil insgesamt pro Monat	1.416,55 €

Bei der Ermittlung mit der 0,03 %-Methode handelt es sich um das **Monatsprinzip**. Der geldwerte Vorteil wird, wie bei der 1 %-Methode, für einen gesamten Kalendermonat ermittelt.

Bei der privaten Nutzung eines Firmenwagens durch den Arbeitgeber ist dies **unstrittig**.

Bei den **Fahrten zwischen Wohnung und erster Tätigkeitsstätte** hat der BFH mit zwei Urteilen von 2008[1] und von 2010[2] **anders** entschieden. In ihrer Begründung führen die Richter aus, dass die 0,03 %-Methode einen Korrekturposten zum persönlichen Werbungskostenabzug des Arbeitnehmers darstellt, da die Berechnung anhand der Entfernungskilometer erfolgt. Somit komme der geldwerte Vorteil auch nur dann zum Ansatz, wenn der Arbeitnehmer den Firmenwagen auch tatsächlich für Fahrten zwischen Wohnung und erster Tätigkeitsstätte nutzt. Die Finanzverwaltung folgt der Auffassung der Richter und lässt deshalb auch eine Einzelbewertung nach tatsächlichen Kalendertagen zu.

3.1.5 Tagespauschale

Bei dieser Art der Einzelbewertung werden **0,002 % des Bruttolistenpreises** zzgl. Sonderausstattung zum Zeitpunkt der Erstzulassung je Entfernungskilometer für die tatsächlich gefahrenen Kalendertage eines Monats als geldwerter Vorteil angesetzt.

BEISPIEL FÜR DIE 0,002 %-METHODE Wie das vorgenannte Beispiel, aber der Arbeitnehmer nutzt den Wagen für Fahrten zwischen Wohnung und Arbeitsstätte nur an zwölf Tagen im Monat.

1 BFH, Urteil v. 28.8.2008 – VI R 52/07, BStBl 2009 II S. 280.
2 BFH, Urteil v. 22.9.2010 – VI R 54/09, BStBl 2011 II S. 354.

Die 1 %-Regelung ist hiervon nicht berührt.	
1 % von 69.100 €	691,00 €
Ermittlung nach der 0,002 %-Regelung für zwölf Nutzungstage	
0,002 % von 69.100 € x 35 km x 12 Tage	580,44 €
Summe Sachbezüge pro Monat:	
Privatfahrten	691,00 €
Fahrten Wohnung – erste Tätigkeitsstätte	580,44 €
Geldwerter Vorteil insgesamt pro Monat	1.271,44 €

Die Finanzverwaltung sieht für die Anwendung der **abweichenden Bewertung** eine jahresbezogene Begrenzung auf insgesamt 180 Tage vor. Eine Begrenzung auf 15 Fahrten pro Monat lehnt die Finanzverwaltung ausdrücklich ab. Die gewählte Bewertungsmethode ist für jedes Kalenderjahr einheitlich für alle dem Arbeitnehmer zur Verfügung gestellten Firmenfahrzeuge anzuwenden. Selbst der Wechsel eines Fahrzeugs innerhalb des Kalenderjahres ändert die Bewertungsmethode nicht.

Der Arbeitgeber ist verpflichtet[1], auf Verlangen des Arbeitnehmers die Einzelbewertung der Fahrten mit 0,002 % für jede tatsächliche Fahrt für Fahrten zwischen Wohnung und erster Tätigkeitsstätte anstelle des Ansatzes der Monatspauschale mit 0,03 % je Entfernungskilometer durchzuführen. Die Verpflichtung zur Anwendung dieser Regelung entfällt nur dann, wenn der Arbeitgeber dies arbeits- oder dienstrechtlich ausschließt.

HINWEIS

Wenn dein Mandant weiterhin die monatlich gleichbleibende 0,03 %-Methode anwenden will, muss er dies arbeitsrechtlich vorgeben.

3.1.6 180 Fahrten bei Einzelbewertung im Jahr

Wird im Lohnsteuerabzugsverfahren eine Einzelbewertung der tatsächlichen Fahrten zwischen Wohnung und erster Tätigkeitsstätte vorgenommen, so hat der Arbeitgeber für alle dem Arbeitnehmer überlassenen betrieblichen Kraftfahrzeuge eine jahresbezogene Begrenzung auf insgesamt 180 Fahrten vorzunehmen. Eine monatliche Begrenzung auf 15 Fahrten ist ausgeschlossen.

BEISPIEL ▸ Ein Arbeitnehmer kann ein von seinem Arbeitgeber überlassenes betriebliches Kraftfahrzeug auch für Fahrten zwischen Wohnung und erster Tätigkeitsstätte nutzen. Dem Arbeitgeber liegen datumsgenaue Erklärungen des Arbeitnehmers über Fahrten zwischen Wohnung und erster Tätigkeitsstätte für die Monate Januar bis Juni an jeweils 14 Tagen, für die Monate Juli bis November an jeweils 19 Tagen vor. Für den Monat Dezember liegt eine datumsgenaue Erklärung über Fahrten zwischen Wohnung und erster Tätigkeitsstätte an 4 Tagen vor.

In den Monaten Januar bis Juni hat der Arbeitgeber für Zwecke der Einzelbewertung jeweils 14 Tage zugrunde zu legen, in den Monaten Juli bis November jeweils 19 Tage. Wegen der jahresbezogenen Begrenzung auf 180 Fahrten ist für Zwecke der Einzelbewertung im Dezember nur ein Tag anzusetzen (Anzahl der Fahrten von Januar bis November = 179). Damit ergeben sich für die Einzelbewertung der tatsächlichen Fahrten des Arbeitnehmers zwischen Wohnung und erster Tätigkeitsstätte je Kalendermonat folgende Prozentsätze:

Januar bis Juni: 0,028 % (14 Fahrten x 0,002 %)

Juli bis November: 0,038 % (19 Fahrten x 0,002 %)

Dezember: 0,002 % (1 Fahrt x 0,002 %)

1 BMF, Schreiben v. 4.4.2018, BStBl 2018 I S. 592, Rz. 10 Buchstabe e.

HINWEIS

Die gewählte Bewertungsmethode darf nach R 8.1 Abs. 9 Nr. 3 Satz 1 LStR beim selben Fahrzeug nicht während eines Kalenderjahres gewechselt werden. Die Auffassung der Finanzverwaltung wurde auch durch das BFH-Urteil vom 20.3.2014[1] bestätigt. Ein Wechsel während eines Kalenderjahres ist nur möglich, wenn das Fahrzeug gewechselt wird. Erhält ein Arbeitnehmer von seinem Arbeitgeber mehrere Fahrzeuge, so kann für jedes Fahrzeug eine Berechnungsmethode gewählt werden.

Das Finanzministerium des Landes Schleswig-Holstein hat in einer Kurzinformation am 21.5.2021 mitgeteilt, dass eine rückwirkende Änderung des Lohnsteuerabzugs für das gesamte Kalenderjahr, also ein Wechsel von der 0,03 %-Methode zur Einzelbewertung oder umgekehrt, möglich ist. Diese mit allen Finanzministerien der Länder und dem BMF abgestimmte Darstellung ist dann aber rückwirkend für ein komplettes Kalenderjahr anzuwenden. Mit BMF-Schreiben vom 3.3.2022 hat die Finanzverwaltung die rückwirkende Wahlrechtsänderung aufgenommen. Danach ist eine rückwirkende Änderung des Lohnsteuerabzugs (Wechsel von der pauschalen Nutzungswertmethode zur Fahrtenbuchmethode oder umgekehrt für das gesamte Kalenderjahr) vor Übermittlung oder Ausschreibung der Lohnsteuerbescheinigung jedoch grundsätzlich im Rahmen des § 41c EStG möglich.

3.1.7 Elektrofahrzeuge zur privaten Nutzung

Bei in der Zeit vom 1.1.2019 bis 31.12.2030 angeschafften Elektrofahrzeugen ist für die Berechnung des geldwerten Vorteils für die private Nutzung der Listenpreis zur Hälfte anzusetzen (§ 6 Abs. 1 Nr. 4 Satz 2 Nr. 2 EStG). Dies wirkt sich auf die vorher genannten geldwerten Vorteile für

- Privatfahren nach der 1 %-Methode,
- Fahrten zwischen Wohnung und erster Tätigkeitsstätte nach der 0,03 %-Methode

aus. Die Änderung hat allerdings auch Auswirkungen auf

- die Fahrten im Rahmen der doppelten Haushaltsführung,
- gelegentliche Fahrten,
- Fahrtenbuchmethode.

BEISPIEL Einem Arbeitnehmer wird am 3.1.2019 ein betriebliches Elektrofahrzeug zur privaten Nutzung überlassen. Der Bruttolistenpreis des Fahrzeugs beträgt 50.000 €. Die Entfernung zwischen Wohnung und erster Tätigkeitsstätte beträgt 20 Kilometer. Der lohnsteuerpflichtige geldwerte Vorteil wird nach der 1 %-Methode berechnet

- Der geldwerte Vorteil ist somit für jeden Kalendermonat mit der Hälfte des inländischen Listenpreises im Zt. der Erstzulassung zzgl. der Kosten für Sonderausstattung und einschließlich USt. anzusetzen: **25.000 € x 1,0 % = 250 €.**
- Kann das Fahrzeug auch für Fahrten zwischen Wohnung und erster Tätigkeitsstätte genutzt werden, so erhöht sich der geldwerte Vorteil für jeden Kalendermonat um einen Zuschlag i. H. von 0,03 % des Bruttolistenpreises je Entfernungs-km, der ebenfalls nur mit der Hälfte des inländischen Listenpreises und einschließlich USt. angesetzt wird: **25.000 € x 0,03 % x 20 = 150 €.**

Der gesamte geldwerte Vorteil beträgt somit **250 € + 150 € = 400 €**

Mit dem Gesetz zur weiteren steuerlichen Förderung der Elektromobilität und zur Änderung weiterer steuerlicher Vorschriften[2] wurde die Regelung zur Halbierung des Bruttolistenpreises

1 BFH, Urteil v. 20.3.2014 – VI R 35/12, BStBl 2014 II S. 643.

2 Gesetz v. 12.12.2019, BGBl 2019 I S. 2451.

statt bis zum 31.12.2021 bis zum 31.12.2030 verlängert. Allerdings wurden an die Halbierung des Bruttolistenpreises zur Berechnung des geldwerten Vorteils für Elektro- und extern aufladbare Hybridfahrzeuge neue Voraussetzungen geknüpft. Der Bruttolistenpreis zur Berechnung des geldwerten Vorteils wird zur Hälfte angesetzt bei Anschaffungen bzw. erstmaliger Überlassung an einen Arbeitnehmer zur privaten Nutzung in der Zeit

- ab 1.1.2019 bis 31.12.2021, wenn das Fahrzeug höchstens 50 g CO_2 je Kilometer ausstößt oder die Reichweite des elektrischen Antriebs mindestens 40 km beträgt,
- ab 1.1.2022 bis 31.12.2024, wenn das Fahrzeug höchstens 50 g CO_2 je Kilometer ausstößt oder die Reichweite des elektrischen Antriebs mindestens 60 km beträgt,
- ab 1.1.2025 bis 31.12.2030, wenn das Fahrzeug höchstens 50 g CO_2 je Kilometer ausstößt oder die Reichweite des elektrischen Antriebs mindestens 80 km beträgt.

Zusätzlich wurde im § 6 Abs. 1 Nr. 4 Satz 2 Nr. 3 EStG ergänzt, dass bei Elektrofahrzeugen für die Berechnung des Sachbezugs für die private Nutzung der Bruttolistenpreis mit 25 % anzusetzen ist, wenn das Fahrzeug in der Zeit vom 1.1.2019 bis 31.12.2030 angeschafft bzw. erstmals einem Arbeitnehmer zur privaten Nutzung überlassen wurde und die Bemessungsgrundlage (Bruttolistenpreis zum Zeitpunkt der Erstzulassung inkl. Sonderausstattung) nicht über 60.000 € in den Jahren 2019 bis 2023 und 70.000 € ab dem Jahr 2024 liegt und 0g CO_2 ausstößt.

HINWEIS

Die vorher genannte Regelung gilt bereits für angeschaffte oder erstmals zur Verfügung gestellte Fahrzeuge, die seit dem 1.1.2019 angeschafft oder überlassen wurden, allerdings erst ab 1.1.2020.

Der Ansatz mit 25 % bzw. der Hälfte vom Bruttolistenpreis kommt nicht nur bei Elektroautos zur Anwendung. Auch E-Bikes (Elektro-Fahrräder, mit einer Motorunterstützung von mehr als 25 km/h), Pedelecs (Elektro-Fahrräder, mit max. 25 km/h Motorleistung) und E-Scooter (nach der Elektrokraftfahrzeugverordnung ein Fahrzeug) fallen unter diese Regelung.

3.1.8 Zuzahlungen des Arbeitnehmers

Zahlt der Arbeitnehmer eine **Zuzahlung** zu den Anschaffungskosten eines Firmenwagens oder für bestimmte Sonderausstattungen, kann diese Zuzahlung im Kalenderjahr der Zahlung auf den geldwerten Vorteil angerechnet werden. In einigen Fällen zahlen Arbeitnehmer zu einem Firmenwagen etwas dazu, weil sie ein höherwertiges Fahrzeug oder eine bestimmte Sonderausstattung möchten, diese vom Arbeitgeber aber nicht übernommen wird. Die Zuzahlung mindert den geldwerten Vorteil für die Privatfahrten und für Fahrten zwischen Wohnung und erster Tätigkeitsstätte. Bei der Zuzahlung ist es unerheblich, ob diese an den Arbeitgeber oder an einen Dritten (z. B. das Autohaus) geleistet wird.

Mit einem im Juni 2021 veröffentlichten BFH-Urteil v. 16.12.2020 wird die Verrechnung der Zuzahlung abweichend dargestellt. Ist für eine Einmalzahlung eines Arbeitnehmers für ein privat genutztes Firmenfahrzeug ein Zeitraum vereinbart, für den die Zuzahlung erfolgt, ist dieser Betrag auf den entsprechenden Zeitraum zu verteilen und mindert insoweit monatlich den Sachbezug der Privatnutzung. Die Finanzverwaltung hat das Urteil im BMF-Schreiben v. 3.3.2022 übernommen und die Verteilung der Zuzahlung auf eine vereinbarte Nutzungsdauer, neben der Bestandsregelung, die eine Verrechnung der Zuzahlung mit dem geldwerten Vorteil vorsieht, zugelassen.

BEISPIEL ► Ein Arbeitnehmer nutzt einen Firmenwagen auch für private Fahrten. Der Bruttolistenpreis des Fahrzeuges beträgt 50.000 €. Der monatliche Sachbezugswert für die Privatfahrten beträgt 1 % von 50.000 € = 500 €. Der Arbeitnehmer hat mit seinem Arbeitgeber eine Zuzahlung zu den Anschaffungskosten des Fahrzeuges i. H. von 6.000 € vereinbart. Die Nutzungsdauer beträgt 3 Jahre.

Bestandsregelung:

Zuzahlung 6.000 € : Sachbezugswert 500 € = 12 Monate

Die Zuzahlung i. H. von 500 € mindert für 12 Monate den Sachbezugswert aus der privaten Nutzung auf 0 €. Ab dem 13. Monat wird der Sachbezugswert von 500 € in voller Höhe angesetzt.

Vereinbarte Nutzungsdauer für die Zuzahlung:

Zuzahlung 6.000 € : Nutzungsdauer 36 Monate = 166,67 €

Die Zuzahlung mindert in der gesamten Nutzungsdauer von 36 Monaten den Sachbezugswert um 166,67 €. Der Sachbezugswert beträgt somit 500 € - 166,67 € = 333,33 € im Monat.

HINWEIS

Mit BMF-Schreiben vom 3.3.2022 übernimmt die Finanzverwaltung die BFH-Rechtsprechung:

Bestehen arbeitsvertragliche Vereinbarungen hinsichtlich des Zuzahlungszeitraums, sind zeitraumbezogene (Einmal-)Zahlungen des Arbeitnehmers zu den Anschaffungskosten eines ihm auch zur privaten Nutzung überlassenen betrieblichen Kraftfahrzeugs bei der Bemessung des geldwerten Vorteils auf den Zeitraum, für den sie geleistet werden, gleichmäßig zu verteilen und vorteilsmindernd zu berücksichtigen.

Maßgeblich ist der vereinbarte Zuzahlungszeitraum, nicht dagegen die tatsächliche Nutzungsdauer (z. B. im Falle der vorzeitigen Rückgabe, der Veräußerung, des Tauschs oder eines Totalschadens des betrieblichen Kraftfahrzeugs). Es liegen weder negativer Arbeitslohn noch Werbungskosten vor. Eine Übertragung verbleibender Zuzahlungen auf ein anderes überlassenes betriebliches Kraftfahrzeug ist nicht zulässig.

3.1.9 Nutzungsentgelte für die Privatnutzung

Zahlt der Arbeitnehmer für die **private Nutzung** des Firmenwagens ein **Nutzungsentgelt**, so kann sich dieses ebenfalls mindernd auf den geldwerten Vorteil auswirken. Es ist gleichgültig, ob das Nutzungsentgelt pauschal oder entsprechend der tatsächlichen Nutzung des Kraftfahrzeugs bemessen wird. Nutzungsentgelt i. S. von R 8.1 Abs. 9 Nr. 4 LStR ist:

- ein arbeitsvertraglich oder aufgrund einer anderen arbeits- oder dienstrechtlichen Rechtsgrundlage vereinbarter nutzungsunabhängiger pauschaler Betrag (z. B. Monatspauschale),
- ein arbeitsvertraglich oder aufgrund einer anderen arbeits- oder dienstrechtlichen Rechtsgrundlage vereinbarter an den gefahrenen Kilometern ausgerichteter Betrag (z. B. Kilometerpauschale) oder
- die arbeitsvertraglich oder aufgrund einer anderen arbeits- oder dienstrechtlichen Rechtsgrundlage vom Arbeitnehmer übernommenen Leasingraten,
- die arbeitsvertraglich oder aufgrund einer anderen arbeits- oder dienstrechtlichen Rechtsgrundlage vereinbarte vollständige oder teilweise Übernahme einzelner Kraftfahrzeugkosten durch den Arbeitnehmer (z. B. Treibstoffkosten, Wartungs- und Reparaturkosten, Kraftfahrzeugsteuer, Beiträge für Halterhaftpflicht- und Fahrzeugversicherungen, Garagen-/Stellplatzmiete, Ladestrom).

TIPP

Weitere Informationen in Form von kompakten Fragen und Antworten rund um das Thema Firmenwagen findest du auch in der NWB Datenbank im Steuerfach-Scout.

3.1.10 Weiternutzung während des Bezugs von Sozialleistungen

Dürfen Arbeitnehmerinnen und Arbeitnehmer auch während des Bezugs von Sozialleistungen (z. B. Krankengeld, Mutterschutzgeld, Elternzeit) einen Firmenwagen für private Fahrten nutzen, ist diese arbeitgeberseitige Leistung grds. beitragspflichtig. Eine Ausnahme regelt § 23c SGB IV. Danach liegt kein beitragspflichtiges Entgelt vor, wenn die arbeitgeberseitige Leistung (z. B. der geldwerte Vorteil) zusammen mit den Sozialleistungen das vorherige Nettoarbeitsentgelt um nicht mehr als 50 € übersteigt.

Weiternutzung während Krankengeldbezugs

Hat ein Arbeitnehmer keinen Anspruch auf Entgeltfortzahlung, besteht auch kein Anspruch auf die private Nutzung eines Firmenwagens. Dieses hat das BAG mit Urteil vom 14.12.2010[1] bestätigt. Somit **endet das Recht** auf die private Nutzung des Firmenwagens **nach der gesetzlichen Entgeltfortzahlung**, also nach sechs Wochen. Arbeitgeber können allerdings auch während der Zeit des Krankengeldbezugs, also nach Ablauf der Entgeltfortzahlung, einen Firmenwagen weiterhin zur privaten Nutzung ihren Arbeitnehmern überlassen.

Darf der Firmenwagen während des Bezugs von Krankengeld **weiter genutzt werden**, muss nach § 23c SGB IV geprüft werden, ob der SV-Freibetrag i. H. von 50 € überschritten wird. Nach § 23c SGB IV gehören Leistungen des Arbeitgebers, die während der Zeiten für die Lohnersatzleistungen gewährt werden, nicht zum beitragspflichtigen Arbeitsentgelt, wenn diese Einnahmen zusammen mit der Sozialleistung (z. B. Krankengeld oder Mutterschaftsgeld) das Nettoarbeitsentgelt um nicht mehr als 50 € (Freigrenze) im Monat übersteigen.

BEISPIEL Ein Arbeitnehmer erhält ein monatliches Bruttogehalt von 3.800,00 €. Daraus ergibt sich ein monatliches Nettogehalt von 2.600,00 € (geschätzt). Der geldwerte Vorteil bei der Anwendung der 1 %-Methode beträgt 320,00 €. Im August erhält der Arbeitnehmer für 15 Tage Krankengeld von seiner gesetzlichen Krankenkasse.

Berechnung des täglichen Krankengelds	
Nettoarbeitsentgelt 2.600,00 € / 30 Tage	= 86,67 €
Krankengeld 70 % von 86,67 €	= 60,67 €
Prüfung § 23c SGB IV	
Nettoarbeitsentgelt 2.600,00 € / 30 Tage	= 86,67 €
- Sozialleistung (Krankengeld)	60,67 €
höchstmöglicher SV-Freibetrag	= 26,00 €
geldwerter Vorteil 320,00 € / 30 Tage	= 10,67 €

Der **geldwerte Vorteil** aus der privaten Nutzung des Firmenwagens während des Krankengeldbezugs gehört **nicht zum beitragspflichtigen Arbeitsentgelt**, da der SV-Freibetrag nicht überschritten wird. Eine beitragspflichtige Einnahme liegt dann vor, wenn der geldwerte Vorteil zusammen mit dem Krankengeld das Nettoentgelt um mehr als 50 € im Monat übersteigt. Beim geldwerten Vorteil werden nur die privaten Fahrten (1 %-Methode) berücksichtigt, da der Arbeitnehmer aufgrund der Erkrankung keine Fahrten zwischen Wohnung und erster Tätigkeitsstätte zurücklegt.

1 BAG, Urteil v. 14.12.2010 – 9 AZR 631/09, NWB VAAAD-80924.

Lohnsteuerrechtlich ist der geldwerte Vorteil **steuerpflichtiger Arbeitslohn**, auch wenn der Arbeitnehmer sonst keinen Arbeitslohn (z. B. Gehalt) bezieht.

Weiternutzung während der Mutterschutzfrist

Während der Dauer der **Mutterschutzfrist** von insgesamt 14 Wochen (sechs Wochen vor und acht Wochen nach der Geburt) steht der Arbeitnehmerin der Firmenwagen weiterhin zur Verfügung. Das BAG hat mit Urteil vom 11.10.2000[1] entschieden, dass bis zum Ablauf der Schutzfrist die private Nutzung eines Firmenwagens weiter zu gewähren ist. Wird der Sachbezug während der Mutterschutzfrist nicht gewährt, ist dieser in Geld umzurechnen und in den Durchschnittsverdienst mit einzubeziehen. Entsprechende Regelungen in Arbeitsverträgen sind im Einzelfall zu prüfen.

Während der Mutterschutzfrist sowie für den Entbindungstag erhalten Arbeitnehmerinnen **Mutterschaftsgeld** i. H. von max. 13 € pro Tag. Der Arbeitgeber zahlt den Zuschuss zum Mutterschaftsgeld i. H. des Unterschiedsbetrags zwischen den täglichen 13 € und dem kalendertäglichen Nettoarbeitsentgelt der letzten drei Monate. Neben dem Zuschuss ist auch der geldwerte Vorteil aus einem Firmenwagen zu berücksichtigen. Der **Firmenwagen** zählt somit **als Teil des** vom Arbeitgeber zu zahlenden **Zuschusses für das Mutterschaftsgeld**. Der Zuschuss zum Mutterschaftsgeld ist nicht beitragspflichtig. Somit kommt es auch nicht zum Ruhen des Anspruchs auf Mutterschaftsgeld, da kein beitragspflichtiges Arbeitsentgelt erzielt wird.

Übersteigt der geldwerte Vorteil die Höhe des Zuschusses zum Mutterschaftsgeld, ist wie beim Bezug von Krankengeld die **Freigrenze** nach § 23c SGB IV zu prüfen. Übersteigt der geldwerte Vorteil zusammen mit dem Mutterschaftsgeld das Nettoarbeitsentgelt um mehr als 50 € im Monat, liegt beitragspflichtiges Entgelt vor, für das **Sozialversicherungsbeiträge** zu zahlen sind.

Weiternutzung während der Elternzeit

Der geldwerte Vorteil aus der privaten Nutzung eines Firmenfahrzeuges ist ein **Lohnbestandteil** und somit Bestandteil der laufenden Vergütung. Bei der Elternzeit darf der Arbeitgeber die Rückgabe des Firmenwagens verlangen, wenn die Arbeitnehmerin oder der Arbeitnehmer während der Elternzeit nicht arbeitet. Arbeiten die Arbeitnehmer während der Elternzeit in Teilzeit weiter, steht ihnen für die Teilzeit auch weiterhin der Firmenwagen zu.

Darf der Firmenwagen auch während der Elternzeit für private Fahrten weiter genutzt werden, ist auch hier der § 23c SGB IV auf seine Beitragspflicht zu prüfen. Allerdings ist meist durch die hohe **Differenz** zwischen dem **Vergleichs-Netto** und dem **Elterngeld** der geldwerte Vorteil in wenigen Fällen beitragspflichtig.

HINWEIS

Einkünfte, die während des Bezugs von Elterngeld gezahlt werden, werden anteilig auf den Anspruch auf Elterngeld angerechnet.

3.1.11 Nutzungsverbot

Eine **private Nutzung** eines Firmenwagens liegt dann vor, wenn der Arbeitgeber seinem Arbeitnehmer tatsächlich einen Firmenwagen zur privaten Nutzung überlässt. Der BFH hat dazu in

1 BAG, Urteil v. 11.10.2000 – 5 AZR 240/99, NWB EAAAB-94276.

einer Vielzahl von Urteilen Stellung genommen. Zuletzt hatte er mit Urteilen aus 2013[1] und aus 2014[2] entschieden, dass der geldwerte Vorteil aus der Überlassung eines Firmenwagens zur privaten Nutzung bereits durch die **Möglichkeit der Nutzung** besteht. Somit ist ein geldwerter Vorteil auch dann dem Arbeitslohn zuzurechnen, wenn der Arbeitnehmer kein Fahrtenbuch führt und von der Möglichkeit der privaten Nutzung freiwillig keinen Gebrauch macht.

Ein geldwerter Vorteil kommt nur dann nicht zum Ansatz, wenn der Arbeitnehmer durch Führen eines ordnungsgemäßen **Fahrtenbuchs** nachweist, dass er keine privaten Fahrten mit dem Firmenwagen unternimmt. Ein geldwerter Vorteil kommt aber auch dann nicht zum Ansatz, wenn der Arbeitgeber dem Arbeitnehmer tatsächlich die private Nutzung des Firmenwagens arbeitsvertraglich oder auf Grundlage einer Nutzungsüberlassungsvereinbarung untersagt.

3.2 Förderung der Elektromobilität

Mit dem Gesetz zur Förderung der Elektromobilität, ergänzt mit dem Gesetz zur weiteren steuerlichen Förderung der Elektromobilität und zur Änderung weiterer steuerlicher Vorschriften, ist für die Zeit vom 1.1.2017 bis 31.12.2030 der § 3 Nr. 46 EStG neu gefasst. Nach dieser gesetzlichen Regelung können Arbeitgeber ihren Arbeitnehmern zusätzlich zum ohnehin geschuldeten Arbeitslohn steuerfrei Vorteile aus dem kostenfreien oder verbilligten **Aufladen von Elektro- bzw. Hybridfahrzeugen im Betrieb des Arbeitgebers** gewähren. Bis zum 31.12.2016 waren Vorteile aus dem kostenfreien oder verbilligten Aufladen von Elektro- bzw. Hybridfahrzeugen ein steuerpflichtiger geldwerter Vorteil.

Neben der Möglichkeit des Aufladens eines privaten Elektro- bzw. Hybridfahrzeugs können Arbeitgeber ihren Arbeitnehmern auch **betriebliche Ladevorrichtungen zur privaten Nutzung** überlassen. Auch diese Überlassung ist nach § 3 Nr. 46 EStG steuerfrei. Die Übereignung einer Ladevorrichtung ist allerdings steuerpflichtig, kann aber nach § 40 Abs. 2 Nr. 6 EStG pauschal versteuert werden.

Neben der Möglichkeit des kostenfreien oder verbilligten Aufladens von Elektrofahrrädern können Arbeitgeber ihren Arbeitnehmern nach § 3 Nr. 37 EStG zusätzlich zum ohnehin geschuldeten Arbeitslohn ein betriebliches Fahrrad oder Elektrofahrrad (bis 25 km/h Motorunterstützung) steuerfrei überlassen. Diese Regelung gilt für die Zeit vom 1.1.2019 bis 31.12.2030. Wird ein solches Fahrrad an den Arbeitnehmer übereignet, kann der geldwerte Vorteil aus der kostenfreien oder verbilligten Übereignung von betrieblichen Fahrrädern nach § 40 Abs. 2 Satz 1 Nr. 7 EStG seit dem 1.1.2020 pauschal mit 25 % versteuert werden.

HINWEIS

Beachte dazu auch die Änderungen im Rahmen des Gesetzes zur Vermeidung von Umsatzsteuerausfällen beim Handel mit Waren im Internet und zur Änderung weiterer steuerlicher Vorschriften. Unter dem Punkt 3.1.7 findest du dazu Ausführungen zur Überlassung eines betrieblichen Elektrofahrzeuges auch zur privaten Nutzung.

1 BFH, Urteil v. 21.3.2013 – VI R 31/10, BStBl 2013 II S. 700.

2 BFH, Urteil v. 6.2.2014 – VI R 39/13, BStBl 2014 II S. 641.

3.3 Jobticket

Einige Arbeitnehmer erhalten für ihre dienstlichen Fahrten und für die Fahrten zwischen Wohnung und erster Tätigkeitsstätte vom Arbeitgeber einen **Firmenwagen** zur Verfügung gestellt. Allerdings steht diese Möglichkeit nicht jedem Arbeitnehmer zur Verfügung.

Somit bleibt für viele nur die Fahrt mit dem eigenen Pkw oder mit **öffentlichen Verkehrsmitteln.** In Ballungszentren und Großstädten braucht der Arbeitnehmer für die Fahrt mit dem eigenen Pkw neben dem Fahrzeug selbst auch noch eine Menge Geduld. Nicht selten ist die Fahrt zum Arbeitsplatz mit einem erheblichen Zeitaufwand verbunden und der Arbeitnehmer verbringt nicht wenig Zeit im Stau der Großstadt. Für viele Arbeitnehmer ist daher der öffentliche Nahverkehr eine lohnende Alternative. Auch wenn die Nutzung von öffentlichen Verkehrsmitteln nicht jedermanns Sache ist, bleibt der steuerliche Aspekt von Vorteil. Denn die nur eingeschränkte Möglichkeit der steuerbegünstigten Erstattung von Kosten für die Fahrt von der Wohnung zur ersten Tätigkeitsstätte macht das Jobticket interessant. **Seit dem 1.1.2019** sind Jobtickets noch attraktiver, da der Gesetzgeber[1] diese **nach § 3 Nr. 15 EStG steuerfrei** gestellt hat.

Der Begriff **Jobticket** wird für Monats- oder Jahresfahrkarten für öffentliche Verkehrsmittel verwendet, die ein Arbeitgeber beim Verkehrsunternehmen erwirbt, um diese dann seinen Arbeitnehmern verbilligt oder unentgeltlich zu überlassen. Manche Arbeitgeber schließen direkt mit dem Verkehrsunternehmen einen Rahmenvertrag ab, wonach die Arbeitnehmer die Jobtickets direkt vom Verkehrsunternehmen erwerben können.

Aufwendungen des Arbeitnehmers für Fahrten zwischen Wohnung und erster Tätigkeitsstätte kann der Arbeitgeber **mindern,** indem er

- einen Firmenwagen zur Verfügung stellt,
- einen Barzuschuss zu den Aufwendungen des Arbeitnehmers leistet,
- dem Arbeitnehmer verbilligt oder unentgeltlich ein Jobticket zur Verfügung stellt oder
- im Rahmen eines Rahmenvertrags mit dem Verkehrsunternehmen einen Preisvorteil für seine Arbeitnehmer aushandelt.

3.3.1 Arbeitsrechtlicher Anspruch

Bei zusätzlichen Leistungen des Arbeitgebers stellt sich immer die Frage, ob ein **arbeitsrechtlicher Anspruch** besteht. Bei der Überlassung eines Jobtickets handelt es sich grds. um eine freiwillige Leistung des Arbeitgebers. Somit kann ein Jobticket nicht vom Arbeitnehmer eingefordert werden.

Allerdings gibt es in einigen Unternehmen **Tarifverträge** oder **Betriebsvereinbarungen,** die eine Zahlung von Zuschüssen für Fahrten zwischen Wohnung und erster Tätigkeitsstätte regeln bzw. einen Zuschuss für die Nutzung von öffentlichen Verkehrsmitteln vorsehen. Eine solche Verpflichtung im Rahmen eines Tarifvertrages oder einer Betriebsvereinbarung stellt den arbeitsrechtlichen Anspruch des Arbeitnehmers dar. Wird in einem Arbeitsvertrag die Zahlung von Zuschüssen bzw. das Jobticket geregelt, leitet sich auch daraus der Anspruch des Arbeitnehmers ab.

1 Gesetz zur Vermeidung von Umsatzsteuerausfällen beim Handel mit Waren im Internet und zur Änderung weiterer steuerlicher Vorschriften v. 11.12.2018, BGBl 2018 I S. 2338.

3.3.2 Steuerfreiheit von Jobtickets

Ein vom Arbeitgeber **zusätzlich zum ohnehin geschuldeten Arbeitslohn** gewährtes bzw. unentgeltliches oder bezuschusstes bzw. vergünstigtes Jobticket für **öffentliche Verkehrsmittel im Linienverkehr** ist seit dem 1.1.2019 steuerfrei. Bis zum 31.12.2018 konnte für Jobtickets die Pauschalierung nach § 40 Abs. 2 EStG oder die 44-€-Freigrenze angewandt werden. Zu den Verkehrsmitteln des öffentlichen Linienverkehrs gehören[1] neben

- U-Bahnen,
- S-Bahnen,
- Straßenbahnen und
- Bussen

auch Züge wie

- Regiobahnen,
- Regionalbahnen,
- Intercityzüge,
- Eurocityzüge und
- ICE-Züge.

Das Jobticket bleibt auch dann steuerfrei, wenn der Arbeitnehmer es für private Fahrten im **öffentlichen Personennahverkehr** nutzen darf. Dabei ist zu beachten, dass Intercity-, Eurocity- und ICE-Züge nicht zum Personennahverkehr gehören.

Der steuerfreie Betrag des Jobtickets ist in der Zeile 17 der Lohnsteuerbescheinigung einzutragen.

17. Steuerfreie Arbeitgeberleistungen, die auf die Entfernungspauschale anzurechnen sind	
18. Pauschal besteuerte Arbeitgeberleistungen für Fahrten zwischen Wohnung und erster Tätigkeitsstätte	

3.3.3 Pauschalierung i. H. von 25 %

Der Arbeitgeber kann neben der v. g. Steuerfreiheit des Jobtickets den Betrag pauschal mit 25 % nach § 40 Abs. 2 Nr. 2 EStG versteuern,[2] den er (inklusive Umsatzsteuer) für ein von ihm seinem Arbeitnehmer gewährtes bzw. bezahltes oder bezuschusstes bzw. verbilligtes Jobticket **für öffentliche Verkehrsmittel im Linienverkehr** (d. h. auch EC, IC, ICE, nicht Taxi) bzw. eine Fahrkarte (Jobticket), die für private Fahrten **im öffentlichen Personennahverkehr** (d. h. nicht EC, IC, ICE, Taxi) genutzt werden kann bzw. nur für solche Fahrten genutzt wird (z. B. Tickets für Rentner), aufwendet.

Die 25 % pauschale Lohnsteuer ist zu rechnen vom tatsächlichen Aufwand des Arbeitgebers (z. B. vom rabattierten Preis inkl. Umsatzsteuer). Mit dieser neuen Pauschalversteuerung kann ersetzt werden

1 BMF, Schreiben v. 15.8.2019, BStBl 2019 I S. 875.

2 Gesetz v. 12.12.2019, BGBl 2019 I S. 2451.

- eine ggf. bisher durchgeführte Individual-Versteuerung bzw.
- die Pauschalversteuerung mit 15 % nach § 40 Abs. 2 Nr. 1 EStG und die damit verbundene Anrechnung bei den Werbungskosten (Zeile 18 der Lohnsteuerbescheinigung),
- die Steuerfreiheit nach § 3 Nr. 15 EStG und die damit verbundene Anrechnung bei den Werbungskosten (Zeile 17 der Lohnsteuerbescheinigung).

Der nach § 40 Abs. 2 Nr. 2 EStG mit 25 % pauschal versteuerte Betrag für ein Jobticket wird beim Werbungskostenabzug für Fahrten zwischen Wohnung und erster Tätigkeitsstätte **nicht angerechnet.** Deshalb ist der pauschal versteuerte Betrag in der Lohnsteuerbescheinigung **nicht anzugeben,** auch wenn das Jobticket überwiegend privat genutzt wird.

Eine Entgeltumwandlung ist für die Nutzung der Pauschalierung möglich. Die pauschale Lohnsteuer kann arbeitsrechtlich ganz oder teilweise auf den Arbeitnehmer abgewälzt werden.

Werden Bezüge, auf die § 3 Nr. 15 EStG zutrifft, nach § 40 Abs. 2 Nr. 2 EStG mit 25 % pauschal versteuert, gilt das für alle solche Zuwendungen eines Kalenderjahres. Ein unterjähriger Wechsel der steuerlichen Behandlung ist nicht möglich. Arbeitsrechtlich ist eine je Arbeitnehmer unterschiedliche Behandlung i. d. R. nicht möglich.

3.3.4 Rabattfreibetrag

Ist der Arbeitgeber selbst ein **Verkehrsunternehmen** und stellt er seinen Arbeitnehmern verbilligt oder unentgeltlich Jobtickets zur Verfügung, sind diese ebenfalls steuerfrei. **Bis zum 31.12.2018 waren diese steuerpflichtig,** der Arbeitgeber kann diesen Sachbezug nach § 8 Abs. 3 EStG mit dem **Rabattfreibetrag** bewerten. Der Rabattfreibetrag i. H. von 1.080,00 € im Jahr ist auch für Jahresnetzkarten anwendbar. Im § 8 Abs. 3 EStG sind die sog. Belegschaftsrabatte genannt: Danach bleiben geldwerte Vorteile bis 1.080,00 € im Kalenderjahr steuerfreier Arbeitslohn, wenn Waren oder Dienstleistungen, die vom Arbeitgeber nicht überwiegend für den Bedarf seiner Arbeitnehmer hergestellt, vertrieben oder erbracht werden, und deren Bezug nicht nach § 40 EStG pauschal versteuert werden. Der übersteigende Betrag ist steuerpflichtig (anders als bei der 50-€-Freigrenze).

BEISPIEL Ein Verkehrsunternehmen stellt seinen Arbeitnehmern ein Jobticket als Jahresfahrkarte verbilligt zur Verfügung. Der übliche Wert der Jahreskarte beträgt 1.200,00 € für den Endverbraucher. Der Arbeitnehmer zahlt für die Jahreskarte an seinen Arbeitgeber einen Eigenanteil von 100,00 €.

Üblicher Endpreis für das Jobticket	1.200,00 €
- Abschlag 4 % (§ 8 Abs. 3 Satz 1 EStG)	48,00 €
= geminderter Endpreis am Abgabeort	1.152,00 €
- Zuzahlung des Arbeitnehmers	100,00 €
= geldwerter Vorteil	1.052,00 €
- Rabattfreibetrag (§ 8 Abs. 3 Satz 2 EStG)	1.080,00 €
= steuerpflichtiger geldwerter Vorteil	0,00 €

Vom Rabattfreibetrag sind noch 28,00 € für den Arbeitnehmer im Kalenderjahr anwendbar (1.080,00 € - 1.052,00 € = 28,00 €).

3.3.5 Sozialversicherung

Steuerfreie Jobtickets nach § 3 Nr. 15 EStG (siehe XII. 3.3.2) sind kein beitragspflichtiges Entgelt in der Sozialversicherung.

Versteuert der Arbeitgeber die Lohnsteuer für das Jobticket **pauschal** nach § 40 Abs. 2 Satz 2 EStG mit 15 % pauschaler Lohnsteuer (siehe XII. 3.3.3), löst die Pauschalierung der Lohnsteuer die Beitragsfreiheit in der Sozialversicherung aus (§ 1 Abs. 1 Satz 1 Nr. 3 SvEV).

3.4 Unterkunft

Vereinzelt stellen Arbeitgeber ihren Arbeitnehmern **verbilligten oder kostenfreien Wohnraum** zur Verfügung. Dies ist z. B. im Hotel- und Gaststättengewerbe der Fall oder es handelt sich um eine sog. Hausmeisterwohnung. Gewährt ein Arbeitgeber seinem Arbeitnehmer freie Unterkunft, ist dies ein Sachbezug, der steuer- und sozialversicherungspflichtig ist.

Wird die Unterkunft **verbilligt** gewährt, ist der Unterschied zwischen dem Wert des Sachbezugs und dem vom Arbeitnehmer gezahlten Entgelt steuer- und sozialversicherungspflichtig.

MERKE

In der R 8.1 Abs. 6 LStR ist der Unterschied zwischen Wohnung und Unterkunft wie folgt definiert: „Eine Wohnung ist eine in sich geschlossene Einheit von Räumen, in denen ein selbständiger Haushalt geführt werden kann. Wesentlich ist, dass eine Wasserversorgung und Entsorgung, zumindest eine einer Küche vergleichbare Kochgelegenheit, sowie eine Toilette vorhanden ist. Danach stellt z. B. ein Einzimmerappartement mit Küchenzeile und WC als Nebenraum eine Wohnung dar, dagegen ist ein Wohnraum zur Mitbenutzung von Bad, Toilette und Küche eine Unterkunft."

Für eine Wohnung ist demnach zur Ermittlung der Höhe des Sachbezugs, der **„ortsübliche Mietpreis"** anzusetzen. Bei der Vermietung von Wohnungen durch Arbeitgeber an Arbeitnehmer wird seit 1.1.2020 deren finanzieller Mietvorteil geringer besteuert. Für den als Vergleichsmaßstab dienenden ortsüblichen Mietpreis ist ein Bewertungsabschlag i. H. von $^1/_3$ vorzunehmen (§ 8 Abs. 2 Satz 12 EStG). Der Bewertungsabschlag beträgt $^1/_3$ der ortsüblichen Miete (z. B. der niedrigste Mietpreis der Mietpreisspanne des Mietspiegels für vergleichbare Wohnungen zzgl. der nach der Betriebskostenverordnung (BetrKV) umlagefähigen Kosten, die konkret auf die überlassene Wohnung entfallen) und wirkt letztendlich wie ein Freibetrag.

Die nach Anwendung des Bewertungsabschlags ermittelte Vergleichsmiete ist Bemessungsgrundlage für die Bewertung des geldwerten Vorteils. Die vom Arbeitnehmer tatsächlich gezahlte Miete und die tatsächlich abgerechneten Nebenkosten für die Wohnung sind auf die Vergleichsmiete anzurechnen.[1]

Beträgt die ortsübliche Kaltmiete mehr als 25 € pro qm, ist der Bewertungsabschlag nicht anzuwenden. Die feste Mietobergrenze von 25 € pro qm bezieht sich auf den ortsüblichen Mietwert ohne die nach der BetrKV umlagefähigen Kosten und dient der Gewährleistung sozialer Ausgewogenheit und Vermeidung der steuerbegünstigten Vermietung von Luxuswohnungen.

BEISPIEL ▸ Ein Arbeitnehmer wohnt kostenfrei in der Wohnung seines Arbeitgebers. Die ortsübliche ermittelte Miete beträgt 480,00 €

1 BFH, Urteil v. 11.5.2011, BStBl II S. 946.

Lösung:

Die Bewertung mit den amtlichen Sachbezugswerten ist nicht zulässig. Anzusetzen ist der ortsübliche Mietpreis abzgl. des Bewertungsabschlags i. H. von 1/3 der ortsüblichen Miete.

Ortsübliche Miete	480,00 €
- 1/3 Abschlag	160,00 €
= geldwerter Vorteil	320,00 €

Der geldwerte Vorteil beträgt für den Arbeitnehmer 320,00 €.

WICHTIG

Der im Steuerrecht seit 2020 geltende Bewertungsabschlag bei verbilligter Wohnungsüberlassung an Arbeitnehmer findet in der Sozialversicherung seit 1.1.2021 ebenfalls Berücksichtigung.[1] Die Regelungen der SvEV enthalten losgelöst vom Steuerrecht eigenständige Bewertungen von unentgeltlich oder verbilligt überlassenen Sachbezügen durch den Arbeitgeber. Danach ist der Vorteilswert, den der Arbeitgeber dem Arbeitnehmer in Form einer unentgeltlichen oder verbilligten Überlassung von Wohnraum gewährt, unter Berücksichtigung der Bewertungsregelungen des § 2 Abs. 4 und 5 SvEV zu ermitteln. Eine darüberhinausgehende Berücksichtigung steuerrechtlicher Vorschriften kommt bis 31.12.2020 nicht in Betracht, es sei denn, sie werden (so wie in § 3 Abs. 1 SvEV vorgesehen) für entsprechend anwendbar erklärt. Da die Neuregelung des § 8 Abs. 2 Satz 12 EStG nun auch seit dem 1.1.2021 in der SvEV berücksichtigt wird, scheidet eine Berücksichtigung des Bewertungsabschlags bei der Feststellung des Sachbezugswerts in der Sozialversicherung nur für das Jahr 2020 aus.

Bei einer Unterkunft werden die amtlichen Sachbezüge der Sachbezugsverordnung angerechnet.

Für eine Unterkunft gelten im Jahr 2025 folgende Sachbezugswerte:

	Monatlich:	**Täglich:**
Beschäftigte allgemein	282,00 €	9,40 €

HINWEIS

Dieser Betrag kann unter bestimmten Sachverhalten gemindert werden:

Sachverhalt	Monatlich:	Täglich:
Unterbringung im Haushalt des Arbeitgebers oder in einer Gemeinschaftsunterkunft	239,70 €	7,99 €
Unterbringung von Auszubildenden oder Jugendlichen unter 18 Jahren	239,70 €	7,99 €
Mehrfachbelegung mit zwei Personen	169,20 €	5,64 €
Mehrfachbelegung mit drei Personen	141,00 €	4,70 €
Mehrfachbelegung mit mehr als drei Personen	112,80 €	3,76 €

BEISPIEL Sachbezug bei Unterkunft oder Wohnung:

Ein Arbeitnehmer erhält von seinem Arbeitgeber freie Unterkunft.

Lösung:

Die freie Unterkunft ist mit dem monatlichen Sachbezugswert von 282 € anzusetzen.

1 Niederschrift über die Sitzung zu „Fragen des gemeinsamen Beitragseinzugs" v. 24.3.2021.

3.5 Verpflegung

Auch die **unentgeltliche Verpflegung** von Arbeitnehmern durch den Arbeitgeber ist ein Sachbezug und dem steuer- und sozialversicherungspflichtigen Bruttoentgelt hinzuzurechnen. Wie bei der Unterkunft sind hier die Sachbezugswerte der Sachbezugsverordnung anzusetzen.

Für freie Verpflegung gelten im Jahr 2025 folgende Sachbezugswerte:

	Monatlich:	**Täglich:**
Frühstück	69,00 €	2,30 €
Mittagessen	132,00 €	4,40 €
Abendessen	132,00 €	4,40 €
Gesamtverpflegung	333,00 €	11,10 €

Erfolgt die Verpflegung nicht für einen ganzen Monat, sondern nur für **einzelne Tage**, wird als Tagessatz 1/30 des zutreffenden Monatssatzes verwendet. Für Familienangehörige des Arbeitgebers, die mitverpflegt werden, erhöhen sich die Werte.

Gleiches gilt auch, wenn der Arbeitgeber **Barzuschüsse an betriebsfremde Versorger**, z. B. Gaststätten, Kantinen oder ähnliche Verpflegungseinrichtungen zahlt, in denen sein Arbeitnehmer unentgeltlich oder verbilligt durch Vorlage einer Essensmarke verpflegt wird. Auch in diesen Fällen ist der Sachbezugswert anzusetzen. Der Verrechnungswert der Essensmarke darf max. 3,10 € höher sein als der aktuelle Sachbezugswert, im Jahr 2025: 4,40 € + 3,10 € = 7,50 € max. (R 8.1 Abs. 7 Nr. 4 LStR).

HINWEIS

Wird die Verpflegung verbilligt angeboten und muss der Arbeitnehmer einen Anteil an der Verpflegung leisten, ist der Differenzbetrag aus Zahlung und Sachbezugswert anzurechnen. Stellt die Verpflegung eine zusätzliche Leistung dar und ist nicht Bestandteil des vereinbarten Entgelts des Arbeitnehmers, kann der Arbeitgeber diese Zuwendungen mit 25 % pauschal versteuern mit der Folge, dass diese Zuwendungen beitragsfrei in der Sozialversicherung sind.

3.6 Personalrabatte

In vielen Unternehmen ist es üblich, dass Mitarbeiter und Belegschaft **Waren oder Dienstleistungen des Arbeitgebers verbilligt oder unentgeltlich** überlassen bekommen. Dieser geldwerte Vorteil stellt einen Sachbezug dar und ist dem steuer- und sozialversicherungspflichtigen Entgelt hinzuzurechnen.

Der § 8 Abs. 3 EStG benennt **steuerliche Vorteile**, die berücksichtigt werden müssen.

- Als Wert der Ware oder der Dienstleistung sind 96 % des ortsüblichen Endpreises für den Endverbraucher anzusetzen.
- Die Differenz aus gemindertem Preis und tatsächlich vom Arbeitnehmer an den Arbeitgeber gezahlten Abgabepreis ist Sachbezug.
- Pro Kalenderjahr der Beschäftigung gilt ein Rabattfreibetrag von 1.080 €. Der Freibetrag darf nur steuerlich mindernd angewandt werden, wenn der Rabatt direkt vom Arbeitgeber, also nicht von einem Dritten oder einem Konzernunternehmen, gewährt wird.

BEISPIEL ► Personalrabatt:

Ein Arbeitnehmer erhält von seinem Arbeitgeber einen Personalrabatt von 50 %. Im Monat April kauft der Arbeitnehmer Waren im Wert von 1.780,55 € (Preis für Endkunden). Der Arbeitnehmer hat im laufenden Jahr noch keine Waren vom Arbeitgeber erworben.

Lösung:

Warenwert	1.780,55 €
davon 96 % =	1.709,33 €
Zahlung mit Personalrabatt 50 %	890,28 €
= geldwerter Vorteil	819,05 €

Der Arbeitnehmer hat in diesem Jahr noch keine Waren von seinem Arbeitgeber bezogen, so dass ihm der Rabattfreibetrag i. H. von 1.080,00 € anzurechnen ist. Für weitere Einkäufe in diesem Jahr bleibt ihm noch ein Rabattfreibetrag von 260,95 € (1.080,00 € - 819,05 € = 260,95 €).

3.7 Warengutscheine

Erhält ein Arbeitnehmer von seinem Arbeitgeber keine Waren, sondern **Warengutscheine**, die beim Arbeitgeber einzulösen sind, stellt dies einen Sachbezug dar. § 8 Abs. 3 EStG findet auch hier Anwendung. Somit ist auch hier der Rabattfreibetrag i. H. von 1.080 € zu berücksichtigen. Erhält der Arbeitnehmer einen Gutschein, der bei Dritten einzulösen ist, muss unterschieden werden zwischen **Sachbezug** und **Barlohn**. „Einnahmen sind alle Güter, die in Geld oder Geldeswert bestehen und dem Steuerpflichtigen im Rahmen einer der Einkunftsarten des § 2 Abs. 1 Satz 1 Nr. 4 bis 7 EStG zufließen. Zu den Einnahmen in Geld gehören auch zweckgebundene Geldleistungen, nachträgliche Kostenerstattungen, Geldsurrogate und andere Vorteile, die auf einen Geldbetrag lauten. Satz 2 gilt nicht bei Gutscheinen und Geldkarten, die ausschließlich zum Bezug von Waren oder Dienstleistungen berechtigen und die Kriterien des § 2 Absatz 1 Nummer 10 des Zahlungsdiensteaufsichtsgesetzes (ZAG) erfüllen".

Die Ergänzung[1] nach dem 1. Satz ist seit 1.1.2020 in Kraft und maßgeblich für die Anwendung der 50-€-Freigrenze bzw. der Pauschalversteuerung nach § 37b EStG.

Nach der neuen Definition sind **Geldleistungen** z. B.

- zweckgebundene Geldzahlungen,
- nachträgliche Kostenerstattungen,
- Geldsurrogate, andere Vorteile, die auf einen Geldbetrag lauten,
- Prepaidkarten, die uneingeschränkt an allen Akzeptanzstellen zur Bezahlung eingesetzt werden können und einen Bargeldersatz darstellen.

Sachbezüge z. B.

- Gutscheine oder Geldkarten, die ausschließlich zum Bezug von Waren oder Dienstleistungen berechtigen und die Kriterien des § 2 Abs. 1 Nr. 10 ZAG erfüllen. Somit verfügen diese nicht über eine Auszahl-, Barzahlungs- oder Wandlungsfunktion.
- Prepaidkarten, die nur an bestimmten Akzeptanzstellen, in einem bestimmten Einkaufszentrum oder in den Geschäften des Ausstellers der Karte verwendet werden können.

1 Gesetz v. 12.12.2019, BGBl 2019 I S. 2451.

HINWEIS

Ein Sachbezug liegt nicht vor, wenn der Arbeitnehmer vom Arbeitgeber anstelle von Sachleistungen auch Barlohn verlangen kann.

MERKE

Für Warengutscheine gilt die Freigrenze von 50 € monatlich. Liegt der Wert des Warengutscheins unter 50 € im Monat, so liegt kein Sachbezug vor (Bagatellgrenze).

In § 8 Abs. 1 EStG wird verwiesen auf § 2 Abs. 1 Nr. 10 ZAG mit folgenden Definitionen:

„Als Zahlungsdienste gelten **nicht [...]**

Dienste, die auf Zahlungsinstrumenten beruhen, die

a) für den Erwerb von Waren oder Dienstleistungen in den Geschäftsräumen des Emittenten oder innerhalb eines begrenzten Netzes von Dienstleistern im Rahmen einer Geschäftsvereinbarung mit einem professionellen Emittenten eingesetzt werden können,

b) für den Erwerb eines sehr begrenzten Waren- oder Dienstleistungsspektrums eingesetzt werden können, oder

c) beschränkt sind auf den Einsatz im Inland und auf Ersuchen eines Unternehmens oder einer öffentlichen Stelle für bestimmte soziale oder steuerliche Zwecke nach Maßgabe öffentlich-rechtlicher Bestimmungen für den Erwerb der darin bestimmten Waren oder Dienstleistungen von Anbietern, die eine gewerbliche Vereinbarung mit dem Emittenten geschlossen haben, bereitgestellt werden".

Die Regeln des ZAG werden spätestens seit 1.1.2022 auf Gutscheine und Geldkarten angewendet. Dieser Nichtbeanstandungsregel bis zum 31.12.2021 schließt sich die Sozialversicherung an.

Als **Sachbezug** gelten seit 1.1.2022

a) Gutscheine, Prepaidkarten oder Geldkarten, die ausschließlich zum Bezug von Waren oder Dienstleistungen berechtigen und die Kriterien des § 2 Abs. 1 Nr. 10 Buchst. a ZAG erfüllen, d. h. z. B.
   - keine Auszahl-, Barzahlungs- oder Wandlungsfunktion haben, also
   - beim Aussteller des Gutscheins unabhängig von einer Betragsangabe berechtigen, ausschließlich Waren oder Dienstleistungen zu beziehen, die
     - nur aus dessen Produktpalette stammen; das ist nicht auf das Inland beschränkt (Hinweis: Das gilt nicht für Marketplaces)
     - aufgrund von Akzeptanzverträgen bei einem begrenzten Kreis von Akzeptanzstellen im Inland erworben werden können

Als Akzeptanzstellen im Inland gelten

- Einkaufs- und Dienstleistungsverbünde, die sich auf eine Stadt oder mehrere benachbarte Städte und Gemeinden in einer Region erstrecken
- Ladenketten im Inland oder Internetshop mit einheitlichem Marktauftritt

Beispiele für Gutscheine oder Geldkarten nach § 2 Abs. 1 Nr. 10a ZAG:

- wiederaufladbare Karten für den Einzelhandel

- Hauskarte für Shop-in-Shop-Lösungen
- Tankkarten einer Tankstellenkette oder eines Tankstellenbetreibers zum Bezug von Waren oder Dienstleistungen
- vom Arbeitgeber selbst ausgestellte Gutscheine, wenn die Akzeptanzstelle unmittelbar mit dem Arbeitgeber abrechnet
- Karten eines Online-Händlers für dessen eigene Produktpalette, jedoch nicht für Produkte von Fremdanbietern (Marketplace)
- Karten für ein Shopping-Center, eine Mall oder ein Outlet-Village
- City-Cards (Stadtgutscheine)

b) Gutscheine, Prepaidkarten oder Geldkarten, die ausschließlich zum Bezug von Waren oder Dienstleistungen berechtigen und die Kriterien des § 2 Abs. 1 Nr. 10 Buchst. b ZAG erfüllen, d. h. z. B. für

- Personennah- und -fernverkehr, z. B. Fahrkarten, Verwendung im Zugrestaurant, Park-&-Ride-Bezahlung
- Mobilitätsdienstleistungen, z. B. die Nutzung von Fahrrädern, E-Bikes, E-Scootern, Carsharing
- alles, was das Auto bewegt, also Kraftstoff, Ladestrom
- den Besuch von Trainingsstätten und den Bezug der dort angebotenen Waren und Dienstleistungen
- den Bezug von Zeitungen, Zeitschriften, Büchern, Filmen, Musik; auch als Download oder über einen Streamingdienst
- Beautykarten für Hautpflege, Make-up, Friseur und ähnliche Pflege der Person
- Bekleidung, Schuhe, Taschen, Schmuck, Kosmetika, Düfte, Accessoires

c) Gutscheine, Prepaidkarten oder Geldkarten, die ausschließlich zum Bezug von Waren oder Dienstleistungen berechtigen und die Kriterien des § 2 Abs. 1 Nr. 10 Buchst. c ZAG erfüllen, d. h., sie gelten

- unabhängig von einer Betragsangabe
- aufgrund von Akzeptanzverträgen zwischen Aussteller und Akzeptanzstellen (auf die Anzahl der Akzeptanzstellen kommt es nicht an)
- im Inland
- ausschließlich für soziale oder steuerliche Zwecke

Der Zufluss des Sachbezugs erfolgt

- bei Einlösung bei einem Dritten zum Zeitpunkt der Übergabe des Gutscheins durch den Arbeitgeber an den Arbeitnehmer bzw. bei Geldkarten zum Zeitpunkt des Aufladens, unabhängig vom Termin der Nutzung durch den Arbeitnehmer
- bei Einlösung beim Arbeitgeber zum Zeitpunkt der Einlösung

3.8 Arbeitgeberdarlehen

Laut BMF[1] liegt ein **Arbeitgeberdarlehen** vor, wenn durch den Arbeitgeber oder aufgrund des Dienstverhältnisses durch einen Dritten an den Arbeitnehmer Geld überlassen wird und diese Geldüberlassung auf einem **Darlehensvertrag** beruht. Erhält der Arbeitnehmer durch solch ein Arbeitgeberdarlehen **Zinsvorteile**, sind sie zu versteuern. Somit liegt ein Arbeitgeberdarlehen vor, wenn der Arbeitgeber seinem Arbeitnehmer einen Betrag zur Verfügung stellt, der über seine eigentliche Entgeltzahlung hinausgeht.

Ein Arbeitgeberdarlehen liegt demnach **nicht** vor, wenn der Arbeitgeber seinem Arbeitnehmer Vorschüsse zu Reisekosten, Auslagenersatz, Lohnabschläge oder Lohnvorschüsse zahlt, die als Arbeitslohn zufließen. Eine Abschlagszahlung wird als Leistung des Arbeitgebers auf das bereits verdiente, aber noch nicht in der Entgeltabrechnung abgerechnete Entgelt gezahlt, während ein Vorschuss eine Leistung des Arbeitgebers auf noch nicht verdientes Entgelt darstellt.

Für ein Arbeitgeberdarlehen gelten die gleichen rechtlichen Grundlagen wie für ein **allgemeines Darlehen**. Ab §§ 488 ff. BGB sind die rechtlichen Grundlagen für einen Darlehensvertrag zu finden. Ein Darlehensvertrag setzt demnach die Einigung darüber voraus, dass ein geleisteter Geldbetrag darlehensweise gewährt wird und somit also der Darlehensnehmer zur Rückzahlung des Geldbetrags verpflichtet ist. Während Darlehensverträge schriftlich abzufassen sind, hält das LAG Köln in einem Urteil[2] eine arbeitsvertragliche Schriftform für ein Arbeitgeberdarlehen für nicht erforderlich.

Allerdings sollten auch Arbeitgeberdarlehen mit einem **schriftlichen Vertrag** (Darlehensvertrag) zwischen Arbeitgeber und Arbeitnehmer vereinbart werden (**Dokumentationspflicht**).

3.8.1 Arbeitgeberdarlehen als geldwerter Vorteil

Die Hingabe eines Arbeitgeberdarlehens an den Arbeitnehmer stellt noch keinen geldwerten Vorteil dar. Allerdings ist bei einem zinslosen oder zinsverbilligten Arbeitgeberdarlehen die Zinsersparnis als **geldwerter Vorteil** in der Entgeltabrechnung zu berücksichtigen. Der geldwerte Vorteil bemisst sich aus der Differenz zwischen dem Maßstabszinssatz und dem tatsächlichen, vom Arbeitnehmer gezahlten effektiven Zinssatz. Als **Maßstabszinssatz** kann zur Anwendung herangezogen werden:

- der günstigste Preis am Markt ohne einen Abschlag von 4 % (z. B. Internetbanken oder sog. Direktbanken),
- der übliche Endpreis am Abgabeort mit einem Abschlag von 4 % (örtliche Kreditinstitute oder Sparkassen),
- aus Vereinfachungsgründen der zuletzt veröffentliche Effektivzinssatz der Deutschen Bundesbank mit einem Abschlag von 4 %.

An die Entscheidung des Arbeitgebers zur Bewertung des Zinsvorteils als geldwerten Vorteil ist der Arbeitnehmer bei seiner Einkommensteuererklärung nicht gebunden. Er kann somit auch eine andere, für ihn **günstigere Bewertung** wählen.

1 BMF, Schreiben v. 19.5.2015, BStBl 2015 I S. 484.
2 LAG Köln, Urteil v. 27.4.2001 – 11 Sa 1315/00.

Der Arbeitgeber hat die Unterlagen für den ermittelten und der Lohnversteuerung zugrunde gelegten **Endpreis** sowie die Berechnung der **Zinsvorteile** zu dokumentieren, als Belege zum Lohnkonto aufzubewahren und dem Arbeitnehmer auf Verlangen formlos mitzuteilen.

Erhält der Arbeitnehmer aufgrund seiner Beschäftigung von seinem Arbeitgeber ein unentgeltliches oder verbilligtes Arbeitgeberdarlehen, so stellt die **Zinsersparnis** einen geldwerten Vorteil dar, der als steuerpflichtiger Arbeitslohn zu bewerten ist.

BEISPIEL Ein Arbeitgeber gewährt seinem Arbeitnehmer ein Darlehen i. H. von 25.000 € zu einem Zinssatz von 1,5 %. Der am Markt übliche Zinssatz für ein solches Darlehen beträgt 6 %.

Der Arbeitgeber gewährt seinem Arbeitnehmer ein zinsverbilligtes Arbeitgeberdarlehen. Die Zinsersparnis i. H. von 4,5 % stellt einen geldwerten Vorteil dar.

Zahlt ein Arbeitgeber seinem Arbeitnehmer **Zinszuschüsse** für ein zu marktüblichen Zinsen aufgenommenes Darlehen, z. B. bei der Hausbank des Arbeitnehmers, liegt ebenfalls ein steuerpflichtiger geldwerter Vorteil vor.[1]

BEISPIEL Ein Arbeitnehmer nimmt bei seiner örtlichen Hausbank ein Darlehen i. H. von 25.000 € zu einem marktüblichen Zinssatz von 6 % auf. Der Arbeitgeber zahlt einen Zuschuss zu den Zinsen von 4,5 %.

Der Arbeitgeber zahlt seinem Arbeitgeber einen Zinszuschuss i. H. von 4,5 %. Dieser Zuschuss stellt einen steuerpflichtigen Arbeitslohn (Barzuschuss) dar.

Die Unterscheidung zwischen der **Zinsersparnis** und dem **Zinszuschuss** ist wichtig. Die Zinsersparnis ist ein geldwerter Vorteil (Sachbezug), während der Zinszuschuss einen Barlohn (Geldleistung) darstellt.

3.8.2 Bewertung des geldwerten Vorteils

Der BFH hat in seinem Urteil[2] entschieden, dass einem Arbeitnehmer kein steuerpflichtiger geldwerter Vorteil zufließt, wenn er an seinen Arbeitgeber für ein Darlehen den **marktüblichen Zinssatz** zahlt.

Zinsvorteile sind als **Sachbezüge** zu versteuern, wenn die Summe der noch nicht getilgten Darlehen am Ende des Lohnzahlungszeitraums 2.600 € übersteigt.[3] Werden dem Arbeitnehmer mehrere Darlehen von seinem Arbeitgeber gewährt, so sind die Summen der Darlehen bzw. die Summe der Restdarlehen zusammenzurechnen.

Bei der **Bewertung** des Zinsvorteils kommen zwei Bewertungsmethoden infrage. Die Bewertung nach § 8 Abs. 2 EStG unter Berücksichtigung der 50-€-Freigrenze monatlich oder die Bewertung nach § 8 Abs. 3 EStG unter Berücksichtigung des Rabattfreibetrags i. H. von 1.080 € jährlich.

Bewertung nach § 8 Abs. 2 EStG

Maßstab für die Bewertung ist der **marktübliche Zinssatz** oder der **günstigste nachgewiesene Zinssatz** für das vom Arbeitnehmer aufgenommene Darlehen unter vergleichbaren Bedingungen. Bei der Bewertung mit dem üblichen Endpreis am Abgabeort wird der Zinssatz eines Kreditinstituts am Abgabeort mit einem Abschlag von 4 % bewertet. Als üblicher Endpreis wird der Maßstabszinssatz vergleichbarer Darlehen angenommen nach Abschlag i. H. von 4 % nach R 8.1

1 BFH, Urteil v. 4.5.2006 – VI R 67/03, BStBl 2006 II S. 914.
2 BFH, Urteil v. 4.5.2006 – VI R 28/05, BStBl 2006 II S. 781.
3 BMF, Schreiben v. 19.5.2015, BStBl 2015 I S. 484, Rz. 4.

Abs. 2 Satz 3 LStR. Wird der Maßstabszinssatz unter Berücksichtigung der im Internet allgemein zugänglichen Angebote von Direktbanken ermittelt, ist kein Abschlag i. H. von 4 % vorzunehmen (R 8.1 Abs. 2 Satz 3 LStR). Das Arbeitgeberdarlehen ist in der Kreditart, der Laufzeit, der Dauer der Zinsbindung und der Tilgung mit einem marktüblichen Darlehen zu vergleichen.

Nach Auffassung des BMF wird es nicht beanstandet, wenn bei der Bewertung eines Arbeitgeberdarlehens der vergleichbare Maßstabszinssatz bei Vertragsabschluss vom zuletzt veröffentlichen **Effektivzinssatz der Deutschen Bundesbank** herangezogen wird. Von dem sich danach ergebenden Effektivzinssatz kann nach R 8.1 Abs. 2 Satz 3 LStR ein Abschlag von 4 % vorgenommen werden.[1]

Die Differenz zwischen dem Maßstabszinssatz und dem vom Arbeitnehmer an seinen Arbeitgeber zu zahlenden Effektivzinssatz ist die **Zinsvergünstigung**, die als geldwerter Vorteil dem Arbeitslohn hinzugerechnet wird. Die Zahlungsweise der Zinsen (z. B. monatlich, halbjährlich oder jährlich) ist dabei unmaßgeblich. Zwischen den einzelnen Arten von Krediten (z. B. Wohnungsbaukredit, Raten oder Konsumentenkredit und Überziehungskredit) ist zu unterscheiden. Werden Darlehen mit einer Zinsfestlegung vereinbart und wird für dasselbe Arbeitgeberdarlehen ein neuer Zins vereinbart, ist der Zinsvorteil ab dem Zeitpunkt der neuen Vereinbarung neu zu ermitteln (**Prolongation**). Bei Arbeitgeberdarlehen mit einem variablen Zinssatz ist für die Bewertung des geldwerten Vorteils zum Zeitpunkt der vertraglichen Zinsanpassung der jeweils neu vereinbarte Zinssatz mit dem jeweils aktuellen Maßstabszinssatz zu vergleichen.

BEISPIEL 1 Ein Arbeitgeber gewährt seinem Arbeitnehmer ein Arbeitgeberdarlehen i. H. von 25.000,00 €. Der vereinbarte Effektivzinssatz beträgt 1,5 % jährlich. Bei Vertragsabschluss im Juni beträgt der günstigste vergleichbare Zinssatz 5 % für vergleichbare Darlehen am Abgabeort.

Marktüblicher Zinssatz	5,00 %
Abschlag von 4 %	0,20 %
Maßstabszinssatz	4,80 %
Effektivzinssatz Arbeitnehmer	1,50 %
Zinsvergünstigung	3,30 %

Die Zinsvergünstigung i. H. von 3,30 % führt zu einem Zinsvorteil von 825,00 € jährlich und 68,75 € monatlich.

BEISPIEL 2 Ein Arbeitgeber gewährt seinem Arbeitnehmer ein Arbeitgeberdarlehen i. H. von 25.000,00 €. Der vereinbarte Effektivzinssatz beträgt 1,5 % jährlich. Bei Vertragsabschluss im Juni beträgt der günstigste vergleichbare Zinssatz 5 % für vergleichbare Darlehen von allgemein zugänglichen Internetangeboten und Direktbanken.

Marktüblicher Zinssatz	5,00 %
Effektivzinssatz Arbeitnehmer	1,50 %
Zinsvergünstigung	3,50 %

Die Zinsvergünstigung i. H. von 3,50 % führt zu einem Zinsvorteil von 875,00 € jährlich und 72,92 € monatlich.

BEISPIEL 3 Ein Arbeitgeber gewährt seinem Arbeitnehmer ein Arbeitgeberdarlehen i. H. von 25.000,00 €. Der vereinbarte Effektivzinssatz beträgt 1,5 % jährlich. Bei Vertragsabschluss im Juni beträgt der durch die Deutsche Bundesbank veröffentlichte Effektivzinssatz 4,85 %.

1 Siehe auch BMF, Schreiben v. 19.5.2015, BStBl 2015 I S. 484, Rz. 12.

Marktüblicher Zinssatz	4,85 %
Abschlag von 4 %	0,19 %
Maßstabszinssatz	4,66 %
Effektivzinssatz Arbeitnehmer	1,50 %
Zinsvergünstigung	3,16 %

Die Zinsvergünstigung i. H. von 3,16 % führt zu einem Zinsvorteil von 790,00 € jährlich und 65,83 € monatlich.

Auch bei Zinsersparnissen ist die **Freigrenze** i. H. von 50 € anwendbar. Danach sind Zinsvorteile, die sich aufgrund eines zinslosen oder zinsverbilligten Arbeitgeberdarlehens nach § 8 Abs. 2 EStG ergeben, steuer- und sozialversicherungsfrei, wenn sie die Freigrenze von 50 € im Monat nicht übersteigen.

BEISPIEL Ein Arbeitgeber gewährt seinem Arbeitnehmer ein Arbeitgeberdarlehen i. H. von 10.000,00 €. Der vereinbarte Effektivzinssatz beträgt 2 % jährlich. Bei Vertragsabschluss im Juni beträgt der günstigste vergleichbare Zinssatz 6 % für vergleichbare Darlehen am Abgabeort.

Marktüblicher Zinssatz	6,00 %
Abschlag von 4 %	0,24 %
Maßstabszinssatz	5,76 %
Effektivzinssatz Arbeitnehmer	2,00 %
Zinsvergünstigung	3,76 %

Die Zinsvergünstigung i. H. von 3,76 % führt zu einem Zinsvorteil von 376,00 € jährlich und 31,33 € monatlich. Dieser geldwerte Vorteil liegt unterhalb der Freigrenze von 50,00 € und ist daher steuer- und beitragsfrei.

Bei der Anwendung der 50-€-Freigrenze ist zu prüfen, ob der Arbeitnehmer nicht bereits durch andere Sachbezüge (z. B. Warengutscheine) die Freigrenze ganz oder teilweise ausgeschöpft hat.

TIPP

Weitere Informationen in Form von kompakten Fragen und Antworten zur Anwendung der 50-€-Freigrenze findest du auch in der NWB Datenbank im Steuerfach-Scout.

Bewertung nach § 8 Abs. 3 EStG

Ein Arbeitgeberdarlehen ist nach § 8 Abs. 3 EStG zu bewerten, wenn ein zinsloses oder zinsverbilligtes Darlehen vom Arbeitgeber seinem Arbeitnehmer zur Verfügung gestellt wird und er dieses **auch betriebsfremden Dritten** vergibt, ohne den Vorteil nach § 40 EStG pauschal zu versteuern (z. B. Banken an ihre Mitarbeiter).

„(3) [1]Erhält ein Arbeitnehmer auf Grund seines Dienstverhältnisses Waren oder Dienstleistungen, die vom Arbeitgeber nicht überwiegend für den Bedarf seiner Arbeitnehmer hergestellt, vertrieben oder erbracht werden und deren Bezug nicht nach § 40 pauschal versteuert wird, so gelten als deren Werte abweichend von Absatz 2 die um 4 % geminderten Endpreise, zu denen der Arbeitgeber oder der dem Abgabeort nächstansässige Abnehmer die Waren oder Dienstleistungen fremden Letztverbrauchern im allgemeinen Geschäftsverkehr anbietet. [2]Die sich nach Abzug der vom Arbeitnehmer gezahlten Entgelte ergebenden Vorteile sind steuerfrei, soweit sie aus dem Dienstverhältnis insgesamt 1 080 € im Kalenderjahr nicht übersteigen.“

Dabei ist der **Endpreis** der sich aus der Dienstleistung ergebende Preis, den ein Dritter unter Berücksichtigung der im Preisaushang der kontoführenden Zweigstelle des Kreditinstituts oder im

Preisverzeichnis des Arbeitgebers, das zur Einsichtnahme bereitgehalten wird, als Letztverbraucher im allgemeinen Geschäftsverkehr für ein vergleichbares Darlehen zahlen müsste.

Der **geldwerte Vorteil** ist der Unterschiedsbetrag zwischen dem stets um 4 % geminderten Effektivzinssatz, den der Arbeitgeber fremden Letztverbrauchern im allgemeinen Geschäftsverkehr für ein vergleichbares Darlehen anbietet, und dem Zinssatz, der mit dem Arbeitnehmer vereinbart wurde. Der Arbeitgeber muss in den Lohnunterlagen die zur Ermittlung des Endpreises und zur Berechnung des geldwerten Vorteils herangezogenen Werte dokumentieren und aufbewahren. Bei der Bewertung nach § 8 Abs. 3 EStG wird der Rabattfreibetrag i. H. von 1.800,00 € jährlich berücksichtigt.

BEISPIEL Ein Kreditinstitut gewährt seinem Arbeitnehmer ein Arbeitgeberdarlehen. Der Arbeitnehmer erhält im Juni ein Wohnbaudarlehen i. H. von 120.000,00 € zu einem Zinssatz von 2 %. Ein vergleichbares Darlehen bietet die Bank seinen Kunden im allgemeinen Geschäftsverkehr zu einem Effektivzinssatz von 4,99 % an.

Marktüblicher Zinssatz	4,99 %
Abschlag von 4 %	0,20 %
Maßstabszinssatz	4,79 %
Effektivzinssatz Arbeitnehmer	2,00 %
Zinsvergünstigung	2,79 %
120.000,00 € x Maßstabszinssatz 4,79 %	5.748,00 €
120.000,00 € x Effektivzinssatz des Arbeitnehmers 2,00 %	2.400,00 €
Zinsvorteil	3.348,00 €
Rabattfreibetrag § 8 Abs. 3 Satz 2 EStG	1.080,00 €
Geldwerter Vorteil jährlich	2.268,00 €

Bei einer monatlichen Zinszahlung ergibt sich somit ein steuer- und beitragspflichtiger geldwerter Vorteil von monatlich 189,00 €.

Die Spitzenverbände der Sozialversicherungsträger gehen bei Zinsersparnissen von einer **Beitragsfreiheit** aus, soweit die Finanzverwaltung diese lohnsteuerfrei behandelt.

Zinsvorteile, deren maßgebender **Zinszahlungszeitraum** den jeweiligen Lohnzahlungszeitraum überschreitet, können als sonstige Bezüge i. S. des § 40 Abs. 1 Satz 1 Nr. 1 EStG pauschal versteuert werden. Die Pauschalierung des geldwerten Vorteils aus einem unentgeltlichen oder zinsverbilligten Arbeitgeberdarlehen ist auf Antrag des Arbeitgebers nach § 40 EStG bis zu einer Summe von 1.000,00 € im Kalenderjahr möglich. Der Zinsvorteil ist in diesem Fall nach § 8 Abs. 2 Satz 1 EStG zu bewerten. Wird nur ein Teil des geldwerten Vorteils aus der Überlassung eines unentgeltlichen oder zinsverbilligten Darlehens pauschal versteuert, so ist der individuell zu versteuernde geldwerte Vorteil für den Teilbetrag des Darlehens bei der Bewertung außer Ansatz zu lassen.

BEISPIEL Ein Kreditinstitut gewährt seinem Arbeitnehmer ein Arbeitgeberdarlehen. Der Arbeitnehmer erhält im Januar ein Wohnbaudarlehen i. H. von 120.000,00 € zu einem Zinssatz von 2 %. Ein vergleichbares Darlehen bietet die Bank ihren Kunden im allgemeinen Geschäftsverkehr zu einem Effektivzinssatz von 4,99 % an. Der nachweisbare günstigste Zinssatz für ein vergleichbares Darlehen am Markt beträgt bei einer Direktbank im Internet 4 %.

Der Arbeitgeber beantragt die Pauschalierung der Lohnsteuer nach § 40 Abs. 1 Satz 1 Nr. 1 EStG.

Der geldwerte Vorteil wird nach § 8 Abs. 2 Satz 1 EStG bewertet. Der Abschlag von 4 % kommt nicht in Betracht (R 8.1 Abs. 2 Satz 3 LStR).

Marktüblicher Zinssatz	4,00 %
Effektivzinssatz Arbeitnehmer	2,00 %
Zinsvergünstigung	2,00 %

120.000,00 € x Effektivzinssatz des Arbeitnehmers 2,00 % = 2.400,00 € geldwerter Vorteil im Jahr.

Erhält der Arbeitnehmer keinen weiteren pauschal versteuerten Arbeitslohn, kann der Zinsvorteil bis zu einem Höchstbetrag von 1.000,00 € jährlich pauschal versteuert werden. Das Darlehen kann bis zu einer Summe von 50.000 € pauschal versteuert werden (2 % von 50.000,00 € = 1.000,00 €). Der restliche Darlehensteilbetrag i. H. von 70.000,00 € wird mit seinem Zinsvorteil individuell versteuert. Dazu wird der geldwerte Vorteil wie folgt ermittelt:

70.000,00 € x Maßstabszinssatz 4,79 %	3.353,00 €
70.000,00 € x Effektivzinssatz des Arbeitnehmers 2,00 %	1.400,00 €
Zinsvorteil	1.953,00 €
Rabattfreibetrag § 8 Abs. 3 Satz 2 EStG	1.080,00 €
Geldwerter Vorteil jährlich	873,00 €

Bei einer monatlichen Zinszahlung ergibt sich somit ein steuer- und beitragspflichtiger geldwerter Vorteil von monatlich 72,75 €.

HINWEIS

Für den Zuflusszeitpunkt ist der Fälligkeitstermin der Zinsen als Nutzungsentgelt für die Überlassung eines zinsverbilligten Darlehens anzusehen. Wird ein Darlehen zinslos überlassen, ist der Zuflusszeitpunkt zu dem Zeitpunkt anzunehmen, in dem das Entgelt zusammen mit der Tilgungsrate zusammen üblicherweise fällig wäre.[1]

3.8.3 Sicherheitenbestellung

Einige Darlehen werden durch eine sog. **Sicherheitenbestellung** abgesichert. Im BMF-Schreiben vom 19.5.2015 wird beim Verzicht einer Sicherheitsbestellung von einem geldwerten Vorteil ausgegangen, wenn der Zinssatz eines vergleichbaren Darlehens eine solche Sicherheitenbestellung voraussetzt. Wird z. B. auf eine Grundschuldbestellung verzichtet, so sind in die Bewertung des geldwerten Vorteils insbesondere die üblichen Kosten und Gebühren des Notars und des Grundbuchamtes für eine dingliche Sicherung des Arbeitgeberdarlehens mit einzubeziehen.

3.8.4 Fehlender Arbeitslohn

Erhält der Arbeitnehmer **keinen laufenden Arbeitslohn** (z. B. Beurlaubung, Elternzeit), ist bei Wiederaufnahme der Arbeitslohnzahlung oder nach Ablauf des Kalenderjahres der Gesamtbetrag der im jeweiligen Zeitraum angefallenen geldwerten Vorteile aus einem noch nicht getilgten Arbeitgeberdarlehen nach § 41c EStG zu behandeln.

Scheidet der Arbeitnehmer aus dem Dienstverhältnis aus und fallen infolge eines noch nicht getilgten zinslosen oder -verbilligten Arbeitgeberdarlehens **geldwerte Vorteile aus dem beendeten Dienstverhältnis** an, hat der Arbeitgeber dies dem Betriebsstättenfinanzamt anzuzeigen, wenn die Lohnsteuer nicht nachträglich einbehalten werden kann (§ 41c Abs. 4 Nr. 2 EStG).

1 Siehe dazu auch BMF, Schreiben v. 19.5.2015, BStBl 2015 I S. 484, Rz. 26.

HINWEIS

Beträgt die Summe des Darlehens bzw. die Restsumme der Tilgung nicht mehr als 2.600,00 €, liegt kein Sachbezug vor (Freigrenze). Die 50-€-Freigrenze kann auch hier angewendet werden.

3.9 Telefon- und Computernutzung

Nutzt der Arbeitnehmer ein vom Arbeitgeber zur Verfügung gestelltes **Mobiltelefon** oder einen **Computer** auch **für private Zwecke**, ist dieses nach § 3 Nr. 45 EStG steuerfrei. Diese Steuerfreiheit gilt nicht nur für die private Nutzung der Geräte am Arbeitsplatz, sondern auch, wenn diese zur ständigen privaten Nutzung in dessen Privatwohnung genutzt werden dürfen. Entscheidend ist hierbei, dass der Arbeitgeber Eigentümer der Geräte bleibt und, z. B. bei Mobilfunkgeräten oder Tablets, es sich um einen betrieblichen Anschluss handelt.

3.10 Kindergartenzuschüsse

Gewährt ein Arbeitgeber Bar- oder Sachleistungen für die **Unterbringung, Verpflegung und Betreuung** eines **nicht schulpflichtigen Kindes**, so ist diese steuer- und sozialversicherungsfrei. Die jeweilige Schulpflicht regeln die Landesschulgesetze. Aus Vereinfachungsgründen kann der Arbeitgeber Kinder,

- die das sechste Lebensjahr noch nicht vollendet haben,
- die im laufenden Kalenderjahr das sechste Lebensjahr nach dem 30.6. vollenden, außer sie sind bereits vorzeitig eingeschult worden, oder
- die im laufenden Kalenderjahr das sechste Lebensjahr vor dem 1.7. vollenden,

als nicht schulpflichtige Kinder einstufen. Werden Kinder in einem **Betriebskindergarten** des Arbeitgebers betreut, so ist auch diese Leistung steuer- und sozialversicherungsfrei. Die Steuerfreiheit wirkt auch dann, wenn der nicht beim Arbeitgeber beschäftigte Elternteil die vom Arbeitgeber erstatteten Aufwendungen trägt (R 3.33 Abs. 1 Satz 2 LStR). Sind die Elternteile bei unterschiedlichen Arbeitgebern beschäftigt, kann der Arbeitgeber einen Eigenbeleg des bei ihm beschäftigten Elternteils zu den Lohnakten nehmen, dass die Vergünstigung nur einmal in Anspruch genommen wird oder die entsprechenden Kosten sachgerecht aufgeteilt werden.

Die Zuschüsse müssen zum ohnehin geschuldeten Arbeitslohn erbracht werden. Wird dagegen arbeitsrechtlich geschuldeter Arbeitslohn in Form einer **Umwandlung** als Zuschuss gezahlt, so ist dieser nicht steuer- und sozialversicherungsfrei. Auch die Umwandlung einer arbeitsrechtlich vereinbarten **Einmalzahlung** führt zum Verlust der Steuer- und Sozialversicherungsfreiheit. Wird dagegen eine Einmalzahlung freiwillig ohne eine arbeitsvertragliche Grundlage gezahlt, z. B. freiwillige Sonderzahlungen wie z. B. Weihnachtsgeld, so sind diese nicht geschuldeter Arbeitslohn und die Voraussetzung für die Steuer- und Sozialversicherungsfreiheit ist gegeben. Diese Voraussetzung ist auch dann erfüllt, wenn die übrigen Arbeitnehmer im Unternehmen die freiwillige Sonderzahlung in voller Höhe ausgezahlt bekommen.

Besonderheit Vorschule

In einigen Bundesländern ist vor der Schulpflicht eine sog. **Vorschule** eingerichtet. Zahlt der Arbeitgeber einen Zuschuss zur Unterbringung in einer solchen Vorschule, so ist dieser Zuschuss steuer- und sozialversicherungsfrei. Die Vorbereitung in einer solchen Einrichtung ähnelt der eines Kindergartens. Das Kind wird spielerisch auf die Schule vorbereitet.

Kind wird im eigenen Haushalt betreut

Wird das Kind des Arbeitnehmers in seinem **eigenen Haushalt** z. B. von einer Kinderbetreuerin oder Haushaltshilfe betreut, so ist eine Erstattung durch den Arbeitgeber steuerpflichtig. Wird das Kind durch einen Familienangehörigen betreut, ist auch hier ein Zuschuss des Arbeitgebers steuerpflichtig. Der eigene Haushalt stellt keinen Vergleich zu einem Kindergarten dar. Es können die Kosten für eine Unterbringung in einem Kindergarten, einer Kindertagesstätte, einer Kinderkrippe, bei Tagesmüttern, Wochenmüttern oder Ganztagspflegestellen vom Arbeitgeber steuerfrei erstattet werden.

MERKE

Die kostenlose Betreuung von Kindern in einem Betriebskindergarten ist grds. steuer- und sozialversicherungsfrei.

3.11 Betriebsveranstaltung

Betriebsveranstaltungen sind Veranstaltungen auf betrieblicher Ebene mit gesellschaftlichem Charakter, wie z. B. Betriebsausflüge, Weihnachtsfeiern oder Jubiläumsfeiern. Dabei stellen Betriebsveranstaltungen keinen Arbeitslohn dar, wenn die Aufwendungen pro Arbeitnehmer den Freibetrag von 110 € für max. zwei Veranstaltungen pro Jahr nicht übersteigen.

HINWEIS

Die Teilnahme an der Betriebsveranstaltung muss allen Betriebsangehörigen offenstehen. Allerdings dürfen jeweils auch nur Organisationseinheiten des Betriebs (z. B. Abteilungen) an der Veranstaltung teilnehmen können. Betriebsveranstaltungen können auch Pensionärstreffen oder Feiern für Arbeitnehmer, die ein rundes Arbeitnehmerjubiläum feiern, sein.

Wird in einem Unternehmen eine **Jubiläumsfeier** zu Ehren eines Arbeitnehmers im Kreise seiner Abteilung veranstaltet, so handelt es sich dabei nicht um eine Betriebsveranstaltung. Auch ein **Arbeitsessen** stellt keine Betriebsveranstaltung dar, hier fehlt die Voraussetzung, dass die Betriebsveranstaltung allen Arbeitnehmern des Betriebes offenstehen muss.

Die **Dauer** einer Betriebsveranstaltung spielt keine Rolle. In einigen Betrieben erfolgt im Rahmen der Betriebsveranstaltung eine Übernachtung. In diesem Fall können betriebliche Gründe für eine mehrtägige Betriebsveranstaltung stehen. Dabei spielen die betrieblichen Gründe eine übergeordnete Rolle.

In seiner Rechtsprechung hat der BFH mit zwei Urteilen[1] die **110-€-Freigrenze** in den Blick genommen. Der Gesetzgeber hat mit dem Zollkodexanpassungsgesetz diese Rechtsprechung aufgenommen und die Betriebsveranstaltungen im Jahr 2015 neu geregelt. Danach sind Zuwendungen des Arbeitgebers an seinen Arbeitnehmer und dessen Begleitpersonen im Rahmen einer Betriebsveranstaltung kein Arbeitslohn, wenn der Freibetrag von 110 € je Betriebsveranstaltung und teilnehmendem Arbeitnehmer nicht überschritten wird. Mit dem Gesetz wurde die 110-€-Freigrenze in einen Freibetrag von 110 € umgewandelt. Allerdings stellt der Gesetzgeber auch klar, dass in die Berechnung des Freibetrags alle Aufwendungen, die im Zusammenhang mit der Betriebsveranstaltung stehen, mit einzurechnen sind. In den Urteilen hatte der BFH im Jahr 2013 eine andere Auffassung; diese teilt der Gesetzgeber nicht. Auch sind entgegen dem

1 BFH, Urteile v. 16.5.2013 – VI R 94/10 und VI R 7/11, BStBl 2015 II S. 186 und 189.

BFH-Urteil aus dem Jahr 2013[1] Begleitpersonen des Arbeitnehmers in den 110-€-Freibetrag mit einzurechnen. Im Gesetzgebungsverfahren wurde aber auch aufgenommen, dass steuerfreie Leistungen für **Reisekosten** im Zusammenhang mit einer Betriebsveranstaltung nicht in die Zuwendungen einer Betriebsveranstaltung mit einzubeziehen sind. Sie bleiben somit beim 110-€-Freibetrag unberücksichtigt. Mit BMF-Schreiben vom 14.10.2015[2] nimmt die Finanzverwaltung ausführlich Stellung zur Neuregelung der Betriebsveranstaltungen durch das Zollkodexanpassungsgesetz.

Der Wert der dem Arbeitnehmer durch den Arbeitgeber zugewandten Leistungen ist nach § 8 Abs. 2 Satz 1 EStG zu bestimmen. Er kann anhand der Kosten **geschätzt** werden, die dem Arbeitgeber dafür erwachsen sind. Bei der Schätzung sind dabei nur noch die Kosten zu berücksichtigen, die den Arbeitnehmer direkt bereichern. Sind Aufwendungen entstanden für **Eventmanager** oder **Miete**, so sind diese nicht in die Berechnungen der Freigrenzen für die Arbeitnehmer mit einzubeziehen und stellen somit auch keinen steuerpflichtigen Arbeitslohn dar.

BEISPIEL Ein Arbeitgeber veranstaltet eine Weihnachtsfeier, an der neben den 80 Arbeitnehmern auch 45 Angehörige der Arbeitnehmer teilnehmen. Die Aufwendungen für die Weihnachtsfeier setzen sich wie folgt zusammen:

Miete für ein Festzelt	2.500,00 €
Kosten für einen Eventmanager	500,00 €
DJ für musikalischen Rahmen mit Tanz	600,00 €
Partyservice für Verpflegung der Gäste	5.600,00 €
Getränkeservice	2.100,00 €
= Gesamtkosten	11.300,00 €

Lösung:

Folgende Kosten sind in die Berechnung des 110-€-Freibetrags für die Arbeitnehmer mit einzurechnen:

Miete für ein Festzelt	2.500,00 €
Kosten für einen Eventmanager	500,00 €
DJ für musikalischen Rahmen mit Tanz	600,00 €
Partyservice für Verpflegung der Gäste	5.600,00 €
Getränkeservice	2.100,00 €
= Gesamtkosten	11.300,00 €

11.300,00 € / 125 Teilnehmer = 90,40 € (unter 110-€-Freibetrag, daher kein steuerpflichtiger Arbeitslohn für Arbeitnehmer ***ohne*** Begleitperson)

Die 45 eingeladenen Begleitpersonen werden auf die jeweiligen Arbeitnehmer angerechnet. Bei diesen 45 Arbeitnehmern liegt ein steuerpflichtiger Arbeitslohn i. H. von 70,80 € vor, der pauschal mit 25 % versteuert werden kann (2 x 90,40 € = 180,80 € ./. 110,00-€-Freibetrag = 70,80 €). In diesem Beispiel ist die Grenze von max. zwei Betriebsveranstaltungen im Jahr eingehalten.

Der BFH hat mit seinem Urteil v. 23.4.2021 die Verwaltungsanweisung bestätigt, dass die Gesamtkosten einer Betriebsveranstaltung auf die tatsächlich anwesenden Teilnehmer aufzuteilen sind. Es kommt nicht auf die angemeldeten Personen an.

1 BFH, Urteil v. 16.5.2013 – VI R 94/10, BStBl 2015 II S. 186.
2 BMF, Schreiben v. 14.10.2015, BStBl 2015 I S. 832.

3.12 Fort- und Weiterbildungskosten

Mit der **beruflichen Ausbildung** im Rahmen des Berufsbildungsgesetzes (BBiG) beginnt für die meisten Arbeitnehmer in Deutschland der Start in das Berufsleben. Allerdings ist für viele damit nicht Schluss. **Berufliche Fort- und Weiterbildungen** sind für viele Arbeitnehmer der nächste Schritt, um eventuell auch auf der Karriereleiter weiter aufzusteigen.

Die Möglichkeiten der beruflichen Fort- und Weiterbildung sind vielfältig. Das Angebot reicht von **zertifizierten Maßnahmen** bis hin zu **Abschlüssen vor einer Kammer** (z. B. Fachassistent Lohn und Gehalt vor der Steuerberaterkammer). Je nach Umfang kann eine berufliche Fort- und Weiterbildung schnell einige tausend Euro kosten. Daher beteiligen sich nicht selten Arbeitgeber an den Kosten.

In der Einkommensteuer wird zwischen **Ausbildungskosten** und **Fortbildungskosten** unterschieden. Ausbildungskosten sind Kosten der privaten Lebensführung, die als **Sonderausgaben** in der Einkommensteuer berücksichtigt werden, wohingegen Fortbildungskosten in der Einkommensteuer als **Werbungskosten** berücksichtigt werden können. Trägt ein Arbeitnehmer die Aufwendungen einer Fort- oder Weiterbildung alleine, ohne dass sein Arbeitgeber diese bezuschusst, sind die Aufwendungen im vollen Umfang Werbungskosten.

3.12.1 Ausbildungskosten

Aufwendungen für die **erstmalige Berufsausbildung** außerhalb eines Arbeitsverhältnisses und für ein **Erststudium** sind als Sonderausgaben bis zu höchstens 6.000 € jährlich abzugsfähig.

Erfolgt hingegen eine **Berufsausbildung im Rahmen eines Arbeitsverhältnisses**, ist der bezogene Arbeitslohn steuerpflichtig und die Aufwendungen der Ausbildung sind Werbungskosten. Ein Erststudium kann auch einem Ausbildungsverhältnis gleichstehen, wenn das Studium selbst Gegenstand des Ausbildungsverhältnisses ist. Voraussetzung dafür ist, dass die Teilnahme an dem berufsbegleitenden Studium zu den Pflichten des Arbeitnehmers aus seinem Dienstverhältnis gehört.

3.12.2 Fortbildungskosten

Fortbildungskosten sind solche Aufwendungen, die **Fachkenntnisse** im ausgeübten Beruf **erweitern**. Bildet sich ein Arbeitnehmer in seinem ausgeübten Beruf fort, um den wachsenden Anforderungen an seinen Beruf gerecht zu werden und seine Arbeitsleistung an die stetig steigenden Ansprüche anzupassen, so sind die Voraussetzungen einer beruflichen Fortbildung erfüllt. Neben Fortbildungskosten gehören aber auch Weiterbildungskosten des Arbeitnehmers nicht zum steuerpflichtigen Arbeitslohn, wenn die Weiterbildung im ganz überwiegend betrieblichen Interesse des Arbeitgebers durchgeführt wird.

3.12.3 Überwiegendes betriebliches Interesse

Der Gesetzgeber unterscheidet im Steuerrecht die Fort- und Weiterbildungskosten in **beruflich veranlasste** und **nicht beruflich veranlasste Maßnahmen**.

Bei den beruflich veranlassten Fort- und Weiterbildungskosten handelt es sich um **Weiterbildungen**, die den Arbeitnehmer im ausgeübten Beruf voranbringen und seine Kenntnisse und Fähigkeiten erweitern. Der Arbeitgeber profitiert direkt von der Weiterbildung seiner Arbeitnehmer und hat ein Interesse an deren Fortschritt. Sind die Voraussetzungen erfüllt, kann der Arbeitgeber die Aufwendungen für eine solche Fort- und Weiterbildung seinem Arbeitnehmer steuer- und beitragsfrei erstatten.

Die Voraussetzung, dass eine Fort- und Weiterbildung ist einem ganz überwiegenden betrieblichen Interesse durchgeführt wird, ist nicht dadurch erfüllt, dass der Arbeitgeber die Aufwendungen in kompletter Höhe übernimmt oder diese dem Arbeitnehmer bezuschusst oder erstattet. Keine Voraussetzung ist es, dass der Arbeitnehmer die Zeiten, in der die Fort- oder Weiterbildung stattfindet, als Arbeitszeit angerechnet bekommt. Denn eine Fort- oder Weiterbildung kann auch in der Freizeit absolviert werden, und die Voraussetzung der beruflichen Veranlassung liegt vor. Vielmehr muss die Fort- und Weiterbildung dazu führen, dass der Arbeitnehmer seine **vorhandenen Kenntnisse im ausgeübten Beruf erweitert**. In R 19.7 Abs. 2 Satz 1 LStR wird die **Erhöhung der Einsatzfähigkeit** des Arbeitnehmers genannt. Dazu ist es notwendig, dass die Fort- und Weiterbildung

- direkt am Arbeitsplatz,
- in einer zentralen Bildungseinrichtung oder
- in einer außerbetrieblichen Einrichtung (dies sind auch fremde Unternehmen, wenn diese für Rechnung des Arbeitgebers tätig werden bzw. wenn der Arbeitnehmer Rechnungsempfänger ist)

durchgeführt wird.

3.12.4 Arbeitgeberersatz

Erstattet der Arbeitgeber **Aufwendungen für die Fort- oder Weiterbildung** eines Arbeitnehmers, ist dies kein steuer- und beitragspflichtiger Arbeitslohn, wenn die Maßnahme im ganz überwiegenden betrieblichen Interesse erfolgt. Davon ist auch dann auszugehen, wenn ein fremdes Unternehmen die Fort- oder Weiterbildung durchführt und dem Arbeitgeber die Leistung in Rechnung stellt (R 19.7 Abs. 1 Satz 3 LStR). Seit dem 1.1.2020 ist der § 3 Nr. 19 EStG neu gefasst. Danach sind Weiterbildungsleistungen des Arbeitgebers für Maßnahmen nach § 82 Abs. 1 und 2 SGB III sowie für solche Weiterbildungsleistungen, die der Verbesserung der Beschäftigungsfähigkeit des Arbeitnehmers dienen steuerfrei. Die Weiterbildung darf jedoch keinen überwiegenden Belohnungscharakter haben.

Unter mit § 82 Abs. 1 und 2 SGB III vergleichbaren Weiterbildungsleistungen sind solche Maßnahmen zu verstehen, die eine Anpassung und Fortentwicklung der beruflichen Kompetenzen des Arbeitnehmers ermöglichen und somit zur besseren Begegnung der beruflichen Herausforderungen beitragen.

Bei Bildungsmaßnahmen i. S. des § 82 SGB III wird bei der Finanzierung dieser Maßnahmen durch den Arbeitgeber von einem ganz überwiegend eigenbetrieblichen Interesse auszugehen sein. Die neue Steuerbefreiungsvorschrift § 3 Nr. 19 EStG sorgt für Rechtssicherheit, dass die Weiterbildungsleistungen des Arbeitgebers für Maßnahmen nach § 82 Abs. 1 und 2 SGB III nicht der Besteuerung unterliegen. Dies gilt auch für Weiterbildungsleistungen des Arbeitgebers, die der Verbesserung der Beschäftigungsfähigkeit des Arbeitnehmers dienen (z. B. Sprachkurse oder Computerkurse, die nicht arbeitsplatzbezogen sind).

Der **Arbeitnehmer** kann ebenfalls **Rechnungsempfänger** sein. Allerdings muss der Arbeitgeber die Übernahme bzw. die Erstattung von Aufwendungen allgemein oder direkt vor Vertragsabschluss mit der Bildungseinrichtung schriftlich zusagen. Gleiches gilt für die Übernahmen von Studiengebühren durch den Arbeitgeber. Diese Regelung[1] soll sicherstellen, dass auch bei Fort- und Weiterbildungen, bei denen sich die Arbeitnehmer selbst anmelden und somit gleichzeitig Rechnungsempfänger sind (z. B. medizinische Maßnahmen), eine Erstattung durch den Arbeitgeber möglich ist.

BEISPIEL Eine Steuerfachangestellte mit dem Themenschwerpunkt Lohn und Gehalt schließt mit einem Bildungsträger am 18.9.2019 einen Vertrag über die berufliche Fortbildungsmaßnahme Fachassistent Lohn und Gehalt ab. Sie erhält zu Beginn der Veranstaltung am 4.10.2019 eine Rechnung über 2.300,00 €. Der Arbeitgeber hat mit seiner Arbeitnehmerin am 13.9.2019 einen Vertrag abgeschlossen, in dem er zusagt, die Aufwendungen i. H. von 2.300,00 € mit der Lohn- und Gehaltsabrechnung Ende Oktober zu erstatten. Die Fortbildung trägt unstrittig zur besseren Einsatzfähigkeit der Arbeitnehmerin bei.

Die vom Arbeitgeber getragenen und an die Arbeitnehmerin erstatteten Aufwendungen der Fortbildung liegen im überwiegenden betrieblichen Interesse. Dabei ist es unmaßgeblich, wer Empfänger der Rechnung ist. Vor Vertragsabschluss zwischen Arbeitnehmerin und dem Bildungsträger wurde mittels der vertraglichen Vereinbarung zwischen Arbeitgeber und Arbeitnehmerin die Zusage zur Kostenübernahme vereinbart. Der Arbeitgeber erstattet mit der nächsten Gehaltszahlung die Aufwendungen in kompletter Höhe steuer- und beitragsfrei. Ein Werbungskostenabzug kommt bei der Arbeitnehmerin nicht mehr in Betracht. Allerdings ist zu beachten, dass der Arbeitgeber bei den Aufwendungen nicht zum Vorsteuerabzug berechtigt ist, da er auch nicht Leistungsempfänger ist.

Erstattet der Arbeitgeber die Aufwendungen für eine Fort- oder Weiterbildung ganz oder teilweise, kann der Arbeitnehmer diesen Betrag nicht als Werbungskosten in seiner persönlichen Einkommensteuererklärung angeben. Werden Aufwendungen ganz oder überwiegend vom Arbeitnehmer alleine getragen, sind diese Aufwendungen **Werbungskosten** und mindern das zu versteuernde Einkommen. Nach § 9 EStG sind Werbungskosten **Aufwendungen zur Erwerbung, zur Sicherung und zum Erhalt der Einnahmen**. Dazu zählen demnach auch selbst getragene Fort- und Weiterbildungskosten, die beruflich veranlasst sind. Um auszuschließen, dass bereits vom Arbeitgeber erstattete Aufwendungen für eine Fort- oder Weiterbildung ein weiteres Mal als Werbungskosten in Abzug gebracht werden, ist der Arbeitgeber verpflichtet, auf den ihm vom Arbeitnehmer vorgelegten Originalrechnungen die Höhe der Kostenübernahmen zu vermerken und eine Kopie der Rechnung beim Lohnkonto aufzubewahren.

3.12.5 Sprachliche Fort- und Weiterbildung

In Zeiten der Globalisierung können auch **sprachliche Fort- und Weiterbildungen** im ganz überwiegenden betrieblichen Interesse des Arbeitgebers liegen. Dies ist dann gegeben, wenn der Arbeitgeber von seinem Arbeitnehmer besondere Sprachkenntnisse verlangt (R 19.7 Abs. 2 Satz 4 LStR). Es genügt dabei schon die Vermittlung von **Grundkenntnissen** der jeweiligen Fremdsprache, wenn diese für die berufliche Tätigkeit des Arbeitnehmers ausreichend sind.[2]

BEISPIEL Ein Steuerfachangestellter besucht nach der Arbeitszeit einen Privatlehrer für einen Englischkurs. Seit kurzem muss der Steuerfachangestellte Mandanten mit Niederlassung in England betreuen. Dabei kam es in den letzten Wochen immer wieder zu Problemen in der Verständigung in Wort und

1 R 19.7 Abs. 1 Satz 4 LStR.

2 BFH, Urteil v. 24.2.2011 – VI R 12/10, BStBl 2011 II S. 796.

Schrift. Der Arbeitgeber erstattet dem Arbeitnehmer die Aufwendungen für den Englischkurs i. H. von 480,00 €.

Bei dem Englischkurs handelt es sich um Fortbildungskosten im ganz überwiegenden betrieblichen Interesse des Arbeitgebers. Für den Arbeitnehmer sind qualifizierte Englischkenntnisse für den täglichen Berufsalltag erforderlich, um eine Verständigung mit den Mandaten im Ausland sicherzustellen.

Einige Arbeitgeber zahlen ihren Arbeitnehmern sprachliche Fort- und Weiterbildungsmaßnahmen im Ausland. Die Finanzverwaltung hatte in früheren Jahren Fort- und Weiterbildungsveranstaltungen im Ausland grds. steuerlich nicht anerkannt, weil sie von einem überwiegenden privaten Interesse ausgegangen ist. Der BFH teilt diese Auffassung nicht und unterstellt keine grds. private Veranlassung bei der Fort- und Weiterbildung im Ausland.[1] Das BMF folgte dieser Auffassung[2] bei der Entscheidung der Frage, ob im Fall einer kompletten oder teilweisen Kostenübernahme des Arbeitgebers für die jeweilige Fortbildungsmaßnahme steuerpflichtiger Arbeitslohn vorliegt oder ein ganz überwiegendes betriebliches Interesse des Arbeitgebers angenommen werden kann.

Die Entscheidung des BFH beschränkt sich dabei nicht nur auf Sprachreisen, sondern gilt für Fortbildungsreisen im Ausland im Allgemeinen. Somit sind auch Studien- und Kongressreisen von dieser Regelung betroffen. Die Regelungen für eine Sprachreise gelten für alle Mitgliedstaaten der Europäischen Union und für Staaten, auf die das Abkommen über den Europäischen Wirtschaftsraum Anwendung findet.

3.12.6 Deutschkurse

Das BMF hat zur lohnsteuerrechtlichen Behandlung von Deutschkursen bei Flüchtlingen ein Schreiben veröffentlicht.[3] In diesem Schreiben werden vom Arbeitgeber teilweise oder komplett übernommene Aufwendungen für Deutschkurse zur beruflichen Integration von Flüchtlingen nicht als Arbeitslohn dargestellt, wenn auch hier ein ganz überwiegendes betriebliches Interesse des Arbeitgebers vorliegt.

Häufig führen fehlende sprachliche Kenntnisse dazu, dass eine berufliche Tätigkeit in Deutschland gar nicht oder nur mit Verständigungsproblemen aufgenommen werden kann. Dabei betonen Politiker immer wieder, dass die Integration auch über den Arbeitsmarkt erfolgen muss. Aus diesem Grund sind bei Flüchtlingen oder anderen Arbeitnehmern, deren Muttersprache nicht Deutsch ist, Fortbildungsmaßnahmen zum Erwerb oder auch zur Verbesserung der deutschen Sprache im ganz überwiegenden betrieblichen Interesse des Arbeitgebers, wenn dieser die Sprachkenntnisse in dem für den Arbeitnehmer vorgesehenen Aufgabengebiet verlangt.

Steuerpflichtiger Arbeitslohn liegt bei solchen Fortbildungsmaßnahmen nur dann vor, wenn es konkrete Anhaltspunkte für den Belohnungscharakter gibt oder die Fortbildungsmaßnahme bereits durch eine staatliche Stelle ganz oder teilweise bezuschusst wird.

1 BFH, Urteil v. 13.6.2002 – VI R 168/00, BStBl 2003 II S. 765.

2 BMF, Schreiben v. 26.9.2003, BStBl 2003 I S. 447.

3 BMF, Schreiben v. 4.7.2017, BStBl 2017 I S. 882.

3.12.7 Rückzahlungsklausel

Viele Arbeitgeber vereinbaren mit ihren Arbeitnehmern eine Rückzahlungsklausel für Fort- oder Weiterbildungskosten, wenn diese das Unternehmen vor Ablauf einer Frist durch Kündigung verlassen. Die Angemessenheit einer solchen Bindung des Arbeitnehmers an den finanzierenden Arbeitgeber hängt vorrangig von der Dauer der Fortbildungsmaßnahme und der Höhe der Arbeitgeberaufwendungen ab. Dabei darf die Frist von fünf Jahren nicht überschritten werden (§ 624 BGB) und ist auch nur dann gerechtfertigt, wenn dem Arbeitnehmer bei bezahlter Freistellung und voller Kostenübernahme eine besonders hohe Qualifikation vermittelt wurde.[1]

3.13 Gesundheitsförderung

Betriebliche Gesundheitsförderung ist mehr als ein rückenschonender Arbeitsplatz und der Obstkorb. Richtig eingesetzt, ist neben der Förderung der Gesundheit auch eine Verbesserung der Führungs- und Unternehmenskultur ein wichtiger Aspekt. Dabei geht die betriebliche Gesundheitsförderung weit über die gesetzliche Verpflichtung eines Arbeitgebers zum Arbeitsschutz hinaus.

Ziel der betrieblichen Gesundheitsförderung ist es, die Belastung der Arbeitnehmer zu verringern und somit die persönlichen Ressourcen der Arbeitnehmer zu stärken.

Auch der Gesetzgeber hat die Vorteile der betrieblichen Gesundheitsförderung erkannt und mit dem Jahressteuergesetz 2009 eine Steuerbegünstigung geschaffen mit dem Ziel der Verbesserung des allgemeinen Gesundheitszustands und der Stärkung der Gesundheitsförderung. Mit der steuerlichen Begünstigung soll die Bereitschaft der Arbeitgeber erhöht werden, Dienstleistungen den Arbeitnehmern anzubieten oder auch Barzuschüsse für die Durchführung von Maßnahmen zuzuwenden, um den allgemeinen Gesundheitszustand der Arbeitnehmer zu verbessern.
Bei der steuerlichen Begünstigung ist wichtig, dass diese zusätzlich zum ohnehin geschuldeten Arbeitslohn erbracht und nicht durch Entgeltumwandlung finanziert wird.

3.13.1 Steuerbefreiungsvorschrift

Leistungen des Arbeitgebers an seine Arbeitnehmer, die dieser zusätzlich zum ohnehin geschuldeten Arbeitslohn zur Verbesserung des allgemeinen Gesundheitszustands und der betrieblichen Gesundheitsförderung erbringt, sind steuerfrei, wenn pro Arbeitnehmer der Freibetrag von 600 € jährlich nicht überschritten wird (§ 3 Nr. 34 EStG). Werden hingegen Leistungen unter Anrechnung von arbeitsrechtlich geschuldetem Arbeitslohn oder durch Entgeltumwandlung erbracht, sind diese grds. steuerpflichtig.

Werden vom Arbeitgeber Leistungen erbracht, die ganz überwiegend im betrieblichen Interesse des Arbeitgebers liegen, sind diese nicht steuerpflichtig. Dabei muss die Maßnahme von vornherein die Voraussetzung des überwiegenden betrieblichen Interesses erfüllen. Dies ist erfüllt, wenn ein Arbeitgeber Veranstaltungen durchführt, die die Arbeitsplatz- und Arbeitsabläufe betreffen. Stellt ein Arbeitgeber ausschließlich Räumlichkeiten zur Verfügung und werden die

1 BAG, Urteil v. 12.12.1979 – 5 AZR 1056/77.

Maßnahmen von Dritten erbracht, liegt dennoch ein überwiegendes betriebliches Interesse vor, was die Steuerfreiheit ebenfalls begründet.

Vom Freibetrag i. H. von 600 € pro Arbeitnehmer und Jahr sind nur Leistungen erfasst, die hinsichtlich Qualität, Zweck und Ziel den Anforderungen der §§ 20 und 20b SGB V genügen. Der GKV-Spitzenverband hat zur Umsetzung den Leitfaden Prävention veröffentlicht.[1]

Wird der Höchstbetrag i. H. von 600 € pro Arbeitnehmer und Jahr überschritten, ist zu prüfen, ob es sich bei dem übersteigenden Betrag um eine nicht zum Arbeitslohn führende Maßnahmen handelt, die ganz überwiegend im betrieblichen Interesse des Arbeitgebers durchgeführt wird. Wird die Maßnahmen ganz überwiegend im betrieblichen Interesse des Arbeitgebers erbracht, ist diese nicht auf den steuerfreien Betrag anzurechnen, sondern ist für sich gesehen kein steuerpflichtiger Arbeitslohn.

HINWEIS

Das BMF hat am 20.4.2021 eine Umsetzungshilfe zur steuerlichen Anerkennung von Arbeitgeberleistungen nach § 3 Nr. 34 EStG veröffentlicht.

3.13.2 Handlungsfelder und Präventionsprinzipien nach § 20 Abs. 1 i. V. m. Abs. 4 Nr. 1 SGB V

Bewegungsgewohnheiten:

- Reduzierung von Bewegungsmangel durch gesundheitssportliche Aktivitäten,
- Reduzierung und Vorbeugung gesundheitlicher Risiken durch verhaltens- und gesundheitsorientierte Bewegungsprogramme.

Ernährung:

- Vermeidung und Reduktion von Übergewicht,
- Vermeidung von Mangel- und Fehlernährung.

Suchtmittelkonsum:

- Nichtrauchen fördern,
- Reduzierung des Alkoholkonsums,
- Umgang mit Alkohol.

Stressmanagement:

- Förderung von Konzepten zur Stressbewältigung,
- Förderung von Entspannungskonzepten.

3.13.3 Handlungsfelder und Präventionsprinzipien nach § 20b SGB V

Aus den Handlungsfeldern und Präventionsprinzipien des § 20 Abs. 1 SGB V ergeben sich verhaltenspräventive Maßnahmen zum gesundheitsfördernden Arbeits- und Lebensstil. Die Krankenkassen fördern mit Leistungen zur Gesundheitsförderung in Betrieben (betriebliche Gesundheitsförderung) insbesondere den Aufbau und die Stärkung gesundheitsförderlicher Strukturen. Hierzu erheben sie unter Beteiligung der Versicherten und der Verantwortlichen für den Betrieb

1 Leitfaden Prävention und Leitfaden Prävention in stationären Pflegeeinrichtungen v. 21.6.2000 in der Fassung v. 1.10.2018.

sowie der Betriebsärzte und der Fachkräfte für Arbeitssicherheit die gesundheitliche Situation einschließlich ihrer Risiken und Potenziale und entwickeln Vorschläge zur Verbesserung der gesundheitlichen Situation sowie zur Stärkung der gesundheitlichen Ressourcen und Fähigkeiten und unterstützen deren Umsetzung.

Mit dem Präventionsgesetz[1] ist ein einheitliches Zertifizierungsverfahren für alle Krankenkassen und für die Leistungen zur Verbesserung des allgemeinen Gesundheitszustands und der betrieblichen Gesundheitsförderung eingeführt worden. Ist eine Leistung zertifiziert, erfüllt sie die Anforderungen hinsichtlich Qualität, Zweckbindung und Zielgerichtetheit nach den §§ 20 und 20b SGB V. Anbieter solcher Maßnahmen müssen allgemeine Anforderungen erfüllen, wie:

- einen staatlich anerkannten Berufs- oder Studienabschluss im jeweiligen Handlungsfeld,
- pädagogische, methodische und didaktische Kompetenz sowie Berufserfahrung,
- Zusatzqualifikationen und Nachweise über die Einweisung in das jeweilige Programm.

Neben den allgemeinen Anforderungen müssen auch die jeweiligen Maßnahmen weitere Anforderungen erfüllen:

- Wirksamkeit des Konzepts,
- Neutralität bezüglich Weltanschauung,
- Konzept findet in einer Gruppe statt,
- acht bis zwölf Kurseinheiten,
- angemessene Räumlichkeiten,
- Aufbau, Ziele, Inhalt und Methoden zum Konzept,
- Teilnehmerunterlagen.

Erfüllen die Maßnahmen die o. g. Voraussetzungen, begründet dies auch die Steuerbefreiungsvorschrift des § 3 Nr. 34 EStG. Insoweit entfällt eine Einzelfallprüfung durch die Finanzbehörde. Für nicht zertifizierte Maßnahmen kann die Finanzbehörde eine Überprüfung der Voraussetzungen anhand des Präventionsleitfadens vornehmen. Seit dem 1.1.2020 ist zwingende Voraussetzung für die Steuerfreiheit die Zertifizierung der Maßnahme bei Individual-Präventionen. Das Zertifizierungserfordernis von Leistungen zur primären Prävention betrifft im Recht der gesetzlichen Krankenversicherung nur die Leistungen zur verhaltensbezogenen Prävention i. S. des § 20 Abs. 4 Nr. 1 und Abs. 5 SGB V, die nach einem vom GKV-Spitzenverband festgelegten Verfahren zertifiziert sind. Dabei handelt es sich regelmäßig um sog. Präventionskurse.

HINWEIS

Die Zertifizierung von bisher unzertifizierten Maßnahmen wird vom Bundesministerium der Finanzen ab 2020 gefordert. Davon bleiben die Voraussetzungen der §§ 20 und 20b SGB V unberührt.

BEISPIEL Der Arbeitgeber plant ein Programm zur Gesundheitsförderung. Das Programm sieht vor, dass Arbeitnehmer nach Vorlage einer Quittung den Eintritt in die Sauna oder das Schwimmbad erstattet bekommen. Der Steuerberater wird beauftragt die Möglichkeiten der steuerfreien Erstattung im Rahmen der betrieblichen Gesundheitsförderung zu prüfen. Der Arbeitgeber führt als Argument mit an, dass das Schwimmen und Saunieren der Entspannung diene und der Arbeitnehmer somit beruflichen Stress abbauen kann. Zudem fördert das Schwimmen die gesundheitsorientierte Bewegung des Körpers.

1 BGBl 2015 I S. 1368.

Erstattungen der Eintrittspreise für Sauna und Schwimmbad sind keine Maßnahmen im Rahmen der betrieblichen Gesundheitsförderung und können vom Arbeitgeber nicht steuerfrei im Rahmen des § 3 Nr. 34 EStG erstattet werden. Es handelt sich bei der Erstattung auch nicht um einen Sachbezug, die 50-€-Freigrenze kommt ebenfalls nicht zur Anwendung.

3.13.4 Sozialversicherung

Der nach § 3 Nr. 34 EStG steuerfreie Arbeitslohn bis zu 600 € pro Arbeitnehmer und Jahr ist auch beitragsfrei in der Sozialversicherung. Sind die Voraussetzungen der Steuerfreiheit nicht erfüllt, sind die Leistungen des Arbeitgebers beitragspflichtig in der Sozialversicherung.

3.13.5 Zuschüsse des Arbeitgebers

Nicht nur die Leistung des Arbeitgebers zur Verbesserung des allgemeinen Gesundheitszustands und der betrieblichen Gesundheitsförderung führen zur Steuerfreiheit. Auch Barleistungen des Arbeitgebers in Form von Zuschüssen an seine Arbeitnehmer, die diese für durchgeführte Maßnahmen bei externen Dritten erhalten, sind steuerfrei. Diese Möglichkeit ist gerade für kleinere und mittelständische Arbeitgeber von Interesse, die keine eigenen Angebote im Unternehmen anbieten wollen. Jedoch müssen auch die bezuschussten Maßnahmen die Voraussetzungen hinsichtlich Qualität, Zweckbindung und Zielgerichtetheit der §§ 20 und 20b SGB V erfüllen. Bei einem Barzuschuss reicht es aus, wenn die Rechnung für die durchgeführte Maßnahme auf den Arbeitnehmer ausgestellt ist. Die Rechnung muss nicht auf den Arbeitgeber ausgestellt werden. Allerdings muss die Rechnung als Nachweis für die steuerfreie Bezuschussung vom Arbeitgeber zum Lohnkonto genommen werden.

3.13.6 Mitgliedsbeiträge nicht steuerfrei

Auch wenn für viele Arbeitnehmer das Fitnessstudio oder der Sportverein mit gesundheitsfördernden Maßnahmen zusammenhängt, ist die Übernahme oder Bezuschussung von Mitgliedsbeiträgen an ein Fitnessstudio oder einen Sportverein steuer- und sozialversicherungspflichtiger Arbeitslohn. Dies ist auch dann der Fall, wenn das Fitnessstudio ein spezielles Rückentraining anbietet.

3.13.7 Fitnessraum und Fitnessstudio

Stellt der Arbeitgeber seinen Arbeitnehmern unentgeltlich einen Fitnessraum zur Verfügung, liegt eine steuer- und beitragsfreie Leistung zur Verbesserung der Arbeitsbedingungen im ganz überwiegenden betrieblichen Interesse vor (H 19.3 LStH).

Die Übernahme oder Bezuschussung von Mitgliedsbeiträgen für ein Fitnessstudio sind hingegen immer steuer- und sozialversicherungspflichtig (siehe v. g. Punkt). Jedoch kann bei einer Übernahme von Mitgliedsbeiträgen an ein Fitnessstudio oder einen Sportverein die monatliche Sachbezugsfreigrenze i. H. von 50 € vom Arbeitgeber ausgeschöpft werden (§ 8 Abs. 2 Satz 11 EStG). Ist der Arbeitgeber Vertragspartner des Fitnessstudios, liegt ein Sachbezug bei der Übernahme oder Bezuschussung von Mitgliedsbeiträgen vor.

BEISPIEL Der Arbeitgeber hat mit dem benachbarten Fitnessstudio „Fit macht Spaß" einen Vertrag abgeschlossen. Auf Grundlage der Vereinbarung dürfen Arbeitnehmer das Fitnessstudio nutzen. Der Arbeitgeber erhält dafür monatlich eine Rechnung des Fitnessstudios. Der Monatsbeitrag pro Arbeitnehmer beträgt 45 €. Die Arbeitnehmer erhalten keine weiteren Sachbezüge vom Arbeitgeber.

Der Monatsbeitrag liegt unterhalb der 50-€-Freigrenze und ist somit steuer- und beitragsfrei.

BEISPIEL Der Arbeitgeber gibt an seine Arbeitnehmer monatlich einen Gutschein für den Besuch des Fitnessstudios „Fit macht Spaß" aus. Der Gutschein beträgt pro Monat 45 €. Die Arbeitnehmer erhalten keine weiteren Sachbezüge vom Arbeitgeber.

Der Wert des Gutscheins liegt unterhalb der 50-€-Freigrenze und ist somit steuer- und beitragsfrei.

Kein Sachbezug, aber ein Barzuschuss des Arbeitgebers liegt vor, wenn der Arbeitnehmer der Vertragspartner des Fitnessstudios oder des Sportvereins ist und der Arbeitgeber ihm einen nicht zweckgebundenen Zuschuss zahlt. Die Anwendung der Sachbezugsfreigrenze i. H. von 50 € setzt voraus, dass es sich um einen Sachbezug handelt. Dies ist bei einem nicht zweckgebundenen Zuschuss nicht der Fall.

BEISPIEL Einzelne Arbeitnehmer zahlen ihren Monatsbeitrag im Fitnessstudio „Fit macht Spaß" selbst und legen ihrem Arbeitgeber eine Quittung vor. Der Arbeitgeber zahlt den monatlichen Betrag i. H. von 45 € ohne weitere Angaben mit der Entgeltabrechnung des jeweiligen Monats aus.

Es handelt sich nicht um eine Sachzuwendung, sondern um einen Barzuschuss. Die 50-€-Freigrenze ist nicht anwendbar und der Arbeitslohn ist steuer- und beitragspflichtig.

Ein Sachbezug ist eine nicht in Geld bestehende Einnahme. Nach der Rechtsprechung des BFH kommt es nicht darauf an, auf welche Art und Weise der Arbeitgeber den Anspruch erfüllt und seinen Arbeitnehmern den zugesagten Vorteil verschafft[1]. Entscheidend ist, was der Arbeitnehmer von seinem Arbeitgeber auf Grundlage der arbeitsvertraglichen Vereinbarung beanspruchen kann. Hat der Arbeitnehmer das Recht auf Auszahlung, liegt immer Barlohn vor.

3.13.8 Bildschirmbrille

Einige Arbeitnehmer übernehmen die Kosten für spezielle Bildschirmarbeitsbrillen der Arbeitnehmer. Die Kosten für die Brille sind kein Arbeitslohn (R 19.3 Abs. 2 Nr. 1 LStR).

Nach § 6 der Bildschirmarbeitsplatzverordnung i. V. m. der Verordnung zur arbeitsmedizinischen Vorsorge haben Arbeitgeber ihren Arbeitnehmern eine angemessene Untersuchung der Augen und des Sehvermögens durch einen Augenarzt oder Betriebsarzt anzubieten. Wird vom Arzt festgestellt, dass eine spezielle Sehhilfe für die Arbeit am Bildschirm notwendig ist, ist der Arbeitgeber verpflichtet, diese erforderlichen Kosten zu übernehmen (§ 3 Abs. 2 Nr. 1 und Abs. 3 ArbSchG). Die vom Arbeitgeber zu übernehmenden Kosten sind steuer- und beitragsfrei (R 19.3 Abs. 2 Nr. 2 LStR). Die Steuer- und Beitragsfreiheit setzt voraus, dass aufgrund einer Untersuchung durch eine fachkundige Person (Augenarzt, Betriebsarzt) i. S. der Verordnung zur arbeitsmedizinischen Vorsorge die spezielle Brille notwendig ist.

Wird ein solcher Nachweis nicht erbracht, kann die Brille nicht nach der Regelung der Gesundheitsförderung bis zu einem Betrag von 600 € pro Arbeitnehmer und Jahr steuer- und beitragsfrei vom Arbeitgeber erstattet werden.

3.13.9 Massagen

Durch ein Urteil des BFH[2] wurde entschieden, dass auch Massagen, die von einem fachkundigen Masseur auf Kosten des Arbeitgebers den Arbeitnehmern im Betrieb verabreicht werden, keinen

1 BFH, Urteil v. 11.11.2010 – VI R 21/09, BStBl 2011 II S. 383.

2 BFH, Urteil v. 30.5.2001 – VI R 177/99, BStBl 2001 II S. 671.

steuer- und beitragspflichtigen Arbeitslohn darstellen, wenn diese einer Tätigkeit an einem Bildschirmarbeitsplatz nachgehen.

Die Massage zur Verhinderung von krankheitsbedingten Arbeitsausfällen muss durch Auskunft des medizinischen Dienstes der Krankenkassen oder durch die Berufsgenossenschaft oder einen Sachverständigen nachgewiesen werden. Wird ein solcher Nachweis erbracht, können Massagen nach der Regelung der Gesundheitsförderung bis zu einem Betrag von 600 € pro Arbeitnehmer und Jahr steuer- und beitragsfrei vom Arbeitgeber erstattet werden.

3.13.10 Gesunde Mahlzeiten

Gesundheitsgerechte Ernährung ist auch vielen Arbeitgebern wichtig, die ihren Arbeitnehmern die Möglichkeit bieten, sich in einer betrieblichen Kantine zu verpflegen. Werden in einer betrieblichen Kantine unentgeltliche oder verbilligte „gesunde“ Mahlzeiten angeboten, kann dafür der Steuerfreibetrag i. H. von 600 € pro Arbeitnehmer und Jahr in Anspruch genommen werden. Dabei müssen die Arbeitnehmer nicht selbst die Mahlzeiten zubereiten. Der steuerfreie Höchstbetrag ist für jede Mahlzeit und jeden Arbeitnehmer einzeln zu prüfen und darf nicht im Rahmen der Durchschnittsberechnung erfolgen.

BEISPIEL Der Arbeitgeber gibt in seiner Kantine Mahlzeiten an seine Arbeitnehmer ab, diese erfüllen die Voraussetzungen der §§ 20 und 20b SGB V. Ein Arbeitnehmer hat in der Betriebskantine an 180 Arbeitstagen eine „gesunde“ Mahlzeit eingenommen und dafür einen Eigenanteil i. H. von 1,50 € pro Mahlzeit gezahlt.

Sachbezugswert Mittagessen	3,80 €
Eigenanteil Arbeitnehmer	1,50 €
Geldwerter Vorteil	2,30 €
2,30 € x 180 Arbeitstage	414,00 €

Der geldwerte Vorteil i. H. von 414,00 €/Jahr ist steuer- und sozialversicherungsfrei im Rahmen der betrieblichen Gesundheitsförderung nach § 3 Nr. 34 EStG.

3.13.11 Weitere Begünstigungen

Unter die betriebliche Gesundheitsförderung fallen noch weitere Maßnahmen. So sind Yoga, Tai-Chi, Qigong, Progressive Relaxation und die Grundstufe des Autogenen Trainings nach dem Leitfaden Prävention des GKV-Spitzenverbandes als Maßnahmen der betrieblichen Gesundheitsförderung anerkannt.

Aufwendungen der Arbeitgeber für Schutzimpfungen (z. B. Grippe) der Arbeitnehmer fallen als Leistungen des Risikoschutzes ebenfalls unter die Maßnahmen der betrieblichen Gesundheitsförderung. Dazu können u. U. auch Vorsorgeuntersuchungen fallen, sofern die Leistungen nicht schon ohnehin ganz oder überwiegend im betrieblichen Interesse erfolgen oder von der Krankenkasse gezahlt werden.

3.14 Nettolohnoptimierung

Bei der Nettolohnoptimierung geht es nicht darum, dem Arbeitnehmer weniger Arbeitslohn zukommen zu lassen. Im Gegenteil! Die Nettolohnoptimierung soll eine attraktive Entlohnung garantieren und gleichzeitig einen Leistungsanreiz geben. Dabei hat der Gesetzgeber klar formuliert, dass die meisten Entlohnungsformen in diesem Zusammenhang zusätzlich zum ohnehin geschuldeten Bruttoarbeitslohn gezahlt werden müssen. Dennoch gibt es Möglichkeiten, laufenden oder einmalig gezahlten Arbeitslohn umzuwandeln. In diesem Zusammenhang steht der Mandant vor der Frage, ob nicht durch Umwandlung von steuerpflichtigem Arbeitslohn in einen steuerfreien oder pauschal besteuerten Arbeitslohn, Steuern und Sozialversicherungsbeiträge eingespart werden können.

HINWEIS

Die Gehaltsumwandlung des Arbeitnehmers zugunsten von Leistungen, die ganz überwiegend im eigenbetrieblichen Interesse des Arbeitgebers erfolgen, erkennt die Finanzverwaltung nicht an.

Dennoch ist die Gehaltsumwandlung von großem Interesse, weil sie gerade im Bereich der betrieblichen Altersversorgung zugunsten einer Direktversicherung, Pensionskasse oder einer Gruppenunfallversicherung ausdrücklich in R 40b LStR zugelassen ist.

Zusätzlich hat der Beschluss des BFH[1] die Thematik erneut aufgerollt. Arbeitgeber und Arbeitnehmer können im gegenseitigen Einvernehmen steuerpflichtigen Barlohn durch steuerpflichtigen Sachlohn ersetzen, so der BFH. Zusätzlich hat das Gericht seine bisherige Rechtsprechung[2] zum Gehaltsverzicht unter Verwendungsauflage bestätigt. Unter Berücksichtigung dieser Rechtsaufassung ergeben sich folgende Möglichkeiten einer Gehaltsumwandlung:

- Barlohn wird in einen Sachlohn umgewandelt,
- Barlohn wird in einen später zufließenden Versorgungslohn umgewandelt,
- steuerpflichtiger Barlohn wird in einen steuerfreien oder pauschal versteuerten Sachlohn umgewandelt.

3.14.1 Steuerfreie Formen der Entlohnung

Das Steuerrecht sieht Entlohnungsformen vor, die steuerfrei und somit auch beitragsfrei gestellt sind. Arbeitslohn zählt dabei zu den Einkünften aus nichtselbständiger Tätigkeit (§ 19 EStG). Dabei ist alles, was dem Arbeitnehmer in Geld oder Geldeswert zufließt, steuerpflichtiger Arbeitslohn (§ 8 Abs. 1 EStG). Allerdings hat der Gesetzgeber bereits hier eine Bagatellgrenze gesetzlich verankert.

Arbeitslohn, der nicht in Geld besteht, also Sachbezüge, werden nicht als Einnahme berücksichtigt, wenn die sich nach Anrechnung der vom Steuerpflichtigen gezahlten Entgelte ergebenden Vorteile insgesamt 50 € im Kalendermonat nicht übersteigen (§ 8 Abs. 2 Satz 11 EStG). Die sog. Bagatellgrenze stellt also Arbeitslohn steuerfrei, der insgesamt in einem Monat 50 € nicht übersteigt. Liegt der Wert des Sachbezugs über 50 €, zahlt der Arbeitnehmer etwas dazu und führt die Zuzahlung zur Einhaltung der 50-€-Freigrenze, dann bleibt der Betrag ebenfalls steuerfrei. Wird die Freigrenze überschritten, ist der gesamte Betrag als Arbeitslohn steuerpflichtig. Die Steuerfreiheit führt gleichzeitig auch dazu, dass der Betrag beitragsfrei in der Sozialversicherung behandelt wird (§ 1 Abs. 1 Satz 1 Nr. 1 SvEV).

1 BFH, Beschluss v. 20.8.1997 – VI B 83/97, BStBl 1997 II S. 667.
2 BFH, Urteil v. 30.7.1993 – VI R 87/92, BStBl 1993 II S. 884.

3.14.2 Gehaltsumwandlung von Barlohn in Sachlohn

Im bereits v. g. BFH-Urteil aus dem Jahr 1997 wird die Möglichkeit der Umwandlung von Barlohn in einen Sachlohn zugelassen. Als Folge dieser Rechtsprechung hat die Finanzverwaltung in R 8.1 Abs. 7 Nr. 4 Buchst. c LStR die Umwandlung von Barlohn in Essensmarken oder Restaurantschecks zugelassen. Gleiches ist anzunehmen, wenn ein Arbeitnehmer Barlohn zugunsten der Überlassung eines Firmenwagens umwandelt. Die Finanzverwaltung hat aufgrund der Rechtsprechung unter R 8.1 Abs. 7 Nr. 4 Buchst. c Satz 1 LStR ausgeführt, dass eine Gehaltsumwandlung von Barlohn in einen Sachlohn mit steuerlicher Wirkung nur akzeptiert werden kann, wenn diese durch Änderung des Arbeitsvertrags vereinbart wurde.

Die Gehaltsumwandlung wird attraktiv, wenn das vom Arbeitnehmer an den Arbeitgeber gezahlte Entgelt für den Sachbezug höher ist als die eigentliche steuerliche Bewertung des Sachbezugs.

BEISPIEL Ein Arbeitnehmer erhält von seinem Arbeitgeber einen Firmenwagen zur privaten Nutzung. Zusätzlich darf der Arbeitnehmer das Fahrzeug auch für Fahrten zwischen Wohnung und erster Tätigkeitsstätte nutzen (12 Entfernungskilometer). Der Bruttolistenpreis des Fahrzeugs beträgt 45.000 €. Im Gegenzug verzichtet der Arbeitnehmer monatlich auf 700 € von seinem Gehalt i. H. von 5.500 €.

Vereinbarter Barlohn	5.500 €
Barlohnverzicht (anerkannt s. o.)	700 €
	4.800 €
Geldwerter Vorteil Privatfahrten:	
1 % von 45.000 €	450 €
Geldwerter Vorteil Fahrten – erste Tätigkeitsstätte	
0,03 % von 45.000 € x 12 km	162 €
zu versteuernder Arbeitslohn	5.412 €
Vergleich ohne anerkannten Barlohnverzicht:	
Vereinbarter Barlohn	5.500 €
	5.500 €
Geldwerter Vorteil Privatfahrten:	
1 % von 45.000 €	450 €
Geldwerter Vorteil Fahrten – erste Tätigkeitsstätte	
0,03 % von 45.000 € x 12 km	162 €
	6.112 €
Entgelt für private Nutzung 700 € max.	612 €
zu versteuernder Arbeitslohn	5.500 €

Durch die Umwandlung ist der zu versteuernde Arbeitslohn 88 € geringer.

Die Umwandlung des Gehalts des Arbeitnehmers zugunsten von Leistungen, die ganz überwiegend im eigenbetrieblichen Interesse des Arbeitgebers erfolgen, erkennt die Finanzverwaltung nicht an.

Zusätzlich hat die Finanzverwaltung aufgrund aktueller BFH-Rechtsprechung (vom 1.8.2019) im § 8 Abs. 2 Satz 11 EStG ergänzt, dass die Anwendung der 50-€-Freigrenze für Sachbezüge nur in Betracht kommt, wenn der Sachbezug zusätzlich zum ohnehin geschuldeten Arbeitslohn gewährt wird.

Im Rahmen des Jahressteuergesetzes (JStG) 2020[1] ist der § 8 Abs. 4 EStG neu eingeführt worden und definiert die Zusätzlichkeitserfordernisse zur Anwendung entsprechender Regelungen für

1 Jahressteuergesetz 2020 v. 21.12.2020, BGBl I S. 3096.

die Steuerfreiheit (z. B. Bagatellgrenze für Sachbezüge) bzw. Pauschalversteuerung. Danach erfolgen Leistungen des Arbeitgebers oder eines Dritten auf seine Veranlassung (Sachbezüge oder Zuschüsse) für einen Beschäftigten nur dann zusätzlich zum ohnehin geschuldeten Arbeitslohn, wenn

- die Leistung nicht auf den Anspruch auf Arbeitslohn angerechnet wird,
- der Anspruch auf Arbeitslohn nicht zugunsten der Leistung herabgesetzt wird,
- die verwendungs- oder zweckgebundene Leistung nicht anstelle einer bereits vereinbarten künftigen Erhöhung des Arbeitslohns gewährt wird und
- bei Wegfall der Leistung der Arbeitslohn nicht erhöht wird.

So auch das BMF-Schreiben vom 5.2.2020 als Nichtanwendungserlass zu den anderslautenden BFH-Urteilen vom 1.8.2019, der bis zur gesetzlichen Regelung gültig ist. Betroffen sind folgende Regelungen:

- § 3 Nr. 11a EStG = steuerfreie Corona-Beihilfe bis 1.500 € (1.3.2020 bis 31.3.2022)
- § 3 Nr. 11b EStG = steuerfreier Corona-Bonus für Pflegekräfte bis 4.500 € (18.11.2021 bis 31.12.2022 bzw. 31.5.2023)
- § 3 Nr. 11c EStG = steuerfreie Inflationsausgleichsprämie bis 3.000 € (26.10.2022 bis 31.12.2024)
- § 3 Nr. 15 EStG = steuerfreies Jobticket
- § 3 Nr. 33 EStG = steuerfreie Kindergartengebühr
- § 3 Nr. 34 EStG = steuerfreie Gesundheitsförderung (maximal 600 € je Arbeitnehmer und je Kalenderjahr)
- § 3 Nr. 34a EStG = steuerfreie Dienstleistung zur Vermittlung von Kinderbetreuung sowie Kosten einer betrieblich veranlassten kurzfristigen Kinderbetreuung bis 600 € jährlich
- § 3 Nr. 37 EStG = steuerfreie private Nutzung eines betrieblichen Fahrrads
- § 3 Nr. 46 EStG = steuerfreies Aufladen von Elektrofahrzeugen im Betrieb sowie Überlassen einer Ladevorrichtung
- § 8 Abs. 2 Satz 11 EStG = Anwendung der 50-€-Freigrenze für Sachbezüge
- § 37b EStG = Pauschalversteuerung mit 30 % für Sachbezüge
- § 40 Abs. 2 Satz 1 Nr. 5 EStG = 25 % pauschale Lohnsteuer für die Übereignung von Datenverarbeitungsgeräten
- § 40 Abs. 2 Satz 1 Nr. 6 = 25 % pauschale Lohnsteuer für Übereignung einer Ladevorrichtung für Elektro- bzw. Hybridfahrzeuge
- § 40 Abs. 2 Satz 1 Nr. 7 = 25 % pauschale Lohnsteuer für Übereignung eines betrieblichen Fahrrads bzw. Pedelecs
- § 40 Abs. 2 Satz 2 EStG = 15 % pauschale Lohnsteuer für Zuschüsse zu Fahrten zwischen Wohnung und erster Tätigkeitsstätte
- § 100 EStG = bis zu 960,00 € steuerfreie zusätzliche betriebliche Altersvorsorge des Arbeitgebers i.V. m. dem Zuschuss von 30 %

3.14.3 Gehaltsumwandlung in der Sozialversicherung

Verzichtet ein Arbeitnehmer durch Änderung seines Arbeitsvertrags auf Barlohn zugunsten eines Sachlohns, wird diese Änderung aus Sicht der Sozialversicherung anerkannt. Hat der Arbeitnehmer weiterhin einen Anspruch auf Barlohn, kann er somit zwischen Barlohn und Sachlohn wählen, wird eine solche Änderung als Barlohnminderung nicht anerkannt.

Das Bundesozialgericht[1] hat festgelegt, dass eine Entgeltumwandlung allein danach zu beurteilen ist, ob diese arbeitsrechtlich zulässig ist. Das Sozialversicherungsrecht darf keine weiteren Erfordernisse zur beitragsrechtlichen Beurteilung aufstellen. Mit diesem Urteil macht das Bundessozialgericht deutlich, dass derartige Entgeltumwandlungen ohne besondere Schriftformerfordernisse beitragsrechtlich wirksam werden. Es ist somit auch möglich, eine mündliche Vereinbarung heranzuziehen. Für die Wirksamkeit der Entgeltumwandlung ist allein entscheidend, dass die Umwandlung auf künftig fällig werdende Arbeitsentgeltbestandteile gerichtet und arbeitsrechtlich zulässig ist.

HINWEIS

Durch Verzicht oder Umwandlung darf der gesetzliche oder tarifliche Mindestlohn nicht unterschritten werden.

Die Spitzenverbände der Sozialversicherung haben in diesem Zusammenhang als Voraussetzung für die Zulässigkeit einer Gehaltsumwandlung die Grundsätze des Steuerrechts übernommen. Dieses Zusätzlichkeitserfordernis wird nicht durch Gehaltsumwandlungen erfüllt. Somit kommt eine beitragsfreie Gehaltsumwandlung nicht in Betracht, wenn die Umwandlung aus einer Arbeitgeberleistung resultiert.

In der am 11.11.2021 veröffentlichten Niederschrift zu Fragen des gemeinsamen Beitragseinzugs wird klargestellt, dass i. d. R. für die Frage, ob die Zusätzlichkeitsvoraussetzungen für steuerfreie bzw. pauschal versteuerte Sachzuwendungen erfüllt sind, die Regelungen des Steuerrechts anzuwenden sind.

Daraus kann man Folgendes ableiten:

Bis zum 31.12.2021 führte eine Entgeltumwandlung bzw. ein Entgeltverzicht in der Sozialversicherung unter den Voraussetzungen, dass der Verzicht

- nicht nur vorübergehend
- für künftig fällige Entgelte
- und arbeitsrechtlich zulässig

erfolgt, zur Beitragsfreiheit der daraus resultierenden Arbeitgeberleistung, da in diesen Fällen eine Zusätzlichkeit angenommen wurde. Im Steuerrecht kann das Zusätzlichkeitserfordernis grds. nicht durch Entgeltumwandlungen erfüllt werden.

Sieht das Beitragsrecht, im Gegensatz zum Steuerrecht, für bestimmte Sachverhalte ein Zusätzlichkeitserfordernis vor, ist der Gehaltsverzicht auf die Arbeitgeberleistung beitragsfrei, wenn der Verzicht ernsthaft gewollt, nicht nur vorübergehend und auch arbeitsrechtlich zulässig ist. Dazu gehören u. a.:

- Erstattung von Kosten im Rahmen der doppelten Haushaltsführung (§ 3 Nr. 16 EStG),

1 BSG, Urteil v. 2.3.2010 – B 12 R 5/09 R, NWB CAAAD-49229.

- steuerfreie Weiterbildungsleistungen (§ 3 Nr. 19 EStG),
- Aufstockungsbeträge und zusätzliche Rentenversicherungsbeiträge nach dem Altersteilzeitgesetz (§ 3 Nr. 28 EStG),
- Entschädigungen für betriebliche Nutzung privater Werkzeuge (§ 3 Nr. 30 EStG),
- unentgeltliche oder verbilligte Überlassung von Berufsbekleidung (§ 3 Nr. 31 EStG),
- unentgeltliche oder verbilligte Sammelbeförderung (§ 3 Nr. 32 EStG),
- unentgeltliche oder verbilligte Überlassung betrieblicher Fahrräder zur privaten Nutzung (§ 3 Nr. 37 EStG),
- Mitarbeiterkapitalbeteiligung (§ 3 Nr. 39 EStG),
- private Nutzung betrieblicher Computer und Telekommunikationsgeräte und deren Zubehör und Software (§ 3 Nr. 45 EStG),
- unentgeltliches oder verbilligtes Aufladen von Elektro- oder Hybridfahrzeugen im Betrieb des Arbeitgebers (§ 3 Nr. 46 EStG),
- Auslagenersatz und durchlaufende Gelder (§ 3 Nr. 50 EStG),
- Zukunftssicherungsleistungen (§ 3 Nr. 62 EStG),
- Kaufkraftausgleich (§ 3 Nr. 64 EStG),
- Beiträge zur kapitalgedeckten betrieblichen Altersversorgung (§ 40b EStG a. F.),
- Beiträge zur umlagefinanzierten betrieblichen Altersversorgung (§ 3 Nr. 56 bzw. § 40b EStG).

In einigen Fällen sieht weder das Steuer- noch das Sozialversicherungsrecht ein Zusätzlichkeitserfordernis vor. Ein Gehaltsverzicht bzw. eine Gehaltsumwandlung führt in diesen Fällen zu einer steuerfreien bzw. pauschal besteuerten Arbeitgeberleistung und im Rahmen der Sozialversicherungsentgeltverordnung (SvEV) zur Beitragsfreiheit in der Sozialversicherung. Dazu gehören u. a.:

- sonstige Bezüge für mehrere Arbeitnehmer (§ 40 Abs. 1 Satz 1 Nr. 1 EStG i.V. m. § 1 Abs. 1 Satz 1 Nr. 2 SvEV (allerdings nur dann, wenn kein einmalig gezahltes Arbeitsentgelt),
- Arbeitslohn aus Anlass einer Betriebsveranstaltung (§ 40 Abs. 2 Satz 1 Nr. 2 EStG i.V. m. § 1 Abs. 1 Satz 1 Nr. 3 SvEV),
- Erholungsbeihilfen (§ 40 Abs. 2 Satz 1 Nr. 3 EStG i.V. m. § 1 Abs. 1 Satz 1 Nr. 3 SvEV),
- Verpflegungsmehraufwendungen (§ 40 Abs. 2 Satz 1 Nr. 4 EStG i.V. m. § 1 Abs. 1 Satz 1 Nr. 3 SvEV),
- Sachbezüge in Form unentgeltlicher oder verbilligter Beförderung (§ 40 Abs. 2 Satz 2 1. Hs. EStG i.V. m. § 1 Abs. 1 Satz 1 Nr. 3 SvEV),
- Beiträge zur kapitalgedeckten betrieblichen Altersversorgung (§ 3 Nr. 63 EStG i.V. m. § 1 Abs. 1 Satz 1 Nr. 9 SvEV),
- Sachprämien aus Kundenbindungsprogrammen (§ 3 Nr. 38 EStG nach § 37a EStG i.V. m. § 1 Abs. 1 Satz 1 Nr. 13 SvEV),
- Geschenke an Arbeitnehmer nicht verbundener Unternehmen (§ 37b Abs. 1 EStG i.V. m. § 1 Abs. 1 Satz 1 Nr. 14 SvEV).

Seit 1.1.2022 gelten neue Anforderungen an das Zusätzlichkeitserfordernis im Beitragsrecht[1]. Arbeitgeberleistungen werden nicht zusätzlich gewährt, wenn sie ein teilweises Surrogat für

1 Niederschrift zu Fragen des gemeinsamen Beitragseinzugs vom 11.11.2021.

den vorherigen Entgeltverzicht bilden. Das Beitragsrecht orientiert sich an den Kriterien des steuerrechtlichen Zusätzlichkeitserfordernisses in § 8 Abs. 4 EStG:

- Die Leistung wird nicht auf den Anspruch auf Arbeitslohn angerechnet und
- der Anspruch auf Arbeitslohn wird nicht zugunsten der Leistung herabgesetzt und
- die verwendungs- oder zweckgebundene Leistung wird nicht anstelle einer bereits vereinbarten künftigen Erhöhung des Arbeitslohns gewährt und
- bei Wegfall der Leistung wird der Arbeitslohn nicht erhöht.

Unter diesen Voraussetzungen ist von einer zusätzlichen Leistung auch dann auszugehen, wenn der Arbeitnehmer arbeitsvertraglich (Gesetz, Tarifvertrag, Betriebsvereinbarung, Arbeitsvertrag) einen Anspruch darauf hat.

Beitragsrechtlich ist eine Entgeltumwandlung zulässig, wenn

- das Unternehmen nicht tarifgebunden ist oder,
- sollte ein bindender oder allgemeinverbindlich erklärter Tarifvertrag TV vorliegen, nur dann, wenn
  - eine Öffnungsklausel besteht,
  - der Verzicht schriftlich festgehalten wird und
  - sich die Entgeltumwandlung auf zukünftig fällig werdende Entgelte bezieht.

Steuerfreie Entgeltbestandteile sind nur dann nach § 1 Abs. 1 Satz 1 Nr. 1 SvEV beitragsfrei, wenn sie zusätzlich zum Arbeitsentgelt gewährt werden. Entscheidend ist, ob im Steuer- und/oder Beitragsrecht das Zusätzlichkeitserfordernis besteht. Wenn nicht, führt eine Entgeltumwandlung zur Steuer- bzw. Beitragsfreiheit. Bei Entgeltumwandlungen durch vorherigen Entgeltverzicht ist die Zusätzlichkeit nicht erfüllt.

3.15 Reisekosten

3.15.1 Erste Tätigkeitsstätte

Eine erste Tätigkeitsstätte ist eine **ortsfeste betriebliche Einrichtung**, der der Arbeitnehmer dauerhaft zugeordnet ist. Dabei sind folgende besondere Regelungen zu beachten:

Eine **ortsfeste betriebliche Einrichtung als erste Tätigkeitsstätte** kann sein

- bei dem sich aufgrund des Arbeitsvertrags ergebenden rechtlichen Arbeitgeber,
- im Konzern des Arbeitgebers,
- bei einem verbundenen Unternehmen,
- bei einem Kunden,
- ein Gebäude auf einem größeren zusammenhängenden Gelände des Arbeitgebers (z. B. ein Werksgelände).

Einer Tätigkeitsstätte dauerhaft zugeordnet ist ein Arbeitnehmer, wenn er **an genau dieser Tätigkeitsstätte**

- unbefristet (z. B. bis auf weiteres) oder
- länger als 48 Monate (Prognoseentscheidung) unabhängig davon, ob der Arbeitnehmer unbefristet oder befristet beschäftigt ist, oder

- bei einer Befristung für die Dauer des Dienstverhältnisses, auch wenn die Befristung nicht mehr als 48 Monate dauert,

beschäftigt ist.

Nach der **gesetzlichen Definition** ist nicht die Frage nach der Regelmäßigkeit des Aufsuchens von entscheidender Bedeutung. Mit der Reform der Reisekosten zum 1.1.2014 wurde primär auf die arbeits- bzw. vertragsrechtliche bzw. subsidiär die quantitative Festlegung des Arbeitgebers abgestellt. Ändern sich die tatsächlichen Verhältnisse, ist die Änderung ab diesem Zeitpunkt zu berücksichtigen. Eine rückwirkende Korrektur ist nicht notwendig. Die Festlegung der ersten Tätigkeitsstätte muss vorab in einer Prognoseentscheidung erfolgen. Dieser Entscheidung kommt eine größere Bedeutung zu, so dass sie nachvollziehbar dokumentiert werden sollte.

Bei sog. **Kettenabordnungen** ist die 48-Monats-Frist zu beachten. Mehrere aufeinander folgende **Befristungen** führen nicht zu einer dauerhaften Zuordnung. Wenn allerdings das erste Mal eine Zuordnung für eine Zeit von mehr als 48 Monaten prognostiziert wird, ist ab diesem Zeitpunkt eine erste Tätigkeitsstätte gegeben.

BEISPIEL ▸ Kettenabordnung ohne erste Tätigkeitsstätte

Ein Arbeitnehmer wird für ein Projekt für 34 Monate abgeordnet. Die Abordnung wird nach Ablauf um weitere 34 Monate verlängert. Der Einsatzort der Abordnung wird nicht erste Tätigkeitsstätte, weil die Abordnungen jeweils unter 48 Monaten betragen.

BEISPIEL ▸ Kettenabordnung mit erster Tätigkeitsstätte

Ein Arbeitnehmer wird für ein Projekt für 34 Monate abgeordnet. Die Abordnung wird nach Ablauf um 52 Monate verlängert. Ab dem Zeitpunkt der neuen Prognose wird der Einsatzort der Abordnung zur ersten Tätigkeitsstätte.

Bei **Leiharbeitnehmern** ist regelmäßig von keiner ersten Tätigkeitsstätte auszugehen; wenn der Einsatz bei einer Firma jedoch

- von Anfang an auf länger als 48 Monate geplant ist oder
- mit einer Übernahmezusage verbunden ist oder
- bis auf weiteres, also unbefristet, erfolgt,

wird der **Kunde** für den Leiharbeitnehmer zur **ersten Tätigkeitsstätte**.

Keine erste Tätigkeitsstätte ist:

- ein Homeoffice,
- ein Fahrzeug (z. B. Lkw, Schiff, Flugzeug), da nicht ortsfest,
- ein weiträumiges Tätigkeitsgebiet (z. B. Großbaustelle, Flughafengelände, Wald, Hafengebiet, Zustellbezirk), wenn die Tätigkeit dort nicht in einer ortsfesten Einrichtung ausgeübt wird,
- ein Sammelpunkt (z. B. für Fahrgemeinschaften),
- eine ortsfeste betriebliche Einrichtung, an der der Arbeitnehmer tatsächlich nicht tätig werden soll (z. B. Zuordnung DEÜV-Meldung).

Die gesetzliche Definition legt fest, dass höchstens noch **eine „erste Tätigkeitsstätte" je Dienstverhältnis** geben kann. Für diese „erste Tätigkeitsstätte" ist der Abzug der beschränkten Werbungskosten möglich, d. h. Ansatz der Entfernungspauschale oder Versteuerung eines geldwerten Vorteils bei Nutzung eines Dienstwagens.

Wird die berufliche Tätigkeit **an mehreren Tätigkeitsstätten** oder **außerhalb einer ortsfesten betrieblichen Einrichtung** ausgeübt, darf der Arbeitgeber die tatsächlich entstandenen Kosten als steuerfreien Auslagenersatz dem Arbeitnehmer erstatten.

Für die Bestimmung der „ersten Tätigkeitsstätte" ist von Bedeutung, ob der Arbeitnehmer seine Tätigkeit **dauerhaft** an einer bestimmten, ortsfesten betrieblichen Einrichtung erbringt. Dies ist anzunehmen, wenn der Arbeitgeber dienstrechtlich den Arbeitnehmer einer „ersten Tätigkeitsstätte" zuordnet. In § 9 Abs. 4 EStG wird diese Beurteilung als entscheidendes Kriterium genannt. Das Steuerrecht folgt hierbei der arbeitsrechtlichen Regelung. Es ist nicht mehr von Bedeutung, ob der Arbeitnehmer dort einen qualitativen Schwerpunkt seiner Tätigkeit vorliegen hat. Entscheidend ist die arbeits- oder dienstrechtliche Festlegung des Arbeitgebers. Dazu zählen nicht nur schriftliche Vereinbarungen, auch eine mündliche Abrede im Rahmen des Direktionsrechts kann eine Festlegung darstellen.

Der **Festlegung des Arbeitgebers** kommt somit eine zentrale Bedeutung zu. Fehlt diese Festlegung, so sind die in § 9 Abs. 4 EStG genannten Prüfkriterien anzuwenden. Die sog. zweite Prüfungsstufe ist nach quantitativen Kriterien vorzunehmen. Von Bedeutung ist dann die zu leistende arbeitsvertraglich geregelte Arbeitszeit. Diese muss

- mindestens 1/3 der vereinbarten regelmäßigen Arbeitszeit oder
- zwei volle Arbeitstage wöchentlich betragen oder
- der Arbeitnehmer muss arbeitstäglich an der Tätigkeitsstätte tätig werden.

Prüfschema zur „ersten Tätigkeitsstätte"

1. Frage:
Ist vom Arbeitgeber arbeits- oder dienstrechtlich eine ortsfeste betriebliche Einrichtung dauerhaft als erste Tätigkeitsstätte festgelegt?
JA: „erste Tätigkeitsstätte" – es erfolgt keine weitere Prüfung.
NEIN: Prüfung der quantitativen Kriterien – weitere Prüfung notwendig (Frage 2)

2. Frage:
Soll der Arbeitnehmer arbeitstäglich, zwei volle Arbeitstage pro Woche oder mindestens 1/3 seiner Arbeitszeit an einer ortsfesten betrieblichen Einrichtung tätig sein?
JA bei einer ersten Tätigkeitsstätte: „erste Tätigkeitsstätte" – es erfolgt keine weitere Prüfung.
JA bei mehreren ersten Tätigkeitsstätten: weiter mit Frage 3
NEIN: keine erste Tätigkeitsstätte

3. Frage:
Soll der Arbeitnehmer an mehreren ortsfesten betrieblichen Einrichtungen tätig sein und erfüllen davon mehrere Einrichtungen die Voraussetzung aus Frage 2?
JA: Die der Wohnung des Arbeitnehmers am nächsten liegende ortsfeste betriebliche Einrichtung des Arbeitgebers ist „erste Tätigkeitsstätte". Oder aber die arbeits- oder dienstvertragliche Vereinbarung – diese hat immer Vorrang.

Ergeben sich aufgrund dieser Kriterien für einen Arbeitnehmer **mehrere gleichwertige Tätigkeitsstätten** (z. B. Tätigkeit jeweils zwei Tage in zwei betrieblichen Einrichtungen oder zu je 1/3 der Arbeitszeit in drei betrieblichen Einrichtungen) und der Arbeitgeber hat für diesen Arbeitnehmer arbeitsrechtlich keine erste Tätigkeitsstätte festgelegt, gilt der Arbeitsplatz als erste Tätigkeitsstätte, der am nächsten zur Wohnung des Arbeitnehmers liegt. Als dauerhafte Ausübung der beruflichen Tätigkeit gilt nicht, wenn z. B. regelmäßig nur Material und Werkzeug oder ein Fahrzeug abgeholt oder Berichte und Nachweise gebracht werden, sondern z. B. eine ständige Beschäftigung im Betrieb.

Die Festlegung des Gesetzgebers auf die **arbeits- bzw. dienstvertragliche Vereinbarung des Arbeitgebers** mit seinem Arbeitnehmer und bei einem Fehlen dieser, auf die einfache Prüfung des quantitativen Merkmals 1/3 der vertraglich vereinbarten Arbeitszeit und die örtliche Nähe zur Wohnung des Arbeitnehmers, macht es für alle Beteiligten einfacher und stellt eine größere Rechts- und Planungssicherheit dar.

BEISPIEL ▸ Arbeitsrechtliche Zuordnung

Ein Arbeitnehmer wohnt in Bremen und fährt einmal in der Woche zum Firmensitz nach Hamburg. An den anderen Tagen besucht er die Niederlassungen in Bremen, Hannover, Osnabrück und Köln. Arbeitsrechtlich wurde Hamburg als erste Tätigkeitsstätte festgelegt. Aufgrund der arbeitsvertraglichen Festlegung der ersten Tätigkeitsstätte ist diese Hamburg. Der Umfang der beruflichen Tätigkeit spielt hierbei keine Rolle. Für die Fahrten zwischen Bremen und Hamburg kann der begrenzte Werbungskostenabzug pro Entfernungskilometer als Werbungskosten geltend gemacht werden. Für die Fahrten Wohnung und Niederlassungen können die tatsächlich gefahrenen Kilometer als Werbungskosten berücksichtigt werden. Stellt der Arbeitgeber dem Arbeitnehmer einen Firmenwagen für Fahrten Wohnung/erste Tätigkeitsstätte zur Verfügung, so ist zwischen Bremen und Hamburg ein geldwerter Vorteil für die private Nutzung des Firmenwagens (Fahrten Wohnung/erste Tätigkeitsstätte) als Sachbezug anzusetzen.

BEISPIEL ▸ Quantitative Zuordnung

Ein Arbeitnehmer wohnt in Bremen und fährt dreimal pro Woche nach Kiel, einmal pro Woche nach Hannover und einmal pro Woche nach Hamburg. Es erfolgte keine arbeitsrechtliche Zuordnung durch den Arbeitgeber. In diesem Fall erfüllt der Einsatzort Kiel die Voraussetzungen der quantitativen Kriterien. Dort wird der Arbeitnehmer an zwei vollen Arbeitstagen pro Woche tätig. Die Einsatzorte Hannover und Hamburg erfüllen diese Voraussetzungen nicht, obwohl diese dem Wohnort des Arbeitnehmers am nächsten liegen.

BEISPIEL ▸ Quantitative Zuordnung (Abwandlung)

Ein Arbeitnehmer wohnt in Bremen und fährt montags nach Hamburg, dienstags nach Hamburg, mittwochs nach Oldenburg, donnerstags nach Osnabrück und am Freitag ist er in seinem Homeoffice. Dieser Arbeitnehmer führt nur Reisetätigkeit durch, da keine seiner Tätigkeitsstätten die quantitativen Voraussetzungen erfüllt.

BEISPIEL ▸ Arbeitsrechtliche Zuordnung (Abwandlung)

Ein Arbeitnehmer wohnt in Bremen und fährt montags nach Hamburg, dienstags nach Hamburg, mittwochs nach Oldenburg, donnerstags nach Osnabrück und am Freitag ist er in seinem Homeoffice. Der Arbeitgeber hat arbeitsrechtlich Hamburg als erste Tätigkeitsstätte zugeordnet. Durch die arbeitsvertragliche Zuordnung ist Hamburg erste Tätigkeitsstätte. In diesem Fall ist der Umfang des Tätigwerdens von untergeordneter Rolle. Wichtig ist, dass der Arbeitnehmer in Hamburg tätig werden muss.

Fehlt es an einer arbeitsrechtlichen Zuordnung und ergibt sich auch durch die quantitativen Kriterien keine erste Tätigkeitsstätte, so hat der Arbeitnehmer **keine erste Tätigkeitsstätte** und führt nur Reisen durch. Dieses Ergebnis kann sich aber nur nach Prüfung der arbeitsrechtlichen und danach der quantitativen Kriterien ergeben. Der Arbeitgeber kann arbeitsvertraglich nicht ausschließen, dass der Arbeitnehmer keine erste Tätigkeitsstätte hat. Ist arbeits- oder dienstrechtlich keine erste Tätigkeitsstätte vereinbart, müssen die quantitativen Kriterien geprüft werden. Erst wenn sich auch hier keine erste Tätigkeitsstätte ergibt, hat der Arbeitnehmer keine erste Tätigkeitsstätte.

TIPP

Eine Übersicht mit Beispielsfällen zur ersten Tätigkeitsstätte haben wir dir im Kapitel XVI.5 „Übersichten", S. 283 dargestellt.

Die arbeitsrechtliche Zuordnung eines Arbeitnehmers zur ersten Tätigkeitsstätte ergibt sich aufgrund einer Dokumentation. Das BMF nennt in diesem Zusammenhang in seinem Schreiben vom 25.11.2020 **folgende Möglichkeiten der Dokumentation**:

- im Arbeitsvertrag oder durch eine Zusatzvereinbarung zum Arbeitsvertrag,
- aufgrund von Regelungen im Tarifvertrag,
- anhand einer Protokollnotiz,
- aus den Reisekostenregelungen des Arbeitgebers bzw. aus den Reisekostenabrechnungen des Arbeitnehmers,
- aufgrund der Besteuerung der Fahrten zwischen Wohnung und Arbeit bei privater Nutzung eines Firmenfahrzeugs,
- einen Zuschuss für Fahrten zwischen Wohnung und Arbeit oder für ein Jobticket,
- aus dem Organigramm, wenn der Arbeitgeber dieser Form der Vorlage zugestimmt hat.

Hat der Arbeitnehmer weder nach den arbeitsrechtlichen noch nach den quantitativen Kriterien eine erste Tätigkeitsstätte, fallen **keine Fahrten zwischen Wohnung und Arbeit** an. Bei privater Nutzung eines Firmenfahrzeugs kommt dadurch die 0,03 %-Regelung nicht zur Anwendung. Andererseits ist dann jede Fahrt des Arbeitnehmers in den Betrieb eine Dienstreise, für die Reisekosten anfallen können.

3.15.2 Verpflegungsmehraufwand

Bei einer **eintägigen Abwesenheit von mehr als acht Stunden** wird seit 1.1.2020[1] ein Pauschbetrag von 14,00 € angesetzt. Diese Pauschale ist aber auch anzuwenden bei beruflichen Tätigkeiten von mehr als acht Stunden und über Nacht ohne Übernachtung und ist dann für den Kalendertag zu berücksichtigen, an dem der Arbeitnehmer zum überwiegenden Teil der mehr als acht Stunden abwesend war.

Bei einer **mehrtägigen Abwesenheit** ist am An- und Abreisetag ein Pauschbetrag von 14,00 € anzusetzen ohne Prüfung der Mindestabwesenheit. Die Tage zwischen der An- und Abreise (Abwesenheit 24 Stunden) werden jeweils mit einem Pauschbetrag von 28,00 € angesetzt.

Verpflegungspauschalen

eintägige Auswärtstätigkeit ohne Übernachtung	> 8 Stunden = 14 €
mehrtägige Auswärtstätigkeit	
Anreisetag	14,00 €
Zwischentage	28,00 €
Abreisetag	14,00 €

1 Gesetz v. 12.12.2019, BGBl 2019 I S. 2451.

Wohnung ist der Hausstand, der den **Mittelpunkt der Lebensinteressen des Arbeitnehmers** bildet. Eine Zweitwohnung im Rahmen der anerkannten doppelten Haushaltsführung kann auch zur Berücksichtigung kommen. Der in diesem Zusammenhang stehende Wegfall der Prüfung der Mindestabwesenheitszeiten am An- und Abreisetag führt zu einer deutlichen Vereinfachung. Dies gilt auch für Tätigkeiten im Ausland. Auch hier werden in Zukunft nur noch zwei Pauschalen angewandt i. H. von 120 % und 80 % der Auslandstagegelder nach dem Bundesreisekostengesetz. Die Voraussetzungen der inländischen Pauschalen sind auch hier anzuwenden. Zu den **Verpflegungspauschalen**, die im Zusammenhang mit Auslandsreisen zu berücksichtigen sind, werden jährlich die entsprechenden Pauschalen mit einem gesonderten BMF-Schreiben veröffentlicht.

Eine weitere Vereinfachung stellt die Berechnung der **Dreimonatsfrist** dar. Die Begrenzung der Abzugsfähigkeit der Verpflegungspauschalen auf drei Monate einer beruflichen Tätigkeit an derselben Tätigkeitsstätte wurde vereinfacht. Maßgeblich ist die Unterbrechung von vier Wochen unabhängig vom Anlass der Unterbrechung. Liegt eine Unterbrechung von mindestens vier Wochen an derselben Tätigkeitsstätte vor, beginnt die Dreimonatsfrist erneut. In folgenden Fällen können Verpflegungspauschalen zeitlich unbegrenzt steuerfrei und darüberhinausgehend bis zum doppelten Betrag pauschal versteuert gewährt werden, da die Dreimonatsfrist für die Gewährung von steuerfreien bzw. pauschal versteuerten Verpflegungspauschalen während einer Dienstreise oder doppelten Haushaltsführung nicht gilt:

- bei Fahrtätigkeit (z. B. Busfahrer, Kraftfahrer, Piloten, Flugbegleiter),
- bei Tätigkeit in einem weiträumigen Tätigkeitsgebiet,
- wenn dieselbe auswärtige Tätigkeitsstätte regelmäßig nur an max. zwei Tagen wöchentlich aufgesucht werden soll (Prognose) bzw. tatsächlich an max. zwei Tagen wöchentlich aufgesucht wird und diese auswärtige Tätigkeitsstätte nicht die erste Tätigkeitsstätte ist.

Pauschale Besteuerung von Vergütungen für Verpflegungsmehraufwand: Der Arbeitgeber kann anlässlich einer auswärtigen Tätigkeit im In- oder Ausland Vergütungen leisten, die die steuerfreien Beträge übersteigen. Diese können unter Beachtung der Dreimonatsfrist mit 25 % pauschal versteuert werden. Die Vergütung durch den Arbeitgeber darf den Betrag der anzusetzenden Verpflegungspauschalen nicht mehr als verdoppeln.

Hat ein Arbeitnehmer am selben Kalendertag **sowohl** eine Dienstreise mit **mehr als acht Stunden als auch** eine Dienstreise mit **Übernachtung**, stehen dem Mitarbeiter für diesen Tag insgesamt nur einmal 14,00 € steuerfreie Verpflegungspauschale zu. Das gilt unabhängig davon, wie der Arbeitgeber diese 14,00 € verbucht, z. B. welcher Dienstreise dieser Betrag zugeordnet wird oder ob die Verpflegungspauschale auf beide Dienstreisen aufgeteilt werden soll.

3.15.2.1 Vom Arbeitgeber gestellte Mahlzeiten

Mahlzeiten, die der Arbeitgeber oder auf seine Veranlassung ein Dritter dem Arbeitnehmer anlässlich einer Auswärtstätigkeit zur Verfügung stellt, werden mit den **Sachbezugswerten** bewertet. In der Regel ist eine solche veranlasste Mahlzeit das Frühstück im Rahmen eines Hotelaufenthalts. Kann für die gleiche Auswärtstätigkeit eine Verpflegungspauschale in Anspruch genommen werden, unterbleibt die Besteuerung der Mahlzeit. In diesen Fällen muss der Arbeitgeber dies auf der Lohnsteuerbescheinigung mit den Großbuchstaben M bescheinigen. Als üblich gilt eine Mahlzeit, deren Preis 60 € inklusive der Getränke nicht übersteigt. Liegt der Wert der Mahlzeit über 60 €, ist diese nicht mehr mit dem Sachbezugswert zu bewerten. Arbeitsessen bis zu einem Wert von 60 € und die Bewirtung von Geschäftsfreunden fallen nicht unter diese Regelung. Hierbei wird ein überwiegend betriebliches Interesse vorausgesetzt, bei der die Anwesenheit des Arbeitnehmers ein Arbeitsessen darstellt. Ein **Belohnungsessen**, das der Arbeitgeber seinem Arbeitnehmer aus einem besonderen Anlass zukommen lässt, ist weiterhin nach § 8 EStG zu bewerten.

Steht dem Arbeitnehmer für den Tag der Auswärtstätigkeit die **steuerfreie Verpflegungspauschale** zu, gilt folgende Beurteilung. Der Ansatz des Sachbezugswerts für die Mahlzeit unterbleibt. Der Sachbezugswert wird nicht besteuert. Zahlt der Arbeitgeber eine Verpflegungspauschale, ist diese zu kürzen. Dabei ist einheitlich eine Kürzung vorzunehmen:

- Frühstück um 20 % der für eine 24-stündige Abwesenheit geltenden Verpflegungspauschale im Inland von 28,00 € = **5,60 €**,
- Mittagessen um 40 % der für eine 24-stündige Abwesenheit geltenden Verpflegungspauschale im Inland von 28,00 € = **11,20 €**,
- Abendessen um 40 % der für eine 24-stündige Abwesenheit geltenden Verpflegungspauschale im Inland von 28,00 € = **11,20 €**.

Zahlt der Arbeitnehmer für die Mahlzeiten ein **Entgelt**, erfolgt eine Kürzung i. H. des von ihm tatsächlich gezahlten Betrags. Die Verpflegungspauschale des Tages, an dem der Arbeitnehmer die Mahlzeiten erhalten hat, wird jedoch maximal auf 0 € gekürzt. Verpflegungspauschalen für Tage, an denen keine Mahlzeit gewährt wird, sind nicht betroffen, werden also nicht gekürzt, auch nicht um einen verbleibenden Kürzungsbetrag des Tages, an dem Mahlzeiten gewährt wurden.

Durch eine während einer Dienstreise erhaltene Mahlzeit entstehen dem Arbeitnehmer keine Kosten für die Verpflegung. Deshalb gilt die **Kürzung der Verpflegungspauschale** für jede während einer Auswärtstätigkeit vom Arbeitgeber oder durch dessen Veranlassung von einem Dritten gestellte übliche Mahlzeit, auch wenn diese Mahlzeit an sich steuerfrei ist (Bewirtung, Arbeitsessen, Betriebsveranstaltung), aber nicht für Belohnungsessen, weil deren tatsächlicher Wert versteuert wird.

BEISPIEL ► Beginn der Auswärtstätigkeit am Dienstag, Ende der Auswärtstätigkeit am Mittwoch.

Hotelrechnung: Übernachtung 90,00 € + Businesspaket 20,00 €, Frühstück nicht gesondert ausgewiesen und nicht aus den Umsatzsteuerangaben ermittelbar. Die Hotelrechnung wird vom Mitarbeiter bezahlt. Kein Mittag- und kein Abendessen.

Reisekostenabrechnung:	
Hotelrechnung lt. vorliegender ordnungsgemäßer Rechnung:	110,00 €
Verpflegungspauschale Anreisetag:	14,00 €
Verpflegungspauschale Abreisetag: 14,00 € - 5,60 € (Kürzung Frühstück)	8,40 €
Auszahlungsbetrag dieser Reisekostenabrechnung:	132,40 €

Entgeltabrechnung: Kein Sachbezugswert, dafür Großbuchstabe M

BEISPIEL ► Beginn der Auswärtstätigkeit am Dienstag, Ende der Auswärtstätigkeit am Mittwoch.

Hotelrechnung: Übernachtung 90,00 € + Businesspaket 20,00 €, Frühstück nicht gesondert ausgewiesen und nicht aus den Umsatzsteuerangaben ermittelbar. Die Hotelrechnung wird vom Mitarbeiter bezahlt. Im Rahmen der Auswärtstätigkeit erhält er am ersten Tag ein Mittagessen.

Reisekostenabrechnung:

Hotelrechnung lt. vorliegender ordnungsgemäßer Rechnung:	110,00 €
Verpflegungspauschale Anreisetag: 14,00 € - 11,20 € (Kürzung Mittagessen)	2,80 €
Verpflegungspauschale Abreisetag: 14,00 € - 5,60 € (Kürzung Frühstück)	8,40 €
Auszahlungsbetrag dieser Reisekostenabrechnung:	121,20 €

Entgeltabrechnung: Kein Sachbezugswert, dafür Großbuchstabe M

BEISPIEL Beginn der Auswärtstätigkeit am Dienstag, Ende der Auswärtstätigkeit am Mittwoch. Hotelrechnung: Übernachtung 90,00 € + Businesspaket 20,00 €, Frühstück nicht gesondert ausgewiesen und nicht aus den Umsatzsteuerangaben ermittelbar. Die Hotelrechnung wird vom Mitarbeiter bezahlt. Im Rahmen einer Veranstaltung erhält er am ersten Tag ein Mittag- und ein Abendessen.

Reisekostenabrechnung:

Hotelrechnung lt. vorliegender ordnungsgemäßer Rechnung:	110,00 €
Verpflegungspauschale Anreisetag: 14,00 € - 2 x 11,20 € (Kürzung Mittag- und Abendessen)	0,00 €
Verpflegungspauschale Abreisetag: 14,00 € - 5,60 € (Kürzung Frühstück)	8,40 €
Auszahlungsbetrag dieser Reisekostenabrechnung:	118,40 €

Entgeltabrechnung: Kein Sachbezugswert, dafür Großbuchstabe M

BEISPIEL Beginn der Auswärtstätigkeit am Dienstag, Ende der Auswärtstätigkeit am Mittwoch. Hotelrechnung: Übernachtung 90,00 € + Businesspaket 20,00 €, Frühstück nicht gesondert ausgewiesen und nicht aus den Umsatzsteuerangaben ermittelbar. Die Hotelrechnung wird nicht über die Reisekostenabrechnung abgerechnet, da sie vom Arbeitgeber direkt aufgrund einer Kostenübernahmeerklärung bezahlt wurde. Kein Mittag- und kein Abendessen.

Reisekostenabrechnung:

Verpflegungspauschale Anreisetag:	14,00 €
Verpflegungspauschale Abreisetag 14,00 € - 5,60 € (Kürzung Frühstück)	8,40 €
Auszahlungsbetrag dieser Reisekostenabrechnung:	22,40 €

Entgeltabrechnung: Kein Sachbezugswert, dafür Großbuchstabe M

BEISPIEL Beginn der Auswärtstätigkeit am Dienstag, Ende der Auswärtstätigkeit am Mittwoch
Hotelrechnung: Übernachtung 90,00 € + Businesspaket 20,00 €, Frühstück nicht gesondert ausgewiesen und nicht aus den Umsatzsteuerangaben ermittelbar. Die Hotelrechnung wird nicht über die Reisekostenabrechnung abgerechnet, sondern vom Arbeitgeber aufgrund einer Kostenübernahme direkt bezahlt. Im Rahmen der Veranstaltung erhält er am ersten Tag ein Mittag- und ein Abendessen. Der Arbeitnehmer zahlt aufgrund betrieblicher Regeln für jede erhaltene Mahlzeit 5,00 € Eigenanteil, der in der Reisekostenabrechnung abgezogen wird.

Reisekostenabrechnung:

Verpflegungspauschale Anreisetag:	14,00 €
Verpflegungspauschale Abreisetag:	14,00 €
abzgl. Eigenanteil des Arbeitnehmers 3 x 5,00 €	- 15,00 €
Auszahlungsbetrag dieser Reisekostenabrechnung:	13,00 €

Entgeltabrechnung: Kein Sachbezugswert, dafür Großbuchstabe M

steuerrechtlich sind maximal als Verpflegungspauschalen möglich:

14,00 € - (11,20 € + 11,20 € - 10,00 €)	1,60 €
14,00 € - (5,60 € - 5,00 €)	13,40 €

15,00 € - 13,00 € = **2,00 € abzugsfähig als Werbungskosten**

BEISPIEL Beginn der Auswärtstätigkeit am Dienstag, Ende der Auswärtstätigkeit am Mittwoch.

Hotelrechnung: Übernachtung 90,00 € + Frühstück 20,00 €, dies ist gesondert ausgewiesen bzw. aus den Umsatzsteuerangaben ermittelbar. Die Hotelrechnung wird vom Mitarbeiter bezahlt. Der Arbeitgeber kürzt die Reisekosten um den tatsächlichen Wert des Frühstücks.

Reisekostenabrechnung:	
Hotelrechnung lt. vorliegender ordnungsgemäßer Rechnung:	110,00 €
Verpflegungspauschale Anreisetag:	14,00 €
Verpflegungspauschale Abreisetag 14,00 € - 5,60 €	8,40 €
abzgl. Kürzung Frühstück 20,00 € - 5,60 €	-14,40 €
Auszahlungsbetrag dieser Reisekostenabrechnung:	118,00 €

Entgeltabrechnung: Kein Sachbezugswert, dafür Großbuchstabe M

BEISPIEL Beginn der Auswärtstätigkeit am Dienstag, Ende der Auswärtstätigkeit Mittwoch.

Hotelrechnung: Übernachtung 90,00 € + Vollpension 60,00 €. Die Hotelrechnung wird nicht über die Reisekostenabrechnung abgerechnet, sondern vom Arbeitgeber direkt bezahlt. Im Rahmen der Veranstaltung werden sämtliche Kosten für Speisen und Getränke vom Arbeitgeber übernommen. Der Arbeitnehmer hat folgende Mahlzeiten erhalten:

1 x ein Frühstück (Mittwoch)

2 x ein Mittagessen (Dienstag und Mittwoch)

1 x ein Abendessen (Mittwoch)

Der Arbeitgeber hat mit den Arbeitnehmern vereinbart, dass für diese Dienstreise Verpflegungspauschalen gezahlt werden und die Sachbezugswerte durch einen Nettoabzug in der Entgeltabrechnung einbehalten werden.

Reisekostenabrechnung: Verpflegungspauschale Anreisetag 14,00 € abzgl. Kürzung Mittagessen 11,20 € - 4,40 € = 6,80 €	6,80 €
Verpflegungspauschale Abreisetag 14,00 € abzgl. Kürzung Frühstück 5,60 € - 2,30 € = 3,30 € abzgl. Kürzung Mittagessen 11,20 € - 4,40 € = 6,80 € abzgl. Kürzung Abendessen 11,20 € - 4,40 € = 6,80 €	0,00 €
Auszahlungsbetrag dieser Reisekostenabrechnung	6,80 €
Entgeltabrechnung: Sachbezugswert Frühstück - 2,30 € Sachbezugswert Mittagessen - 8,80 € (zwei Mittagessen) Sachbezugswert Abendessen - 4,40 €	-15,50 €
Großbuchstabe M im Lohnkonto und der Lohnsteuerbescheinigung	Nettoabzug

BEISPIEL Der Mitarbeiter einer Niederlassung nimmt an einer eintägigen Besprechung im Hauptsitz von 6 Uhr bis 17 Uhr teil. Der Mitarbeiter wird mittags in der firmeneigenen Kantine verpflegt.

Reisekostenabrechnung:	
Verpflegungspauschale eintägig, mehr als acht Stunden	
14,00 € - Kürzung Mittagessen 11,20 €	2,80 €
Auszahlungsbetrag dieser Reisekostenabrechnung:	2,80 €

Entgeltabrechnung: Kein Sachbezugswert, dafür Großbuchstabe M

Etwas anderes gilt, wenn eine **Bewirtung** nicht vom Arbeitgeber gestellt wird, sondern **von einem anderen bezahlt** wird (z. B. vom Kunden, Lieferanten oder einem anderen rechtlichen Unternehmen im Konzern). In diesem Fall ist die Verpflegungspauschale nicht zu kürzen und kein „M" zu bescheinigen. Die Teilnahme an einer solchen Bewirtung ist beim Arbeitnehmer steuerfrei.

BEISPIEL Der Mitarbeiter einer Niederlassung nimmt an einer eintägigen Besprechung bei einem Kunden von 6 Uhr bis 17 Uhr teil. Der Mitarbeiter wird mittags vom Kunden verpflegt.

Reisekostenabrechnung:

Verpflegungspauschale eintägig, mehr als acht Stunden:	14,00 €
Auszahlungsbetrag dieser Reisekostenabrechnung:	14,00 €

Entgeltabrechnung: Kein Sachbezugswert, kein Großbuchstabe M, da durch einen Dritten verpflegt

Der Gesetzgeber hat in diesem Zusammenhang eine Pauschalbesteuerungsmöglichkeit der üblichen Mahlzeiten vorgesehen. Sind die Mindestabwesenheitszeiten bei einer eintägigen Auswärtstätigkeit nicht eingehalten oder hat der Arbeitgeber deren Einhaltung nicht aufgezeichnet oder nachgehalten, kann er mit 25 % pauschal versteuern.

BEISPIEL Der Mitarbeiter besucht den Hauptsitz, Beginn der Auswärtstätigkeit um 9 Uhr, Ende um 16 Uhr (sieben Stunden Abwesenheit). Der Mitarbeiter erhält von seinem Arbeitgeber ein Mittagessen. Der Mitarbeiter erstellt keine Reisekostenabrechnung für diesen Tag.

Reisekostenabrechnung:
entfällt

Entgeltabrechnung:

Sachbezugswert für ein Mittagessen (kann mit 25 % pauschaliert werden)	4,40 €
Großbuchstabe M	

Seit dem 1.1.2014 kommt der Reisekostenabrechnung eine **besondere Bedeutung** zu. Zahlt z. B. der Arbeitgeber keine Verpflegungsmehraufwendungen an seine Arbeitnehmer, können diese die Verpflegungspauschalen im Rahmen ihrer **Einkommensteuererklärung** ansetzen. Der Nachweis erfolgt mit der **Reisekostenabrechnung**. In besonderen Fällen müssen Arbeitgeber auch dann eine Reisekostenabrechnung erstellen, wenn sie ihren Arbeitnehmern keine Reisekosten erstatten. Dies kann z. B. bei der Teilnahme an einem Tagesseminar mit Mittagessen sein. Der Arbeitnehmer hat bei einer Abwesenheit von mindestens acht Stunden Anspruch auf die Verpflegungspauschale. Der Nachweis ist auch in diesem Fall mit der Reisekostenabrechnung zu erbringen.

Ein Muster einer Reisekostenabrechnung findest du im Kapitel „Checklisten & Übersichten".

3.15.2.2 Ausweis in der Lohnsteuerbescheinigung

Ab der ersten für einen Arbeitnehmer im laufenden Kalenderjahr vom Arbeitgeber gewährten üblichen Mahlzeit während einer Auswärtstätigkeit ist grds. in Zeile 2 der Lohnsteuerbescheinigung der **Großbuchstabe „M"** anzugeben.

Das M ist auch dann zu bescheinigen, wenn die **Mahlzeit**

- nicht versteuert wird, aber zu einer Kürzung der steuerfreien Verpflegungspauschale geführt hat,
- mit dem Sachbezugswert nach § 40 Abs. 2 Satz 1 Nr. 1a EStG pauschal versteuert wird (sozialversicherungsfrei),
- mit dem Sachbezugswert individuell versteuert (und verbeitragt) wird,

oder in der Zeile 20 der Lohnsteuerbescheinigung die **steuerfrei gezahlten Verpflegungspauschalen**

- angegeben werden,

- nicht angegeben werden (z. B. weil keine Reisekosten über die Entgeltabrechnung gezahlt werden).

Der Großbuchstabe „M" ist **nicht** zu bescheinigen i. V. m. während einer Auswärtstätigkeit vom Arbeitgeber gewährten Mahlzeit

- bei einer Betriebsveranstaltung,
- bei einem Arbeitsessen (anlässlich eines ungewöhnlichen Arbeitseinsatzes bei einem Wert bis zu 60 €),
- bei einer Bewirtung,

obwohl für diese Mahlzeiten eine Kürzung der Verpflegungspauschale vorzunehmen ist. Wird die Bewirtung von einem Dritten bezahlt, ist auch kein M zu bescheinigen.

Wenn der **Arbeitgeber** arbeitsrechtlich **keine Verpflegungspauschale** an den Arbeitnehmer **zahlt**, obwohl dem Arbeitnehmer steuerrechtlich eine steuerfreie Verpflegungspauschale zusteht, kann der Arbeitgeber die nicht gezahlte Verpflegungspauschale auch nicht kürzen. In diesem Fall ist steuerrechtlich auch keine Kürzung an anderer Stelle der Reisekostenabrechnung durchzuführen. Der Großbuchstabe „M" muss aber in der Lohnsteuerbescheinigung angegeben werden. In der Folge kann der Arbeitnehmer in seiner persönlichen Einkommensteuererklärung nur die gekürzte Verpflegungspauschale als Werbungskosten geltend machen.

Steht steuerrechtlich dem Arbeitnehmer für den Tag der Auswärtstätigkeit, an dem er die Mahlzeit erhalten hat, **keine Verpflegungspauschale** zu, kann diese auch nicht gekürzt werden. Deshalb ist in diesem Fall für eine vom Arbeitgeber gewährte übliche Mahlzeit der Sachbezugswert der Mahlzeit anzusetzen und dieser

- muss entweder beim Arbeitnehmer individuell lohnsteuer- und sozialversicherungspflichtig abgerechnet werden oder
- kann bei Dienstreisen (nicht bei doppelter Haushaltsführung) durch den Arbeitgeber nach § 40 Abs. 2 Satz 1 Nr. 1a EStG mit 25 % pauschal versteuert werden (= sozialversicherungsfrei); die Pauschalsteuer ist eine Arbeitgebersteuer, kann arbeitsrechtlich aber auf den Arbeitnehmer abgewälzt werden;
- ist in der Lohnsteuerbescheinigung der Großbuchstabe „M" zu bescheinigen, obwohl der Arbeitnehmer keine steuerfreie Verpflegungspauschale beanspruchen kann, aber eine Mahlzeit erhält.

Zahlt der Arbeitgeber **arbeitsrechtlich eine steuer- und sozialversicherungspflichtige Verpflegungspauschale**, obwohl bzw. weil dem Arbeitnehmer steuerrechtlich **keine steuerfreie Verpflegungspauschale zusteht** (nicht mehr als acht Stunden abwesend), ist

- für diese steuerpflichtige Verpflegungspauschale keine Pauschalversteuerung nach § 40 Abs. 2 Nr. 4 EStG möglich,
- bei Mahlzeiten die steuerpflichtige Verpflegungspauschale steuerrechtlich nicht zu kürzen,
- der Sachbezugswert der Mahlzeit in der Entgeltabrechnung zu versteuern und zu verbeitragen,
- für diesen steuerpflichtigen Sachbezugswert der Mahlzeit keine Pauschalversteuerung nach § 40 Abs. 2 Nr. 1a EStG möglich,

- bei einer mit dem Sachbezugswert anzusetzenden Mahlzeit der Großbuchstabe „M“ in der Lohnsteuerbescheinigung anzugeben (obwohl der Arbeitnehmer keine steuerfreie Verpflegungspauschale beanspruchen kann).

Hat das Betriebsstättenfinanzamt des Arbeitgebers für die nach § 3 Nr. 13 bzw. 16 EStG steuerfrei gezahlten Verpflegungszuschüsse eine **andere Aufzeichnung als im Lohnkonto** zugelassen, z. B. weil die Verpflegungspauschalen nicht über die Entgeltabrechnung ausgezahlt werden, diese Daten somit im Lohnkonto auch nicht enthalten sind, müssen steuerfrei gezahlte Verpflegungspauschalen in Zeile 20 der Lohnsteuerbescheinigung nicht angegeben werden.

In der Zeile 20 dürfen nur die tatsächlich vom Arbeitgeber gezahlten Verpflegungspauschalen angegeben werden.

3.15.3 Fahrtkosten

Im Rahmen von Auswärtstätigkeiten fallen neben Kosten für Übernachtung und Verpflegung auch Kosten für die An- und Abreise sog. Fahrtkosten an. Zu den Fahrtkosten im Rahmen von Auswärtstätigkeiten wird gesetzlich (§ 9 Abs. 1 Satz 3 Nr. 4a Satz 2 EStG) bestimmt, dass der Arbeitnehmer anstelle der tatsächlichen Aufwendungen (z. B. Flugticket oder Fahrschein) aus Vereinfachungsgründen je nach Art des benutzten Verkehrsmittels (z. B. Pkw oder Motorrad) einen pauschalen Kilometersatz für jeden gefahrenen Kilometer als Werbungskosten ansetzen kann.

Wird die Vereinfachung nicht angewandt, kann der Arbeitnehmer die tatsächlichen Aufwendungen, die durch die persönliche Benutzung eines Beförderungsmittels entstehen ansetzen. Eine gesetzliche Definition zur Ermittlung dieser Aufwendungen besteht nicht. Es kommt vielmehr auf die Umstände des Einzelfalls und das jeweils gewählte Verkehrsmittel an.

Wird die Auswärtstätigkeit mit öffentlichen Verkehrsmitteln durgeführt (z. B. Taxi, Bahn, Schiff, Flugzeug), können die tatsächlichen Fahrt- bzw. Flugkosten berücksichtigt werden. Die Wahl des Verkehrsmittels und ggf. der Buchungstarif werden steuerrechtlich nicht eingeschränkt. Eine Ausnahme liegt vor, wenn die Aufwendungen nach der allgemeinen Verkehrsauffassung als unangemessen anzusehen sind.

BEISPIEL ► Ein leitender Angestellter benutzt für die beruflich veranlasste Auswärtstätigkeit sein Privatflugzeug.

Die Aufwendungen können bis zur Höhe der Kosten eines Linienfluges berücksichtigt werden.

Werden im Rahmen von Verspätungen im Flug- und/oder Bahnverkehr Entschädigungen gezahlt, sind diese auf die entstandenen Kosten mindernd anzurechnen.

Stellt der Arbeitgeber einem Arbeitnehmer eine BahnCard unentgeltlich zur Verfügung und darf der Arbeitnehmer diese ausschließlich für dienstliche Fahrten aufgrund von Auswärtstätigkeiten nutzen, liegt kein steuerpflichtiger Arbeitslohn vor. Ein geldwerter Vorteil entsteht erst dann, wenn der Arbeitnehmer die BahnCard auch für private Fahrten nutzen darf. Überlässt ein Arbeitgeber einem Arbeitnehmer eine BahnCard unentgeltlich für private Zwecke, liegt steuer- und beitragspflichtiger Arbeitslohn vor. Dies betrifft auch die Nutzung der BahnCard für Fahrten zwischen Wohnung und erster Tätigkeitsstätte.

Die OFD Frankfurt hat in einer Veröffentlichung am 31.7.2017 (S 2334 A 80 St 222), gem. Abstimmung mit den obersten Finanzbehörden des Bundes und der Länder, Stellung zur Frage der lohnsteuerrechtlichen Bewertung einer BahnCard 100 und einer BahnCard 50 genommen. Darin werden zwei Fallgestaltungen unterschieden:

- Vollamortisation
- Teilamortisation

HINWEIS

Ergänzt wird die Veröffentlichung der OFD Frankfurt vom 31.7.2017 durch ein BMF-Schreiben[1] zur steuerlichen Behandlung von Jobtickets. Darin wird die Nutzung einer BahnCard für Auswärtstätigkeiten und für Fahrten zwischen Wohnung und erster Tätigkeitsstätte (Jobticket) in Kombination dargestellt.

Nutzt der Arbeitnehmer seinen eigenen Pkw oder nutzt er einen vom Arbeitgeber überlassenen Pkw, ist ein Kilometersatz auf Grundlage des für einen Zeitraum von zwölf Monaten ermittelten Gesamtaufwands des Fahrzeuges zu berechnen. Der individuell ermittelte Kilometersatz ist nachzuweisen. Zur Ermittlung der Gesamtkosten sind die Hinweise nach H 9.5 LStH zu beachten.

BEISPIEL Ein Arbeitnehmer nutzt für betrieblich bedingte Auswärtstätigkeiten seinen privaten Pkw. Die Laufleistung des Fahrzeuges beträgt im Kalenderjahr insgesamt 32.000 km. Auf die betrieblich bedingten Auswärtstätigkeiten entfallen laut Nachweis 5.000 km. Die Gesamtaufwendungen des Fahrzeuges belaufen sich nachweislich im Kalenderjahr auf insgesamt 14.500 €.

Individueller Kilometersatz:

Gesamtkosten 14.500,00 € / Gesamt-Kilometer 32.000,00 € = 0,45 €

Auswärtstätigkeit per Nachweis 5.000 km x 0,45 € = 2.250,00 €

Abwandlung:

Erstattet der Arbeitgeber dem vorher genannten Arbeitnehmer die Fahrtkosten mit einem pauschalen Kilometersatz i. H. von 0,30 € pro gefahrenen Kilometer (lt. firmeneigener Reisekostenrichtlinie), kann der Arbeitnehmer die Differenz als Werbungskosten berücksichtigen.

Erstattung Arbeitgeber:	
5.000 km x 0,30 € =	1.500,00 €
individueller Kilometersatz	2.250,00 €
= Werbungskosten	750,00 €

In § 9 Abs. 1 Satz 3 Nr. 4a Satz 2 EStG wird bezüglich der Zahlung von pauschalen Kilometersätzen bei Nutzung eines privaten Fahrzeugs des Arbeitnehmers auf das Bundesreisekostengesetz verwiesen. Aus dem § 5 BRKG ergeben sich max.

- 0,30 € je gefahrenem km bei Nutzung eines privaten Pkw,
- 0,20 € je gefahrenem km bei Nutzung eines anderen motorischen Fahrzeugs.

Der Arbeitgeber kann ohne Nachweis der Gesamtkosten des Fahrzeuges, die o. g. Pauschalen für jeden gefahrenen Kilometer im Rahmen einer Auswärtstätigkeit steuerfrei erstatten (Vereinfachungsregelung). Alternativ kann der Arbeitnehmer bei fehlender Erstattung durch den Arbeitgeber, diese Pauschalen als Werbungskosten ansetzen.

1 BMF, Schreiben v. 15.8.2019, BStBl 2019 I S. 875.

3.15.4 Unterkunftskosten

Unterkunftskosten bei einer Auswärtstätigkeit sind als Werbungskosten abzugsfähig. Die beruflich veranlasste Übernachtung darf nicht an der ersten Tätigkeitsstätte sein. Unterkunftskosten sind die tatsächlichen Kosten für die Inanspruchnahme einer Unterkunft zur Übernachtung. Es ist lediglich die berufliche Veranlassung zu prüfen. Die berufliche Veranlassung ist gegeben, wenn der Arbeitnehmer auf Weisung des Arbeitgebers so gut wie ausschließlich betrieblich bzw. dienstlich unterwegs ist (vgl. BMF-Schreiben vom 25.11.2020 Rz. 116).

Eine Prüfung der Angemessenheit der Kosten, z. B. für eine bestimmte Hotelkategorie, ist nicht vorzunehmen. Unterkunfts- bzw. Übernachtungskosten sind die tatsächlichen Aufwendungen für die persönliche Inanspruchnahme einer Unterkunft zur Übernachtung (vgl. BMF-Schreiben vom 25.11.2020 Rz. 117). Der Arbeitgeber kann beruflich veranlasste Unterkunftskosten nach §§ 3 Nr. 13 oder Nr. 16 EStG steuerfrei erstatten.

Aufwendungen für Übernachtungen sind die tatsächlichen Kosten, die dem Arbeitnehmer für die persönliche Inanspruchnahme einer Unterkunft zur Übernachtung entstehen (R 9.7 LStR).

Der Arbeitgeber kann seinem Arbeitnehmer die durch die veranlasste Auswärtstätigkeit entstandenen Übernachtungskosten steuerfrei ersetzen:

- i. H. der nachgewiesenen tatsächlichen Aufwendungen (Hotelrechnung) oder
- bis zur Höhe eines Pauschbetrages i. H. von 20,00 € pro Übernachtung (auch für Übernachtungen in einem Fahrzeug möglich).

Übernachtungskosten können bei einer längerfristigen Tätigkeit an derselben auswärtigen Tätigkeitsstätte im Inland für die ersten 48 Monate in unbegrenzter Höhe steuerfrei erstattet oder als Werbungskosten abgezogen werden. Nach Ablauf der 48 Monate ist für das Inland der Aufwand auf 1.000 € pro Monat begrenzt. Betragen die Aufwendungen im Inland mehr als 1.000 € monatlich oder handelt es sich um eine Wohnung im Ausland, können nur die Aufwendungen berücksichtigt werden, die durch die beruflich veranlasste, alleinige Nutzung des Arbeitnehmers verursacht werden. Dazu kann die ortsübliche Miete für eine nach Lage und Ausstattung durchschnittliche Wohnung am Ort der auswärtigen Tätigkeitsstätte mit einer Wohnfläche bis zu 60 qm als Vergleichsmaßstab herangezogen werden (vgl. BMF-Schreiben vom 25.11.2020 Rz. 122).

Übernachtungskosten können zeitlich unbegrenzt in tatsächlicher Höhe ohne betragsmäßige Begrenzung oder pauschal mit 20,00 € pro Übernachtung erstattet werden:

- bei Fahrtätigkeit,
- bei Tätigkeit in einem weiträumigen Tätigkeitsgebiet,
- wenn dieselbe auswärtige Tätigkeitsstätte regelmäßig nur an maximal zwei Tagen wöchentlich aufgesucht wird.

Ist der Arbeitnehmer das erste Mal mindestens drei Tage an derselben auswärtigen Tätigkeitsstätte, beginnt zu diesem Zeitpunkt die Frist von 48 Monaten. Bei unterschiedlichen auswärtigen Tätigkeitsstätten können sich mehrere 48-Monats-Zeiträume ergeben.

Der 48-Monats-Zeitraum ist vom Arbeitgeber genau zu dokumentieren. Er ist nicht durch eine Prognose festzulegen, sondern ergibt sich durch tatsächlichen Zeitablauf, beginnend mit dem ersten Entstehen von Unterkunftskosten. Der Ablauf der 48 Monate führt nicht dazu, dass aus der Dienstreise eine doppelte Haushaltsführung wird, sondern nur zu einer Beschränkung der steuerfreien Unterkunftskosten wie bei einer doppelten Haushaltsführung.

Eine zeitliche Unterbrechung der Auswärtstätigkeit von mindestens sechs Monaten bewirkt generell den Beginn eines neuen 48-Monats-Zeitraums für eine Auswärtstätigkeit und damit in dieser Zeit die erneute Möglichkeit der steuerfreien Erstattung der tatsächlichen Unterkunftskosten ohne betragsmäßige Begrenzung bzw. von. pauschal 20,00 € pro Übernachtung. Die pauschale Erstattung von 20,00 € ist nur durch den Arbeitgeber möglich, eine spätere Erstattung im Rahmen von Werbungskosten ist nicht möglich.

3.15.5 Gemischte Reisen

Unternimmt der Arbeitnehmer eine gemischte Auswärtstätigkeit, ist zu unterscheiden:

- Der Arbeitnehmer unternimmt die Auswärtstätigkeit auf Anordnung seines Arbeitgebers, der auch die Kosten in voller Höhe übernimmt.
- Der Arbeitnehmer unternimmt die Auswärtstätigkeit außerhalb seiner Arbeitszeit und trägt die Kosten dafür selbst. Die Aufwendungen kann der Arbeitnehmer als Werbungskosten geltend machen.

Kombiniert der Arbeitnehmer die beruflich veranlasste Auswärtstätigkeit mit einem privaten Aufenthalt, muss er die Aufwendungen aufteilen.

Nach dem BFH[1] sind folgende Aufteilungen möglich:

- Kosten für betrieblich veranlasste Aufwendungen (z. B. Kongressgebühren) sind betrieblich bedingt und können zu 100 % steuerfrei erstattet werden.
- Übernachtungskosten sind aufzuteilen und ins Verhältnis beruflich/privat zu setzen. Aufwendungen für die beruflich veranlasste Übernachtung können zu 100 % steuerfrei erstattet werden. Aufwendungen für private Übernachtungen sind, wenn sie der Arbeitgeber erstattet, steuerpflichtig.
- Aufwendungen für private Ausgaben sind nicht steuerfrei erstattungsfähig.
- Verbleibende gemischte Reisekosten sind im Wege der sachgerechten Schätzung aufzuteilen. Der Aufteilungsmaßstab richtet sich nach dem Verhältnis der Zeiten.

BEISPIEL Ein Arbeitnehmer besucht ein zweitägiges Seminar am Timmendorfer Strand. Im Anschluss an das Seminar macht er einen dreitägigen Urlaub.

Es handelt sich um eine gemischt veranlasste Reise. Die Reise dauert fünf Tage. Davon sind zwei Tage betrieblich und drei Tage privat. Die Aufteilung in 2/5 und 3/5 ist entsprechend vorzunehmen.

Aufwendungen	Kosten insgesamt	Anteil betrieblich	Anteil privat
Seminargebühren	1.270,00 €	1.270,00 €	0,00 €
Bahnticket	210,00 €	210,00 €	0,00 €
Taxikosten	40,00 €	30,00 €	10,00 €
Hotelübernachtung	675,00 €	270,00 €	405,00 €
Verpflegungsmehraufwendungen	48,00 €	48,00 €	0,00 €
Summe der Kosten	2.243,00 €	1.828,00 €	415,00 €

1 BFH, Urteil v. 18.8.2005 – VI R 32/03, BStBl 2006 II S. 30.

Unternimmt der Arbeitnehmer eine durch den Arbeitgeber veranlasste Dienstreise, darf der Arbeitgeber die Fahrtkosten in voller Höhe steuerfrei erstatten.

- Auch wenn der Arbeitnehmer vor oder nach der Dienstreise einen privaten Aufenthalt anknüpft (H 9.1 LStR).
- Die jeweilige Dauer der Dienstreise im Verhältnis zum privaten Aufenthalt ist dabei von keiner Bedeutung.
- Entstehen durch den privaten Aufenthalt Mehrkosten für die Hin- oder Rückreise, sind diese steuer- und beitragspflichtiger Arbeitslohn.

BEISPIEL Ein Arbeitnehmer unternimmt eine beruflich veranlasste Dienstreise bis Freitagmittag nach Wien. Er verlängert den Aufenthalt aus privaten Gründen bis Sonntag.

Die Fahrtkosten sind beruflich veranlasst und können in voller Höhe steuer- und beitragsfrei erstattet werden.

ABWANDLUNG Wie vorher genanntes Beispiel. Allerdings reist der Arbeitnehmer weiter nach Italien und am Sonntag von dort zurück an seinen Wohnort.

Die von der beruflich veranlassten Hin- und Rückreise abgrenzbaren Kosten sind steuer- und beitragspflichtig, wenn sie vom Arbeitgeber erstattet werden.

3.15.6 Reisenebenkosten

Die Reisenebenkosten sind durch geeignete Unterlagen nachzuweisen bzw. glaubhaft zu machen. Regelmäßig wiederkehrende Reisenebenkosten können zur Vereinfachung über einen repräsentativen Zeitraum von drei Monaten im Einzelnen nachgewiesen werden und dann in der Folgezeit mit dem täglichen Durchschnittsbetrag angesetzt werden.

Zu den Reisenebenkosten gehören die tatsächlichen Aufwendungen z. B. für (vgl. BMF-Schreiben vom 25.11.2020 Rz. 129):

- Beförderung und Aufbewahrung von Gepäck;
- Telekommunikation und Schriftverkehr beruflichen Inhalts mit dem Arbeitgeber oder Geschäftspartnern;
- Straßen- und Parkplatzbenutzung sowie Schadensbeseitigung infolge von Verkehrsunfällen, wenn die jeweils damit verbundenen Fahrtkosten als Reisekosten anzusetzen sind;
- Verlust von auf der Reise abhanden gekommener oder beschädigter Gegenstände, die der Arbeitnehmer auf der Reise verwenden musste, wenn der Verlust aufgrund einer reisespezifischen Gefährdung eingetreten ist. Berücksichtigt wird der Verlust bis zur Höhe des Wertes, der dem Gegenstand zum Zeitpunkt des Verlustes beigemessen wird;
- private Telefongespräche, soweit sie der beruflichen Sphäre zugeordnet werden können (vgl. BFH-Urteil vom 5.7.2012, VI R 50/10, BStBl 2013 II S. 282).

Nicht zu den Reisenebenkosten gehören z. B.:

- Kosten für die persönliche Lebensführung wie Tageszeitungen, private Telefongespräche mit Ausnahme der Gespräche (i. S. d. Rz. 129 Nr. 5), Massagen, Minibar oder Pay-TV,
- Ordnungs-, Verwarnungs- und Bußgelder, die auf einer Auswärtstätigkeit verhängt werden,
- Verlust von Geld oder Schmuck,

- Anschaffungskosten für Bekleidung, Koffer oder andere Reiseausrüstungsgegenstände, weil sie nur mittelbar mit einer Auswärtstätigkeit zusammenhängen,
- Essensgutscheine, z. B. in Form von Raststätten- oder Autohof-Wertbons.

3.16 Doppelte Haushaltsführung

Unterkunftskosten im Rahmen der **doppelten Haushaltsführung** werden in § 9 Abs. 1 Satz 3 Nr. 5 und Nr. 5a EStG gesetzlich geregelt. Die dem Arbeitnehmer tatsächlich entstandenen Aufwendungen für die Nutzung der Unterkunft im Rahmen der doppelten Haushaltsführung können im Inland höchstens mit 1.000 € im Monat als Werbungskosten steuerfrei vom Arbeitgeber erstattet werden. Die Regelung für das Inland greift hierbei die Rechtsprechung auf, die die aufwendige Ermittlung der notwendigen Unterkunftskosten vereinfacht hatte. Eine Begrenzung der Miete auf eine maximale Wohnungsgröße (60 m^2) ist entfallen.

Bei Vorliegen der **Steuerklassen III, IV oder V** (ggf. auch bei Steuerklasse II) kann der Arbeitgeber bei beruflicher Veranlassung eine **doppelte Haushaltsführung** unterstellen. Ansonsten liegt eine doppelte Haushaltsführung vor, wenn

- der Arbeitnehmer eine (Haupt-)Wohnung aus eigenem oder abgeleitetem Recht hat und sich an den Kosten der Lebensführung dort finanziell beteiligt (mind. 10 %, Bagatellbeträge reichen nicht aus) und
- die Unterkunft am Beschäftigungsort beruflich veranlasst ist. Das gilt auch, wenn die Zweitunterkunft an einem anderen Ort als dem des eigenen Hausstands und dem der Beschäftigung liegt, wenn sich dadurch die Entfernung zur ersten Tätigkeitsstätte halbiert bzw. der Weg von dieser Zweitunterkunft zur neuen ersten Tätigkeitsstätte weniger als die Hälfte der Entfernung der kürzesten Straßenverbindung zwischen der Hauptwohnung und der neuen ersten Tätigkeitsstätte beträgt (Vereinfachungsregel). Noch nicht geklärt ist, was gilt, wenn sich die Haupt- und die Zweitwohnung an demselben Ort befinden.

Erstattet der Arbeitgeber die Kosten der doppelten Haushaltsführung nicht oder nicht in der steuerfrei möglichen Höhe, kann der Arbeitnehmer in seiner persönlichen Einkommensteuerveranlagung entsprechende **Werbungskosten** geltend machen.

XIII. Die betriebliche Altersversorgung

Die betriebliche Altersversorgung ist eine zusätzliche private Vorsorgeform, die sich ergänzend zur gesetzlichen Rentenversicherung etabliert hat. Der Gesetzgeber hat in den letzten Jahren viele Anreize zur betrieblichen Altersversorgung geschaffen. Viele Arbeitgeber bieten ihren Arbeitnehmern mittlerweile betriebliche Lösungen an. Die Teilnahme an dieser besonderen Form der Altersversorgung ist für den Arbeitnehmer freiwillig.

Bei der betrieblichen Altersversorgung gibt es verschiedene Vorsorgeformen. Bei allen Formen führt der Arbeitgeber die Beiträge ab. Der Arbeitnehmer erwirbt dadurch einen Anspruch auf eine Versorgungsleistung im Alter. Diese kann in Formen einer Einmalzahlung oder in laufender Rente gezahlt werden. Die Beiträge, die der Arbeitgeber in die entsprechende Vorsorgeform einzahlt, sind entweder freiwillige Zahlungen oder Entgeltumwandlung des Arbeitnehmers. Freiwillige Zahlungen sind in einigen Fällen durch Arbeitsverträge oder aber auch tarifliche Vereinbarungen geregelt. Bei der Entgeltumwandlung wird Entgelt des Arbeitnehmers in die Vertragsform einbezahlt. In diesem Fall zahlt der Arbeitnehmer alleine in die Vorsorge ein.

HINWEIS

Der Gesetzgeber hat zum 1.1.2018 mit dem Gesetz zur Stärkung der betrieblichen Altersversorgung und zur Änderung anderer Gesetze[1] (Betriebsrentenstärkungsgesetz) eine Vielzahl von Änderungen im Bereich der betrieblichen Altersversorgung eingeführt. Mit dem Gesetz wird das Ziel verfolgt, die betriebliche Altersversorgung zu stärken und Arbeitgebern Anreize zu geben, ihren Arbeitnehmern eine betriebliche Altersversorgung anzubieten. Daher ist es wichtig, dass du auch bei diesem Thema deine Mandanten beraten kannst.

1. Anspruch

Sind Leistungen zur betrieblichen Altersversorgung nicht tarifvertraglich oder in einer Betriebsvereinbarung festgelegt, sind diese freiwillig. Der Gesetzgeber hat allerdings dem Arbeitnehmer einen Anspruch auf betriebliche Altersversorgung durch Entgeltumwandlung zugebilligt. Das Betriebsrentengesetz nennt im § 1a BetrAVG die Ansprüche der Arbeitnehmer auf Entgeltumwandlung und die Höhe des Umwandlungsanspruchs.

MERKE

Danach darf ein Arbeitnehmer vom seinem Arbeitgeber verlangen, max. 4 % der aktuellen Beitragsbemessungsgrenze (BBG) der gesetzlichen Rentenversicherung von seinen Entgeltansprüchen umzuwandeln (Entgeltumwandlung). Im Jahr 2025 beträgt die Beitragsbemessungsgrenze der gesetzlichen Rentenversicherung 8.050 € monatlich, das entspricht 96.600 € jährlich. 4 % davon sind 3.864 € – dies ist somit der max. Betrag zur Entgeltumwandlung im Jahr 2025.

Im Gegenzug ist der Arbeitnehmer verpflichtet, einen Mindestbeitrag von jährlich 1/160 der Bezugsgröße nach § 18 Abs. 1 SGB IV als betriebliche Altersversorgung aufzuwenden. Im Jahr 2025 beträgt dieser Mindestbetrag 280,88 € jährlich von der Bezugsgröße 44.940 €. Will der Arbeitnehmer zudem nicht nur einmal im Jahr einen Betrag für die Entgeltumwandlung zur Verfügung stellen, sondern regelmäßig Teile seines monatlichen Entgelts umwandeln, so kann der Arbeitgeber aus Vereinfachungsgründen gleichbleibende Beträge verlangen.

1 Gesetz v. 17.8.2017, BGBl 2017 I S. 3214.

2. Formen

In der Lohnabrechnung werden fünf Formen der betrieblichen Altersversorgung unterschieden:

- Pensionszusage/Direktzusage,
- Unterstützungskasse,
- Direktversicherung,
- Pensionsfonds,
- Pensionskasse.

2.1 Pensionszusage

Die Pensionszusage, auch als Direktzusage bezeichnet, ist eine der direktesten Formen der betrieblichen Altersversorgung. Direkt, weil der Arbeitgeber aus eigenen Mitteln die Versorgungsleistung aufbringt. Die Finanzierung erfolgt dabei durch steuerlich begünstigte Pensionsrückstellungen. Somit ist sichergestellt, dass die direkte Auszahlung von Altersrenten an ehemalige Arbeitnehmer (Pensionäre) durch Rückdeckungsversicherungen oder aus dem laufenden Geschäftsergebnis erfolgen kann.

Die Rückstellungen für die Pensionszusagen sind für den Beschäftigten kein steuerpflichtiger Arbeitslohn.

Auch in der Sozialversicherung sind die Rückstellungen für Pensionszusagen beitragsfrei, wenn der Arbeitgeber die Rückstellung durch zusätzliche Leistungen finanziert. Werden die Rückstellungen durch Entgeltumwandlungen vom Arbeitnehmer finanziert, bleiben diese bis zur Grenze von 4 % der Beitragsbemessungsgrenze der gesetzlichen Rentenversicherung sozialversicherungsfrei. Im Jahr 2025 beträgt dieser Betrag 3.864 € (monatlich 322 €). Einzahlungen, die im Rahmen der Entgeltumwandlung über diesen Betrag hinausgehen, sind sozialversicherungspflichtig.

BEISPIEL ▸ Pensionszusage:

Ein Arbeitnehmer führt im Rahmen der Entgeltumwandlung Beiträge in die betriebliche Altersversorgung von monatlich 400 € ab. Die betriebliche Altersversorgung wird als Pensionszusage geführt.

Lösung:

Steuerrechtliche Ermittlung:	
Monatsgehalt	3.400 €
Entgeltumwandlung (steuerfrei)	400 €
= steuerliches Brutto	3.000 €
Sozialversicherungsrechtliche Ermittlung:	
Monatsgehalt	3.400 €
Entgeltumwandlung (max. 4 % der BBG Rentenversicherung)	322 €
= sozialversicherungspflichtiges Brutto	3.078 €

Die Direktzusage unterliegt keiner staatlichen Aufsicht oder Regulierung. Die Ansprüche der Arbeitnehmer sind jedoch geschützt, denn bei einer Insolvenz des Arbeitgebers zahlt der Pensions-Sicherungs-Verein (PSV) die vom Arbeitgeber zugesagte Leistung. Diese Absicherung muss der Arbeitgeber durch eine Beitragszahlung in den PSV absichern.

2.2 Unterstützungskasse

Bei dieser Form der betrieblichen Altersversorgung leistet der Arbeitgeber Beiträge an eine Unterstützungskasse. Unterstützungskassen werden meistens in einem Verbund von mehreren Arbeitgebern betrieben. Aber auch einzelne Arbeitgeber unterhalten Unterstützungskassen, die meistens in Form einer GmbH oder eines gemeinnützigen Vereins zum Zwecke der betrieblichen Altersversorgung betrieben werden.

MERKE

Die Behandlung in der Lohnsteuer und Sozialversicherung von Beiträgen für eine Unterstützungskasse entspricht der Behandlung von Rückstellungen für eine Pensionszusage.

Die Beiträge in die Unterstützungskasse sind für den Beschäftigten kein steuerpflichtiger Arbeitslohn.

Auch in der Sozialversicherung sind die Beiträge in die Unterstützungskasse beitragsfrei, wenn der Arbeitgeber die Beiträge durch zusätzliche Leistungen finanziert. Werden die Beiträge durch Entgeltumwandlungen vom Arbeitgeber finanziert, bleiben diese bis zur Grenze von 4 % der Beitragsbemessungsgrenze der gesetzlichen Rentenversicherung sozialversicherungsfrei. 2025 beträgt dieser Betrag 3.864 €. Einzahlungen, die im Rahmen der Entgeltumwandlung über diesen Betrag hinausgehen, sind sozialversicherungspflichtig.

Eine Unterscheidung zu den Pensionskassen und Pensionsfonds gibt es allerdings, denn Unterstützungskassen gewähren keinen unmittelbaren Rechtsanspruch auf Leistungen. Diesen Anspruch hat der Arbeitnehmer dann an seinen Arbeitgeber. Die Absicherung erfolgt auch hier über den Pensions-Sicherungs-Verein.

2.3 Pensionsfonds

Seit 2002 ist eine weitere Form der betrieblichen Altersversorgung zugelassen, der Pensionsfonds. Bei dieser Form der Vorsorge führt der Arbeitgeber Beiträge für seinen Arbeitnehmer in einen Fonds ab. Der Arbeitnehmer erwirbt einen Anspruch auf Pensionszahlungen aus dem Fonds. Bei dieser Anlageform werden die eingezahlten Beiträge nicht nur verwaltet, sondern sie dienen vielmehr dazu, in verschiedenen Anlageformen verwendet zu werden.

So werden die Beiträge u. a. in Anlagenformen, wie Wertpapiere und Immobilien, zugunsten des Fonds angelegt. Dabei können verschiedene Anlageformen von risikoreich bis sicher gewählt werden, wobei eine ausreichende Sicherheit des Fonds gewährleistet sein muss. Eine Auszahlung erfolgt an den Begünstigten ausschließlich in Form einer lebenslangen Rente. Hierbei besteht nicht die Möglichkeit, als Begünstigter eine Einmalzahlung zu verlangen.

MERKE

Beiträge zu Pensionsfonds sind bis zur Höhe von 8 % der Beitragsbemessungsgrenze der gesetzlichen Rentenversicherung steuerfrei (2025 7.728 €). Die über diesen Freibetrag hinausgehenden Beiträge sind steuerpflichtiger Arbeitslohn.

HINWEIS

Mit dem Betriebsrentenstärkungsgesetz wurde der § 3 Nr. 63 EStG geändert. Die Grenze für die Steuerfreiheit der Beiträge an eine Pensionskasse, einen Pensionsfonds und eine Direktversicherung ist auf 8 % der Beitragsbemessungsgrenze der gesetzlichen Rentenversicherung erhöht worden. Gleichzeitig wurde der zusätzliche steuerfreie Höchstbetrag i. H. von 1.800,00 € ersatzlos gestrichen (§ 3 Nr. 63 Satz 1 EStG). Wichtig ist dabei zu beachten, dass die Sozialversicherungsfreiheit weiterhin bis zu 4 % der Beitragsbemessungsgrenze der Rentenversicherung West beträgt (§ 4 Abs. 1 Satz 1 Nr. 9 SvEV).

BEISPIEL ▶ **Pensionsfonds:**
Ein Arbeitnehmer führt im Rahmen der Entgeltumwandlung Beiträge in die betriebliche Altersversorgung i. H. von monatlich 400 € ab. Die betriebliche Altersversorgung wird als Pensionszusage geführt.

Lösung:

Steuerrechtliche Ermittlung:	
Monatsgehalt	3.400 €
Entgeltumwandlung (max. 8 % der BBG Rentenversicherung)	400 €
= steuerliches Brutto	3.000 €
Sozialversicherungsrechtliche Ermittlung:	
Monatsgehalt	3.400 €
Entgeltumwandlung (max. 4 % der BBG Rentenversicherung)	322 €
= sozialversicherungspflichtiges Brutto	3.078 €

Die Zahlungen sind vonseiten des Arbeitgebers auch hier durch den Pensions-Sicherungs-Verein gegen Insolvenz abgesichert.

2.4 Pensionskassen

Möchte der Arbeitgeber keine eigenen Versorgungsleistungen zusagen, kann er Beiträge in eine Pensionskasse einzahlen. In diesem Fall erwirbt der Arbeitnehmer einen Anspruch auf Leistungen durch die Pensionskasse. Pensionskassen unterliegen der staatlichen Versicherungsaufsicht durch das Bundesaufsichtsamt für Finanzdienstleistungen. Eine Absicherung gegen Insolvenz erfolgt nicht.

MERKE

Lohnsteuerrechtlich sind Zahlungen in eine Pensionskasse steuerpflichtiger Arbeitslohn. Steuerfrei bleibt auch hier der Betrag von 8 % der BBG RV West. Für Verträge, die vor dem Jahr 2005 abgeschlossen wurden, gibt es weiterhin die Möglichkeit der Pauschalisierung. In diesem Fall können die Beiträge bis zu einem Betrag von 1.752 € jährlich mit 20 % pauschal versteuert werden.

Bei der Behandlung in der Sozialversicherung gilt auch hier die Grenze von 4 % der BBG RV, wenn der Arbeitgeber durch zusätzliche Leistungen oder der Arbeitnehmer durch Entgeltumwandlung finanziert. In diesen Fällen bleiben die Beiträge bis zur Grenze sozialversicherungsfrei.

HINWEIS

Bei Altverträgen, die pauschal versteuert werden, sind die Beiträge der Pauschalversteuerung ebenfalls beitragsfrei, wenn sie aus zusätzlichen Leistungen des Arbeitgebers oder aus Barlohnumwandlung von Einmalzahlungen finanziert werden.

2.5 Direktversicherung

Die Direktversicherung wird als besondere Form der Lebensversicherung bezeichnet. In diesem Fall schließt der Arbeitgeber als Versicherungsnehmer für seinen Arbeitnehmer als Leistungsempfänger eine Versicherung ab. Der Arbeitgeber zahlt dann die Beiträge an eine Versicherungsgesellschaft. Begünstigte für die Leistung sind der Arbeitnehmer und im Fall des Todes seine Hinterbliebenen.

HINWEIS

Seit dem 1.1.2005 wurde bei der kapitalgedeckten betrieblichen Altersversorgung die Möglichkeit der Pauschalbesteuerung (§ 40b EStG) für Beiträge an eine Pensionskasse und in eine Direktversicherung aufgehoben. Beiträge können allerdings weiterhin pauschal versteuert werden, wenn sie auf Grundlage einer Versorgungszusage geleistet werden, die vor dem 1.1.2005 erteilt wurde (Altzusage).

In der Praxis führte diese Abgrenzung häufig zu Problemen. Daher hat der Gesetzgeber mit dem Betriebsrentenstärkungsgesetz seit dem 1.1.2018 eine Vereinfachung zur Pauschalierung eingeführt. Die Regelung sieht vor, dass eine Beitragsleistung vor dem 1.1.2018 einmal nach § 40b EStG a. F. pauschal besteuert wurde. Ist die Voraussetzung erfüllt und hat der Arbeitgeber vor dem 1.1.2018 mindestens einen Beitrag nach § 40b EStG a. F. pauschal versteuert, liegen anschließend für diesen Arbeitnehmer die Voraussetzungen der Pauschalierung der Lohnsteuer ein Leben lang vor.

Im Falle eines Arbeitgeberwechsels genügt es künftig auch, wenn der Arbeitnehmer dem Arbeitgeber gegenüber nachweist, dass mindestens ein Beitrag nach § 40b EStG a. F. pauschal versteuert wurde.

BEISPIEL Dem Arbeitnehmer A wurde vom Arbeitgeber B im Jahr 2003 eine Versorgungszusage über eine Pensionskasse und im Jahr 2013 in Form einer Direktversicherung erteilt. Die Beiträge für die Pensionskasse wurden – soweit sie die Steuerfreiheit nach § 3 Nr. 63 EStG überstiegen – bis zur Beendigung des Dienstverhältnisses am 30.6.2020 nach § 40b EStG a. F. pauschal besteuert. Die Beiträge für die Direktversicherung wurden aus individuell versteuertem Arbeitslohn geleistet. Nach einer Zeit der Arbeitslosigkeit (1.7.2020 bis 31.3.2021) nimmt A zum 1.4.2021 ein neues Beschäftigungsverhältnis beim Arbeitgeber C auf. C erteilt A eine neue Versorgungszusage über einen Pensionsfonds und übernimmt die Direktversicherung. A weist dem C nach, dass die Beiträge für die Pensionskasse im Jahr 2017 nach § 40b EStG a. F. pauschal besteuert wurden (Vorlage einer Gehaltsabrechnung).

Arbeitgeber C kann die Beiträge für die Direktversicherung bis zur Höhe von maximal 1.752,00 € nach § 40b EStG a. F. pauschal besteuern. Der Zeitpunkt der Erteilung der Versorgungszusage für die Direktversicherung ist ohne Bedeutung. Die Beiträge an den Pensionsfonds sind nach Maßgabe des § 3 Nr. 63 EStG steuerfrei.

2.6 BAV-Förderbetrag

Seit dem 1.1.2018 gibt es erstmals einen Förderbetrag zur kapitalgedeckten betrieblichen Altersversorgung für Geringverdiener in ihrem ersten Dienstverhältnis (§ 100 EStG). Die Förderung erhalten somit Arbeitnehmer mit Steuerklasse I bis V oder mit einem ersten Dienstverhältnis mit pauschal versteuertem Arbeitslohn. Keine Begünstigung erhalten somit Arbeitnehmer mit der Steuerklasse VI (§ 100 Abs. 1 EStG). Ein erstes Arbeitsverhältnis stellt auch ein weiterbeschäftigtes Arbeitsverhältnis ohne Anspruch auf Arbeitslohn, wie z. B. Zeiten während der Schutzfristen nach dem Mutterschutzgesetz, der Elternzeit, der Pflegezeit und des Bezugs von Krankengeld, dar.

Die Begrenzung auf das erste Dienstverhältnis soll sicherstellen, dass der Förderbetrag zur betrieblichen Altersversorgung für einen Arbeitnehmer, der mehrere Beschäftigungen bei verschiedenen Arbeitgebern ausführt, durch die Arbeitgeber nicht auch mehrfach in Anspruch genommen werden kann. Allerdings kann ein Arbeitgeberwechsel im laufenden Kalenderjahr dazu führen, dass der Förderbetrag für das erste Dienstverhältnis auch nacheinander mehrfach in Anspruch genommen wird. Der Gesetzgeber hat ausdrücklich auf eine Begrenzung des Förderbetrags aus Vereinfachungsgründen für die Arbeitgeber verzichtet.

Mit der Einführung des Förderbetrags zur betrieblichen Altersversorgung wurde ein weiterer Punkt des Gutachtens vom Gesetzgeber aufgegriffen und umgesetzt. Denn gerade die Geringverdiener sollen von den gesetzlichen Neuregelungen profitieren. Vom Förderbetrag sollen somit Arbeitnehmer profitieren, die keine ausreichenden eigenen Finanzmittel zur Verfügung haben bzw. für die sich keine Gehaltsumwandlung zugunsten einer betrieblichen Altersversorgung steuerlich rechnet.

Nach dem Gesetz (§ 100 Abs. 3 Satz 1 Nr. 3 EStG) ist jemand Geringverdiener, wenn der laufende steuerpflichtige Arbeitslohn im Zeitpunkt der Beitragsleistung monatlich nicht mehr als 2.575 € beträgt. Unberücksichtigt bleiben beim laufenden Arbeitslohn:

- steuerfreier Arbeitslohn wie z. B. Sonntags-, Feiertags- und Nachtzuschläge,
- sonstige Bezüge wie z. B. Urlaubs- und Weihnachtsgeld,
- Sachbezüge, die unter die 50-€-Freigrenze fallen (§ 8 Abs. 2 Satz 11 EStG), und
- pauschal versteuerter Arbeitslohn (§§ 37a, 37b, 40, 40b EStG).

HINWEIS

Mit dem Gesetz zur Einführung der Grundrente[1] wurde der Höchstbetrag für die Anwendung des § 100 EStG von 480 € auf 960 € erhöht. Die Erhöhung ist seit dem Jahr 2020 anzuwenden.

Bei Arbeitnehmern, deren Arbeitslohn im Rahmen einer Teilzeit- und geringfügigen Beschäftigung nicht individuell, sondern pauschal versteuert wird, gibt es keinen laufenden Arbeitslohn nach den v. g. Regelungen. Es wird deshalb in den Fällen, in denen der Arbeitslohn pauschal versteuert wird (Teilzeit- und geringfügig Beschäftigte) auf den pauschal besteuerten Arbeitslohn oder das pauschal besteuerte Arbeitsentgelt für den entsprechenden Lohnzahlungszeitraum abgestellt. Sonstige Bezüge (z. B. Urlaubs- oder Weihnachtsgeld) bleiben unberücksichtigt.

HINWEIS

Die Grenze von 2.575 € ist insbesondere zu beachten, wenn der Arbeitnehmer nach Beendigung der Ausbildung übernommen wird, bei einer Änderung der Arbeitszeit bzw. gerade beim Beginn der Altersteilzeit.

Der zum Lohnsteuerabzug verpflichtete Arbeitgeber muss zur Inanspruchnahme des Förderbetrags zusätzlich zum ohnehin geschuldeten Arbeitslohn einen Beitrag zur kapitalgedeckten betrieblichen Altersversorgung von mindestens 240 € jährlich leisten.

Somit tritt der Arbeitgeber in Vorkasse. Er erhält dafür im Rahmen der nächsten Lohnsteuer-Anmeldung vom Finanzamt einen Förderbetrag i. H. von 30 %, höchstens 144 € p. a. auf seine Lohnsteuerzahllast angerechnet. Die Inanspruchnahme des Förderbetrags setzt zudem voraus, dass Vertriebskosten beim Abschluss des Vertrags über die betriebliche Altersversorgung nicht zulasten der ersten Beiträge einbehalten werden (sog. „Zillmerung"). Vielmehr dürfen die Vertriebskosten nur als fester Anteil der laufenden Beiträge einbehalten werden (§ 100 Abs. 3 Satz 1 Nr. 4 EStG).

Fällt bei der Höhe des Arbeitslohns beim Arbeitnehmer keine Lohnsteuer an oder ist die Höhe der Lohnsteuer niedriger als der Förderbetrag, erstattet das Finanzamt dem Arbeitgeber den Minusbetrag (auch Rotbetrag genannt). Der Beitragszuschuss des Arbeitgebers für jeden Gering-

1 Gesetz zur Einführung der Grundrente für langjährige Versicherung in der gesetzlichen Rentenversicherung mit unterschiedlichen Einkommen und für weitere Maßnahmen zur Erhöhung des Alterseinkommens v. 12.8.2020, BGBl 2020 I S. 1879.

verdiener beträgt somit zwischen 240 € (Mindestbetrag) und 960 € (Höchstbetrag). Je nach Höhe des Arbeitgeberbeitrags richtet sich auch die Höhe des bAV-Förderbetrags, der jeweils 30 % des Arbeitgeberbeitrags beträgt und zwischen 72 € (30 % von 240 €) und 288 € (30 % von 960 €) beträgt. Die betriebliche Altersversorgung für Geringverdiener wird nach der Einführung des bAV-Förderbetrags zu 70 % vom Arbeitgeber und bis zu 30 % vom Staat finanziert.

Arbeitgeber können tarifvertraglich, durch Betriebsvereinbarung oder auch in einem Arbeitsvertrag die zusätzlichen Beiträge festlegen. Bei Gehaltsumwandlungen ist wegen der Zusätzlichkeitsvoraussetzung eine Förderung ausgeschlossen. Auch ist eine Förderung bei umlagefinanzierter betrieblicher Altersversorgung nicht möglich.

BEISPIEL Ein Arbeitgeber zahlt ab dem 1.1.2018 monatlich einen zusätzlichen Arbeitgeberbeitrag i. H. von 40,00 € für einen Arbeitnehmer mit einem laufenden monatlichen Arbeitslohn i. H. von 2.050 € in eine externe betriebliche Altersversorgung.

Nach § 100 EStG ist dieser Betrag komplett steuerfrei. Die Sozialversicherung folgt der Steuerfreiheit mit Beitragsfreiheit. Der Förderbetrag pro Monat beträgt 12 € (30 % von 40 €) und übersteigt somit den jährlichen Maximalbetrag i. H. von 144 € (12 x 12 €) nicht.

Der zusätzliche Arbeitgeberbeitrag zur betrieblichen Altersversorgung für Geringverdiener ist bis zum förderfähigen Höchstbetrag von 960 € jährlich steuer- und beitragsfrei (§ 100 Abs. 5 Satz 1 EStG).

Der Arbeitgeberbeitrag (§ 100 EStG) wird nicht auf das daneben bestehende steuerfreie Volumen des § 3 Nr. 63 EStG angerechnet. Es kann somit ein über den förderungsfähigen Höchstbetrag hinaus gezahlter zusätzlicher Arbeitgeberbeitrag nach den Regelungen des § 3 Nr. 63 EStG steuerfrei sein, wenn das Volumen des § 3 Nr. 63 EStG nicht bereits durch andere Beträge ausgeschöpft worden ist.

BEISPIEL Ein Arbeitgeber zahlt ab dem 1.1.2018 vierteljährlich einen zusätzlichen Arbeitgeberbeitrag i. H. von 150 € für einen Arbeitnehmer mit einem laufenden monatlichen Arbeitslohn i. H. von 2.050 € in eine externe betriebliche Altersversorgung.

Lösung vom 1.1.2018 bis 31.12.2019:

Im ersten, zweiten und dritten Quartal beträgt der bAV-Förderbetrag 45 € im Quartal (30 % von 150 €). Im vierten Quartal beträgt der bAV-Förderbetrag nicht mehr die volle Höhe, weil der maximale Arbeitgeberbeitrag zum bAV-Förderbetrag bei 480 € p. a. gedeckelt ist. Somit kann der Arbeitgeber noch eine Förderung im vierten Quartal von 9 € erhalten (144 € - (3 x 45 €)). Der Arbeitgeberbeitrag i. H. von 600 € (4 x 150 €) ist bis 480 € steuer- und beitragsfrei. Der übersteigende Betrag i. H. von 120 € (600 € - 480 €) ist ggf. nach § 3 Nr. 63 EStG steuerfrei und somit auch beitragsfrei, wenn diese Vorschrift nicht bereits durch andere Beiträge ausgeschöpft ist. Ansonsten besteht für diesen übersteigenden Betrag die Steuer- und Beitragspflicht.

Lösung ab 1.1.2020:

Nach § 100 EStG ist der Betrag i. H. von 600 € komplett steuerfrei. Die Sozialversicherung folgt der Steuerfreiheit mit Beitragsfreiheit. Der Förderbetrag pro Quartal beträgt 45 € (30 % von 150 €) und übersteigt somit den jährlichen Maximalbetrag i. H. von 288 € (30 % von 960 €) nicht.

Der zusätzliche Arbeitgeberbeitrag zur betrieblichen Altersversorgung für Geringverdiener ist bis zum förderfähigen Höchstbetrag von 960 € jährlich steuer- und beitragsfrei (§ 100 Abs. 5 Satz 1 EStG).

Der Arbeitgeberbeitrag (§ 100 EStG) wird nicht auf das daneben bestehende steuerfreie Volumen des § 3 Nr. 63 EStG angerechnet. Es kann somit ein über den förderungsfähigen Höchstbetrag hinaus gezahlter zusätzlicher Arbeitgeberbeitrag nach den Regelungen des § 3 Nr. 63 EStG steuerfrei sein, wenn das Volumen des § 3 Nr. 63 EStG nicht bereits durch andere Beträge ausgeschöpft worden ist.

Bei am 1.1.2018 bereits bestehenden Vereinbarungen einer betrieblichen Altersversorgung kann der Arbeitgeber den staatlichen Förderbetrag nicht in Anspruch nehmen, ohne dass zusätzliche Mittel mindestens i. H. des staatlichen Zuschusses für die betriebliche Altersversorgung des Arbeitnehmers zur Verfügung gestellt werden. Dies gilt entsprechend bei geringfügigen Beitragserhöhungen (§ 100 Abs. 2 Satz 2 EStG). Mit dieser gesetzlichen Regelung wird das Ziel verfolgt, den Arbeitgeber mit dem Förderbetrag zu motivieren, zusätzliche Arbeitgeberbeiträge für die Altersversorgung seiner Arbeitnehmer aufzubringen. Bezugsjahr für die Höhe der zusätzlich aufzubringenden Mittel ist dabei allerdings das Jahr 2016. Wird somit erstmalig 2017 eine arbeitgeberfinanzierte betriebliche Altersversorgung vereinbart, ist diese voll förderfähig.

BEISPIEL Ein Arbeitgeber zahlt seit dem 1.1.2016 jährlich einen zusätzlichen Arbeitgeberbeitrag i. H. von 200 € für einen Arbeitnehmer mit einem laufenden monatlichen Arbeitslohn i. H. von 2.050 € in eine externe betriebliche Altersversorgung. Ab dem 1.1.2018 erhöht der Arbeitgeber den jährlichen Beitrag auf 240 €.

Der Mindestbetrag nach § 100 EStG ist mit den 240 € erstmals erreicht. Der Arbeitgeberbeitrag ist deshalb nicht mehr nach den steuerrechtlichen Regelungen des § 3 Nr. 63 EStG steuerfrei, sondern nach den steuerrechtlichen Regelungen des § 100 EStG. Der bAV-Förderbetrag bezieht sich allerdings auch nur auf den Erhöhungsbetrag ab dem Jahr 2018 und beträgt somit nicht 72 € (30 % von 240 €), sondern ist begrenzt auf den Erhöhungsbetrag, beträgt also nur 40 €.

BEISPIEL (ABWANDLUNG) Ein Arbeitgeber zahlt seit dem 1.1.2016 jährlich einen zusätzlichen Arbeitgeberbeitrag i. H. von 210 i. H. € für einen Arbeitnehmer mit einem laufenden monatlichen Arbeitslohn i. H. von 2.050 € in eine externe betriebliche Altersversorgung. Ab dem 1.1.2018 erhöht der Arbeitgeber den jährlichen Beitrag auf 300 €.

Der Mindestbetrag nach § 100 EStG ist mit den 240 € erstmals erreicht. Der Arbeitgeberbeitrag ist deshalb nicht mehr nach den steuerrechtlichen Regelungen des § 3 Nr. 63 EStG steuerfrei, sondern nach den steuerrechtlichen Regelungen des § 100 EStG. Der bAV-Förderbetrag bezieht sich auch nur auf den Erhöhungsbetrag ab dem Jahr 2018 und beträgt somit 90 € (30 % von 300 €), was wiederum dem Erhöhungsbetrags (300 € - 210 €) entspricht. Es erfolgt somit keine Begrenzung des bAV-Förderbetrags und dieser wird i. H. von 90 € gezahlt.

BEISPIEL Ein Arbeitgeber zahlt seit dem 1.1.2016 jährlich einen zusätzlichen Arbeitgeberbeitrag i. H. von 200 € für einen Arbeitnehmer mit einem laufenden monatlichen Arbeitslohn i. H. von 2.050 € in eine externe betriebliche Altersversorgung. Ab dem 1.1.2018 erhöht der Arbeitgeber den jährlichen Beitrag auf 300 €.

Der Mindestbetrag nach § 100 EStG ist mit den 240 € erstmals erreicht. Der Arbeitgeberbeitrag ist deshalb nicht mehr nach den steuerrechtlichen Regelungen des § 3 Nr. 63 EStG steuerfrei, sondern nach den steuerrechtlichen Regelungen des § 100 EStG. Der bAV-Förderbetrag bezieht sich allerdings auch nur auf den maximalen bAV-Förderbetrag ab dem Jahr 2018 und beträgt somit 90 € (30 % von 300 €).

Für die Inanspruchnahme des Förderbetrags ist unbeachtlich, ob der zusätzliche Arbeitgeberbeitrag monatlich, unregelmäßig oder nur einmal im Kalenderjahr gezahlt wird. Für die Inanspruchnahme des Förderbetrags sind stets die Verhältnisse im Zeitpunkt der Beitragsleistung maßgeblich (§ 100 Abs. 3 Satz 2 EStG). Dies gilt auch bei schwankenden oder steigenden Arbeitslöhnen. Hierdurch kann der Arbeitgeber den Förderbetrag betriebliche Altersversorgung in einfacher Weise und vor allen Dingen rechtssicher geltend machen.

BEISPIEL Ein Arbeitgeber zahlt ab dem 1.1.2018 monatlich einen zusätzlichen Arbeitgeberbeitrag i. H. von 40 € für einen Arbeitnehmer mit einem laufenden monatlichen Arbeitslohn i. H. von 2.150 € in eine externe betriebliche Altersversorgung. Ab 1.7.2018 erhöht sich der laufende Arbeitslohn auf 2.214,50 €. Der Arbeitgeber zahlt weiterhin den zusätzlichen Arbeitgeberbeitrag.

Ab dem 1.7.2018 kann der Arbeitgeber den bAV-Förderbetrag nicht mehr in Anspruch nehmen. Der Arbeitnehmer überschreitet ab Juli 2018 die Geringverdienergrenze i. H. von 2.200 €. Die Monate Januar bis Juni 2017 bleiben unberücksichtigt, d. h., zu diesem Zeitpunkt war die Geringverdienergrenze nicht überschritten. Daher erfolgt auch keine Rückforderung der Förderung. Ab dem 1.1.2020 ist die Grenze für das laufende steuerpflichtige Brutto auf 2.575 € erhöht. Somit kann der Arbeitgeber ab dem 1.1.2020 die Förderung nach § 100 EStG und die damit verbundene Steuerfreiheit erneut anwenden.

Eine spätere Versorgungsleistung auf Grundlage von Beiträgen, für die der bAV-Förderbetrag in Anspruch genommen wurde, werden zu den sonstigen steuerpflichtigen Einkünften (§ 22 Nr. 5 Satz 1 EStG) hinzugerechnet.

Der Arbeitgeber ist verpflichtet, für die Inanspruchnahme des bAV-Förderbetrags die jeweiligen Voraussetzungen für jeden einzelnen Arbeitnehmer in deren Lohnkonto zu dokumentieren. Zusätzlich muss der Arbeitgeber der Versorgungseinrichtung die steuerfreien Beträge mitteilen, damit diese bei der nachgelagerten Besteuerung berücksichtigt werden. Die Versorgungseinrichtung hat diese Daten der Finanzverwaltung im Rahmen einer Rentenbezugsmitteilung (§ 22a EStG) zu übermitteln.

Wird im Zuge einer Lohnsteuer-Außenprüfung festgellt, dass bei einem Arbeitgeber die Voraussetzungen für den bAV-Förderbetrag nicht vorgelegen haben, werden die für die Lohnzahlungszeiträume entsprechenden Lohnsteuer-Anmeldungen durch den Betriebsprüfer geändert. Verfahrensrechtlich ist eine solche Änderung unproblematisch, da Lohnsteuer-Anmeldungen als Steueranmeldungen einer Steuerfestsetzung unter dem Vorbehalt der Nachprüfung gleichstehen (§ 168 i. V. m. § 164 AO). Auch die Vorschriften aus der Abgabenordnung für Steuervergütungen sowie die Straf- und Bußgeldvorschriften sind entsprechend anzuwenden (§ 100 Abs. 4 Nrn. 2 und 3 EStG). Allerdings finden auch für den bAV-Förderbetrag die Vorschriften für die lohnsteuerrechtliche Anrufungsauskunft (§ 42e EStG) Anwendung. In strittigen Fällen sollten Arbeitgeber wie auch steuerliche Berater von dieser Möglichkeit Gebrauch machen.

2.7 Sozialpartnermodell

Im Arbeitsrecht ist die reine Beitragszusage für Arbeitgeber eingeführt. Somit wurde die Zielrente ohne eine Garantie des Arbeitgebers und ohne quantitative Anlagevorschriften des Gesetzgebers als reine Zielrente eingeführt (§ 244b Abs. 1 Nr. 1 VAG). Die Beitragszusage als Zielrente kann in den externen Durchführungswegen Pensionskasse, Pensionsfonds und Direktversicherung durchgeführt werden (§ 22 BetrAVG). Der Gesetzgeber begründet diese Änderung mit einer klaren Erleichterung für Arbeitgeber und der Abschaffung eines in der Studie aufgezeigten Hindernisses.

Die Absicherung der Zielrente können die Tarifpartner in einer Vereinbarung als sog. Sicherungsbeitrag vereinbaren. Es ist somit möglich, dass der Arbeitgeber lediglich für eine Zielrente garantiert, die den eingebrachten Beiträgen entspricht, nicht aber für deren Rendite. Durch den Wegfall der Arbeitgeberhaftung (§ 1 Abs. 1 Satz 3 i. V. m. § 1 Abs. 2 Nr. 2a BetrAVG) besteht auch keine Pflicht mehr zur Insolvenzsicherung, somit fallen auch keine Beiträge zum Pensions-Sicherungs-Verein (PSV) an.

Die Sozialpartner können für Modelle der betrieblichen Altersversorgung ab 1.1.2018 die verpflichtende Entgeltumwandlung regeln und das sog. Option-out-Modell vorsehen (§ 20 BetrAVG). Somit ist es möglich, über Regelungen im Tarifvertrag die verpflichtende Teilnahme an der betrieblichen Altersversorgung vorzuschreiben. Der Arbeitnehmer hat allerdings die Möglichkeit, zu erklären, von diesem Recht keinen Gebrauch zu machen, und tritt sozusagen aus der betrieblichen Altersversorgung aus (Opting-out). Vergleichbar ist dieses Modell mit der Erklärung der geringfügig Beschäftigten bei der Rentenversicherungspflicht. Nicht tarifgebundene Arbeitgeber und Arbeitnehmer können sich den Regelungen einschlägiger Tarifverträge zum Optionsmodell und/oder zur reinen Beitragszusage anschließen. In einem solchen Fall muss die Versorgungseinrichtung dieser Regelung zugestimmt haben.

Der Arbeitgeber muss den Arbeitnehmer über die Entgeltumwandlung zugunsten der betrieblichen Altersversorgung mindestens drei Monate vor der ersten Fälligkeit informieren. Dabei wird der Arbeitnehmer aber nicht ausdrücklich um Zustimmung gefragt. Er kann frühestens einen Monat nach dem Zugang der Information zur Entgeltumwandlung diese mit einer Frist von höchstens einem Monat beenden.

HINWEIS

Bereits bestehende Option-out-Modelle dürfen durch die neuen tariflichen Regelungen nicht beeinträchtigt werden.

3. Entgeltumwandlung

Der Gesetzgeber änderte bestehende Regelungen bei Entgeltumwandlung und den vom Arbeitgeber eingesparten Sozialversicherungsbeiträgen. Bei einer Entgeltumwandlung des Arbeitnehmers zugunsten einer externen betrieblichen Altersversorgung muss der Arbeitgeber die eingesparten Sozialversicherungsbeiträge zugunsten der betrieblichen Altersversorgung verwenden. Der Anteil der eingesparten Sozialversicherungsbeiträge ist dabei nicht individuell für jeden einzelnen Arbeitnehmer zu ermitteln, sondern ist pauschal zu zahlen.

Bei jeder Entgeltumwandlung des Arbeitnehmers zugunsten einer externen BAV, die nicht eine reine Beitragszusage ist (§ 1a Abs. 1a BetrAVG), also bei den bisherigen Modellen einer BAV (meist beitragsorientierte Leistungszusage), muss der Arbeitgeber – **soweit** er durch die Entgeltumwandlung Sozialversicherungsbeiträge einspart – **mindestens** die ersparten Sozialversicherungsbeiträge zusätzlich auf den externen BAV-Vertrag des Arbeitnehmers zahlen, **maximal** 15 % des Umwandlungsbetrags. Das gilt gem. § 26a BetrAVG

- **ab 1.1.2019** für neue Entgeltumwandlungsvereinbarungen,
- **ab 1.1.2022** auch für bis zum 31.12.2018 geschlossene Entgeltumwandlungsvereinbarungen,
- sowohl i.V.m. § 40b EStG a.F. als auch i.V.m. § 3 Nr. 63 EstG.

Das bedeutet, dass der Arbeitgeberzuschuss genauso hoch ist wie die eingesparten AG-Beiträge zur Sozialversicherung, also auch niedriger als 15 % sein kann, jedoch höchstens 15 % des Umwandlungsbetrags beträgt (Deckelung).

Die Zuschusszahlung ist eine gesetzliche Regelung, jedoch tarifdispositiv (§ 19 BetrAVG). In einem Tarifvertrag kann hierfür auch ein anderer (z. B. niedrigerer) Arbeitgeberzuschuss oder eine andere kompensierende Arbeitgeberzahlung geregelt werden.

Ausnahmen gelten bei einer Direktversicherung oder einer Umlagekasse. Da dieser Arbeitgeberanteil als Erhöhung des Arbeitnehmerbeitrags gilt, ist dieser Anspruch unverfallbar.

Zusätzlich wurde gesetzlich geregelt, dass dieser Arbeitgeberbeitrag steuerfrei nach § 3 Nr. 63 EStG ist. Für bestehende Entgeltumwandlungsvereinbarungen ist eine Bestandsschutzregelung (§ 26a BetrAVG) eingeführt, die vorsieht, dass für diese Verträge der pauschalierte Arbeitgeberzuschuss ab 1.1.2022 gezahlt werden muss. Die Bundesregierung begründet diese Regelung mit den notwendigen Schritten der Tarifvertragsparteien bei bestehenden Regelungen.

Übersicht:	Anlageformen und ihre steuer- und sozialversicherungsrechtliche Beurteilung	
Form der Vorsorge	**Behandlung in der Lohnsteuer**	**Behandlung in der Sozialversicherung**
Pensionszusage	Steuerfrei in voller Höhe	Arbeitgeberbeiträge: beitragsfrei in voller Höhe; Arbeitnehmerbeiträge durch Entgeltumwandlung: beitragsfrei bis 4 % der BBG RV (2025: 3.864 €)
Pensionsfonds	Steuerfrei bis 8 % der BBG RV (2025: 7.728 €)	Arbeitgeberbeiträge: beitragsfrei bis 4 % der BBG RV (2025: 3.864 €); Arbeitnehmerbeiträge durch Entgeltumwandlung: beitragsfrei bis 4 % der BBG RV (2025: 3.864 €)
Pensionskasse Pauschalierung nach § 40b EStG a. F.	Bis 1.752 € pro Jahr mit 20 % pauschalierbar, darüber hinaus individuell zu versteuern	Arbeitgeberbeiträge: beitragsfrei bis 4 % der BBG RV (2025: 3.864 €), zusätzlich beitragsfrei, soweit pauschal versteuert wurde; Arbeitnehmerbeiträge durch Entgeltumwandlung: beitragsfrei bis 4 % der BBG RV (2025: 3.864 €); zusätzlich ist Einmalzahlung beitragsfrei, soweit es pauschal versteuert wurde.
Pensionskasse ab 1.1.2005	Steuerfrei bis 8 % der BBG RV (2025: 7.728 €)	Arbeitgeberbeiträge: beitragsfrei bis 4 % der BBG RV (2025: 3.864 €); Arbeitnehmerbeiträge durch Entgeltumwandlung: beitragsfrei bis 4 % der BBG RV (2025: 3.864 €)
Unterstützungskasse	Steuerfrei in voller Höhe	Arbeitgeberbeiträge: beitragsfrei in voller Höhe; Arbeitnehmerbeiträge durch Entgeltumwandlung: beitragsfrei bis 4 % der BBG RV (2025: 3.864 €)

Form der Vorsorge	Behandlung in der Lohnsteuer	Behandlung in der Sozialversicherung
Direktversicherung Pauschalierung nach § 40b EStG a. F. und Verzicht auf Steuerfreiheit	Bis 1.752 € mit 20 % pauschalierbar, darüber hinaus individuell zu versteuern	Arbeitgeberbeiträge: beitragsfrei, soweit pauschal versteuert wurde; Arbeitnehmerbeiträge durch Entgeltumwandlung: nur Einmalentgelt beitragsfrei, soweit es pauschal versteuert wurde.
Direktversicherung ab 1.1.2005	Steuerfrei bis 8 % der BBG RV (2025: 7.728 €)	Arbeitgeberbeiträge: beitragsfrei bis 4 % der BBG RV (2025: 3.864 €); Arbeitnehmerbeiträge durch Entgeltumwandlung: beitragsfrei bis 4 % der BBG RV (2025: 3.864 €)

Soll für Verträge zu Direktversicherungen, die

- bis zum 31.12.2004 abgeschlossen wurden und
- am 1.1.2005 die Bedingungen für die Steuerfreiheit des § 3 Nr. 63 EStG erfüllten,

weiterhin die Pauschalversteuerung angewendet werden, ist vom 1.1.2018 bis 31.12.2018 die Verzichtserklärung vor der ersten Beitragszahlung dem aktuellen Arbeitgeber gegenüber abzugeben und gilt für die gesamte Dauer dieses Dienstverhältnisses. Mit den Änderungen im Rahmen des JStG 2018[1] ist die verpflichtende Abgabe der Verzichtserklärung aufgehoben worden. Die dem damaligen Arbeitgeber im Jahr 2005 gegebene Verzichtserklärung ist nicht mehr vorzulegen.

Neben den persönlichen Voraussetzungen

- Für den Arbeitnehmer wurde bis zum 31.12.2017 mindestens ein Beitrag nach § 40b EStG a. F. pauschal versteuert

müssen auch die sachlichen Voraussetzungen

- Entweder es handelt sich um einen Vertag in eine Pensionskasse (gleichzeitige Anwendung von § 3 Nr. 63 EStG und § 40b EStG a. F.) oder
- es liegt eine Direktversicherung vor, für die § 3 Nr. 63 EStG nicht angewandt wird (vorrangig Kapitalauszahlung), oder
- es handelt sich um eine Direktversicherung, für die § 3 Nr. 63 EStG angewandt wird, und es liegt eine Verzichtserklärung vor (seit 1.1.2019 ist keine Verzichtserklärung mehr vorzulegen)

berücksichtigt werden.

1 Gesetz v. 17.8.2017, BGBl 2017 I S. 3214.

XIV. Austritt eines Arbeitnehmers

Tritt ein Arbeitnehmer aus dem Beschäftigungsverhältnis aus, muss der Arbeitgeber eine Reihe von Pflichten erfüllen. Der ausgeschiedene Arbeitnehmer muss bei seiner Krankenkasse abgemeldet werden. Mit dem Abgabegrund Ende einer Beschäftigung, Schlüssel 30, wird der Arbeitnehmer mit Angabe seines Bruttoverdienstes vom Eintritt oder vom Jahresbeginn bis zum Austrittsdatum abgemeldet. Im Rahmen von Elster Lohn II (ELStAM) ist die Abmeldung des Arbeitnehmers elektronisch vorzunehmen. Die Abmeldung sollte innerhalb von sechs Wochen nach dem Austritt erfolgen.

TIPP

Es ist sinnvoll, die Abmeldung gemeinsam mit der Lohnsteuerbescheinigung vorzunehmen.

Eine **automatische Abmeldung** bei ELStAM erfolgt **nicht** durch Neuanmeldung beim neuen Arbeitgeber.

Danach erfolgt der **Abschluss des Lohnkontos**. Dem ehemaligen Arbeitnehmer sind seine persönlichen Unterlagen, ggf. Ersatzbescheinigungen, zum Lohnsteuerabzug auszuhändigen. Über den bereits abgegoltenen Urlaub ist dem Arbeitnehmer eine Bescheinigung zu erstellen, die er bei seinem neuen Arbeitgeber vorlegen muss (Vermeidung von Doppelansprüchen). Das Ausstellen eines Arbeitszeugnisses und ggf. Ausfüllen der Arbeitsbescheinigung für die Berechnung des Arbeitslosengeldes ist gesetzlich nicht vorgeschrieben.

HINWEIS

Das ArbG Berlin hat mit Urteil vom 7.10.2015[1] der alten Rechtsprechung des BAG zum Urlaubsabgeltungsanspruch beim Tod des Arbeitnehmers widersprochen. Nach dem Urteil geht der Urlaubsanspruch des Arbeitnehmers mit seinem Tod nicht unter, sondern wandelt sich zu einem Urlaubsabgeltungsanspruch der Erben des Arbeitnehmers gegenüber seinem Arbeitgeber um. Das ArbG Berlin verwies auf § 7 Abs. 4 BUrlG, wonach der Urlaub abzugelten ist, wenn er wegen Beendigung des Arbeitsverhältnisses ganz oder teilweise nicht mehr gewährt werden kann. Diese Voraussetzung ist auch beim Tod des Arbeitnehmers gegeben. Die bisherige Rechtsprechung des BAG widerspreche Art. 7 Abs. 2 der Richtlinie 2003/88/EG, in der mit EuGH-Urteil vom 12.6.2014[2] der Urlaub mit dem Tod des Arbeitnehmers nicht verfällt. Das BAG hat mit Beschluss vom 18.10.2016[3] zur Frage der Vererbbarkeit eines Urlaubsanspruchs bei Tod eines Arbeitnehmers eine Anfrage an den EuGH gerichtet. Der EuGH hat am 6.11.2018[4] ebenfalls entschieden, dass der Urlaubsanspruch eines verstorbenen Arbeitnehmers auf die Erben bzw. Hinterbliebenen als Geldanspruch übergeht.

Das BAG hat mit Urteilen vom 22.1.2019[5] entschieden, dass beim Tod des Arbeitnehmers der Anspruch auf die Abgeltung des Resturlaubs auf die Erben übergeht. Neben dem gesetzlichen Urlaubsanspruch aus dem Bundesurlaubsgesetz ist auch der Zusatzurlaub nach dem Schwerbehindertenrecht und ggf. tariflicher Mehrurlaub abzugelten, wenn im Tarifvertrag kein vom Bundesurlaubsgesetz abweichender, eigenständiger Urlaubsbegriff geregelt ist.

Aufgrund des Zuflusses im Steuerrecht muss die Urlaubsabgeltung beim Tod des Arbeitnehmers im Monat der Zahlung beim Erben mit dessen Lohnsteuerabzugsmerkmalen gem. ELStAM abgerechnet werden.

1 ArbG Berlin, Urteil v. 7.10.2015 – 56 Ca 10968/15, NWB VAAAF-46308.

2 EuGH, Urteil v. 12.6.2014 – C-118/13, NWB NAAAE-67735.

3 BAG, Beschluss v. 18.10.2016 – 9 AZR 196/16 und 9 AZR 45/16, NWB NAAAF-86161 und NWB XAAAF-86162.

4 EuGH, Urteile v. 6.11.2018 – C-569/16, C-570/16, NWB DAAAH-03439; C-619/16, NWB JAAAH-06807 und C-684/16.

5 BAG, Urteile v. 22.1.2019 – 9 AZR 10/17, 45/16, 149/17 und 328/16.

Die Sozialversicherung hat zur Abgeltung des Urlaubs bei Tod des Arbeitnehmers ein Besprechungsergebnis[1] veröffentlicht. Danach ist die Urlaubsabgeltung als Einmalbezug beim verstorbenen Arbeitnehmer abzurechnen, **sofern die Abgeltung im Einzelfall tatsächlich gezahlt wird** (§ 22 Abs. 1 Satz 2 SGB IV). Dein Lohnprogramm wird dies nicht automatisch umsetzen können, sodass du diesen Sachverhalt manuell abrechnen muss. Die Abrechnung erfolgt in drei Schritten:

1. Schritt: Abrechnung der Urlaubsabgeltung beim verstorbenen Arbeitnehmer:	**2. Schritt: Abrechnung der Urlaubsabgeltung beim Erben:**	**3. Schritt: Rückstellung bilden (wenn sich kein Erbe bei deinem Mandanten meldet):**
Abrechnung im Sterbemonat	Abrechnung zum Zeitpunkt der Auszahlung an den Erben	
Einmalbezug (wie ein geldwerter Vorteil, der dem sozialversicherungspflichtigen Brutto zugerechnet, aber als Nettoabzug wieder abgezogen wird)	Sonstiger Bezug	
Steuerfrei	Steuerpflichtig (nach den Lohnsteuerabzugsmerkmalen des Erben)	
Sozialversicherungspflichtig, sofern die Abgeltung im Einzelfall tatsächlich gezahlt wird (§ 22 Abs. 1 Satz 2 SGB IV)	Sozialversicherungsfrei	
Sondermeldung 54 (für die beim Verstorbenen berechneten Beiträge)	Kein Meldegrund	
Urlaubsabgeltung als Nettoabzug (weil nur geldwerter Vorteil)	Sozialversicherungsbeiträge als Nettoabzug beim Erben (aus Schritt 1, die beim Verstorbenen errechneten Beiträge auf die Urlaubsabgeltung)	Sozialversicherungsbeiträge als Abzugsbetrag von der Rückstellung
Keine Auszahlung an den Verstorbenen	Auszahlung an den Erben	Gewinnmindernde Rückstellung i. H. der Urlaubsabgeltung

Lohnsteuerbescheinigung

Wird ein **Arbeitsverhältnis beendet**, muss der Arbeitgeber dem Finanzamt den Arbeitslohn und die jeweiligen Abzüge des Arbeitnehmers mit der **elektronischen Lohnsteuerbescheinigung** übermitteln. Die **Lohnsteuerbescheinigung** ist dem Finanzamt elektronisch zu übermitteln. Bei

1 Niederschrift der Besprechung der Spitzenverbände v. 20.11.2019.

Austritt des Arbeitnehmers erfolgt die Meldung sofort mit der nächsten Entgeltabrechnung, spätestens innerhalb der Frist von sechs Wochen nach Austritt.

MERKE

Der Arbeitnehmer erhält eine Kopie der elektronischen Lohnsteuerbescheinigung ausgehändigt.

TIPP

Ein Muster zur Kündigung eines Arbeitsverhältnisses haben wir dir im Kapitel XVI.6 „Muster“, S. 292 dargestellt.

Dauer des Arbeitsverhältnisses in dem Betrieb	Kündigungsf#rist
Unter zwei Jahre	Vier Wochen zum 15. eines Monats oder zum Ende eines Kalendermonats
Zwei Jahre	Ein Monat zum Ende eines Kalendermonats
Fünf Jahre	Zwei Monate zum Ende eines Kalendermonats
Acht Jahre	Drei Monate zum Ende eines Kalendermonats
Zehn Jahre	Vier Monate zum Ende eines Kalendermonats
Zwölf Jahre	Fünf Monate zum Ende eines Kalendermonats
Fünfzehn Jahre	Sechs Monate zum Ende eines Kalendermonats
Zwanzig Jahre	Sieben Monate zum Ende eines Kalendermonats

XV. Jahresabschlussarbeiten

Am Ende eines Jahres ist eine Vielzahl von **abschließenden Tätigkeiten in der Entgeltabrechnung** vorzunehmen, daher haben wir dir in Kapitel XVI einige Checklisten, u. a. zum Jahresabschluss, und in Kapitel XVII Musteraufgaben und Lösungen für jeden Kalendermonat zusammengestellt.

1. Lohnsteuerjahresausgleich

Beschäftigt ein Arbeitgeber am Jahresende **mindestens zehn Arbeitnehmer**, für die Abzüge nach den Lohnsteuerabzugsmerkmalen vorgenommen wurden, ist er zur Durchführung des Lohnsteuerjahresausgleichs gesetzlich verpflichtet (§ 42b EStG).

HINWEIS

Beschäftigt der Arbeitgeber weniger als zehn Arbeitnehmer, für die Abzüge nach den Lohnsteuerabzugsmerkmalen vorgenommen wurden, kann er den Lohnsteuerjahresausgleich freiwillig vornehmen. Durch den Lohnsteuerjahresausgleich des Arbeitgebers wird die Berechnung und Zahlung der Lohnsteuer für das laufende Kalenderjahr zutreffend berechnet. Die Lohnsteuer ist eine Jahressteuer und die monatlichen Lohnsteuerabzüge stellen nur eine vorläufige Vorauszahlung dar. Die eventuell zu viel gezahlte Lohnsteuer wird dann mit der Lohnsteuer im Monat Dezember verrechnet. Zu wenig gezahlte Lohnsteuer darf nicht nur dem Arbeitgeber nachberechnet werden. In diesem Fall erfolgt die Nachzahlung durch die persönliche Einkommensteuererklärung des Arbeitnehmers. Eine Ausnahme ist die fehlerhafte Berechnung der Lohnsteuer durch den Arbeitgeber, in diesem Fall muss der Arbeitgeber korrigieren. Der Lohnsteuerjahresausgleich wird i. d. R. mit der Dezemberabrechnung vorgenommen. Er muss spätestens bis zum Februar des Folgejahrs durchgeführt worden sein.

In einigen Fällen ist die **Durchführung des Lohnsteuerjahresausgleichs gesetzlich verboten**:

- bei fehlerhafter Lohnsteuerbescheinigung,
- wenn der Arbeitnehmer nach Steuerklasse V oder VI besteuert wurde (ganzes Jahr oder auch nur ein Teil des Jahres),
- wenn der Arbeitnehmer nach Steuerklasse III oder IV besteuert wurde (ganzes Jahr oder auch nur ein Teil des Jahres),
- wenn der Arbeitnehmer nach Steuerklasse IV mit Faktor besteuert wurde,
- wenn der Arbeitnehmer im Kalenderjahr mit einer Unterbrechung gemeldet wurde,
- wenn keine Lohnsteuerabzugsmerkmale vorlagen,
- wenn bei den Lohnsteuerabzugsmerkmalen Freibeträge oder Hinzurechnungsbeträge eingetragen waren,
- wenn der Arbeitslohn dem Doppelbesteuerungsabkommen unterliegt,
- wenn der Arbeitnehmer im Kalender Lohnersatzleistungen erhalten hat (z. B. Kurzarbeitergeld, Winterausfallgeld, Aufstockungsbeträge zur Altersteilzeit, Ersatz nach dem Bundesseuchengesetz, Zuschuss zum Mutterschaftsgeld),
- wenn die Krankenkasse des Arbeitnehmers im laufenden Kalenderjahr den individuellen Zusatzbeitrag ändert,
- der Arbeitnehmer im Ausgleichsjahr ausländische Einkünfte aus nichtselbständiger Arbeit bezogen hat, von denen keine inländische Lohnsteuer einbehalten wurde.

2. DEÜV-Jahresmeldung

Der Arbeitgeber muss für alle sozialversicherungspflichtigen Arbeitnehmer, deren Beschäftigung über den Jahreswechsel hinaus besteht, eine **DEÜV-Jahresmeldung** erstellen. Mit dem Meldegrund 50 = Jahresmeldung wird das beitragspflichtige Entgelt bis zur Höhe der Beitragsbemessungsgrenze der Rentenversicherung für das abgelaufene Kalenderjahr gemeldet.

MERKE

Die Jahresmeldung muss bis spätestens 15.2. des Folgejahres an die zuständige Krankenkasse des Arbeitnehmers übermittelt werden. Durch das Gesetz zur Neuorganisation der bundesunmittelbaren Unfallkassen, zur Änderung des Sozialgerichtsgesetzes und zur Änderung anderer Gesetze ist der Abgabetermin der DEÜV-Jahresmeldung vom 15.4. auf den 15.2. vorverlegt worden (§ 10 Abs. 1 Satz 1 DEÜV). Seit dem Jahr 2014 sind Einmalzahlungen, die durch die Märzklausel dem Vorjahr zuzuordnen sind und nicht mehr in die DEÜV-Jahresmeldung einfließen, gesondert mit dem Abgabegrund 54 zu melden. Eine Stornierung der bereits abgegebenen DEÜV-Jahresmeldung entfällt. Die DEÜV-Jahresmeldung wird an den Rentenversicherungsträger weitergeleitet, der nach den Meldungen das jeweilige Rentenkonto ergänzt.

3. Lohnkonto

Zum Jahresende werden im **Lohnkonto** die Werte des Kalenderjahres addiert und in einem **Jahreslohnkonto** ausgewiesen. Dieses Jahreslohnkonto ist mit den Lohnunterlagen bis zum Ablauf des sechsten Kalenderjahres, welches auf die zuletzt vorgenommene Eintragung folgt, aufzubewahren.

4. Lohnsteuerbescheinigung

Ist das **Kalenderjahr abgelaufen**, muss der Arbeitgeber dem Finanzamt den Arbeitslohn und die jeweiligen Abzüge des Arbeitnehmers mit der **elektronischen Lohnsteuerbescheinigung** übermitteln. Die **Lohnsteuerbescheinigung** ist dem Finanzamt elektronisch zu übermitteln. Zum Jahresende erfolgt die Übermittlung der elektronischen Lohnsteuerbescheinigung frühestens mit der Abrechnung Dezember, spätestens bis zum 28.2. bzw. 29.2. des Folgejahres.

HINWEIS

Im Jahr 2026 muss die elektronische Lohnsteuerbescheinigung für das Jahr 2025 bis spätestens 2.3.2026 übermittelt werden.

Ausdruck der elektronischen Lohnsteuerbescheinigung für 2025

Nachstehende Daten wurden maschinell an die Finanzverwaltung übertragen.

Korrektur/Stornierung

Datum:

Identifikationsnummer:

Personalnummer:

Geburtsdatum:

Transferticket:

Dem Lohnsteuerabzug wurden im letzten Lohnzahlungszeitraum zugrunde gelegt:

Steuerklasse/Faktor

Zahl der Kinderfreibeträge

Steuerfreier Jahresbetrag

Jahreshinzurechnungsbetrag

Kirchensteuermerkmale

Anschrift und Steuernummer des Arbeitgebers:

1. Bescheinigungszeitraum	vom - bis	
2. Zeiträume ohne Anspruch auf Arbeitslohn	Anzahl „U"	
Großbuchstaben (S, M, F, FR)		
	EUR	Ct
3. Bruttoarbeitslohn einschl. Sachbezüge		
4. Einbehaltene Lohnsteuer von 3.		
5. Einbehaltener Solidaritätszuschlag von 3.		
6. Einbehaltene Kirchensteuer des Arbeitnehmers von 3.		
7. Einbehaltene Kirchensteuer des Ehegatten/Lebenspartners von 3. (nur bei Konfessionsverschiedenheit)		
8. In 3. enthaltene Versorgungsbezüge		
9. Versorgungsbezüge für mehrere Kalenderjahre (in 3. enthalten)		
10. Arbeitslohn für mehrere Kalenderjahre, Entschädigungen, z.B. Abfindungen (in 3. enthalten, ohne 9.)		
11. unbesetzt		
12. unbesetzt		
13. - 14. unbesetzt		
15. Leistungen, die dem Progressionsvorbehalt unterliegen (z.B.Lohnersatzleistungen)		
15a. (Saison-)Kurzarbeitergeld in 15. enthalten		
16. Steuerfreier Arbeitslohn nach a) Doppelbesteuerungsabkommen (DBA)		
16. Steuerfreier Arbeitslohn nach b) Auslandstätigkeitserlass		
17. Steuerfreie Arbeitgeberleistungen, die auf die Entfernungspauschale anzurechnen sind		
18. Pauschal mit 15 % besteuerte Arbeitgeberleistungen für Fahrten zwischen Wohnung und erster Tätigkeitsstätte		
19. unbesetzt		
20. Steuerfreie Verpflegungszuschüsse bei Auswärtstätigkeit		
21. Steuerfreie Arbeitgeberleistungen bei doppelter Haushaltsführung		
22. Arbeitgeberanteil/-zuschuss a) zur gesetzlichen Rentenversicherung		
22. Arbeitgeberanteil/-zuschuss b) an berufsständische Versorgungseinrichtungen		
23. Arbeitnehmeranteil a) zur gesetzlichen Rentenversicherung		
23. Arbeitnehmeranteil b) an berufsständische Versorgungseinrichtungen		
24. Steuerfreie Arbeitgeberzuschüsse a) zur gesetzlichen Krankenversicherung		
24. Steuerfreie Arbeitgeberzuschüsse b) zur privaten Krankenversicherung		
24. Steuerfreie Arbeitgeberzuschüsse c) zur gesetzlichen Pflegeversicherung		
25. Arbeitnehmerbeiträge zur gesetzlichen Krankenversicherung		
26. Arbeitnehmerbeiträge zur sozialen Pflegeversicherung		
27. Arbeitnehmerbeiträge zur Arbeitslosenversicherung		
28. Beiträge zur privaten Kranken- und Pflege-Pflichtversicherung oder Mindestvorsorgepauschale		
29. Bemessungsgrundlage für den Versorgungsfreibetrag zu 8.		
30. Maßgebendes Kalenderjahr des Versorgungsbeginns zu 8. und/oder 9.		
31. Zu 8. bei unterjähriger Zahlung: Erster und letzter Monat, für den Versorgungsbezüge gezahlt wurden		
32. Sterbegeld; Kapitalauszahlungen/Abfindungen und Nachzahlungen von Versorgungsbezügen - in 3. und 8. enthalten		
33. unbesetzt		—
34. Freibetrag DBA Türkei		
Finanzamt, an das die Lohnsteuer abgeführt wurde (Name und vierstellige Nr.)		

2.25

XVI. Checklisten & Übersichten

1. Die wichtigsten Aufgaben für den Jahreswechsel

CHECKLISTE:	Lohn- und Gehaltsabrechnung am Jahresende		
	Aktionen:	**Zu erledigen bis:**	**Erledigt:**
Aktion	► Datensicherung altes Jahr	Dezember	
Aktion	► Sonderzahlungen abrechnen (z. B. Weihnachtsgeld)	Dezember	
Aktion	► Betriebliche Altersversorgung abrechnen	Dezember	
Prüfung **Aktion**	► Jahreslohnsteuerausgleich durchführen. (Arbeitgeber, die am 31.12. mindestens zehn Arbeitnehmer mit Lohnsteuerkarte beschäftigen, sind gesetzlich verpflichtet, den Lohnsteuerjahresausgleich durchzuführen. Hat ein Arbeitgeber weniger als zehn Arbeitnehmer mit Lohnsteuerkarte beschäftigt, ist er zur Durchführung des Lohnsteuerjahresausgleichs nicht verpflichtet.)	Februar	
Prüfung	► Jahresarbeitsentgeltgrenzen überprüfen: - normale Jahresarbeitsentgeltgrenze 69.300 € im Jahr 2024 - besondere Jahresarbeitsentgeltgrenze 62.100 € im Jahr 2024 - normale Jahresarbeitsentgeltgrenze 73.800 € im Jahr 2025 - besondere Jahresarbeitsentgeltgrenze 66.150 € im Jahr 2025	Dezember	
Prüfung	► Minijobber oder Gleitzone auf die Einhaltung der Entgeltgrenzen überprüfen: - Minijobber bis zur Geringfügigkeitsgrenze (aktuell: 556 €) - Übergangsbereich bis 2.000 €	Dezember	
Prüfung	► Resturlaub überprüfen und ggf. übertragen	Dezember/ Januar	
Aktion	► Lohnkonten abschließen	Dezember/ Januar	
Aktion	► Übermittlung der Lohnsteuer-Anmeldung	10.1.2026	

Prüfung	► Lohnsteuer-Anmeldezeitraum prüfen: - monatlich: mehr als 5.000 € - vierteljährlich: mehr als 1.080 €, aber nicht mehr als 5.000 € - kalenderjährlich: nicht mehr als 1.080 € Die Werte entnehmen Sie dem Jahreslohnjournal.	Januar	
Aktion	► Lohnsteuerbescheinigung erstellen **Wichtiger Hinweis:** Einige Lohnprogramme erstellen die Lohnsteuerbescheinigung automatisch mit der Abrechnung Dezember.	2.3.2026	
Aktion	► Jahreslohnjournal ausdrucken und ablegen	Dezember	
Aktion	► Datenübermittlung an die Berufsgenossenschaft: Übermittlung des digitalen Lohnnachweises	15.2.2026	
Prüfung	► Beiträge, Arbeitgeberzuschuss und Beitragsanteile nach dem Basistarif bei der Lohnsteuerberechnung bei privat versicherten Arbeitnehmern prüfen und ggf. anpassen	Dezember/ Januar	
Prüfung	► Neue Rechengrößen prüfen	Januar	
Prüfung	► Sachbezugswerte 2025 prüfen: - Frühstück: 2,30 € - Mittagessen: 4,40 € - Abendessen: 4,40 €	ab Januar 2025	
	► UV-Jahresmeldung: Für das Meldejahr 2025 müssen die Entgelte für die Berechnung der Beiträge in der Unfallversicherung mit der Meldung 92 als UV-Jahresmeldung gesondert gemeldet werden.	15.2.2026	
Aktion	► DEÜV-Jahresmeldung: Die Meldung kann frühestens mit der Januar-Abrechnung 2026 für das Jahr 2025 erstellt werden. Die Meldung unterliegt nicht mehr der sog. Märzklausel und muss bis spätestens 15.2. des Folgejahres übermittelt werden. Seit 2014 sind Einmalzahlungen, die durch die Märzklausel dem Vorjahr zugeordnet werden müssen, mit einer gesonderten Meldung und dem Abgabegrund 54 zu melden.	15.2.2026	

Aktion	► - Ausgleichsabgabe Schwerbehinderter: - Beschäftigungsquote 3 % bis unter Pflichtsatz: 155 € - Beschäftigungsquote 2 % bis unter 3 %: 275 € - Beschäftigungsquote weniger als 2 %: 405 € - Beschäftigungsquote von 0 %: 815 €	31.3.2026	
Prüfung	► Aktuelle Änderungen 2025: Wichtige gesetzliche Änderungen zum Jahreswechsel beachten	Januar/ fortlaufend	
Prüfung **Aktion**	► Anmeldung zum Abruf der Lohnsteuerabzugsmerkmale ELStAM. **Wichtiger Hinweis:** Frei-/Hinzurechnungsbeträge für das Jahr 2025 müssen nicht mehr grds. vom Arbeitnehmer neu beantragt werden. Seit dem Veranlagungszeitraum 2016 können Freibeträge für zwei Jahre beantragt werden.		
Aktion	► Termine zur Übermittlung der Beitragsnachweise und Zahlungstermine im Jahr 2025 beachten	Monatlich 2025	

2. Praxis-Checkliste zur Erstellung der laufenden Lohnbuchhaltung

1. Stammdatenpflege

Detailinformation	Die wichtigsten Eckdaten des Mandanten (dies sind: Sofortmeldung, Schätzverfahren, automatische Abrechnung, mehrere Abrechnungsläufe, Ansprechpartner und Fertigungstermin) müssen in einer Notiz erfasst werden. Ein Vermerk muss immer erfolgen, auch wenn es keine Besonderheiten gibt, dadurch kann erkannt werden, dass das Ausfüllen nicht vergessen worden ist.
Ziel/Nutzen	Bei Krankheit oder Urlaub eines SB kann sich der Vertreter einen schnellen Überblick über die Besonderheiten des Mandanten verschaffen.

2. Überprüfung EDV-Möglichkeiten

Detailinformationen	Ab zehn Arbeitnehmern mit Stundenabrechnung ist zu prüfen, ob der Einsatz eines Vorerfassungsprogramms oder einer individuellen Excel-Liste sinnvoll ist.
Ziel/Nutzen	Durch den Import der Daten werden Übertragungsfehler vermieden.

3. Lohndaten anfordern

Ziel/Nutzen	Die rechtzeitige Anforderung der Lohndaten stellt sicher, dass die Arbeiten zeitgerecht erledigt werden können.

3.1 Rücksprache Fibu-Sachbearbeiter (SB)

Detailinformationen	Bevor mit der Lohnabrechnung begonnen wird, ist der Fibu-SB zu fragen, ob sich noch Lohnunterlagen im Pendelordner befinden.
Ziel/Nutzen	Dies stellt sicher, dass keine bereits eingereichten Unterlagen übersehen werden.

3.2 Terminabstimmung

Detailinformationen	Mit jedem Mandanten ist ein individueller Abgabetermin zur Einreichung der Abrechnungsdaten zu vereinbaren. Bei verspäteter bzw. verfrühter Abgabe der Unterlagen durch den Mandanten kann dieser kein Recht auf sofortige Erledigung geltend machen, außer dies ist mit dem SB abgesprochen.

Ziel/Nutzen	Durch die Terminabstimmung kann die fristgerechte Bearbeitung der Lohnabrechnung garantiert werden. Der Mandant weiß genau, wann die erforderlichen Daten an uns zu übermitteln sind. Zeitersparnis, da die Daten nicht mehr telefonisch angefordert werden müssen.

3.3 E-Mail-Erinnerungsservice

Detailinformationen	Der Mandant soll am 14. des Monats eine automatisierte E-Mail erhalten, in der er an die Abgabe der Abrechnungsdaten erinnert wird.

3.4 Eingangsdaten dokumentieren

Detailinformationen	Der Dateneingang ist zu dokumentieren.

4. Personaldaten aktualisieren

Ziel/Nutzen		Ergibt sich aus den erhaltenen Unterlagen eine Änderung der Stammdaten, so sind diese zu aktualisieren, damit die Änderungen zukünftig automatisch berücksichtigt werden.
4.1	Daten des Personals eingeben	Die (geänderten) Daten des Personals sind einzugeben.
4.2	Daten für Lohn-/ Gehaltsabrechnungen	Bei Festbezügen sind die aktuellen Werte unter Stammdaten zu vermerken. Bei variablen Bezügen (z. B. Stundenlöhne) erfolgt die Eingabe unter den Bewegungsdaten. Die Grunddaten sind mit den Vormonatswerten zu vergleichen (Stundenlohn und Festgehalt). Bei Abweichungen sind die arbeitsrechtlichen Grundlagen vom Mandanten anzufordern. Keine Änderung ohne schriftliche Grundlage. Gibt es keine Abweichungen sind diesbezüglich keine weiteren Prüfungshandlungen durchzuführen.
4.3	Einrichtung betriebliche Altersversorgung	Bei Neueinrichtung eines Netto-Abzugs ist ein Hinweis per Brief oder Mail auf die Bezahlung des Netto-Abzugs mit Aufgabe der Bankverbindung zu geben, bzw. auf die Erteilung einer Einzugsermächtigung hinzuwirken. Text: Bitte beachten Sie, dass Ihr Mitarbeiter XX ab dem Monat XX einen Bausparvertrag/einen Vertrag über eine betriebliche Altersversorgung abgeschlossen hat. Nehmen Sie daher bitte monatlich folgende Überweisung vor: Institut IBAN Verwendungszweck Um Differenzen zu vermeiden, empfehlen wir die Erteilung einer Einzugsermächtigung.

Ziel/Nutzen	In der Buchhaltung fällt immer wieder auf, dass die Abzüge nicht beglichen werden. Unsere Lohnauswertungen werden oft nicht verstanden oder ignoriert.

5. Personalein- und -austritt bearbeiten

5.1	Personaleintritt	Die Personaldaten sind neu einzugeben. Das Eintrittsdatum ist anzugeben. Hierfür sind bei geringfügig Beschäftigten immer die Personalfragebögen zu verwenden, ggf. müssen wir unsere Mandanten „erziehen" diese zu nutzen. Bei Festanstellungen sind nach Möglichkeit ebenfalls Personalfragebögen auszufüllen. Ist der Mandant dazu nicht bereit, ist zumindest der Arbeitsvertrag vorzulegen und sind Krankenkasse sowie Steuermerkmale mitzuteilen. Der Mandant wird dann per E-Mail über die weitere Vorgehensweise informiert. Es ist darauf zu achten, dass bei geringfügig Beschäftigten der Hinweistext „jede weitere geringfügige Beschäftigung ist uns sofort zu melden" sowie bei den Beschäftigten in sofortmeldepflichtigen Unternehmen der Hinweistext „Gem. § 2a (1) SchwarzArbG müssen Sie jeden Tag Ihren Pass mitbringen" auf der Abrechnung eingepflegt wurde. Außerdem ist zu prüfen, ob für diese Branche ein Tarifvertrag (Mindestlöhne!) vorliegt. Ein Verzeichnis der allgemeinverbindlich erklärten Tarifverträge ist auf der Internetseite des Bundesamtes für Arbeit und Soziales zu finden. Des Weiteren ist zu überprüfen, ob die Papiere für ausländische Arbeitnehmer vollständig vorhanden sind.
5.2	Personalaustritt	Bei Personalaustritten ist das Austrittsdatum einzugeben, die erforderlichen Meldungen zu veranlassen und auf Verlangen des Mandanten eine Arbeitsbescheinigung zu erstellen. Es wird zwingend eine Kopie der Kündigung vom Mandanten benötigt. Diese wird zu den Lohnunterlagen genommen. **Der Mandant ist darauf hinzuweisen, dass eine Kündigung zwingend schriftlich zu erfolgen hat. Eine mündliche Kündigung ist unwirksam!** Die erforderlichen Unterlagen (Meldung zur Sozialversicherung, Lohnsteuerbescheinigung) werden dem Mandanten zugeschickt. Eine angeforderte Arbeitsbescheinigung ist dem Mandanten innerhalb von drei Werktagen nach Anforderung zuzuleiten.

5.3	Abfindungen	Seit dem 1.1.2025 ist die Fünftelregelung in der Lohnabrechnung nicht mehr zulässig. Sie kann aber noch in der Einkommensteuer-Veranlagung angewendet werden. Daher ist darauf zu achten, dass die Abfindung in Zeile 10 der Lohnsteuerbescheinigung ausgewiesen wird..
5.4	Geschäftsführer	Bei Geschäftsführervergütungen ist im Monat September/Oktober ein Abgleich der Abrechnungsunterlagen mit der Fibu durchzuführen. Dazu ist dem JA-SB das Lohnkonto vorzulegen. Es ist gemeinsam abzustimmen, ob z. B. Tantiemen gezahlt worden sind (auch anders als in vereinbarter Höhe) oder ob sich Änderungen seit der letzten Statusfeststellung ergeben haben (Änderung der Anteile, Änderung des Gesellschafterbestandes etc.). Das Statusfeststellungsverfahren ist (soweit noch nicht durch die Deutsche Rentenversicherung geprüft) einzuleiten/die SV-Pflicht zu prüfen. Bei Prüfung durch die Krankenkasse ist darauf zu achten, dass im Bescheid ausdrücklich auf die Beteiligung der Deutschen Rentenversicherung hingewiesen wird, da der Bescheid ansonsten durch die Deutsche Rentenversicherung für nichtig erklärt werden kann.
Ziel/Nutzen		Eine rückwirkende Änderung des Versicherungsstatus mit umfangreichen Rückabwicklungen wird vermieden.
5.5	Angehörige	Bei der Beschäftigung von nahen Angehörigen ist ebenfalls das Statusfeststellungsverfahren einzuleiten bzw. zu prüfen, ob dieses bereits durchgeführt wurde. Außerdem ist das Beschäftigungsverhältnis aus steuerlicher Sicht zu prüfen.

6. Sonderfälle

Detailinformation	Folgende Sachverhalte sind gesondert zu prüfen: ► Mutterschutz ► Beschäftigungsverbot ► Elternzeit

7. Bescheinigungen erstellen

Detailinformation	Vom Mandanten angeforderte Bescheinigungen sind zeitnah auszustellen (max. drei Werktage), denn dies ist ein Qualitätsmerkmal!

7.1	Anträge auf Lohnersatzleistungen stellen	Die entsprechenden Anträge auf Erstattung nach U1 und U2 werden vom Programm mit der Abrechnung erstellt. Hierzu sind in den Personaldaten die verschiedenen Fehlzeiten zu erfassen. Bei Stundenlohnempfängern müssen zusätzlich vom Mandanten die Krankheitsstunden mitgeteilt und in den Bewegungsdaten zusätzlich zu den „Normalstunden“ erfasst werden. Hierzu muss zwingend die Lohnart Lohnfortzahlung in den Mandantendaten hinterlegt sein!
7.2	Übersicht Umlage und Erstattungssätze	Es wird eine Auswertung über die gestellten Anträge an den Mandanten weitergegeben, sofern dies erwünscht ist.

8. Bewegungsdaten erfassen

Detailinformation	Die Bewegungsdaten sind zu erfassen (z. B. Stunden, Urlaubsgeld, Weihnachtsgeld und Vorschüsse).

9. Probeabrechnung durchführen

Detailinformation		Die Durchführung von Probeabrechnungen für alle unklaren Fälle verhindert die Gefahr von Eingabefehlern.
9.1	Probeabrechnung durchführen	Die Daten werden an das Rechenzentrum gesendet und zurückgeholt.
9.2	Probeabrechnung prüfen	Die Daten der Probeabrechnung sind auf Datenrichtigkeit und Plausibilität hin zu prüfen. Hierbei ist unbedingt auch das Fehlerprotokoll zu prüfen! Insbesondere kommen folgende Plausibilitätsprüfungen in Betracht: ► Prüfung der Minijobgrenze ► Prüfung des Übergangsbereichs ► Prüfung Mindestlohn ► Betriebliche Altersversorgung ► Auszahlungsbeträge über 3.000,00 € ► Sonderzahlung (Beitragsbemessungsgrenzen) ► Jahresarbeitsentgeltgrenze ► Steuerklasse/SV-Schlüsselung
9.3	Anfertigung Aktennotiz	Besonderheiten des Monats und sämtliche Berechnungen sind unbedingt zu den Lohnunterlagen zu nehmen.
Ziel/Nutzen		Berechnungen und Änderungen sind so schnell und einfach auch von der Vertretung nachzuvollziehen.

10. Lohndaten für die Fibu bereitstellen

Ziel/Nutzen		In der Finanzbuchhaltung müssen die Daten der Lohnabrechnung verarbeitet werden. Deshalb sind sie entsprechend bereitzustellen.
10.1	Daten für Bruttolohnverbuchung weiterleiten	Die Daten für die Fibu sind durch einen Export oder einen Buchungsbeleg bereitzustellen. Die Konten sind gem. Kontenplan zu hinterlegen. Als Ausnahme kommt in Betracht, die Übernahme im laufenden Jahr. Hier soll der Fibu-SB die Vorgabe machen. Im Folgejahr wird dann nach Kontenplan hinterlegt.
10.2	Aufsplittung Buchungssätze für Verbindlichkeitskonto Löhne/Gehälter und Verbindlichkeit soziale Sicherheit	Um die Abstimmarbeiten für die Fibu zu erleichtern, sollen Einzelbuchungen für die Verbindlichkeitskonten erfolgen. Hierfür ist in den Auswertungen eine Splittung der Buchungen zu aktivieren.
10.3	Informationsaustausch Fibu-SB	Folgende Informationen an den Fibu-SB weitergeben: ► Verrechnung von Gehaltszahlungen, z. B. mit offenen Rechnungen ► Verrechnungen der Krankenkassen aus Guthaben von AAG-Anträgen mit Beitragszahlungen ► Einrichtungen neuer BAV- oder VWL-Verträge ► Änderung des Buchungsbelegs durch Wiederabrechnungen Die DÜ-Protokolle für die Erstattungsanträge AAG sind an den Fibu-SB weiterzugeben.
Ziel/Nutzen		Vermeidung von Rückfragen an den Mandanten durch mangelnden Informationsaustausch zwischen den jeweiligen Sachbearbeitern.

11. Auswertungen

Detailinformation	Soweit mit dem Mandanten nichts anderes abgesprochen wurde, erhält er folgende Auswertungen: ► Lohnabrechnung ► DÜ-Protokoll LSt-Bescheinigung ► Meldebescheinigung zur Sozialversicherung ► Personalkostenübersicht ► Zahlungsübersicht

12. Endgültige Abrechnung durchführen

12.1	Vollständige Abarbeitung?	Sollte ein Punkt aus zeit- oder anderweitigen Gründen nicht erledigt sein, dann ist die Liste vor der endgültigen Abrechnung zwingend der Kanzleileitung vorzulegen! Die Kanzleileitung entscheidet dann, ob die Löhne trotzdem abgerechnet werden dürfen.
12.2	Daten in die Verarbeitung schicken/festschreiben	Die Lohndaten sind nach Prüfung und ggf. Berichtigung der Probeabrechnungen zur endgültigen Auswertung zu verarbeiten.

13. Auswertungen kontrollieren

Detailinformation	Die rückübertragenen Auswertungen kontrollieren. Hierzu zählen insbesondere die Auswertungen: ► Fehlerprotokoll ► Lohnabrechnung ► Beitragsnachweis ► DÜ Protokoll Sofortmeldungen ► DÜ Protokoll An- und Abmeldungen ► DÜ-Protokoll Entgeltersatzleistungen ► Übersicht DÜ Erstattung AAG Die Lohnabrechnungen zu den Akten nehmen. Soweit Abrechnungen dem Mandanten per E-Mail zugeschickt werden, diese mit einem Passwort vor unbefugtem Zugriff zu schützen. Hierfür soll immer die Mandantennummer verwendet werden.
Ziel/Nutzen	Trotz Durchführung von Probeabrechnungen können noch Fehler vorkommen. Deshalb ist die Abrechnung nochmals auf Fehler hin zu untersuchen.

14. Die Zeiterfassung ist durchzuführen

Detailinformation	Es ist zu kontrollieren, ob alle Zeiten erfasst sind (ggf. nachtragen). Für die Rechnungsschreibung sind 15 Minuten in der Zeiterfassung zu berücksichtigen. Die Zeiterfassung erfolgt bei den Lohnaufträgen immer mit Text!

15. Rechnungsschreibung

Detailinformation	Sobald der Lohnlauf abgeschlossen ist, ist mit dem Rechnungslauf zu beginnen. Es ist verpflichtend, die Rechnungen im gleichen Monat zu schreiben, damit die Umsätze entsprechend richtig zufließen. Eine Ausnahme hiervon ist nicht zulässig. Zur Rechnungsschreibung sind folgende Auswertungen heranzuziehen bzw. die Austextungen in der Zeiterfassung zu berücksichtigen: ► Lohnjournal ► DÜ-Protokoll An-/Abmeldungen ► Anträge nach dem AAG Weiterhin sind alle weiteren erstellten Bescheinigungen zu berechnen.

16. Folgemonat vorbereiten

Detailinformation	Bereits bekannte Sachverhalte im Programm einpflegen.
Ziel/Nutzen	Die sofortige Vorbereitung des Folgemonats hilft dabei, dass Sachverhalte, die erst den Folgemonat betreffen, nicht übersehen werden.

3. Praxis-Checkliste: Prüfung der Deutschen Rentenversicherung

1. Allgemeine Prüfungsvorbereitungen

Die Deutsche Rentenversicherung kündigt sich einmal im Jahr zur Prüfung an und sendet uns eine Aufstellung der zu prüfenden Mandanten. Geprüft werden immer die letzten vier Jahre.

1.1	Prüferzimmer reservieren	Für den Zeitraum der Prüfung ist das Prüferzimmer zu blocken. Den Prüfern muss ein PC zur Verfügung gestellt werden auf dem die Daten der Archiv-DVDs eingesehen werden können.
1.2	Archiv-DVD bestellen	Für den Prüfzeitraum muss eine Archiv-DVD angefordert werden. Diese ist mit einem Passwort zu schützen. Alternativ können die Daten auch elektronisch im Rahmen der euBP an die Deutsche Rentenversicherung übermittelt werden.
1.3	Mandanten freischalten lassen	Der IT-Service bekommt zeitnah nach Eingang der Prüfungsmitteilung eine Mandantenliste, sortiert nach Mandantennummer (aufsteigend), damit diese Mandanten auf dem Prüfer-PC freigeschaltet werden können.
1.4	Aufträge anlegen	Das Sekretariat bekommt ebenfalls eine Mandantenliste, damit die Aufträge für die Zeiterfassung angelegt werden können.

2. Unterlagen beim Mandanten anfordern

Detailinformationen	Die Prüfungsanordnungen gehen von der Deutschen Rentenversicherung direkt an den Mandanten, so dass dieser bereits über die Prüfung informiert ist. Für die Prüfung sind folgende Unterlagen anzufordern: ► Stundenzettel der Aushilfen ► bei sofortmeldepflichtigen Betrieben die Stundenzettel aller Arbeitnehmer ► evtl. die Belehrung zur Künstlersozialabgabe, wenn die DRV uns diese zugeschickt hat ► RV-Befreiungen der Aushilfen Für die Einreichung der Unterlagen ist eine Frist von zwei Wochen vor Prüfbeginn zu setzen, damit eingereichte Unterlagen auf Vollständigkeit überprüft werden können. Zum Prüfbeginn sollten alle Unterlagen von allen Mandanten vollständig vorliegen.

	Außerdem muss geprüft werden, ob auf der Archiv-DVD alle Jahre der jeweiligen Mandanten vorliegen. Sollte der Mandant erst im Laufe des Prüfzeitraums zu uns gewechselt sein, sind die Altjahre noch nicht auf der Archiv-DVD enthalten. Wenn wir die Daten per Datenübertrag vom Vorberater bekommen haben, dann können wir eine Mandanten-Archiv-DVD anfordern. Ansonsten müssen auch diese Daten beim Mandanten angefordert werden.

3. Künstlersozialabgabe

Detailinformationen	Zusammen mit der Prüfungsanordnung schickt die DRV uns entweder eine Belehrung über die Künstlersozialabgabe oder einen Fragebogen. Die Belehrung ist zur Unterschrift und Rückgabe an den Mandanten zu schicken (siehe Punkt 2). Der Fragebogen ist an den zuständigen Fibu-SB weiterzuleiten. Dieser füllt den Bogen aus und sendet ihn zur Unterschrift und Rückgabe an den Mandanten.

4. Weitere Unterlagen

Detailinformationen	Zusätzlich zu den Unterlagen unter Punkt 2 und 3 sind den Prüfern bei Prüfbeginn noch folgende Unterlagen vorzulegen: ► die Summen- und Saldenliste der Prüfjahre ► der Bericht der Lohnsteuer-Außenprüfung, wenn im Prüfzeitraum eine Prüfung stattgefunden hat Alle weiteren Unterlagen werden von den Prüfern bei Bedarf während der Prüfung angefordert.

5. Prüfungsfeststellungen

Detailinformationen	Eine Schlussbesprechung darf ausschließlich durch die Kanzleileitung erfolgen. Die Prüfer sind bei Prüfbeginn darauf hinzuweisen. Bescheide ohne Feststellungen werden nicht besprochen. Diese können von den Prüfern ohne Rücksprache erstellt werden.

6. Rechnung

Detailinformationen	Nach Abschluss der Prüfung sind die Aufträge gem. Dienstleistungskatalog Lohn abzurechnen.

4. Praxis-Checkliste zur Neuanlage Mandant

Bei der Neueinrichtung eines Lohnmandanten gibt es folgende Konstellationen:

1. Übernahme von einem anderen Berater – Lohnabrechnung über gleiche Software
2. Übernahme von einem anderen Berater – Fremdsoftware
3. Erstmalige Beschäftigung von Arbeitnehmern

1. Übernahme von einem anderen Berater – Lohnabrechnung über gleiche Software

Detailinformation	Wenn der vorherige Steuerberater die Abrechnung ebenfalls über die gleiche Software erstellt hat, können wir uns die Daten über den Mandantenübertrag bereitstellen lassen. Grundsätzlich fordert der Fibu-Sachbearbeiter den Datenübertrag beim vorherigen Steuerberater an.

1.1 Daten einspielen

Detailinformation	Die Daten in das Programm importieren.

1.2 Stammdaten anpassen

Detailinformation	Die Mandantendaten sind entsprechend anzupassen: 1. Ansprechpartner ändern 2. Betriebsnummer des Steuerberaters ändern 3. Betriebsnummer der lohnabrechnenden Stelle ändern 4. Buchungsbeleg Kontenverwaltung auf Vollständigkeit prüfen 5. Auswertungssteuerung überprüfen

1.3 Auswertungen holen

Detailinformation	Ggf. besteht die Möglichkeit, die vorherigen Lohnauswertungen über das Programm anzufordern. Dann sind mind. folgende Auswertungen zu holen: ► Abrechnung ► Pfändungswerte ► Darlehenswerte ► Berechnungsschema Firmenwagen ► DÜ Lohnsteuerbescheinigung ► Lohnjournal ► Lohnjournal Jahreswerte ► DÜ LSt-Anmeldung ► DÜ Beitragsnachweis ► Erläuterung Beitragsnachweis ► Krankenkassen-SV-Werte

	► Krankenkassen-Umlagebeiträge ► Lohnkonto ► Meldebescheinigung SV ► Buchungsbeleg Fibu ► Personalkostenübersicht ► DÜ Entgeltersatz ► DÜ Überweisung Lohn/Gehalt ► DÜ Netto-Abzüge ► DÜ VWL ► Zahlungen an KK und FA ► Einzelaufstellung UV ► DÜ Unfallversicherung ► DÜ Arbeitsbescheinigung ► DÜ AAG

2. Übernahme von einem anderen Berater – Fremdsoftware

Detailinformation	Wenn der vorherige Steuerberater die Abrechnung über ein anderes Programm vorgenommen hat, ist zu prüfen, ob die Daten dort exportiert und in unser Programm eingespielt werden können. Außerdem besteht bei großen Mandanten die Möglichkeit, den Softwarepartner mit dem Datenübertrag zu beauftragen. In allen anderen Fällen muss die Neueinrichtung manuell erfolgen.

2.1 Meldung Systemwechsel

Detailinformation	Bei einer unterjährigen Mandatsübernahme muss die Übernahme mit dem vorherigen Steuerberater abgestimmt werden: 1. Der vorherige Steuerberater nimmt eine Abmeldung Beschäftigungsende vor. Wir nehmen eine Anmeldung Beschäftigungsbeginn vor. Es sind keine Vortragswerte zu erfassen. Die Lohnsteuerbescheinigung wird vom Vorberater erstellt. 2. Der vorherige Steuerberater nimmt eine Abmeldung Systemwechsel vor. Wir nehmen eine Anmeldung Systemwechsel vor. Die Vortragswerte sind zu erfassen und der Systemwechsel für ELStAM und die Unfallversicherung ist vorzunehmen.

3. Erstmalige Beschäftigung von Arbeitnehmern

Detailinformation	Wenn der Mandant erstmals Arbeitnehmer beschäftigt, muss zuerst eine Anmeldung bei der Berufsgenossenschaft vorgenommen werden, um eine Unternehmensnummer zu erhalten. Mit dieser kann dann die Betriebsnummer beantragt werden. Es ist mit dem Mandanten abzustimmen, ob er dies selbst vornehmen möchte oder ob wir dies für ihn erledigen sollen.

3.1 Stammdaten erfragen

Detailinformation	Bevor mit der Einrichtung begonnen werden kann, müssen die Mandantendaten zusammengetragen werden.

3.2 Mitgliedschaft Berufsgenossenschaft beantragen

Detailinformation	Die Mitgliedschaft kann bei der jeweiligen Berufsgenossenschaft online über die Internetseite beantragt werden. Die Daten für die Lohnabrechnung (Unternehmensnummer, Mitgliedsnummer + PIN) werden dem Mandanten von der Berufsgenossenschaft mitgeteilt. Dieser muss informiert werden, dass wir diese Daten benötigen. Die Betriebsanmeldung ist in die digitale Personalakte zu laden.

3.3 Betriebsnummer beantragen

Detailinformation	Die Betriebsnummer wird online über die Internetseite der Bundesagentur für Arbeit beantragt. Anschließend wird das PDF mit der Betriebsnummer gespeichert und in die digitale Personalakte geladen.

3.4 Einrichtung Lohnprogramm

Detailinformation	Die Einrichtung im jeweiligen Lohnprogramm ist vorzunehmen.

4. Allgemeines

Folgende Punkte sind in allen drei Fällen zu veranlassen:

4.1 Lohn-Info-Ordner

Detailinformation	Jeder Mandant erhält von uns bei Mandatsübernahme einen Zugang zu unserem digitalen Lohn-Info-Ordner.

4.2 Terminabstimmung

Detailinformation	Es ist ein Termin zur Einreichung der Lohnunterlagen abzustimmen (siehe Praxis-Checkliste „Durchführung Lohnabrechnung“).

4.3 Lohnerinnerungsservice

Detailinformation	Der Lohnerinnerungsservice ist einzurichten (siehe Praxis-Checkliste „Durchführung Lohnabrechnung").

4.4 Dokumentationspflicht

Detailinformation	Der Mandant ist über die Dokumentationspflichten gem. Mindestlohngesetz zu informieren.

4.5 Sofortmeldepflichtige Betriebe

Detailinformation	Sofortmeldepflichtige Betriebe sind entsprechend aufzuklären.

4.6 Digitaler Personalfragebogen

Detailinformation	Der Mandant ist darüber zu informieren, dass wir Personalstammblätter ausschließlich digital annehmen. Der entsprechende Link wird ihm zugesendet.

4.7 Vorlage Übermittlung Abrechnungsdaten

Detailinformation	Jeder Mandant bekommt bei Mandatsübernahme eine Excelliste zur Übermittlung der monatlichen Abrechnungsdaten.

5. Übersichten

Übersicht: Wichtige Rechengrößen 2025	
Bezeichnung	**Bundesweit**
Beitragsbemessungsgrenze Rentenversicherung jährlich	96.600 €
Beitragsbemessungsgrenze Arbeitslosenversicherung jährlich	96.600 €
Beitragsbemessungsgrenze Krankenversicherung jährlich	66.150 €
Beitragsbemessungsgrenze Pflegeversicherung jährlich	66.150 €
Beitragsbemessungsgrenze Rentenversicherung monatlich	8.050 €
Beitragsbemessungsgrenze Arbeitslosenversicherung monatlich	8.050 €
Beitragsbemessungsgrenze Krankenversicherung monatlich	5.512,50 €
Beitragsbemessungsgrenze Pflegeversicherung monatlich	5.512,50 €
Jahresarbeitsentgeltgrenze allgemein	73.800 €
Jahresarbeitsentgeltgrenze besonders (für privat Krankenversicherte am 31.12.2002)	66.150 €
Geringverdienergrenze für Auszubildende monatlich	325 €
Geringfügigkeitsgrenze monatlich	556 €
Sachbezugswert Frühstück	2,30 €
Sachbezugswerte Mittag- und Abendessen	4,40 €
Faktor F (Übergangsbereich)	0,6683

Übersicht: Wichtige Rechengrößen 2025	
Beitragssatz Rentenversicherung	18,6 %
Arbeitgeberanteil	9,30 %
Arbeitnehmeranteil	9,30 %
Beitragssatz Knappschaftliche Rentenversicherung	24,7 %
Beitragssatz Arbeitslosenversicherung	2,6 %
Arbeitgeberanteil	1,3 %
Arbeitnehmeranteil	1,3 %
Beitragssatz Krankenversicherung allgemein	14,6 %
Arbeitgeberanteil allgemein	7,3 %
Arbeitnehmeranteil allgemein, zzgl. vom Arbeitnehmer allein zu tragender Zusatzbeitrag je nach gesetzlicher Krankenkasse	7,3 %
Beitragssatz Krankenversicherung ermäßigt	14,0 %
Arbeitgeberanteil ermäßigt	7,0 %
Arbeitnehmeranteil ermäßigt, zzgl. vom Arbeitnehmer allein zu tragender Zusatzbeitrag je nach gesetzlicher Krankenkasse	7,0 %
Durchschnittlicher Zusatzbeitrag in der gesetzlichen Krankenversicherung	2,5 %
Beitragssatz Pflegeversicherung mit Kindereigenschaft	3,60 %
Arbeitgeberanteil	1,80 %
Arbeitnehmeranteil	1,80 %
Arbeitgeberanteil nur Bundesland Sachsen	1,30 %
Arbeitnehmeranteil nur Bundesland Sachsen	2,30 %
Beitragssatz Pflegeversicherung ohne Kindereigenschaft	4,20 %
Arbeitgeberanteil	1,80 %
Arbeitnehmeranteil	2,40 %
Arbeitgeberanteil nur Bundesland Sachsen	1,30 %
Arbeitnehmeranteil nur Bundesland Sachsen	2,90 %
Insolvenzgeld	0,15 %
Künstlersozialversicherung	5,0 %
Höchstbeitragszuschuss zur privaten Krankenversicherung **mit** Anspruch auf Krankengeld	471,32 €
Höchstbeitragszuschuss zur privaten Krankenversicherung **ohne** Anspruch auf Krankengeld	454,78 €
Höchstbeitragszuschuss zur privaten Pflegeversicherung	99,22 €
Höchstbeitragszuschuss zur privaten Pflegeversicherung Bundesland Sachsen	71,66 €

Übersicht:	Kirchensteuersätze	
Bundesland	**Regelsteuersatz in %**	**Steuersatz bei Pauschalierung in %**
Baden-Württemberg	8	5
Bayern	8	7
Berlin	9	5
Brandenburg	9	5
Bremen	9	7
Hamburg	9	4
Hessen	9	7
Mecklenburg-Vorpommern	9	5
Niedersachsen	9	6
Nordrhein-Westfalen	9	7
Rheinland-Pfalz	9	7
Saarland	9	7
Sachsen	9	5
Sachsen-Anhalt	9	5
Schleswig-Holstein	9	6
Thüringen	9	5

Übersicht:	Beispielsfälle zur ersten Tätigkeitsstätte
Beschreibung	**Beurteilung erste Tätigkeitsstätte**
Ein Reisender kommt nicht wöchentlich in den Hauptsitz nach Bremen. Arbeitsrechtlich hat der Arbeitgeber keine erste Tätigkeitsstätte vereinbart.	Der Arbeitnehmer hat keine erste Tätigkeitsstätte. Die private Nutzung eines Firmenfahrzeugs sind keine Fahrten zwischen Wohnung und Arbeit und somit auch kein Sachbezug. Die Fahrt in den Hauptsitz ist eine Dienstreise, hierfür kann eine steuerfreie Verpflegungspauschale anfallen.
Ein Reisender kommt jeden Montag für ein paar Stunden in den Hauptsitz nach Bremen, allerdings weniger als 1/3 seiner regelmäßigen Arbeitszeit. Arbeitsrechtlich ist keine erste Tätigkeitsstätte vereinbart.	Der Arbeitnehmer hat keine erste Tätigkeitsstätte. Die private Nutzung eines Firmenfahrzeugs sind keine Fahrten zwischen Wohnung und Arbeit und somit auch kein Sachbezug. Die Fahrt in den Hauptsitz ist eine Dienstreise, hierfür kann eine steuerfreie Verpflegungspauschale anfallen.
Ein Reisender kommt jeden Montag für den ganzen Tag in den Hauptsitz nach Bremen. Arbeitsrechtlich ist keine erste Tätigkeitsstätte vereinbart.	Der Arbeitnehmer hat keine erste Tätigkeitsstätte. Die private Nutzung eines Firmenfahrzeugs sind keine Fahrten zwischen Wohnung und Arbeit und somit auch kein Sachbezug. Die Fahrt in den Hauptsitz ist eine Dienstreise, hierfür kann eine steuerfreie Verpflegungspauschale anfallen.
Ein Reisender kommt jede Woche für zwei volle Arbeitstage in den Hauptsitz nach Bremen. Arbeitsrechtlich ist keine erste Tätigkeitsstätte vereinbart.	Der Arbeitnehmer hat den Hauptsitz als erste Tätigkeitsstätte. Die private Nutzung eines Firmenfahrzeugs sind Fahrten zwischen Wohnung und Arbeit und somit Sachbezug. Die Fahrt in die Niederlassung ist keine Dienstreise, hierfür ergibt sich keine steuerfreie Verpflegungspauschale.
Ein Reisender kommt täglich für ca. eine Stunde in den Hauptsitz nach Bremen. Arbeitsrechtlich ist keine erste Tätigkeitsstätte vereinbart.	Der Arbeitnehmer hat den Hauptsitz als erste Tätigkeitsstätte. Die private Nutzung eines Firmenfahrzeuges sind Fahrten zwischen Wohnung und Arbeit und somit Sachbezug. Die Fahrt in die Niederlassung ist keine Dienstreise, hierfür ergibt sich keine steuerfreie Verpflegungspauschale.

Beschreibung	Beurteilung erste Tätigkeitsstätte
Ein Reisender arbeitet 1/3 seiner vereinbarten regelmäßigen Arbeitszeit im Hauptsitz in Bremen. Arbeitsrechtlich ist keine erste Tätigkeitsstätte vereinbart.	Der Arbeitnehmer hat den Hauptsitz als erste Tätigkeitsstätte. Die private Nutzung eines Firmenfahrzeugs sind Fahrten zwischen Wohnung und Arbeit und somit Sachbezug. Die Fahrt in die Niederlassung ist keine Dienstreise, hierfür ergibt sich keine steuerfreie Verpflegungspauschale.
Ein Reisender besucht die Niederlassungen in Bremen, Oldenburg und Delmenhorst täglich. Arbeitsrechtlich ist Bremen als erste Tätigkeitsstätte vereinbart.	Der Arbeitnehmer hat die Niederlassung in Bremen als erste Tätigkeitsstätte. Die private Nutzung eines Firmenfahrzeugs zwischen Wohnung und Niederlassung Bremen sind Fahrten zwischen Wohnung und Arbeit und somit Sachbezug. Die Fahrt in die Niederlassung ist keine Dienstreise, hierfür ergibt sich keine steuerfreie Verpflegungspauschale.
Ein Reisender besucht wöchentlich an zwei Tagen die Niederlassungen Bremen und Oldenburg und an einem Tag die Niederlassung in Osnabrück. Arbeitsrechtlich ist keine erste Tätigkeitsstätte vereinbart.	Die Niederlassung in Bremen und Oldenburg erfüllt die Voraussetzungen der ersten Tätigkeitsstätte, da er diese an zwei Tagen in der Woche aufsucht. Da arbeitsrechtlich keine Zuordnung vorgenommen wurde, ist die Niederlassung erste Tätigkeitsstätte, die seiner Wohnung am nächsten liegt. Für die Niederlassung gilt: Die private Nutzung eines Firmenfahrzeugs zwischen Wohnung und erster Tätigkeitsstätte sind Fahrten zwischen Wohnung und Arbeit und somit Sachbezug. Die Fahrt in die Niederlassung ist keine Dienstreise, hierfür ergibt sich keine steuerfreie Verpflegungspauschale.

Beschreibung	**Beurteilung erste Tätigkeitsstätte**
Ein Reisender besucht täglich für ca. 1 1/2 Stunden die Niederlassungen in Bremen, Oldenburg und Delmenhorst. Arbeitsrechtlich ist keine erste Tätigkeitsstätte vereinbart.	Die Niederlassungen erfüllen die Voraussetzungen der ersten Tätigkeitsstätte, da er diese zu 1/3 der vereinbarten Arbeitszeit aufsucht. Da arbeitsrechtlich keine Zuordnung vorgenommen wurde, ist die Niederlassung erste Tätigkeitsstätte, die seiner Wohnung am nächsten liegt. Für die Niederlassung gilt: Die private Nutzung eines Firmenfahrzeugs zwischen Wohnung und erster Tätigkeitsstätte sind Fahrten zwischen Wohnung und Arbeit und somit Sachbezug. Die Fahrt in die Niederlassung ist keine Dienstreise, hierfür ergibt sich keine steuerfreie Verpflegungspauschale.
Ein Reisender besucht täglich für ca. 1 1/2 Stunden die Niederlassungen in Bremen, Oldenburg und Delmenhorst. Arbeitsrechtlich ist Bremen als erste Tätigkeitsstätte vereinbart.	Der Arbeitnehmer hat die Niederlassung in Bremen als erste Tätigkeitsstätte. Die private Nutzung eines Firmenfahrzeugs zwischen Wohnung und Niederlassung Bremen sind Fahrten zwischen Wohnung und Arbeit und somit Sachbezug. Die Fahrt in die Niederlassung ist keine Dienstreise, hierfür ergibt sich keine steuerfreie Verpflegungspauschale.
Ein Mitarbeiter wird für eine Projektarbeit für zwei Jahre bei einem Kunden eingesetzt. Arbeitsrechtlich ist keine erste Tätigkeitsstätte vereinbart.	Der Arbeitnehmer hat keine erste Tätigkeitsstätte. Die private Nutzung eines Firmenfahrzeugs sind keine Fahrten zwischen Wohnung und Arbeit und somit auch kein Sachbezug. Die Fahrt in den Hauptsitz ist eine Dienstreise, hierfür kann eine steuerfreie Verpflegungspauschale anfallen.
Ein Mitarbeiter wird für eine Projektarbeit für fünf Jahre bei einem Kunden eingesetzt. Arbeitsrechtlich ist keine erste Tätigkeitsstätte vereinbart.	Der Standort des Kunden ist erste Tätigkeitsstätte. Die private Nutzung eines Firmenfahrzeuges zwischen Wohnung und Kunden sind Fahrten zwischen Wohnung und Arbeit und somit Sachbezug. Die Fahrt zum Kunden ist keine Dienstreise, hierfür ergibt sich keine steuerfreie Verpflegungspauschale.

TKP Merkblatt: Aufbewahrung

Folgende Unterlagen können ab 1.1.2025 vernichtet werden:

Die Tabelle listet eine Reihe von Schriftgütern auf. Entscheidend ist hier die Funktion des jeweiligen Schriftgutes. Grundsätzlich lässt sich sagen, dass für Lohnkonten und allen dazugehörigen Unterlagen eine Aufbewahrungsfrist von 6 Jahren gilt. Wenn diese Unterlagen auch für die Gewinnermittlung von Bedeutung sind, erhöht sich die Aufbewahrungsfrist auf 10 Jahre. Mit dem vierten Bürokratieentlastungsgesetz wurde die Aufbewahrungsfrist von zehn auf acht Jahre verkürzt. Diese Verkürzung gilt allerdings nicht für strafrechtliche Verjährungsfristen. Daher empfehlen wir weiterhin eine Aufbewahrungsfrist von 10 Jahren einzuhalten.

Übersicht: Schriftgüter		
Schriftgut	**Aufbewahrungsfrist (Jahre)**	
Abrechnungsunterlagen (soweit Buchungsbelege)	10	2014
Aktenvermerke (soweit Buchungsbelege)	10	2014
Arbeitszeitlisten	6	2018
Außendienstabrechnungen, soweit Buchungsbelege	10	2014
Beitragsnachweise	Ablauf des auf die letzte RV-Prüfung folgenden Jahres	
Betriebsprüfungsbericht	6	2018
Buchungsbeleg Finanzbuchhaltung	10	2014
Essenmarkenabrechnungen (soweit Buchungsbelege)	10	2014
Fahrtenbücher	6	2018
Fahrtkostenerstattungsunterlagen (soweit Buchungsbelege)	10	2014
Gehaltslisten	10	2014
Geschäftsbriefe (außer Rechnungen und Gutschriften)	6	2018
Lohnbelege (soweit Buchungsbelege)	10	2014
Lohnkonten	6	2018
Lohnlisten	10	2014
Lohnsteuer-Anmeldungen	10	2014
Lohnsteuerunterlagen	10	2014
Protokolle (allgemeiner Art)	6	2018
Rechnungsbelege über Auslagenersatz	6	2018
Reisekostenabrechnungen	6	2018
Schriftwechsel (allgemein)	6	2018
Sozialversicherungsmeldungen	Ablauf des auf die letzte RV-Prüfung folgenden Jahres	
Überstundenlisten	6	2018
Überweisungsbelege	10	2014
Vermögenswirksame Leistungen (Unterlagen, soweit nicht Buchungsbelege)	6	2018
Versicherungspolicen	6	2018

Verträge (soweit nicht Buchungsgrundlage)	6	2018
Quittung Auszahlung Arbeitslohn	10	2014

Bitte beachte, dass diese Tabelle nur einen ersten Anhaltspunkt geben soll. Es gibt bestimmte Sonderfälle, durch welche die Aufbewahrungsfrist verlängert wird, z. B. bei begonnene Betriebsprüfungen oder anhängigen steuerstraf- und bußgeldrechtlichen Ermittlungen. Außerdem kann es auch im Interesse des Mandanten sein, Unterlagen länger aufzubewahren, wenn diese noch zur Begründung von Anträgen benötigt werden. Es ist also im Einzelfall nochmals eine genaue Prüfung vorzunehmen.

Dieses Merkblatt soll erste rechtliche Hinweise geben und erhebt daher keinen Anspruch auf Vollständigkeit.

6. Muster

Muster eines Antrags auf Elternzeit

Antrag auf Elternzeit

Sehr geehrte Damen und Herren,

ich beantrage für die Zeit vom 7.9.2024 bis 11.7.2025 Elternzeit.

Ich versichere, mit dem Kind Hendrik, geboren am 12.7.2024, in einem Haushalt zu leben und das Kind selbst zu betreuen und zu erziehen und keine Teilerwerbstätigkeit über 32 Wochenstunden auszuüben.

____________________ ____________________

Ort, Datum Unterschrift Antragsteller

Muster eines Personalfragebogens

Personalfragebogen

(grau hinterlegte Felder sind vom Arbeitgeber auszufüllen)

Firma:

Name des Mitarbeiters | Personalnummer

Persönliche Angaben

Familienname ggf. Geburtsname*	**Vorname***
Straße und Hausnummer inkl. Anschriftenzusatz*	**PLZ, Ort***
Geburtsdatum*	**Geschlecht*** ☐ männlich ☐ weiblich
Versicherungsnummer gem. Sozialvers.Ausweis*	Familienstand
Geburtsort, -land – *nur bei fehlender Versicherungs-Nr.**	Schwerbehindert ☐ ja ☐ nein
Staatsangehörigkeit*	Arbeitnehmernummer Sozialkasse – Bau
Kontonummer (IBAN)	Bankleitzahl/Bankbezeichnung (BIC)

Beschäftigung

Eintrittsdatum*	Betriebsstätte	
Berufsbezeichnung*		
☐ Hauptbeschäftigung	☐ Nebenbeschäftigung	
Üben Sie weitere Beschäftigungen aus?* ☐ ja ☐ nein		
Höchster Schulabschluss: ☐ ohne Schulabschluss ☐ Haupt-/Volksschulabschluss ☐ Mittlere Reife/gleichwertiger Abschluss ☐ Abitur/Fachabitur	Höchste Berufsausbildung: ☐ ohne beruflichen Ausbildungsabschluss ☐ Anerkannte Berufsausbildung ☐ Meister/Techniker/gleichwertiger Fachschulabschluss ☐ Bachelor ☐ Diplom/Magister/ Master/Staatsexamen ☐ Promotion	
Beginn der Ausbildung:	Voraussichtliches Ende der Ausbildung:	Im Baugewerbe beschäftigt seit
Wöchentliche Arbeitszeit:* ☐ Vollzeit ☐ Teilz.	Ggf.Verteilung d. wöchentl. Arbeitszeit (Std.) Mo Di Mi Do Fr Sa	
Kostenstelle		

Befristung

☐ Das Arbeitsverhältnis ist befristet / ☐ zweckbefristet	Befristung Arbeitsvertrag zum:
☐ Schriftlicher Abschluss des befristeten Arbeitsvertrages	Abschluss Arbeitsvertrag am:
☐ befristete Beschäftigung ist für mindestens 2 Monate vorgesehen, mit Aussicht auf Weiterbeschäftigung	

Weitere Angaben

1

Stand 01/2017 *ohne die Angaben der Pflichtfelder ist eine Bearbeitung nicht möglich

Steuer

Identifikationsnr.*	Steuerklasse/Faktor*	Kinderfreibeträge *	Konfession*

Sozialversicherung

Gesetzl. Krankenkasse (bei PKV: letzte ges. Krankenkasse)*	Elterneigenschaft* ☐ ja ☐ nein

Entlohnung

Bezeichnung	Betrag	Gültig ab	Stundenlohn	Gültig ab
Bezeichnung	Betrag	Gültig ab	Stundenlohn	Gültig ab
Bezeichnung	Betrag	Gültig ab	Stundenlohn	Gültig ab

VWL - nur notwendig wenn Vertrag vorliegt

Empfänger VWL	Betrag	AG-Anteil (Höhe mtl.)
	Seit wann	Vertragsnr.
Kontonummer (IBAN)	Bankleitzahl/Bankbezeichnung (BIC)	

Angaben zu den Arbeitspapieren

Arbeitsvertrag	☐ liegt vor
Bescheinigung über LSt.-Abzug	☐ liegt vor
SV-Ausweis	☐ liegt vor
Mitgliedsbescheinigung Krankenkasse	☐ liegt vor
Bescheinigung zur privaten Krankenversicherung	☐ liegt vor
VWL Vertrag	☐ liegt vor
Nachweis Elterneigenschaft	☐ liegt vor
Vertrag Betriebliche Altersversorgung	☐ liegt vor
Schwerbehindertenausweis	☐ liegt vor
Unterlagen Sozialkasse Bau/Maler	☐ liegt vor

Angaben zu steuerpflichtigen Vorbeschäftigungszeiten im laufenden Kalenderjahr

Zeitraum von	Zeitraum bis	Art der Beschäftigung	Anzahl der Beschäftigungstage

Erklärung des Arbeitnehmers: Ich versichere, dass die vorstehenden Angaben der Wahrheit entsprechen. Ich verpflichte mich, meinem Arbeitgeber alle Änderungen, insbesondere in Bezug auf weitere Beschäftigungen (in Bezug auf Art, Dauer und Entgelt) unverzüglich mitzuteilen.

Datum	Unterschrift Arbeitnehmer	Datum	Unterschrift Arbeitgeber

2

Stand 01/2017 *ohne die Angaben der Pflichtfelder ist eine Bearbeitung nicht möglich

Aufklärung über die Mitführungs- und Vorlagepflicht von Ausweispapieren gem. § 2a Schwarz-ArbG ab dem 1. Januar 2009

§ 2a Mitführungs- und Vorlagepflicht von Ausweispapieren (SchwarzArbG)

(1) Bei der Erbringung von Dienst- oder Werkleistungen sind die in folgenden Wirtschaftsbereichen oder Wirtschaftszweigen tätigen Personen verpflichtet, ihren Personalausweis, Pass, Passersatz oder Ausweisersatz mitzuführen und den Behörden der Zollverwaltung auf Verlangen vorzulegen:

1. im Baugewerbe,
2. im Gaststätten- und Beherbergungsgewerbe,
3. im Personenbeförderungsgewerbe,
4. im Speditions-, Transport- und damit verbundenen Logistikgewerbe,
5. im Schaustellergewerbe,
6. bei Unternehmen der Forstwirtschaft,
7. im Gebäudereinigungsgewerbe,
8. bei Unternehmen, die sich am Auf- und Abbau von Messen und Ausstellungen beteiligen,
9. in der Fleischwirtschaft,
10. im Prostitutionsgewerbe,
11. im Wach- und Sicherheitsgewerbe.

(2) Der Arbeitgeber hat jeden und jede seiner Arbeitnehmer und Arbeitnehmerinnen nachweislich und schriftlich auf die Pflicht nach Absatz 1 hinzuweisen, diesen Hinweis für die Dauer der Erbringung der Dienst- oder Werkleistungen aufzubewahren und auf Verlangen bei den Prüfungen nach § 2 Abs. 1 vorzulegen.

Pflichten des Arbeitgebers:

- Schriftliche Aufklärung der Beschäftigten über die Mitführungs- und Vorlagepflicht von amtlichen Ausweispapieren.
- Dokumentation des Nachweises über die schriftliche Aufklärung (z. B. in der Personalakte). Erfolgt keine Dokumentation droht ein Bußgeld bis zu 1.000 €.
- Duldung von Prüfungen, Betreten eines Grundstücks oder eines Geschäftsraumes und Mitwirkung, insbesondere Auskunftserteilung. Wird hiergegen verstoßen, droht ein Bußgeld bis zu 30.000 €.
- Datenübermittlung. Auch hier droht ein Bußgeld bis zu 30.000 €.

Pflichten des Arbeitnehmers:

- Jederzeitiges Mitführen der amtlichen Ausweispapiere bei der Ausübung der Tätigkeit für den Arbeitgeber. Bei einem Verstoß droht ein Bußgeld bis zu 5.000 €.
- Vorlage der Ausweispapiere im Rahmen einer Prüfung durch staatliche Stellen. Bei einem Verstoß droht ein Bußgeld bis zu 5.000 €.
- Duldung von Prüfungen und Mitwirkung, insbesondere Auskunftserteilung.

Bestätigung der/des Beschäftigten:

Name und Vorname der/des Beschäftigten: ______________________

Ich bin von meinem Arbeitgeber darüber aufgeklärt worden, dass ich bei der Ausübung meiner Tätigkeit immer meinen Personalausweis, Pass, Passersatz oder Ausweisersatz bei mir zu führen habe.

Mir ist bekannt, dass ich meinen Personalausweis, Pass, Passersatz oder Ausweisersatz bei Prüfungen der Prüferin/dem Prüfer vorzulegen habe. Komme ich dieser Verpflichtung nicht nach, kann von der zuständigen Behörde gegen mich ein Bußgeld i. H. von bis zu 5.000 € verhängt werden.

______________________ ______________________

Ort, Datum Unterschrift Beschäftigte/r

Vorlage zur Dokumentation der Arbeitszeit

Firma:	Monat/Jahr:
Name Arbeitnehmer:	Personalnummer:

Kalendertag	Beginn (Uhrzeit)	Pause (Dauer)	Ende (Uhrzeit)	Dauer (Stunden)
1				
2				
3				
4				
5				
6				
7				
8				
9				
10				
11				
12				
13				
14				
15				
16				
17				
18				
19				
20				

…

29				
30				
31				
Summe:				

Muster zur Kündigung eines Arbeitsverhältnisses

(Briefkopf des Arbeitgebers)

An

...

(Name und Adresse des Arbeitnehmers)

...*(Ort)*, ...*(Datum)*

Betreff: Kündigung Ihres Arbeitsverhältnisses

Sehr geehrte/r Frau/Herr XXX,

hiermit kündigen wir das mit Ihnen bestehende Arbeitsverhältnis mit Wirkung zum Ablauf des TT.MM.JJJJ. Sollte die vorgenannte Kündigung mit Wirkung zum Ablauf des TT.MM.JJJJ unwirksam sein, kündigen wir das mit Ihnen bestehende Arbeitsverhältnis hiermit zum nächstzulässigen Termin.

Wir weisen hiermit ausdrücklich auf Ihre Meldepflicht bei der Agentur für Arbeit hin. Gemäß § 38 SGB III sind Sie verpflichtet, sich nach dem Erhalt Ihrer Kündigung innerhalb von drei Tagen persönlich bei der Agentur für Arbeit als arbeitssuchend zu melden, wenn Sie Leistungen der Agentur für Arbeit in Anspruch nehmen wollen. Bei verspäteter Meldung müssen Sie mit Kürzungen Ihrer Ansprüche auf Arbeitslosengeld rechnen.

Mit freundlichen Grüßen

(Unterschrift des Kündigungsberechtigten Vertreters des Arbeitgebers)

Erhalten am TT.MM.JJJJ

(Unterschrift des Arbeitnehmers)

Checkliste für geringfügig entlohnte Beschäftigte

Name: ______________________

Vorname: ______________________

Geburtsdatum: ______________________

Status bei Beginn der Beschäftigung:

- ☐ Schüler
- ☐ Student
- ☐ Schulentlassener mit Berufsausbildungsabsicht
- ☐ Schulentlassener mit Studienabsicht
- ☐ Schulentlassener mit Freiwilligendienstabsicht
- ☐ Beschäftigungsloser Arbeit-/Ausbildungsuchender
- ☐ Freiwilligendienstleistender
- ☐ Praktikant
- ☐ Beamter
- ☐ Selbständiger
- ☐ Arbeitnehmer mit sozialversicherungspflichtiger Hauptbeschäftigung
- ☐ Arbeitnehmer in Hauptbeschäftigung im unbezahlten Urlaub
- ☐ Arbeitnehmer in Hauptbeschäftigung in Elternzeit
- ☐ Altersvollrentner vor Erreichen der Regelaltersgrenze
- ☐ Altersvollrentner nach Erreichen der Regelaltersgrenze
- ☐ Versorgungsempfänger nach Erreichen der Altersgrenze
- ☐ Sonstiges: ______________________________________

Angaben zur gesetzlichen Krankenversicherung:

Ich bin in der gesetzlichen Krankenversicherung versichert.

- ☐ Nein (bitte Nachweis der privaten Krankenversicherung beifügen)
- ☐ Ja, bei folgender Krankenkasse: ____________________________

Weitere Beschäftigungen:

Es bestehen weitere Beschäftigungen bei anderen Arbeitgebern.

☐ Nein

☐ Ja. Folgende Beschäftigungen werden derzeit ausgeübt:

Beschäftigungszeitraum	Arbeitgeber (mit Adresse)	Die Beschäftigung ist
		☐ geringfügig entlohnt ☐ mit Eigenanteil RV ☐ ohne Eigenanteil RV ☐ mehr als geringfügig entlohnt ☐ geringfügig entlohnt ☐ mit Eigenanteil RV ☐ ohne Eigenanteil RV ☐ mehr als geringfügig entlohnt

Wenn keine sozialversicherungspflichtige (Haupt-)Beschäftigung vorliegt, ergeben die Bruttoarbeitsentgelte aus allen ausgeübten geringfügig entlohnten Beschäftigungen (inkl. dieser) einen Betrag, der regelmäßig 556 € im Monat übersteigt.

☐ Nein

☐ Ja

Befreiung von der Rentenversicherungspflicht:

☐ Nein, ich möchte mich nicht von der Versicherungspflicht befreien lassen

☐ Ja, ich beantrage die Befreiung von der Versicherungspflicht (Befreiungsantrag beifügen)

☐ Ich bin Altersvollrentner nach Erreichen der Regelaltersgrenze bzw. Versorgungsempfänger nach Erreichen einer Altersgrenze und rentenversicherungsfrei. Eine Befreiung von der Versicherungspflicht ist daher nicht erforderlich.

Ich versichere, dass die vorstehenden Angaben der Wahrheit entsprechen. Ich verpflichte mich, meinem Arbeitgeber alle Änderungen, insbesondere die Aufnahme weiterer Beschäftigungen, unverzüglich mitzuteilen.

Ort, Datum	Unterschrift Arbeitnehmer (bei Minderjährigen zusätzlich d. ges. Vertreters)

Checkliste für kurzfristig Beschäftigte

Name: ______________________

Vorname: ______________________

Geburtsdatum: ______________________

Befristeter Arbeitsvertrag vom: ______________________

Befristung bis zum: ______________________

Status bei Beginn der Beschäftigung:

☐ Schüler (bitte Schulbescheinigung einreichen)

☐ Student (bitte Immatrikulationsbescheinigung einreichen)

☐ Schulentlassener mit Berufsausbildungsabsicht

☐ Schulentlassener mit Studienabsicht

☐ Schulentlassener mit Freiwilligendienstabsicht

☐ Beschäftigungsloser Arbeit-/Ausbildungsuchender

☐ Freiwilligendienstleistender

☐ Praktikant

☐ Beamter

☐ Selbständiger

☐ Arbeitnehmer mit sozialversicherungspflichtiger Hauptbeschäftigung

☐ Arbeitnehmer in Hauptbeschäftigung im unbezahlten Urlaub

☐ Arbeitnehmer in Hauptbeschäftigung in Elternzeit

☐ Altersvollrentner vor Erreichen der Regelaltersgrenze

☐ Altersvollrentner nach Erreichen der Regelaltersgrenze

☐ Versorgungsempfänger nach Erreichen der Altersgrenze

☐ Sonstiges: ______________________

Nur bei Status beschäftigungsloser Arbeit-/Ausbildungsuchender:

Ich bin zu Beginn des Beschäftigungsverhältnisses beschäftigungslos und bei der Agentur für Arbeit arbeit- oder ausbildungsuchend gemeldet:

☐ Ja, bei der Agentur für Arbeit in ______________________

  ☐ Mit Leistungsbezug

  ☐ Ohne Leistungsbezug

☐ Nein

Angaben zur gesetzlichen Krankenversicherung:

Ich bin in der gesetzlichen Krankenversicherung versichert.

☐ Nein (bitte Nachweis der privaten Krankenversicherung beifügen)

☐ Ja, bei folgender Krankenkasse: ______________________

Weitere Beschäftigungen:

Im laufenden Kalenderjahr habe ich bereits Beschäftigungen ausgeübt oder war als Beschäftigungsloser arbeit- bzw. ausbildungsuchend gemeldet.

☐ Nein

☐ Ja, folgende Beschäftigungen: ____________________

Beschäftigungszeitraum	Arbeitgeber (mit Adresse) bzw. zuständige Arbeitsagentur	Die Beschäftigung ist	Tatsächliche Arbeitstage in diesem Zeitraum
		☐ geringfügig entlohnt (bis 556 €) ☐ geringfügig entlohnt (bis 556 €) ☐ geringfügig entlohnt (bis 556 €)	

Ich versichere, dass die vorstehenden Angaben der Wahrheit entsprechen. Ich verpflichte mich, meinem Arbeitgeber alle Änderungen, insbesondere die Aufnahme weiterer Beschäftigungen, unverzüglich mitzuteilen.

____________________ ____________________

Ort, Datum Unterschrift Arbeitnehmer (bei Minderjährigen zusätzlich d. ges. Vertreters)

Fragebogen unterhaltsberechtigte Personen

Angaben zu meiner Person:

Vor- und Nachname: ______________________

Straße, Hausnummer: ______________________

PLZ, Wohnort: ______________________

Geburtsdatum: ______________________

Familienstand:

- ☐ Ledig
- ☐ Verheiratet seit ______________________
- ☐ Eingetr. Lebenspartnerschaft seit ______________________
- ☐ Eingetr. Lebenspartnerschaft beendet seit ______________________
- ☐ Getrennt lebend seit ______________________
- ☐ Geschieden seit ______________________
- ☐ Verwitwet seit ______________________

Kinder und sonstige Angehörige im Haushalt:

Vollständiger Name	Verwandtschaftsverhältnis

Unterhaltsberechtigte Personen außerhalb des Haushaltes, denen tatsächlich Unterhalt gewährt wird (Nachweis beifügen):

Vollständiger Name	Verwandtschaftsverhältnis

Berücksichtigungsfähig sind folgende Personen:

Ehegatte, früherer Ehegatte, eingetragener Lebenspartner, Verwandte gerader Linie (Kinder, Enkelkinder, Großeltern, eigenes nichteheliches Kind), nichteheliche Mutter nach Geburt (in Mutterschutzfrist oder Elternzeit)

Nicht berücksichtigungsfähig sind folgende Personen:

Stief- oder Pflegekinder, nichtehelicher Lebenspartner, Geschwister, Schwiegereltern, Personen, an die freiwillige Zahlungen ergehen oder gegenüber denen vertragliche Verpflichtungen bestehen

Ich bestätige die Richtigkeit und Vollständigkeit meiner Angaben. Veränderungen werde ich unverzüglich meinem Arbeitgeber mitteilen.

Ort, Datum | Unterschrift

Muster Pfändungs- und Überweisungsbeschluss

Raum für Kostenvermerke und Eingangsstempel

Amtsgericht ____________________

Vollstreckungsgericht

____

____

Antrag auf Erlass eines Pfändungs- und Überweisungsbeschlusses insbesondere wegen gewöhnlicher Geldforderungen

1

Es wird beantragt, den nachfolgenden Entwurf als Beschluss auf ☐ Pfändung ☐ und ☐ Überweisung zu erlassen.

- ☐ Zugleich wird beantragt, die Zustellung zu vermitteln (☐ mit der Aufforderung nach § 840 der Zivilprozessordnung – ZPO).
- ☐ Die Zustellung wird selbst veranlasst.

Es wird gemäß dem nachfolgenden Entwurf des Beschlusses Antrag gestellt auf

- ☐ Zusammenrechnung mehrerer Arbeitseinkommen (§ 850e Nummer 2 ZPO)
- ☐ Zusammenrechnung von Arbeitseinkommen und Sozialleistungen (§ 850e Nummer 2a ZPO)
- ☐ Nichtberücksichtigung von Unterhaltsberechtigten (§ 850c Absatz 4 ZPO)
- ☐ ____________________

____

Es wird beantragt,

- ☐ Prozesskostenhilfe zu bewilligen
- ☐ Frau Rechtsanwältin / Herrn Rechtsanwalt

____

beizuordnen.

- ☐ Prozesskostenhilfe wurde gemäß anliegendem Beschluss bewilligt.

Anlagen:

- ☐ Schuldtitel und ___ Vollstreckungsunterlagen
- ☐ Erklärung über die persönlichen und wirtschaftlichen Verhältnisse nebst ___ Belegen
- ☐ ____________________

____

- ☐ Verrechnungsscheck für Gerichtskosten
- ☐ Gerichtskostenstempler

- ☐ Ich drucke nur die ausgefüllten Seiten

____

(Bezeichnung der Seiten)

aus und reiche diese dem Gericht ein.

Datum (Unterschrift Antragsteller/-in)

Hinweis:
Soweit für den Antrag eine zweckmäßige Eintragungsmöglichkeit in diesem Formular nicht besteht, können ein geeignetes Freifeld sowie Anlagen genutzt werden.

2

Amtsgericht	
Anschrift:	
Geschäftszeichen:	

☐ Pfändungs- ☐ und ☐ Überweisungs-Beschluss
in der Zwangsvollstreckungssache

des/der Herrn/Frau/Firma			**– Gläubiger –**
vertreten durch Herrn/Frau/Firma			
Aktenzeichen des Gläubigervertreters			
Bankverbindung	☐ des Gläubigers	☐ des Gläubigervertreters	
IBAN:			
BIC: Angabe kann entfallen, wenn IBAN mit DE beginnt.			

gegen

Herrn/Frau/ Firma		**– Schuldner –**
vertreten durch Herrn/Frau/Firma		
Aktenzeichen des Schuldnervertreters		

Nach dem Vollstreckungstitel/den Vollstreckungstiteln
(den oder die Titel bitte nach Art, Gericht/Notar, Datum, Geschäftszeichen etc. bezeichnen)

3

kann der Gläubiger von dem Schuldner nachfolgend aufgeführte Beträge beanspruchen:		
€	☐ Hauptforderung	☐ Teilhauptforderung
€	☐ Restforderung aus Hauptforderung	
€	☐ nebst ___ % Zinsen daraus/aus ___ Euro seit dem ___ ☐ bis ___	
€	☐ nebst Zinsen in Höhe von ☐ 5 Prozentpunkten ☐ 2,5 Prozentpunkten ☐ 8 Prozentpunkten ☐ ___ Prozentpunkten über dem jeweiligen Basiszinssatz daraus/aus ___ Euro seit dem ___ ☐ bis ___	
€	☐ Säumniszuschläge gemäß § 193 Absatz 6 Satz 2 des Versicherungsvertragsgesetzes	
€	☐ titulierte vorgerichtliche Kosten	☐ Wechselkosten
€	☐ Kosten des Mahn-/Vollstreckungsbescheides	
€	☐ festgesetzte Kosten	
€	☐ nebst ☐ 4 % Zinsen ☐ ___ % Zinsen daraus/aus ___ Euro seit dem ___ ☐ bis ___	
€	☐ nebst Zinsen in Höhe von ☐ 5 ☐ ___ Prozentpunkten über dem jeweiligen Basiszinssatz daraus/aus ___ Euro seit dem ___ ☐ bis ___	
€	☐ bisherige Vollstreckungskosten	
€	**Summe I**	
€ (wenn Angabe möglich)	☐ gemäß Anlage(n) ___ (zulässig, wenn in dieser Aufstellung die erforderlichen Angaben nicht oder nicht vollständig eingetragen werden können)	
€ (wenn Angabe möglich)	**Summe II** (aus Summe I und Anlage(n) ___)	

Wegen dieser Ansprüche sowie wegen der Kosten für diesen Beschluss (vgl. Kostenrechnung) und wegen der Zustellungskosten für diesen Beschluss wird/werden die nachfolgend aufgeführte/-n angebliche/-n Forderung/-en des Schuldners gegenüber dem Drittschuldner – einschließlich der künftig fällig werdenden Beträge – so lange gepfändet, bis der Gläubigeranspruch gedeckt ist.

Drittschuldner (genaue Bezeichnung des Drittschuldners: Firma bzw. Vor- und Zuname, vertretungsberechtigte Person/-en, jeweils mit Anschrift; Postfach-Angabe ist nicht zulässig; bei mehreren Drittschuldnern ist eine Zuordnung des Drittschuldners zu der/den zu pfändenden Forderung/-en vorzunehmen)
Herr/Frau/Firma

___
___
___
___
___

4

Forderung aus Anspruch

- ☐ **A (an Arbeitgeber)**
- ☐ **B (an Agentur für Arbeit bzw. Versicherungsträger)**
  Art der Sozialleistung: ____________________
  Konto-/Versicherungsnummer: ____________________
- ☐ **C (an Finanzamt)**
- ☐ **D (an Kreditinstitute)**
- ☐ **E (an Versicherungsgesellschaften)**
  Konto-/Versicherungsnummer: ____________________
- ☐ **F (an Bausparkassen)**
- ☐ **G**
- ☐ **gemäß gesonderter Anlage(n)** ____________________

Anspruch A (an Arbeitgeber)

1. auf Zahlung des gesamten gegenwärtigen und künftigen Arbeitseinkommens (einschließlich des Geldwertes von Sachbezügen)
2. auf Auszahlung des als Überzahlung jeweils auszugleichenden Erstattungsbetrages aus dem durchgeführten Lohnsteuer-Jahresausgleich sowie aus dem Kirchenlohnsteuer-Jahresausgleich für das Kalenderjahr ____________ und für alle folgenden Kalenderjahre
3. auf
   ____
   ____
   ____

Anspruch B (an Agentur für Arbeit bzw. Versicherungsträger)

auf Zahlung der gegenwärtig und künftig nach dem Sozialgesetzbuch zustehenden Geldleistungen. Die Art der Sozialleistungen ist oben angegeben.

Anspruch A und B

Die für die Pfändung von Arbeitseinkommen geltenden Vorschriften der §§ 850 ff. ZPO in Verbindung mit der Tabelle zu § 850c Absatz 3 ZPO in der jeweils gültigen Fassung sind zu beachten.

Anspruch C (an Finanzamt)

auf Auszahlung

1. des als Überzahlung auszugleichenden Erstattungsbetrages bzw. des Überschusses, der sich als Erstattungsanspruch bei Abrechnung der auf die Einkommensteuer (nebst Solidaritätszuschlag) und Kirchensteuer sowie Körperschaftsteuer anzurechnenden Leistungen für das abgelaufene Kalenderjahr ____________ und für alle früheren Kalenderjahre ergibt
2. des Erstattungsbetrages, der sich aus dem Erstattungsanspruch zu viel gezahlter Kraftfahrzeugsteuer für das Kraftfahrzeug mit dem amtlichen Kennzeichen ____________ ergibt

   Erstattungsgrund:
   ____
   ____
   ____

5

Anspruch D (an Kreditinstitute)

1. auf Zahlung der zu Gunsten des Schuldners bestehenden Guthaben seiner sämtlichen Girokonten (insbesondere seines Kontos ______________________) bei diesem Kreditinstitut einschließlich der Ansprüche auf Gutschrift der eingehenden Beträge; mitgepfändet wird die angebliche (gegenwärtige und künftige) Forderung des Schuldners an den Drittschuldner auf Auszahlung eines vereinbarten Dispositionskredits („offene Kreditlinie"), soweit der Schuldner den Kredit in Anspruch nimmt
2. auf Auszahlung des Guthabens und der bis zum Tag der Auszahlung aufgelaufenen Zinsen sowie auf fristgerechte bzw. vorzeitige Kündigung der für ihn geführten Sparguthaben und/oder Festgeldkonten, insbesondere aus Konto ______________________
3. auf Auszahlung der bereitgestellten, noch nicht abgerufenen Darlehensvaluta aus einem Kreditgeschäft, wenn es sich nicht um zweckgebundene Ansprüche handelt
4. auf Zahlung aus dem zum Wertpapierkonto gehörenden Gegenkonto, insbesondere aus Konto ______________________, auf dem die Zinsgutschriften für die festverzinslichen Wertpapiere gutgebracht sind
5. auf Zutritt zu dem Bankschließfach Nr. ______________________ und auf Mitwirkung des Drittschuldners bei der Öffnung des Bankschließfachs bzw. auf die Öffnung des Bankschließfachs allein durch den Drittschuldner zum Zweck der Entnahme des Inhalts
6. auf

____

____

____

Hinweise zu Anspruch D:

Auf § 835 Absatz 3 Satz 2 ZPO (Zahlungsmoratorium von vier Wochen) und § 835 Absatz 4 ZPO wird der Drittschuldner hiermit hingewiesen.

Pfändungsschutz für Kontoguthaben und Verrechnungsschutz für Sozialleistungen und für Kindergeld werden seit dem 1. Januar 2012 nur für Pfändungsschutzkonten nach § 850k ZPO gewährt.

Anspruch E (an Versicherungsgesellschaften)

1. auf Zahlung der Versicherungssumme, der Gewinnanteile und des Rückkaufwertes aus der Lebensversicherung/den Lebensversicherungen, die mit dem Drittschuldner abgeschlossen ist/sind
2. auf das Recht zur Bestimmung desjenigen, zu dessen Gunsten im Todesfall die Versicherungssumme ausgezahlt wird, bzw. auf das Recht zur Bestimmung einer anderen Person an Stelle der von dem Schuldner vorgesehenen
3. auf das Recht zur Kündigung des Lebens-/Rentenversicherungsvertrages, auf das Recht auf Umwandlung der Lebens-/Rentenversicherung in eine prämienfreie Versicherung sowie auf das Recht zur Aushändigung der Versicherungspolice

Ausgenommen von der Pfändung sind Ansprüche aus Lebensversicherungen, die nur auf den Todesfall des Versicherungsnehmers abgeschlossen sind, wenn die Versicherungssumme den in § 850b Absatz 1 Nummer 4 ZPO in der jeweiligen Fassung genannten Betrag nicht übersteigt.

Anspruch F (an Bausparkassen)

aus dem über eine Bausparsumme von (mehr oder weniger) ______________________ Euro

abgeschlossenen Bausparvertrag Nr. ______________________,
insbesondere Anspruch auf

1. Auszahlung des Bausparguthabens nach Zuteilung
2. Auszahlung der Sparbeiträge nach Einzahlung der vollen Bausparsumme
3. Rückzahlung des Sparguthabens nach Kündigung
4. das Kündigungsrecht selbst und das Recht auf Änderung des Vertrags
5. auf ______________________

6

Anspruch G

(Hinweis: betrifft Anspruch an weitere Drittschuldner bzw. schon aufgeführte Drittschuldner, soweit Platz unzureichend)

Berechnung des pfändbaren Nettoeinkommens

(betrifft Anspruch A und B)

Von der Pfändung sind ausgenommen:

1. Beträge, die unmittelbar auf Grund steuer- oder sozialrechtlicher Vorschriften zur Erfüllung gesetzlicher Verpflichtungen des Schuldners abzuführen sind, ferner die auf den Auszahlungszeitraum entfallenden Beträge, die der Schuldner nach den Vorschriften der Sozialversicherungsgesetze zur Weiterversicherung entrichtet oder an eine Ersatzkasse oder an ein Unternehmen der privaten Krankenversicherung leistet, soweit diese Beträge den Rahmen des Üblichen nicht übersteigen;
2. Aufwandsentschädigungen, Auslösegelder und sonstige soziale Zulagen für auswärtige Beschäftigungen, das Entgelt für selbstgestelltes Arbeitsmaterial, Gefahren-, Schmutz- und Erschwerniszulagen, soweit sie den Rahmen des Üblichen nicht übersteigen;
3. die Hälfte der für die Leistung von Mehrarbeitsstunden gezahlten Teile des Arbeitseinkommens;
4. die für die Dauer eines Urlaubs über das Arbeitseinkommen hinaus gewährten Bezüge, Zuwendungen aus Anlass eines besonderen Betriebsereignisses und Treuegelder, soweit sie den Rahmen des Üblichen nicht übersteigen;
5. Weihnachtsvergütungen bis zum Betrag der Hälfte des monatlichen Arbeitseinkommens, höchstens aber bis zur Höhe des in §850a Nummer 4 ZPO in der jeweiligen Fassung genannten Höchstbetrages;
6. Heirats- und Geburtsbeihilfen, sofern die Vollstreckung wegen anderer als der aus Anlass der Heirat oder der Geburt entstandenen Ansprüche betrieben wird;
7. Erziehungsgelder, Studienbeihilfen und ähnliche Bezüge;
8. Sterbe- und Gnadenbezüge aus Arbeits- und Dienstverhältnissen;
9. Blindenzulagen;
10. Geldleistungen für Kinder sowie Sozialleistungen, die zum Ausgleich immaterieller Schäden gezahlt werden.

7

☐ **Es wird angeordnet,** dass zur Berechnung des nach § 850c ZPO pfändbaren Teils des Gesamteinkommens zusammenzurechnen sind:

☐ Arbeitseinkommen bei Drittschuldner (genaue Bezeichnung)

____ und

☐ Arbeitseinkommen bei Drittschuldner (genaue Bezeichnung)

____ .

Der unpfändbare Grundbetrag ist in erster Linie den Einkünften des Schuldners bei Drittschuldner (genaue Bezeichnung)

____ zu entnehmen,

weil dieses Einkommen die wesentliche Grundlage der Lebenshaltung des Schuldners bildet.

☐ **Es wird angeordnet,** dass zur Berechnung des nach § 850c ZPO pfändbaren Teils des Gesamteinkommens zusammenzurechnen sind:

☐ laufende Geldleistungen nach dem Sozialgesetzbuch von Drittschuldner (genaue Bezeichnung der Leistungsart und des Drittschuldners)

____ und

☐ Arbeitseinkommen bei Drittschuldner (genaue Bezeichnung)

____ .

Der unpfändbare Grundbetrag ist in erster Linie den laufenden Geldleistungen nach dem Sozialgesetzbuch zu entnehmen. Ansprüche auf Geldleistungen für Kinder dürfen mit Arbeitseinkommen nur zusammengerechnet werden, soweit sie nach § 76 des Einkommensteuergesetzes (EStG) oder nach § 54 Absatz 5 des Ersten Buches Sozialgesetzbuch (SGB I) gepfändet werden können.

☐ Gemäß § 850c Absatz 4 ZPO wird **angeordnet**, dass

☐ der Ehegatte ☐ der Lebenspartner / die Lebenspartnerin ☐ das Kind / die Kinder

bei der Berechnung des unpfändbaren Teils des Arbeitseinkommens

☐ nicht ☐ nur teilweise

als Unterhaltsberechtigte / -r zu berücksichtigen sind / ist.

(Begründung zu Höhe und Art des eigenen Einkommens)

____

____

____

Vom Gericht auszufüllen

(wenn ein Unterhaltsberechtigter nur teilweise zu berücksichtigen ist):

Bei der Feststellung des nach der Tabelle zu § 850c Absatz 3 ZPO pfändbaren Betrages bleibt die Unterhaltspflicht des Schuldners gegenüber ____

außer Betracht. Der pfändbare Betrag ist deshalb ausschließlich unter Berücksichtigung der übrigen Unterhaltsleistungen des Schuldners festzustellen.

Der nach der Tabelle unpfändbare Teil des Arbeitseinkommens des Schuldners ist wegen seiner teilweise zu berücksichtigenden gesetzlichen Unterhaltspflicht gegenübe

____ um weitere

☐ _______________________ € monatlich

☐ _______________________ € wöchentlich

☐ _______________________ € täglich

zu erhöhen.

Der dem Schuldner danach zu belassende weitere Teil seines Arbeitseinkommens darf jedoch den Betrag nicht übersteigen, der ihm nach der Tabelle des § 850c Absatz 3 ZPO bei voller Berücksichtigung der genannten unterhaltsberechtigten Person zu verbleiben hätte.

8

☐ **Es wird angeordnet, dass**

☐ der Schuldner die Lohn- oder Gehaltsabrechnung oder die Verdienstbescheinigung einschließlich der entsprechenden Bescheinigungen der letzten drei Monate vor Zustellung des Pfändungs- und Überweisungsbeschlusses an den Gläubiger herauszugeben hat

☐ der Schuldner das über das jeweilige Sparguthaben ausgestellte Sparbuch (bzw. die Sparurkunde) an den Gläubiger herauszugeben hat und dieser das Sparbuch (bzw. die Sparurkunde) unverzüglich dem Drittschuldner vorzulegen hat

☐ ein von dem Gläubiger zu beauftragender Gerichtsvollzieher für die Pfändung des Inhalts Zutritt zum Schließfach zu nehmen hat

☐ der Schuldner die Versicherungspolice an den Gläubiger herauszugeben hat und dieser sie unverzüglich dem Drittschuldner vorzulegen hat

☐ der Schuldner die Bausparurkunde und den letzten Kontoauszug an den Gläubiger herauszugeben hat und dieser die Unterlagen unverzüglich dem Drittschuldner vorzulegen hat

☐ ______________________________

____

____

____

____

☐ **Sonstige Anordnungen:**

____

____

____

____

____

____

Der Drittschuldner darf, soweit die Forderung gepfändet ist, an den Schuldner nicht mehr zahlen. Der Schuldner darf insoweit nicht über die Forderung verfügen, sie insbesondere nicht einziehen.

☐ **Zugleich wird dem Gläubiger die zuvor bezeichnete Forderung in Höhe des gepfändeten Betrages**

☐ **zur Einziehung überwiesen.** ☐ an Zahlungs statt überwiesen.

9

☐ ______________________________

____

____

____

____

____

Ausgefertigt:

(Datum, Unterschrift Rechtspfleger	(Datum, Unterschrift Urkundsbeamter der Geschäftsstelle)

I.	**Gerichtskosten** Gebühr gemäß GKG KV Nr. 2111	€
II.	**Anwaltskosten gemäß RVG** Gegenstandswert: ______ €	
	1. Verfahrensgebühr VV Nr. 3309, ggf. i. V. m. Nr. 1008 ______ €	
	2. Auslagenpauschale VV Nr. 7002 ______ €	
	3. Umsatzsteuer VV Nr. 7008 ______ €	
	Summe von II.	€
	Summe von I. und II.:	€

☐ **Inkassokosten gemäß § 4 Absatz 4 des Einführungsgesetzes zum Rechtsdienstleistungsgesetz** (RDGEG) gemäß Anlage(n) ______

Auszug Pfändungstabelle

Anhang

Auszahlung für Monate						
Euro	Pfändbarer Betrag bei Unterhaltspflicht für … Personen					
Nettolohn monatlich	0	1	2	3	4	5 und mehr
bis 1 499,99	–	–	–	–	–	–
1 500,00 bis 1 509,99	5,78	–	–	–	–	–
1 510,00 bis 1 519,99	12,78	–	–	–	–	–
1 520,00 bis 1 529,99	19,78	–	–	–	–	–
1 530,00 bis 1 539,99	26,78	–	–	–	–	–
1 540,00 bis 1 549,99	33,78	–	–	–	–	–
1 550,00 bis 1 559,99	40,78	–	–	–	–	–
1 560,00 bis 1 569,99	47,78	–	–	–	–	–
1 570,00 bis 1 579,99	54,78	–	–	–	–	–
1 580,00 bis 1 589,99	61,78	–	–	–	–	–
1 590,00 bis 1 599,99	68,78	–	–	–	–	–
1 600,00 bis 1 609,99	75,78	–	–	–	–	–
1 610,00 bis 1 619,99	82,78	–	–	–	–	–
1 620,00 bis 1 629,99	89,78	–	–	–	–	–
1 630,00 bis 1 639,99	96,78	–	–	–	–	–
1 640,00 bis 1 649,99	103,78	–	–	–	–	–
1 650,00 bis 1 659,99	110,78	–	–	–	–	–
1 660,00 bis 1 669,99	117,78	–	–	–	–	–
1 670,00 bis 1 679,99	124,78	–	–	–	–	–
1 680,00 bis 1 689,99	131,78	–	–	–	–	–
1 690,00 bis 1 699,99	138,78	–	–	–	–	–
1 700,00 bis 1 709,99	145,78	–	–	–	–	–
1 710,00 bis 1 719,99	152,78	–	–	–	–	–
1 720,00 bis 1 729,99	159,78	–	–	–	–	–
1 730,00 bis 1 739,99	166,78	–	–	–	–	–
1 740,00 bis 1 749,99	173,78	–	–	–	–	–
1 750,00 bis 1 759,99	180,78	–	–	–	–	–
1 760,00 bis 1 769,99	187,78	–	–	–	–	–
1 770,00 bis 1 779,99	194,78	–	–	–	–	–
1 780,00 bis 1 789,99	201,78	–	–	–	–	–
1 790,00 bis 1 799,99	208,78	–	–	–	–	–
1 800,00 bis 1 809,99	215,78	–	–	–	–	–
1 810,00 bis 1 819,99	222,78	–	–	–	–	–
1 820,00 bis 1 829,99	229,78	–	–	–	–	–
1 830,00 bis 1 839,99	236,78	–	–	–	–	–
1 840,00 bis 1 849,99	243,78	–	–	–	–	–
1 850,00 bis 1 859,99	250,78	–	–	–	–	–
1 860,00 bis 1 869,99	257,78	–	–	–	–	–

Auszahlung für Monate						
Euro	Pfändbarer Betrag bei Unterhaltspflicht für … Personen					
Nettolohn monatlich	0	1	2	3	4	5 und mehr
1 870,00 bis 1 879,99	264,78	–	–	–	–	–
1 880,00 bis 1 889,99	271,78	–	–	–	–	–
1 890,00 bis 1 899,99	278,78	–	–	–	–	–
1 900,00 bis 1 909,99	285,78	–	–	–	–	–
1 910,00 bis 1 919,99	292,78	–	–	–	–	–
1 920,00 bis 1 929,99	299,78	–	–	–	–	–
1 930,00 bis 1 939,99	306,78	–	–	–	–	–
1 940,00 bis 1 949,99	313,78	–	–	–	–	–
1 950,00 bis 1 959,99	320,78	–	–	–	–	–
1 960,00 bis 1 969,99	327,78	–	–	–	–	–
1 970,00 bis 1 979,99	334,78	–	–	–	–	–
1 980,00 bis 1 989,99	341,78	–	–	–	–	–
1 990,00 bis 1 999,99	348,78	–	–	–	–	–
2 000,00 bis 2 009,99	355,78	–	–	–	–	–
2 010,00 bis 2 019,99	362,78	–	–	–	–	–
2 020,00 bis 2 029,99	369,78	–	–	–	–	–
2 030,00 bis 2 039,99	376,78	–	–	–	–	–
2 040,00 bis 2 049,99	383,78	–	–	–	–	–
2 050,00 bis 2 059,99	390,78	–	–	–	–	–
2 060,00 bis 2 069,99	397,78	3,68	–	–	–	–
2 070,00 bis 2 079,99	404,78	8,68	–	–	–	–
2 080,00 bis 2 089,99	411,78	13,68	–	–	–	–
2 090,00 bis 2 099,99	418,78	18,68	–	–	–	–
2 100,00 bis 2 109,99	425,78	23,68	–	–	–	–
2 110,00 bis 2 119,99	432,78	28,68	–	–	–	–
2 120,00 bis 2 129,99	439,78	33,68	–	–	–	–
2 130,00 bis 2 139,99	446,78	38,68	–	–	–	–
2 140,00 bis 2 149,99	453,78	43,68	–	–	–	–
2 150,00 bis 2 159,99	460,78	48,68	–	–	–	–
2 160,00 bis 2 169,99	467,78	53,68	–	–	–	–
2 170,00 bis 2 179,99	474,78	58,68	–	–	–	–
2 180,00 bis 2 189,99	481,78	63,68	–	–	–	–
2 190,00 bis 2 199,99	488,78	68,68	–	–	–	–
2 200,00 bis 2 209,99	495,78	73,68	–	–	–	–
2 210,00 bis 2 219,99	502,78	78,68	–	–	–	–
2 220,00 bis 2 229,99	509,78	83,68	–	–	–	–
2 230,00 bis 2 239,99	516,78	88,68	–	–	–	–
2 240,00 bis 2 249,99	523,78	93,68	–	–	–	–
2 250,00 bis 2 259,99	530,78	98,68	–	–	–	–

Auszahlung für Monate						
Euro	Pfändbarer Betrag bei Unterhaltspflicht für … Personen					
Nettolohn monatlich	0	1	2	3	4	5 und mehr
2 260,00 bis 2 269,99	537,78	103,68	–	–	–	–
2 270,00 bis 2 279,99	544,78	108,68	–	–	–	–
2 280,00 bis 2 289,99	551,78	113,68	–	–	–	–
2 290,00 bis 2 299,99	558,78	118,68	–	–	–	–
2 300,00 bis 2 309,99	565,78	123,68	–	–	–	–
2 310,00 bis 2 319,99	572,78	128,68	–	–	–	–
2 320,00 bis 2 329,99	579,78	133,68	–	–	–	–
2 330,00 bis 2 339,99	586,78	138,68	–	–	–	–
2 340,00 bis 2 349,99	593,78	143,68	–	–	–	–
2 350,00 bis 2 359,99	600,78	148,68	–	–	–	–
2 360,00 bis 2 369,99	607,78	153,68	–	–	–	–
2 370,00 bis 2 379,99	614,78	158,68	1,83	–	–	–
2 380,00 bis 2 389,99	621,78	163,68	5,83	–	–	–
2 390,00 bis 2 399,99	628,78	168,68	9,83	–	–	–
2 400,00 bis 2 409,99	635,78	173,68	13,83	–	–	–
2 410,00 bis 2 419,99	642,78	178,68	17,83	–	–	–
2 420,00 bis 2 429,99	649,78	183,68	21,83	–	–	–
2 430,00 bis 2 439,99	656,78	188,68	25,83	–	–	–
2 440,00 bis 2 449,99	663,78	193,68	29,83	–	–	–
2 450,00 bis 2 459,99	670,78	198,68	33,83	–	–	–
2 460,00 bis 2 469,99	677,78	203,68	37,83	–	–	–
2 470,00 bis 2 479,99	684,78	208,68	41,83	–	–	–
2 480,00 bis 2 489,99	691,78	213,68	45,83	–	–	–
2 490,00 bis 2 499,99	698,78	218,68	49,83	–	–	–
2 500,00 bis 2 509,99	705,78	223,68	53,83	–	–	–
2 510,00 bis 2 519,99	712,78	228,68	57,83	–	–	–
2 520,00 bis 2 529,99	719,78	233,68	61,83	–	–	–
2 530,00 bis 2 539,99	726,78	238,68	65,83	–	–	–
2 540,00 bis 2 549,99	733,78	243,68	69,83	–	–	–
2 550,00 bis 2 559,99	740,78	248,68	73,83	–	–	–
2 560,00 bis 2 569,99	747,78	253,68	77,83	–	–	–
2 570,00 bis 2 579,99	754,78	258,68	81,83	–	–	–
2 580,00 bis 2 589,99	761,78	263,68	85,83	–	–	–
2 590,00 bis 2 599,99	768,78	268,68	89,83	–	–	–
2 600,00 bis 2 609,99	775,78	273,68	93,83	–	–	–
2 610,00 bis 2 619,99	782,78	278,68	97,83	–	–	–
2 620,00 bis 2 629,99	789,78	283,68	101,83	–	–	–
2 630,00 bis 2 639,99	796,78	288,68	105,83	–	–	–
2 640,00 bis 2 649,99	803,78	293,68	109,83	–	–	–

Auszahlung für Monate						
Euro	Pfändbarer Betrag bei Unterhaltspflicht für … Personen					
Nettolohn monatlich	0	1	2	3	4	5 und mehr
2 650,00 bis 2 659,99	810,78	298,68	113,83	–	–	–
2 660,00 bis 2 669,99	817,78	303,68	117,83	–	–	–
2 670,00 bis 2 679,99	824,78	308,68	121,83	–	–	–
2 680,00 bis 2 689,99	831,78	313,68	125,83	0,54	–	–
2 690,00 bis 2 699,99	838,78	318,68	129,83	3,54	–	–
2 700,00 bis 2 709,99	845,78	323,68	133,83	6,54	–	–
2 710,00 bis 2 719,99	852,78	328,68	137,83	9,54	–	–
2 720,00 bis 2 729,99	859,78	333,68	141,83	12,54	–	–
2 730,00 bis 2 739,99	866,78	338,68	145,83	15,54	–	–
2 740,00 bis 2 749,99	873,78	343,68	149,83	18,54	–	–
2 750,00 bis 2 759,99	880,78	348,68	153,83	21,54	–	–
2 760,00 bis 2 769,99	887,78	353,68	157,83	24,54	–	–
2 770,00 bis 2 779,99	894,78	358,68	161,83	27,54	–	–
2 780,00 bis 2 789,99	901,78	363,68	165,83	30,54	–	–
2 790,00 bis 2 799,99	908,78	368,68	169,83	33,54	–	–
2 800,00 bis 2 809,99	915,78	373,68	173,83	36,54	–	–
2 810,00 bis 2 819,99	922,78	378,68	177,83	39,54	–	–
2 820,00 bis 2 829,99	929,78	383,68	181,83	42,54	–	–
2 830,00 bis 2 839,99	936,78	388,68	185,83	45,54	–	–
2 840,00 bis 2 849,99	943,78	393,68	189,83	48,54	–	–
2 850,00 bis 2 859,99	950,78	398,68	193,83	51,54	–	–
2 860,00 bis 2 869,99	957,78	403,68	197,83	54,54	–	–
2 870,00 bis 2 879,99	964,78	408,68	201,83	57,54	–	–
2 880,00 bis 2 889,99	971,78	413,68	205,83	60,54	–	–
2 890,00 bis 2 899,99	978,78	418,68	209,83	63,54	–	–
2 900,00 bis 2 909,99	985,78	423,68	213,83	66,54	–	–
2 910,00 bis 2 919,99	992,78	428,68	217,83	69,54	–	–
2 920,00 bis 2 929,99	999,78	433,68	221,83	72,54	–	–
2 930,00 bis 2 939,99	1 006,78	438,68	225,83	75,54	–	–
2 940,00 bis 2 949,99	1 013,78	443,68	229,83	78,54	–	–
2 950,00 bis 2 959,99	1 020,78	448,68	233,83	81,54	–	–
2 960,00 bis 2 969,99	1 027,78	453,68	237,83	84,54	–	–
2 970,00 bis 2 979,99	1 034,78	458,68	241,83	87,54	–	–
2 980,00 bis 2 989,99	1 041,78	463,68	245,83	90,54	–	–
2 990,00 bis 2 999,99	1 048,78	468,68	249,83	93,54	–	–
3 000,00 bis 3 009,99	1 055,78	473,68	253,83	96,54	1,80	–
3 010,00 bis 3 019,99	1 062,78	478,68	257,83	99,54	3,80	–
3 020,00 bis 3 029,99	1 069,78	483,68	261,83	102,54	5,80	–
3 030,00 bis 3 039,99	1 076,78	488,68	265,83	105,54	7,80	–

Auszahlung für Monate						
Euro	Pfändbarer Betrag bei Unterhaltspflicht für … Personen					
Nettolohn monatlich	0	1	2	3	4	5 und mehr
3 040,00 bis 3 049,99	1 083,78	493,68	269,83	108,54	9,80	–
3 050,00 bis 3 059,99	1 090,78	498,68	273,83	111,54	11,80	–
3 060,00 bis 3 069,99	1 097,78	503,68	277,83	114,54	13,80	–
3 070,00 bis 3 079,99	1 104,78	508,68	281,83	117,54	15,80	–
3 080,00 bis 3 089,99	1 111,78	513,68	285,83	120,54	17,80	–
3 090,00 bis 3 099,99	1 118,78	518,68	289,83	123,54	19,80	–
3 100,00 bis 3 109,99	1 125,78	523,68	293,83	126,54	21,80	–
3 110,00 bis 3 119,99	1 132,78	528,68	297,83	129,54	23,80	–
3 120,00 bis 3 129,99	1 139,78	533,68	301,83	132,54	25,80	–
3 130,00 bis 3 139,99	1 146,78	538,68	305,83	135,54	27,80	–
3 140,00 bis 3 149,99	1 153,78	543,68	309,83	138,54	29,80	–
3 150,00 bis 3 159,99	1 160,78	548,68	313,83	141,54	31,80	–
3 160,00 bis 3 169,99	1 167,78	553,68	317,83	144,54	33,80	–
3 170,00 bis 3 179,99	1 174,78	558,68	321,83	147,54	35,80	–
3 180,00 bis 3 189,99	1 181,78	563,68	325,83	150,54	37,80	–
3 190,00 bis 3 199,99	1 188,78	568,68	329,83	153,54	39,80	–
3 200,00 bis 3 209,99	1 195,78	573,68	333,83	156,54	41,80	–
3 210,00 bis 3 219,99	1 202,78	578,68	337,83	159,54	43,80	–
3 220,00 bis 3 229,99	1 209,78	583,68	341,83	162,54	45,80	–
3 230,00 bis 3 239,99	1 216,78	588,68	345,83	165,54	47,80	–
3 240,00 bis 3 249,99	1 223,78	593,68	349,83	168,54	49,80	–
3 250,00 bis 3 259,99	1 230,78	598,68	353,83	171,54	51,80	–
3 260,00 bis 3 269,99	1 237,78	603,68	357,83	174,54	53,80	–
3 270,00 bis 3 279,99	1 244,78	608,68	361,83	177,54	55,80	–
3 280,00 bis 3 289,99	1 251,78	613,68	365,83	180,54	57,80	–
3 290,00 bis 3 299,99	1 258,78	618,68	369,83	183,54	59,80	–
3 300,00 bis 3 309,99	1 265,78	623,68	373,83	186,54	61,80	–
3 310,00 bis 3 319,99	1 272,78	628,68	377,83	189,54	63,80	0,62
3 320,00 bis 3 329,99	1 279,78	633,68	381,83	192,54	65,80	1,62
3 330,00 bis 3 339,99	1 286,78	638,68	385,83	195,54	67,80	2,62
3 340,00 bis 3 349,99	1 293,78	643,68	389,83	198,54	69,80	3,62
3 350,00 bis 3 359,99	1 300,78	648,68	393,83	201,54	71,80	4,62
3 360,00 bis 3 369,99	1 307,78	653,68	397,83	204,54	73,80	5,62
3 370,00 bis 3 379,99	1 314,78	658,68	401,83	207,54	75,80	6,62
3 380,00 bis 3 389,99	1 321,78	663,68	405,83	210,54	77,80	7,62
3 390,00 bis 3 399,99	1 328,78	668,68	409,83	213,54	79,80	8,62
3 400,00 bis 3 409,99	1 335,78	673,68	413,83	216,54	81,80	9,62
3 410,00 bis 3 419,99	1 342,78	678,68	417,83	219,54	83,80	10,62
3 420,00 bis 3 429,99	1 349,78	683,68	421,83	222,54	85,80	11,62

Auszahlung für Monate						
Euro	Pfändbarer Betrag bei Unterhaltspflicht für … Personen					
Nettolohn monatlich	0	1	2	3	4	5 und mehr
3 430,00 bis 3 439,99	1 356,78	688,68	425,83	225,54	87,80	12,62
3 440,00 bis 3 449,99	1 363,78	693,68	429,83	228,54	89,80	13,62
3 450,00 bis 3 459,99	1 370,78	698,68	433,83	231,54	91,80	14,62
3 460,00 bis 3 469,99	1 377,78	703,68	437,83	234,54	93,80	15,62
3 470,00 bis 3 479,99	1 384,78	708,68	441,83	237,54	95,80	16,62
3 480,00 bis 3 489,99	1 391,78	713,68	445,83	240,54	97,80	17,62
3 490,00 bis 3 499,99	1 398,78	718,68	449,83	243,54	99,80	18,62
3 500,00 bis 3 509,99	1 405,78	723,68	453,83	246,54	101,80	19,62
3 510,00 bis 3 519,99	1 412,78	728,68	457,83	249,54	103,80	20,62
3 520,00 bis 3 529,99	1 419,78	733,68	461,83	252,54	105,80	21,62
3 530,00 bis 3 539,99	1 426,78	738,68	465,83	255,54	107,80	22,62
3 540,00 bis 3 549,99	1 433,78	743,68	469,83	258,54	109,80	23,62
3 550,00 bis 3 559,99	1 440,78	748,68	473,83	261,54	111,80	24,62
3 560,00 bis 3 569,99	1 447,78	753,68	477,83	264,54	113,80	25,62
3 570,00 bis 3 579,99	1 454,78	758,68	481,83	267,54	115,80	26,62
3 580,00 bis 3 589,99	1 461,78	763,68	485,83	270,54	117,80	27,62
3 590,00 bis 3 599,99	1 468,78	768,68	489,83	273,54	119,80	28,62
3 600,00 bis 3 609,99	1 475,78	773,68	493,83	276,54	121,80	29,62
3 610,00 bis 3 619,99	1 482,78	778,68	497,83	279,54	123,80	30,62
3 620,00 bis 3 629,99	1 489,78	783,68	501,83	282,54	125,80	31,62
3 630,00 bis 3 639,99	1 496,78	788,68	505,83	285,54	127,80	32,62
3 640,00 bis 3 649,99	1 503,78	793,68	509,83	288,54	129,80	33,62
3 650,00 bis 3 659,99	1 510,78	798,68	513,83	291,54	131,80	34,62
3 660,00 bis 3 669,99	1 517,78	803,68	517,83	294,54	133,80	35,62
3 670,00 bis 3 679,99	1 524,78	808,68	521,83	297,54	135,80	36,62
3 680,00 bis 3 689,99	1 531,78	813,68	525,83	300,54	137,80	37,62
3 690,00 bis 3 699,99	1 538,78	818,68	529,83	303,54	139,80	38,62
3 700,00 bis 3 709,99	1 545,78	823,68	533,83	306,54	141,80	39,62
3 710,00 bis 3 719,99	1 552,78	828,68	537,83	309,54	143,80	40,62
3 720,00 bis 3 729,99	1 559,78	833,68	541,83	312,54	145,80	41,62
3 730,00 bis 3 739,99	1 566,78	838,68	545,83	315,54	147,80	42,62
3 740,00 bis 3 749,99	1 573,78	843,68	549,83	318,54	149,80	43,62
3 750,00 bis 3 759,99	1 580,78	848,68	553,83	321,54	151,80	44,62
3 760,00 bis 3 769,99	1 587,78	853,68	557,83	324,54	153,80	45,62
3 770,00 bis 3 779,99	1 594,78	858,68	561,83	327,54	155,80	46,62
3 780,00 bis 3 789,99	1 601,78	863,68	565,83	330,54	157,80	47,62
3 790,00 bis 3 799,99	1 608,78	868,68	569,83	333,54	159,80	48,62
3 800,00 bis 3 809,99	1 615,78	873,68	573,83	336,54	161,80	49,62
3 810,00 bis 3 819,99	1 622,78	878,68	577,83	339,54	163,80	50,62

Auszahlung für Monate						
Euro	Pfändbarer Betrag bei Unterhaltspflicht für … Personen					
Nettolohn monatlich	0	1	2	3	4	5 und mehr
3 820,00 bis 3 829,99	1 629,78	883,68	581,83	342,54	165,80	51,62
3 830,00 bis 3 839,99	1 636,78	888,68	585,83	345,54	167,80	52,62
3 840,00 bis 3 849,99	1 643,78	893,68	589,83	348,54	169,80	53,62
3 850,00 bis 3 859,99	1 650,78	898,68	593,83	351,54	171,80	54,62
3 860,00 bis 3 869,99	1 657,78	903,68	597,83	354,54	173,80	55,62
3 870,00 bis 3 879,99	1 664,78	908,68	601,83	357,54	175,80	56,62
3 880,00 bis 3 889,99	1 671,78	913,68	605,83	360,54	177,80	57,62
3 890,00 bis 3 899,99	1 678,78	918,68	609,83	363,54	179,80	58,62
3 900,00 bis 3 909,99	1 685,78	923,68	613,83	366,54	181,80	59,62
3 910,00 bis 3 919,99	1 692,78	928,68	617,83	369,54	183,80	60,62
3 920,00 bis 3 929,99	1 699,78	933,68	621,83	372,54	185,80	61,62
3 930,00 bis 3 939,99	1 706,78	938,68	625,83	375,54	187,80	62,62
3 940,00 bis 3 949,99	1 713,78	943,68	629,83	378,54	189,80	63,62
3 950,00 bis 3 959,99	1 720,78	948,68	633,83	381,54	191,80	64,62
3 960,00 bis 3 969,99	1 727,78	953,68	637,83	384,54	193,80	65,62
3 970,00 bis 3 979,99	1 734,78	958,68	641,83	387,54	195,80	66,62
3 980,00 bis 3 989,99	1 741,78	963,68	645,83	390,54	197,80	67,62
3 990,00 bis 3 999,99	1 748,78	968,68	649,83	393,54	199,80	68,62
4 000,00 bis 4 009,99	1 755,78	973,68	653,83	396,54	201,80	69,62
4 010,00 bis 4 019,99	1 762,78	978,68	657,83	399,54	203,80	70,62
4 020,00 bis 4 029,99	1 769,78	983,68	661,83	402,54	205,80	71,62
4 030,00 bis 4 039,99	1 776,78	988,68	665,83	405,54	207,80	72,62
4 040,00 bis 4 049,99	1 783,78	993,68	669,83	408,54	209,80	73,62
4 050,00 bis 4 059,99	1 790,78	998,68	673,83	411,54	211,80	74,62
4 060,00 bis 4 069,99	1 797,78	1 003,68	677,83	414,54	213,80	75,62
4 070,00 bis 4 079,99	1 804,78	1 008,68	681,83	417,54	215,80	76,62
4 080,00 bis 4 089,99	1 811,78	1 013,68	685,83	420,54	217,80	77,62
4 090,00 bis 4 099,99	1 818,78	1 018,68	689,83	423,54	219,80	78,62
4 100,00 bis 4 109,99	1 825,78	1 023,68	693,83	426,54	221,80	79,62
4 110,00 bis 4 119,99	1 832,78	1 028,68	697,83	429,54	223,80	80,62
4 120,00 bis 4 129,99	1 839,78	1 033,68	701,83	432,54	225,80	81,62
4 130,00 bis 4 139,99	1 846,78	1 038,68	705,83	435,54	227,80	82,62
4 140,00 bis 4 149,99	1 853,78	1 043,68	709,83	438,54	229,80	83,62
4 150,00 bis 4 159,99	1 860,78	1 048,68	713,83	441,54	231,80	84,62
4 160,00 bis 4 169,99	1 867,78	1 053,68	717,83	444,54	233,80	85,62
4 170,00 bis 4 179,99	1 874,78	1 058,68	721,83	447,54	235,80	86,62
4 180,00 bis 4 189,99	1 881,78	1 063,68	725,83	450,54	237,80	87,62
4 190,00 bis 4 199,99	1 888,78	1 068,68	729,83	453,54	239,80	88,62
4 200,00 bis 4 209,99	1 895,78	1 073,68	733,83	456,54	241,80	89,62

Auszahlung für Monate						
Euro	Pfändbarer Betrag bei Unterhaltspflicht für … Personen					
Nettolohn monatlich	0	1	2	3	4	5 und mehr
4 210,00 bis 4 219,99	1 902,78	1 078,68	737,83	459,54	243,80	90,62
4 220,00 bis 4 229,99	1 909,78	1 083,68	741,83	462,54	245,80	91,62
4 230,00 bis 4 239,99	1 916,78	1 088,68	745,83	465,54	247,80	92,62
4 240,00 bis 4 249,99	1 923,78	1 093,68	749,83	468,54	249,80	93,62
4 250,00 bis 4 259,99	1 930,78	1 098,68	753,83	471,54	251,80	94,62
4 260,00 bis 4 269,99	1 937,78	1 103,68	757,83	474,54	253,80	95,62
4 270,00 bis 4 279,99	1 944,78	1 108,68	761,83	477,54	255,80	96,62
4 280,00 bis 4 289,99	1 951,78	1 113,68	765,83	480,54	257,80	97,62
4 290,00 bis 4 299,99	1 958,78	1 118,68	769,83	483,54	259,80	98,62
4 300,00 bis 4 309,99	1 965,78	1 123,68	773,83	486,54	261,80	99,62
4 310,00 bis 4 319,99	1 972,78	1 128,68	777,83	489,54	263,80	100,62
4 320,00 bis 4 329,99	1 979,78	1 133,68	781,83	492,54	265,80	101,62
4 330,00 bis 4 339,99	1 986,78	1 138,68	785,83	495,54	267,80	102,62
4 340,00 bis 4 349,99	1 993,78	1 143,68	789,83	498,54	269,80	103,62
4 350,00 bis 4 359,99	2 000,78	1 148,68	793,83	501,54	271,80	104,62
4 360,00 bis 4 369,99	2 007,78	1 153,68	797,83	504,54	273,80	105,62
4 370,00 bis 4 379,99	2 014,78	1 158,68	801,83	507,54	275,80	106,62
4 380,00 bis 4 389,99	2 021,78	1 163,68	805,83	510,54	277,80	107,62
4 390,00 bis 4 399,99	2 028,78	1 168,68	809,83	513,54	279,80	108,62
4 400,00 bis 4 409,99	2 035,78	1 173,68	813,83	516,54	281,80	109,62
4 410,00 bis 4 419,99	2 042,78	1 178,68	817,83	519,54	283,80	110,62
4 420,00 bis 4 429,99	2 049,78	1 183,68	821,83	522,54	285,80	111,62
4 430,00 bis 4 439,99	2 056,78	1 188,68	825,83	525,54	287,80	112,62
4 440,00 bis 4 449,99	2 063,78	1 193,68	829,83	528,54	289,80	113,62
4 450,00 bis 4 459,99	2 070,78	1 198,68	833,83	531,54	291,80	114,62
4 460,00 bis 4 469,99	2 077,78	1 203,68	837,83	534,54	293,80	115,62
4 470,00 bis 4 479,99	2 084,78	1 208,68	841,83	537,54	295,80	116,62
4 480,00 bis 4 489,99	2 091,78	1 213,68	845,83	540,54	297,80	117,62
4 490,00 bis 4 499,99	2 098,78	1 218,68	849,83	543,54	299,80	118,62
4 500,00 bis 4 509,99	2 105,78	1 223,68	853,83	546,54	301,80	119,62
4 510,00 bis 4 519,99	2 112,78	1 228,68	857,83	549,54	303,80	120,62
4 520,00 bis 4 529,99	2 119,78	1 233,68	861,83	552,54	305,80	121,62
4 530,00 bis 4 539,99	2 126,78	1 238,68	865,83	555,54	307,80	122,62
4 540,00 bis 4 549,99	2 133,78	1 243,68	869,83	558,54	309,80	123,62
4 550,00 bis 4 559,99	2 140,78	1 248,68	873,83	561,54	311,80	124,62
4 560,00 bis 4 569,99	2 147,78	1 253,68	877,83	564,54	313,80	125,62
4 570,00 bis 4 573,10	2 154,78	1 258,68	881,83	567,54	315,80	126,62
Der Mehrbetrag über 4 573,10 Euro ist voll pfändbar.						

STICHWORTVERZEICHNIS